迈向全球城市的密钥

THE KEY

TO

A GLOBAL CITY

上海品牌经济发展历史研究

姜卫红　著

创于1897
商务印书馆
The Commercial Press

品牌经济研究与实践的开拓

　　每一个人都有自己的梦，有的人将个人的梦与国家的梦紧密地结合在一起。"位卑未敢忘忧国"，当姜卫红把他近年来学术研究的结晶《站在新的文明起点上——中国品牌经济体系、政策与价值取向》《迈向全球城市的密钥——上海品牌经济发展历史研究》《品牌：深刻地改变一切》，以"姜卫红品牌研究系列"之名放在我面前时，我很自然地想起了这句话。

　　在新一轮全球化竞争中，中国何为？中国学者何为？姜卫红品牌研究系列便是对此的独到诠释。《站在新的文明起点上——中国品牌经济体系、政策与价值取向》让我们从未如此清晰地明了我国推进品牌经济发展已有的体制机制架构的由来、已起到的作用，还有在未来应发挥的作用。具体来说，他对我国品牌经济的定义、内涵、体系结构、层次结构、保障体系、政策演变、地方实践、趋势特点、文化支撑等给予了系统深入的阐述。在阐述中，他又对中国自近代以来第一次鸦片战争后沦为半殖民地半封建社会，在被西方国家品牌化的历史耻辱中中国现代民族品牌萌发兴起，到民国时期，中国现代民族品牌在艰难中奋发图强，再到中华人民共和国成立和中华民族在中国共产党领导下，实现民族复兴、国家崛起，中国品牌以全新的姿态走向世界，与世界交融发展的历史进程，进行了客观精当的勾勒，雄辩地说明中国站在了人类文明进程新的起点上，一方面表明中国文明已步入新阶段，另一方面表明中国将对世界文明做出新的更大贡献。

　　《迈向全球城市的密钥——上海品牌经济发展历史研究》从历史的角度梳理了作者所生活的城市——上海品牌建设的历史脉络，让我们深切地感知在时代的大变迁中，尤其自上海开埠以来，上海品牌何以炼成。循着那些历史线索，我们可以真切地窥见上海乃至我国不同时代品牌建设的体制机制架构、法律面、政策面、产业发展特点、成就，如何从无到有，从弱到强，从点到线再到面，进而形成具有上海特色，乃至我国社会主义特色的品牌发展之路。因循这些线索，他又选择了一系列对上海经济社会文化发展影响至深的企业品牌案例，绝大部分延续至今，它们任岁月变幻、时代更替，茁壮成长，例如顾绣、豫园、江南造船厂、申新纺织公司等。这些案例显然是近代以来上海品牌崛起以及中国快速进入现代工商业文明的探路与标志，是中国实现现代化发展的引领与缩影。难得的是，他在此书中对中国共产党在新中国成立前上海创立的红色企业品牌也进行了钩沉，让我们知道当下如雷贯耳的大品牌如轮船招商局、华润等的由来，上海这座城市以及在这座城市里诞生的品牌是如此深刻地影响中国发展。此书当然也是我国第一本品牌经济角度的历史研究专著，不仅为品牌史研究，而且为历史研究拓展了新的领域。

　　《品牌：深刻地改变一切》是姜卫红这些年来在不同层次论坛、研讨会等场合的演讲或发言，及其在《解放日报》《文汇报》《中国名牌》《中国工业报》等报纸杂志上撰写的文章的结集，还包括他所承担的部分课题的研究报告及成果精选。从中可以窥见这些年来他所关注的品牌建设的领域，从国家层面，到世界第六大城市群——长三角城市群，再到我国国际化大都市上海，直至企业品牌、产品品牌如何实现创新发展，纵横捭阖，议论风生，几乎是我国近年来品牌建设经验的浓缩。他的诸多观点极为独到，例如该书收录的短文《民族品牌助推现代化经济发展体系建设》是他应邀在山东鲁花集团入选新华社民族品牌工程签约仪式上的演讲。在这次演讲中，他率先鲜明地提出品牌经济是我国构建现代化经济体系目前以及未来相当长时间里的主体性经济特征，这一提法真切地回答了近年来我国品牌建设力度不断加大的真实原因，并表明了中国经济未来发展的走向与方式。此书中还有一篇短文《品牌是无形的国土》，更是把品牌与国家疆域相提并论，振聋发聩，为我国今天大力实施"走出去"战略过程中如何发挥品牌作用，给出了深度阐释。

显然，姜卫红品牌研究系列对我国品牌建设的成就既进行了总结提炼，也直面问题，击中了我国品牌建设中不少痛点、难点等新老问题，难能可贵的是，他还提出了不少中肯的建议。如果说《品牌：深刻地改变一切》是带有散点式的剖析，那么《迈向全球城市的密钥——上海品牌经济发展历史研究》则是从时间的跨度，以上海为视角，全景式地表述了上海品牌建设的来龙去脉，《站在新的文明起点上——中国品牌经济体系、政策与价值取向》则为我国品牌经济发展方式构建起了面向未来的坚实的理论体系。因此姜卫红品牌经济研究系列是一个有机整体，彼此之间既有着紧密的内在逻辑关系，还有着形式上的依存关系，对于我国未来构建现代化经济体系，提出了很好的建议，也对我国如何更有效地促进经济可持续发展具有良好启迪，在我国品牌以及品牌经济理论研究方面可谓别开生面。

姜卫红对于促进我国品牌建设所开展的工作当然不止于此。他在执着于研究的同时，也是一位品牌经济实践层面上的开拓者、躬耕者。他参与推动举办了第一个上海品牌发展论坛；参与了我国第一个以品牌为命名的大型博览会——首届长三角（上海）品牌博览会。在姜卫红品牌研究系列中，对此活动以及这些实践均有所记载。

在姜卫红身上有着我国传统知识分子的理想追求，力争知行合一，以知识和实践回馈国家和民族。他承担了不少政府部门委托的品牌政策研究，使他的研究成果充分体现在品牌建设的政策方面。

阅读姜卫红品牌研究系列，还应与他的实践相映照来读，才能更真切地感知他这一品牌经济理论研究以及实践等多方面的阶段性成果的价值，可以说姜卫红同志是在用实际行动贯彻和践行习近平总书记所提出的实现"三个转变"，即"中国制造向中国创造转变、中国速度向中国质量转变、中国产品向中国品牌转变"。真诚地期待姜卫红不仅在我国品牌建设的理论研究层面、政策研究层面、决策咨询层面，还有在实践层面有更多开拓，取得更多建树，为我们这个时代实现伟大的中国梦做出更多贡献。

（作者系品牌中国战略规划院创始人，山西省人民政府原省长，第十届、第十一届全国人大内务司法委员会副主任委员，第十六届中央委员。）

自序

上海品牌的归去来兮

上海是一座令近代中国别开生面的城市，民间对它有一个拍案叫绝的称谓——魔都，一个"魔"字道尽了它在世界城市中独特的性质与风情。当我们站在它充满魔性的土地上，把视野越过它错落有致的天际线，会发现在时间的长河里，长三角的盛衰沉浮，中国的跌宕起伏，乃至于世界的风云变幻，原来只是促使上海赢得今日辉煌的背景。显然，1843年11月17日对上海来说是一个极其重要的关键节点，这一天，英国人乔治·巴富尔以胜利者的姿态在上海老城厢宣布上海开埠。不飞则已，一飞冲天；不鸣则已，一鸣惊人。从此，上海这座普通的县城质变为全国性城市以及远东第一城，成为世界城市品牌中一颗璀璨的明珠。

从长三角范围考察，在不同的历史时期，长三角地区拥有多座不同的全国性城市，它们轮番上场，奠定了长三角地区在全国的地位。这当然与一条河即大运河有关。扬州在隋唐大运河修建完成后，一跃为全国经贸中心；随后南京在五代十国时期，由于地处长江与大运河的交汇点，孕育为全国最繁华之地；杭州作为大运河南端起点，快速兴盛；苏州也缘于大运河而富甲一方。相比而言，在大运河沿线的城市繁华富裕时，上海因远离大运河，仅仅是隶属于江苏的一个小渔村，但在它们的引领下，上海缓缓发育为镇。至开埠时，上海已是我国县城中的后起之秀，它将自己的梦想比喻为"小苏州""小杭州"。再从全国范围考察，有一句顺口溜儿简约地勾勒出中国城市文明发展史："两百年看上海，五百年看北京，一千年看开封，三千年看西安，五千年看洛阳。"其中北京、开封、西安、洛阳无一例外都曾是显赫一时的帝都，北京现在仍是。从长三角来说，杭州、南京也曾做过帝都，苏州也曾为战国时期吴国的都城，唯上海不是。

上海开埠，即两百年看上海的起点，却是近代中国在与世界争锋中跌落谷底之时。从地域上说，这个时候，上海是江南的上海。上海的缓慢崛起，得益于它拥有的两条河——吴淞江与黄浦江，它们不仅与大运河连通，而且与江南地区的河流相贯通，使上海与扬州、南京、杭州和苏州紧密相连，接受这些大城市的区域辐射。上海又滨江临海，在地域上，是江、河、湖、海的交汇。江南，还有全国其他地方的人，沿着这些水路将生意纷纷延伸到上海，又从上海拓展到国内外。他们为方便在上海发展，纷纷在上海设立公所、会馆，例如宁波商人设立的四明公所（1797年）、潮州商人设立的潮州会馆（1759年）等，这些公所、会馆是他们在上海发展的重要依凭。上海的地理位置，无疑具有天然优势。英国人不仅发现了这一优势，而且为获取这一优势资源，无所不用其极。

1832年2月的一天，中国东南沿海海面上，有一艘英国商船"阿美士德"号不畏早春的寒冷，急切地自南向北航行。率领这艘船的是英国商人胡夏米和德国传教士郭士立，他们于同年6月2日来到上海请求通商，但一如他们之前所到的中国其他地方一样，遭到拒绝，更令他们气恼的是，自己在批复文书中竟被称为"夷"。胡夏米对此提出严正抗议，认为这是对大英帝国的侮辱。苏松太道吴其泰为此对他再三解释，这是中国对外国人的通称，无有他意。但为尊重起见，吴其泰还是郑重其事地将他们改称为"英国商人"或"该商"。此事件史称"胡夏米事件"。他们此行是"代表英国东印度公司力谋推广中国贸易，达到将通商从广州扩大到东南沿海的企图，即使无论如何也难以顺利达成的话，那么'胡夏米事件'在晚清中西关系史上对于改变清政府对外观念却起到了重要作用"。[1]显著的改变即中国不再对英国等外国以夷相称。英国人对此当然不会满足，他们急切地需要打开中国市场的大门，而上海正是一座理想的城

1　王垂芳主编：《洋商史（上海1843—1956）》，上海社会科学院出版社，2007年7月第1版，第2页。

市。时隔10年后，英国人用武力打开中国大门，第一次鸦片战争爆发。1842年8月，战败的清政府被迫与英国签订了中国近代史上第一个不平等条约——《南京条约》，该条约将上海确定为五口通商城市之一。盖因上海地处中国乃至东亚大陆海岸线中点，不仅具有通江达海的天然地理优势，而且由此抵达北美和西欧的距离大致相等，中国内陆经此可以快速走向全国、东南亚、欧美等，外洋贸易经此则能迅速深入长江腹地，更方便地占领广袤的中国内陆市场，这就是上海的天然优势。

上海开埠，同时也是中国触底反弹的象征。在五个通商口岸中，上海迅速超越广州，一跃为中国对外最为开放的城市，质变为世界的上海，并一下子繁华富丽压苏杭，让全中国眼花缭乱，让世界惊诧。由于租界的原因，上海成为近代中国动荡中最安稳的地区，身处乱世中人们的向往之城。19世纪50年代，太平天国兵锋指向江南，江南生灵涂炭。例如胡适的老家——徽州的一个小镇——上庄，其时有5000口人，至太平天国结束，只剩600来口人，至今未能恢复。那个时候，江南满眼废墟。苏州人口从1831年的340万至1865年锐减为129万，杭州人口从81万锐减为20万，一度居然降至数万。1853年8月至1855年2月，上海老城厢爆发小刀会起义，迅速扩展到青浦等周边地区。江南遂由天堂沦为地狱，满目疮痍。在近代中国发生的诸多战争，例如中法战争、八国联军侵华战争、日俄战争、辛亥革命、江浙战争、北伐战争，乃至抗日战争的前期，上海租界（包括英租界、美租界、法租界等）由于享受治外法权，在各种战争中保持中立状态，一直相对安稳。江南地区不管有钱的没钱的，争先恐后奔向租界，租界尽可能地给予他们庇护，从而获得大发展的资金以及廉价劳动力，同时带动华界发展，一批上海品牌由此应运而生。上海就在这样的中西交互中一骑绝尘。1927年，国民政府将上海设立为特别市，上海从此脱离江苏行政区划，直属中央。

英国人率先为上海带来了西方先进的科学技术等工业文明，当然还有其特有的宗教文化等。就在开埠这年，英国人急不可耐地在上海开办墨海书馆，向中国广泛传播西方宗教以及西方科学技术文化。该馆于1863年停办，但其巨大的品牌影响并没有因停办而中断。在它停办之际，洋务派官员们借鉴它创办了广方言馆，令中国自此有了对西方自觉的文化传播与教育的文教品牌，促使上海成为洋务运动重镇。1865年，由洋务派领袖——湖南人曾国藩拍板，洋务派重臣——安徽人李鸿章具体操办，江南机器制造总局在上海黄浦江畔横空出世。这个时候曾国藩不会想到，若干年后在江南机器制造总局内，一个与他有亲戚关系的男孩蔡和森在此呱呱坠地，日后，蔡和森与他的同学毛泽东等人在长沙共同发起成立湖南新民学会；更不会想到，毛泽东在1919年3月来到上海送蔡和森等新民学会成员赴法国勤工俭学，此后又多次来到上海，而且1921年7月，中国共产党的第一次全国代表大会在上海召开，毛泽东是出席第一次全国代表大会的十三个代表之一。日后，他带领中国人民，让羸弱的中国从此在世界民族之林中站立起来，一雪第一次鸦片战争带来的百年国耻。时至2008年，安徽纳入长三角版图，成为长三角大家庭中的一员，李鸿章居然由此也成为长三角人。历史便是如此吊诡。

江南机器制造总局的问世，意味着中国现代民族品牌的兴起，是中国触底反弹的重大标志。之前，上海的品牌犹如全国其他地区的品牌一样，局限于传统的手工业、中医药业和餐饮食品业等，其中松江布一度闻名遐迩，具有世界影响。本土品牌中至今仍葆有强大品牌生命力的有顾绣、群益药店、吴良材眼镜、童涵春堂等，从江南等其他地方迁移而来的品牌有曹素功墨庄、周虎臣笔庄等。江南机器制造总局是中国近代军事工业品牌的开端，是稍后诞生的江南造船厂的前身，是"中国近代民族工业的发源地"。涉及民生的工业品牌则一直到1872年轮船招商局的成立才得以问世。1878年上海机器织布局创立，中国从此有了自己的机器棉纺织工厂。从所有制来说，这些大企业要么直接是官办，要么是官督商办，总之，均有官的背景。如今，江南造船厂已于1996年改制为"江南造船（集团）有限责任公司"，位居我国高科技船舶制造企业之首，乃中国船舶工业的排头兵。轮船招商局在新中国成立后移往香港，正是它日后一手推动深圳改革开放，在1979年创立了由它全资开发的中国第一个外向型经济开发区——深圳蛇口工业区。整个晚清时期，外国品牌在上海发展并通过上海深入中国内陆，总体上占有绝对市场优势，上海乃至全国任由列强"被品牌"。中国的一批有识之士，尤其是一批企业家，从国家制度重建到自主品牌塑造，不甘落后，披肝沥胆，励精图治，努力向西方学习，通过模仿创新、集成创新和原始创新等各种方法，在促进品牌建设的制度层面，在具体的区域品牌、企业品牌和产品品牌的塑造等方面全面师夷，追赶西方，与西方列强展开激烈竞争，表现极其突出，领先全国。

20世纪二三十年代，上海品牌发展的制度层面以及实践层面，均迎来了"黄金十年"，工业品牌、服务品牌、购物品牌和文化品牌等各类品牌全面兴盛。1934年，上海地区的注册商标一度占全国的86%。从所有制来说，各种所有制品牌竞相迸发，涌现出的工业品牌有亚字牌灯泡、五华牌伞、华通牌开关、华生牌电扇、康元牌铁皮罐头、关勒铭牌金笔等。从区域分布看，商业品牌主要集中在上海老城厢、英美租界以及法租界等商业圈或商业街，例如老凤祥、恒源祥、宝大祥、信大祥、新新美容城、培罗蒙、杏花楼和永安公司等。工业品牌密集地集中于黄浦江、吴淞江（流经上海市区的吴淞江俗称苏州河）和肇嘉浜等河道两岸：在吴淞江畔诞生的有上海老妙香室粉局、公和永缫丝厂、阜丰面粉厂、福新面粉七厂、申新纱厂、天厨味精股份有限公司、中华科学仪器馆、信谊药厂、大隆机器厂、上海造币厂、斯坎脱维亚啤酒厂、中国纺织建设公司等；沿黄浦江、肇嘉浜诞生的除各类港口码头以及江南机器制造总局（江南造船厂的前身）之外，工业品牌有求新机器造船厂、泰山面砖、裕丰纱厂、杨树浦水厂、外白渡桥、上海东区污水处理厂、大中华橡胶厂、景福针织厂、五洲固本肥皂厂、中国钟厂、康泰食品厂等。其中信谊药厂、斯坎脱维亚啤酒厂、中国纺织建设公司、外白渡桥等分别由外国人创立。

在抗日战争以及解放战争中，上海的欧美外资品牌和民族品牌均颇受影响。1937年11月至1941年12月的"孤岛"时期，上海的民族品牌一度迎来兴盛局面，但随着太平洋战争的爆发，日军接管"孤岛"，无论民族品牌还是外资品牌，都不可避免地急剧衰落。在解放战争时期，美资品牌横行。新中国成立后，在计划经济时期，外资品牌纷纷退出上海、撤出中国，留下来的变身为国有品牌。在西方资本主义国家的围堵中，上海又质变为中国的上海。在推行社会主义计划经济时期，一大批民营品牌在公私合营中，相继过渡为国有品牌或集体所有制品牌。在全新的制度下，许多上海品牌例如商务印书馆、中华书局等，在国家要求下迁往北京等全国许多地方，有力地带动了其他地方的品牌发展；同时坚持自力更生，涌现出永久牌自行车、凤凰牌自行车、上海牌手表、蝴蝶牌缝纫机、海鸥牌照相机、上海牌轿车、光明牌冷饮等新兴品牌，风靡全国，一时间成为国人时尚潮流、品质生活的代名词，其中不少品牌还为国家出口创汇。随着改革开放、市场经济勃兴，上海又成为世界的上海。在上海，一批老品牌因主客观原因，无奈衰落，但也有不少老品牌得到长足发展，例如老凤祥、恒源祥、马利、回力等；一批新品牌快速崛起，诞生了宝钢、上汽、绿地、银联、振华港机等；上海也成为施贵宝、罗氏等众多跨国公司品牌进入中国的首选地。与此同时形成了淮海中路、陆家嘴、五角场、徐家汇等新商圈品牌，张江、漕河泾、金桥、外高桥和市北高新区等园区品牌，《收获》《萌芽》《故事会》等文学期刊品牌，上海之春国际艺术节、上海旅游节等节庆展会品牌，等等。一些衰落的老品牌在退出市场后，其原址随着城市更新，摇身一变为工业遗产，或成为文物保护点，或成为文化创意产业的上佳宝地等。例如，福新第三面粉厂变身为上海普陀区第一批文物保护点，申新纺织九厂变身为上海纺织博物馆，阜丰面粉厂变身为M50艺术产业园，杨树浦水厂变身为上海自来水博物馆，东区污水处理厂变身为上海排水科技馆，等等。肇嘉浜作为河流已经消失，代之以宽阔的肇嘉浜路。那些黄浦江畔滨水的工业遗产塔吊、烟囱等，成为滨江大道上夺目的风景，向人们诉说这座城市的沧桑，令游客凭吊，不胜枚举。

在2014年4月举办的第三届上海品牌发展论坛上，上海在全国省级层面率先提出从产品经济向品牌经济转变，品牌建设从微观层面的经济现象跃升为上海建设国际化大都市的一种重要的经济发展方式，即品牌经济发展方式，以品牌驱动提升上海经济实现高质量发展，打造全球卓越城市。2016年8月，由上海市政府办公厅印发的《本市贯彻〈国务院办公厅关于发挥品牌引领作用推动供需结构升级的意见〉的实施办法》（沪府办〔2016〕38号），首次明确提出上海"积极推进本市品牌经济发展"，并明确以"诚信立本、科技创新、质量保证、消费引领、情感维护"为内涵，探索构建由城市品牌、产业（区域）品牌、企业（产品）品牌三个层次所组成的品牌经济发展体系，从市场主体、品牌保护、专业服务和政策支持四大方面系统推进。2018年4月，中共上海市委、市政府更是向全市印发了《关于全力打响上海"四大品牌"率先推动高质量发展的若干意见》，将上海服务、上海制造、上海购物和上海文化"四大品牌"分解到上海市发展和改革委员会、上海市经济和信息化委员会、上海市商务委员会、中共上海市委宣传部等部门，这些部门分别迅速制订了全力打响"四大品牌"的三年行动计划，试图经过努力，形成一批具有国际影响力的名企、名家、名师、名校、名医、名院、名胜、名品、名园、名店、名街、名展、名赛、名节、名会等，有着明确的目标和任务，再次彰显上海作为全国高质量发展和高品质生活的标杆引领效应，系上海市构建现代化经济体系的重要举措，是我国现阶段以及未来相当长的时间里，现代化经济的主体性经济特征即品牌经济发展的深刻反映。

综上所述，上海品牌经济发展像一面多棱镜，生动地折射出上海城市发展史，近代中国开放史、革命史、现代化发展史、经济发展史、工商业发展史和企业发展史，同时展现出一批在我国经济舞台上长袖善舞的民族企业家的群像，两者互为印证。本书主要从近代全球化发展这一视角，回顾与梳理上海不同历史时期品牌发展以及品牌经济的成因。根据略古详今的原则，本书将上海品牌经济发展分为五个阶段：一是开埠之前，这是漫长的农耕时期的上海品牌经济发展时期，对于现代意义上的品牌经济发展而言处于无意识状态；二是晚清时期，这一时期是上海现代工商业品牌的萌发时期，在制度建设以及企业品牌建设方面，均具有开创意义；三是民国时期，这是上海品牌的快速发展期，一大批各类品牌蓬勃兴盛；四是新中国成立至今，传统品牌有的衰落，有的获得新生，新兴品牌不断涌现；五是当下与未来，对当下上海品牌现状做出客观梳理，在此基础上，对上海品牌未来发展前景做出应有的思考。本书的具体叙述架构，注意从时代变迁、国际变化、制度变化、理念变化等不同角度，同时从城市品牌、产业（区域）品牌、企业（产品）品牌等几个层面齐头并进，尽可能以此客观展现上海品牌经济发展全貌。此外，本书讲述了上海在不同历史时期，其城市品牌、产业（区域）品牌、企业（产品）品牌这几个层面如何一步步走向全国领先地位，并一举奠定作为中国现代化发祥地的历史地位，造就中国文化的崭新形态，或者说异数——海派文化。本书内容对当下我国在新一轮全球化中如何推进品牌经济发展，嵌入全球价值链中高端，上海如何更好地打响"四大品牌"、服从并服务于国家战略、建设成为全球卓越城市，具有良好的历史启迪意义。

目　录

第一编
晚　清

第一章　优质与诚信

（1843年之前）

上海的历史可以追溯至六七千年以前，与华夏文明相同步，但在隋唐之前长期属于欠发达地区，"地广人稀，饭稻羹鱼，或火耕而水耨"[1]，与它所处的广袤的江南地区一样，是国家政治与经济的边缘。简称"沪"，源于上海古代渔民发明的一种竹编的捕鱼工具"扈"；另一简称"申"，据说源于春秋战国时楚国春申君的申，此地乃春申君黄歇的封邑之一。自先秦到唐宋，在中国经济重心由中原向沿海转移的过程中，江南经济开始突飞猛进，一跃为中国富庶之地。上海在这一进程中经历了一个缓慢上升的时期，由于拥有优越的地理位置，随着海岸线不断东移，从一个小渔村迅速发展为一座欣欣向荣的市镇。在1843年开埠之前，上海已经是江南的一座重镇，拥有20万人口，与海内外经贸往来密切，吸引各地品牌来到上海设立分店，例如曹素功墨庄（1667年）、京都达仁堂（1669年）、周虎臣笔庄（1694年）、翁隆盛茶号（1738年）和王大隆刀剪（1798年）等，上海使它们获得了新的发展机会。同时一批本地品牌快速崛起，例如露香园顾绣（1522年）、嘉定竹刻（1567—1619年间）、枫泾丁蹄（清道光年间）、吴良材眼镜店（1719年）、王宝和酒家（1744年）、余天成药业（1782年）、童涵春堂（1783年）、豫园湖心亭茶楼（1784年）、裘天宝黄金珠宝（1830年）、鼎泰丰纸店（1836年）和程裕新茶行（1838年）等。它们如今是上海的中华老字号或非物质文化遗产，或两者兼而有之，是上海城市发展的见证与缩影。

1　司马迁：《史记·货殖列传》第10册，中华书局，1959年版，第3270页。

第一节 地理变化与行政区划

上海位处中国海岸线中点。在历史上，上海以南的海域被称为南洋，以北的海域被称为北洋。英国人费唐法官对它在世界地理版图上的位置如此描述："上海处于中国东端和南北海岸线的中点，在世界地图上具有非常优越的地理位置。从世界上最发达的两大工业中心地区——西欧和美国东部——到上海的海运距离和航行时间是几乎相等的，因而两地的商人在这个港口可以以等同的运输条件开展竞争。……印度、西伯利亚、东印度群岛、澳大利亚、日本和美国西岸，全都与上海有直接的海洋航线。"[1]

在春秋时期，上海属吴国，战国时期属越、楚，深受吴越文化影响，并且自身也是吴越文化的组成之一。在唐天宝十年（751），"政府割昆山县南境、嘉兴（原由拳县）东境与海盐北境，置华亭县，设治于今松江县城"。[2]上海地区从此有了属于自己的独立县治，上海由其管辖，华亭县由苏州府管辖。此时华亭县最为繁华的是因吴淞江、青龙江而兴盛的青龙镇，其遗址位于现在的上海市青浦区白鹤镇，至今还有青龙寺、青龙塔等遗迹，其治下还有青龙村，以示对当年青龙镇的纪念。青龙镇在华亭县设立之前，即唐天宝五年（746）设镇。青龙镇在历史上的繁荣时期有100多年，有"小杭州"之称，与国内外有商贸往来，是古代海上丝绸之路的重要港口之一。"随着吴淞江（即今苏州河）淤塞越来越严重，经多次疏通仍难改变，上海的海岸线仍不断往东推进，青龙镇的航运功能日渐消失。"[3]"原来海舶已无法溯沪渎直上青龙镇者，此时即改从江浦合流处向南碇泊于上海浦右，亦即今南市区（现黄浦区）小东门十六

---

1 转引自张忠民主编：《近代上海城市发展与城市综合竞争力》，上海社会科学院出版社，2005年10月第1版，第24—25页。

2 丁日初主编：《上海近代经济史》第1卷，上海人民出版社，1994年10月第1版，第1页。

3 詹皓：《青龙镇遗址考古新成果，改写上海开埠前是"小渔村"说法》，东方网，2016年12月9日。

浦的岸边，这个聚落发展起来的港口镇，于南宋咸淳三年（1267）有了市舶司的设置；镇东面临黄浦入注吴淞江的一段南北河道，旧名上海浦，当时上海镇的名称就开始出现了。"[1] 须知早在"公元1008年，北宋大中祥符元年，宋真宗就已在这一带设置专门管理酒税的机关——酒务。因地近上海浦，称为上海务"，[2] 是上海最早的行政机构，也是上海最早的经济管理部门。1074年，北宋熙宁七年，上海建镇，隶属华亭县。

元至元十四年（1277），元政府再次在这里设立市舶司，负责海上贸易，令它与泉州、庆元（今浙江宁波）、澉浦（今属浙江海盐）等港口外贸地位相等同，为全国七大市舶司之一。"每岁招集舶商，于番邦博易珠翠、香货等物。及次年回帆，依例抽取，然后听其货卖。"（《元史》卷四十九《食货·市舶》）镇内"有榷场，有酒库，有军隘、官署、儒塾、佛宫、仙馆、氓廛、贾肆，鳞次栉比，实乃华亭东北一巨镇也"。（唐时措：《建县治记》，弘治《上海县志》卷五《建设志》）至元二十四年（1287），上海设都漕运万户府，成为江南向北方漕运的重要枢纽。至元二十九年（1292），由于华亭民物繁庶难理，华亭县划出东北的长人、高昌、北亭、新江、海隅五乡凡二十六保，将上海镇的行政设置升格为上海县，县城设于上海镇，与华亭县同为松江府管辖。上海县领户72 500余，平畴沃野，东依洋海，北枕吴淞，交通便捷，兼有鱼盐蒮苇之利。在明洪武年间（1368—1398），上海县税额占松江府五成以上，一跃为东南壮县。天历三年（1330），沙船漕运达到最盛时期，年运漕粮达350万石之巨。明嘉靖三十二年（1553）九月，为防范倭寇侵扰，上海县开始筑城。城防的修筑有效地抗击了倭寇侵扰，促进了县城建设。明中叶以后，它一直是上海县的政治、经济和文化中心，俗称老城厢。

上海县后来居上，其周边地区也快速发展。一是嘉定、崇明。南宋宁宗嘉定十年（1217），割昆山之安亭、春申、临江、平乐、醋塘五乡凡二十八都，

---

1 丁日初主编：《上海近代经济史》第1卷，上海人民出版社，1994年10月第1版，第2页。

2 颜维琦：《民俗学者探讨"上海务"与上海城市文化记忆》，光明网，2015年8月27日。

以年号为名，设立嘉定县，县署设于练祁市（今嘉定镇），于元成宗元贞元年（1295）升州。崇明作为岛屿于唐初浮出水面，此后日长夜大，先设镇，元至元十四年（1277）因民居繁庶置州，为崇明州，隶属扬州路。二是元至清，松江府在原有华亭县、上海县的基础上陆续析置调整，下辖华亭、上海、金山、青浦、娄县、奉贤、南汇和川沙抚民厅"七县一厅"，加之直隶太仓州的四个县：镇洋县、崇明县、嘉定县、宝山县，松江府共拥有十一县一厅。自清顺治十八年（1661）后，它们分别隶属于苏州府与松江府，一直延续到近代。三是一批新兴市镇相继诞生，在不同时段对上海的城市发展均产生了积极影响，与上海镇一同构成了上海城市品牌文化的根。有的市镇老树开新花，被列入中国历史文化名镇，分别为枫泾镇（金山区，第二批，2005年）、朱家角镇（青浦区，第三批，2007年）、新场镇（浦东新区，第四批，2008年）、嘉定镇（嘉定区，第四批，2008年）、南翔镇（嘉定区，第五批，2010年）、高桥镇（浦东新区，第五批，2010年）、练塘镇（青浦区，第五批，2010年）、张堰镇（金山区，第五批，2010年）、金泽镇（青浦区，第六批，2014年）、川沙新镇（浦东新区，第六批，2014年）。这些镇一方面较好地保存了当年繁盛时的街容街貌，另一方面保留了一批历史悠久的品牌，例如南翔镇的南翔小笼包，枫泾镇的三大特产丁蹄、状元糕、大杏豆腐等，高桥镇深刻体现上海工匠精神的"三刀一针"（泥刀、菜刀、剪刀、绣花针），而世界闻名的上海外滩万国建筑群，三分之一为高桥人所建。

在顺治十六年（1659），上海就已经有关于对假冒商标的查处记录，苏松两府应松江布商字号朱嘉义、朱金兰、金三阳等要求，立碑告示："今后商牙，各守各业。如有奸牙地棍觊觎字号，串同客贾，复行假冒，起衅生端，上误国课，下病商民，许即指名报府，以凭立拿，究解抚院，正法施行，决不轻贷！"[1]之后在乾隆元年（1736），松江府再次通过刻碑警告那些苏郡布商冒立字

---

1 《苏松两府为禁布牙假冒布号告示碑》，上海博物馆编：《上海碑刻资料选辑》，第84—85页。

号、招牌，以此整顿土布市场秩序。清道光五年（1825），上海绮藻堂布公所专门制定的《牌律》，是我国民间最早、内容最完整的牌号管理行业自律范本，在上海工商管理史上以及上海品牌史上具有里程碑意义。

第二节　产业发展与品牌兴起

上海的产业发展与品牌兴起当然不能局限于原上海县，而应从现在上海全市版图上扫描。在上海城市崛起的过程中，上海县与其周边的县、镇形成了不可分割的一体化发展态势。单就上海县来说，从最早设置的上海务看，其时有"女人踩曲，男人酤酒"的习俗。上海最早的产业品牌应是酒业，较为著名的酒品牌有雪香亭、九峰酒、清酒、刘酒和商榷酒等。放之于更大范围、更长时间里考察，上海地区最早的产业，从农业来说，起自渔盐之利，盛于稻棉种植，主要还包括渔业、盐业、谷业、棉纺织业、沙船业和商贸服务业，当然还有与这些产业发展密切相关的钱庄等，由此形成了相应的产业品牌。企业品牌和产品品牌如露香园顾绣、濮刀、松江鲈鱼、清水蟹、金钱蟹、橄榄瓜等，区域品牌有沙船、松江布等，人物品牌有黄道婆、徐光启等。

一、盐业与盐文化品牌

在历史上，上海地区一直是全国著名的产盐区，属于松江府的各产盐区归属两浙盐区，崇明盐场属于淮盐系统。"沿海地带遍设盐场，置盐官，编灶民，所产盐量甚大。"[1]不少古镇因盐而兴，新场镇就较为典型。它约在南宋建炎二年（1128）建镇，至今已有800余年的历史，得名源于下沙盐场之南迁形成新的盐场，故名"新场"，其产盐量高居浙西27个盐场榜首。几乎在建镇的同时，两浙盐运司署迁来新场。元代初年，两浙盐运司署松江分司迁衙于此，统管浦

东、袁部、青村、下沙、下沙二、下沙三、青浦、天赐等八大盐场。它周边还有同为因盐而成、因盐而兴的市镇八团、六灶、三灶、航头等。元代上海地区制盐业达到顶峰，新场的海盐制造技术卓群，驰名江南，享誉华夏，承担的税赋高于宋代。元统年间（1333—1335），时任下沙场盐司陈椿通过实地考察盐业生产全过程，编撰《熬波图》一书。该书图文并茂，每幅图配一首诗，生动而详尽地介绍了煮海作盐的生产全过程以及工役之劳，后被收入《永乐大典》，列于史部·政书类，不仅是上海地区海水制盐手工技艺的宝贵资料，而且是中国最早系统描绘制盐的图书。对于新场的一时之盛，民间这样形容："浦东十八镇，新场第一镇。"明弘治年间《上海县志》如此描述："赋为两浙之最，四时海味不绝，歌楼酒肆贾街繁华""商贾辐辏""县犹未及""十三牌楼九环龙，小小新场赛苏州"。还有"银新场"之说。也就是说它的兴旺超过了上海县城以及时为全国大城市的苏州。经济的繁荣有力地促进了文化发展，新场镇以及周边因盐而兴的市镇民间至今流传着不少关于盐的传说以及民间文艺。例如歌曲《挑盐蔀》，民间舞蹈《卖盐茶》，还有锣鼓书、浦东派琵琶、江南丝竹等曲艺形式，其中锣鼓书、浦东派琵琶被列为第一批、第二批国家级非物质文化遗产，《卖盐茶》和江南丝竹均系上海市级非物质文化遗产。它们如今成为这些市镇优秀的传统文化，进行乡土教育以及推进现代文化创意产业发展重要的文化元素，区域品牌的靓丽名片。

至明代隆庆、万历年间（1567—1620），上海地区沿海海水趋淡，盐业因此凋零，继之于棉业兴起，种植棉花成为上海这些盐民新的生计。

二、谷业以及谷业食品品牌

清中叶上海文人叶梦珠在其所著《阅世篇》中这样形容上海农民的种植情况："吾邑土高水少，农家树艺，粟菽、棉花参半。"其实整个松江地区莫不如此，临近海域的土壤，适宜种棉，也适宜种植豆麦，与全国其他地区相比，豆麦的绝对产量一直较高。离海较远的西部地区在粮食种植方面，则宜以种稻，因以种稻为主，农业生产水平在全国处于领先地位，水稻生产在唐朝末年被誉为"苏湖熟，天下足"。一是品种多，培育有粳稻、香粳、红莲稻、箭子稻、籼稻、金城稻（上海人俗呼赤米）、旱稻、糯稻等，粳稻中又有瓜熟稻、百日稻、白芒稻之别，其中尤以瓜熟稻为贵。二是季节性稻，有以春分时种的早稻，芒种节种的中稻，夏至后种的晚稻。三是合理安排农时，精耕细作，讲究养田轮休，谷物间种植黄豆、绿豆、赤豆等杂粮作物，做到相互衔接，使土地不仅保持较高肥力，而且得到充分利用。"安史之乱"后，"天下仰给东南"，华亭县大量稻米作为贡米运入京城长安，是江淮漕粮的重要供给地。据明正德《松江府志》的主纂人顾清所著《傍秋亭杂记》载，南宋绍熙时（1190—1194），华亭县亩产稻谷2—3石（150—225公斤），成为当时粮食亩产量最高的地区。至明弘治年间（1488—1505），松江一府的粮食产量达940万石（约70.5万吨）以上。其中除留作农民口粮和向朝廷缴纳赋税之外，不少作为商品粮提供给市场。[1] 在明代，松江府承担的税粮高于苏州府，"以洪武二十六年（1393年）实征米麦数计算，松江府是以全国0.6%的田地，承担了全国4.14%的税粮"。[2]

这些谷物除供日常食用疗饥、缴纳租赋之外，还是诸多具有上海地方特色的食品的极佳原料，孕育并推动了上海地区食品业的发展，同时是上海风俗、上海饮食文化的重要组成部分。例如年糕、青团、印糕、云片糕、粽子、汤圆、大饼、糍饭、烧卖和小笼馒头等：过年了要蒸年糕，吃年糕；清明时祭祖，要吃青团、印糕；端午节要吃粽子；结婚砌屋要吃云片糕、汤圆；大饼、糍饭、烧卖和小笼馒头平常早餐食用，等等，极其丰富。一些商家以此为业，诞生了专门生产销售这些食品的商店，一部分非物质文化遗产、中华老字号即源于此。例如下沙烧卖、高桥松饼和上海米糕等，其食品制作技艺被列为上海市级非物质文化遗产。其中下沙烧卖，相传源于明代抗倭。当朝派兵来下沙剿倭，"由于平倭大军人多，乡人们和粉捏皮，剁肉拌馅，当时恰逢新笋出土，便用竹笋

1　《上海农业志》编纂委员会：《上海农业志》，上海社会科学院出版社，1996年3月第1版。

2　梁方仲：《中国历代户口、田地、田赋统计》，上海人民出版社，1980年版，第435页。

和肉做馅，包起了馄饨不像馄饨、饺子不像饺子的点心，上笼蒸熟。新出笼的美味点心深得将士们喜爱，有人问这是什么点心，乡人们风趣地回答：'边烧边卖。'烧卖由此得名。自此以后，每逢春季，烧卖作为时令点心应市"。[1] 高桥松饼"源于当地人民家家户户善做塌饼的习俗，每逢节日喜庆，新娘子回门，生小孩十二朝，当地人都会做包馅的塌饼，用于招待和馈赠亲友"。[2] 上海米糕缘起于清乾隆年间（1735—1796）松江人叶榭同情远方而来的船民，特意发明制作的一种糕点，带给船民在异乡的安慰。"因其香糯的味道、讲究的制作工艺，渐渐成为广受喜爱的当地特色美食，历经四百余年，不失魅力。民间有顺口溜曰，'浦南点心三件宝……亭林馒头张泽饺，叶榭软糕刮刮叫'。也有诗曰，'宾鸿飞处白云垂，倦向山村寄一枝。叶榭软糕张泽饺，临风桄触几番思'。"[3] 具有浓厚的人性的温暖。

三、棉花种植以及棉纺织业品牌

在南宋时期，上海地区开始种植棉花，由于其经济价值明显高于粮食作物，并且能抵赋税，棉花种植迅速得到推广，为棉纺织技术以及棉纺织品国内外贸易的发展奠定了坚实基础。其生产的棉纺织布享誉海内外，形成了从种植、制造到销售的良好的产业品牌生态，涌现了一批企业品牌、产品品牌乃至人物品牌，又较好地引领棉纺织业健康发展，是全国棉纺织业中心。

上海植棉从外地传入，明正德《松江府志》记载："木棉本出闽广，可为布，宋时乡人始传其种于乌泥泾（今徐汇区华泾镇），今沿海高乡多植之。"也就是说上海植棉最早的传入地是乌泥泾，之后才在上海、常熟和太仓等地推广开来。快速推广有赖于当时国家政策的鼓励："早在元代，就在江南设立木棉提举司，提倡植棉，负责征收棉花、棉布。在税制上，则规定可用木棉布、绢、

1　张宏主编：《浦东非遗》，浦东新区政协文史丛书之二十六，第163—164页。

2　同上书，第99页。

3　李君兰、邵家声：《上海米糕缘起陪着漂远方》，载《新民晚报》2016年6月3日。

丝诸物缴纳。"[1]这些措施极大地激发了农民的植棉积极性。明代继续明确要求栽种棉、桑、麻等经济作物。与其他地区缴税相比，朝廷以松江为产布之地，只令一府输纳，其余府县征米如故。也就是说唯有松江地区才可以折布纳官，以布代粮，并成为惯例，促使种棉业飞速发展。到明万历年间（1576—1619），棉花已成为上海地区主要农作物之一，"官民军灶垦田凡二百万亩，大半种棉"，在上海以及周边地区形成了一个沿江、沿海大面积种植棉花的专业生产区。明末清初，上海、嘉定、宝山、川沙、南汇、奉贤和崇明等县（厅）形成了"棉七稻三"的种植格局。

在棉布生产方面，松江在全国首屈一指。首先反映为棉花收购，出现了一批专门从事棉花交易的花行、花庄，上海因此成为全国著名的棉花交易市场之一。这些花行、花庄的大量存在，"给广大棉纺织手工业者带来了实惠与便利，非产棉区织户，或不种棉花的农家，皆可在市场上买回原棉，而后纺纱织布，减少了流通环节，生产成本相应降低"。[2]其次反映为具体生产组织。一是家庭作坊式生产，这是棉纺织业的主要生产经营方式，家家纺纱，分散经营。二是官营织造局，规模化生产。元代至正年间（1341—1368），元政府专门成立了苏州织造局，明代也设有相应的总织局、织染局，负责棉布等生产，其生产的棉布是为了满足宫廷和官府的需求，也因此有了专职的生产工场和生产工人。然而究其具体生产，相当一部分棉布还是通过承包到户，分散到家庭生产。在此基础上，形成了以镇为单位的生产基地品牌，例如朱家角镇、三林塘镇、周浦镇和南翔镇的棉织业生产。三是生产设备的技术改进。由于棉纺织业巨大的市场需求，极大地促进了棉纺织生产设备的改造与提高，形成了几个有名的染坊品牌以及纺织机械设备制造基地品牌。染坊品牌著名的有松江枫泾镇和洙泾镇，相较于其他地方，其染色技术含量高，并用石滚将棉布压平整光的踹坊较

1　熊月之主编:《上海通史》第2卷，上海人民出版社，1999年第1版，第126页。
2　同上书，第128页。

为兴旺。这里布号林立，"染坊、踹坊""悉从之"。[1] 纺织机械设备制造品牌有：一是青浦金泽镇，以生产纺车、锭子见长，"锭子出金泽，以铁为之，其形似针，长八寸，首尾皆尖，而锐凹其中，使钩之以牢于车焉。纺车，出金泽谢氏"。[2] 故有"金泽锭子谢氏车"之说。二是松江朱泾、吕巷，则有"朱泾锭子吕巷车"的流传。三是嘉定黄渡镇（现为安亭镇），黄渡出布机，即徐家布机，"出于徐氏而闻名，坚致耐用，并且在布机的横木上注明某年某月某房造，颇有声誉"。[3] 它们在技术上精益求精，以质量以及使用功能的先进性取胜，尽管"价亦稍昂"，但依然深受织户欢迎，是上海早期的工业制造业品牌。

在棉布贸易方面，上海地区的所产棉布行销海内外，松江布作为区域品牌具有巨大的品牌效应，在明代前期享有"木棉文绫，衣被天下，可谓富矣"之誉。明万历以后，用松江西郊生产的尤墩布制作暑袜，被称为"尤墩暑袜"，上海、周浦生产的手巾，则被称为"高丽手巾"，均闻名遐迩。松江布行销全国各地，近售杭、歙、清、济，远销蓟、辽、山、陕、闽、粤等地。康熙年间（1662—1723），松江孙姓商人在京城专门开设松江布专营店。18世纪乃至19世纪的前20年，松江布为自己开拓出了一片拥有一定规模的海外市场，"民国纪元前一七四年，东印度公司……试购百匹，即浦东、浦西一带所供，是为我国纺织品输出之嚆矢。嗣后逐有输出。"[4] 其输出的棉布为紫花布，这种布的主要特点是不易褪色，在当时易褪色的土布中可谓一枝独秀。它不仅在英国风行一时，并赢得美国市场，美国市场的销量高于英国市场。嘉庆、道光年间（1796—1851），每年销往英国的上海棉布多达80万匹，少时也有20万匹之巨；销往美国的则高达300多万匹。与此同时，行销南洋。

1　江苏社会科学院《江苏史纲》课题组著：《江苏史纲》古代卷（王文清主编），江苏古籍出版社，第643—644页。

2　清光绪《青浦县志》卷二。

3　熊月之主编：《上海通史》第2卷，上海人民出版社，1999年第1版，第130页。

4　《沪市土布业近况调查》，转引自徐新吾主编：《江南土布史》，上海社会科学院出版社，1992年版，第96—97页。

针对市场需要生产。上海等各地生产的棉布注意品种研发，品类更新，棉布布匹不仅长度不一，而且花色品种极多，深受消费者欢迎。"据嘉庆《松江府志·物产》记载，清代松江地区生产的棉布，比较著名的品种就有扣布、稀布、飞花布、斜纹布、梭布、药斑布和紫花布等若干种。"[1] 在市场竞争中，出现了一批著名品牌。例如，宫廷例用松江三棱布制衣，是当时的高档进贡衣料；大众类品牌丁娘子布则来自松江府城门外双庙桥丁氏，"弹棉花极纯熟，花皆飞起，用以织布尤为精软，号丁娘子布，一名飞花布"。[2] 明代松江人范濂在其所撰《云间据目抄》卷二《纪风俗》中分别介绍了当时的两款名布及所受欢迎的盛况，一为尤墩布，用尤墩布织的暑袜，极轻美，远方争来购之。故西郡治西郊，广开暑袜店百余家。合郡男妇，皆以做袜为生，从店中给筹取值，亦便民新务。二为云布，这是丝棉相结合的一种丝棉织品，以丝作经，以棉纱为纬，也称丝布，由于布纹精细，色泽鲜妍，每匹价至三金，依然四方争购。与三纱布、番布、缣丝布、药斑布等构成了高档名牌系列，在正德年间（1506—1522）畅销京师。再如崇明大布，阔一尺、八寸不等，长八九丈，因他郡所无而通行各省。

黄道婆（1245—1330）。松江布之所以长时期经久不衰，当然与一个人有着密切关系，这个人便是乌泥泾人黄道婆。作为松江布的奠基者，宋末元初杰出的棉纺织专家，棉花最早传入之地乌泥泾的一名女性，据传她幼时家贫，沦为童养媳，因不堪婆婆、丈夫的辱骂与毒打，从上海乘坐海船，远走海南岛崖州谋生。当时的崖州无论棉花种植技术，还是棉纺织生产都要比上海先进。她向当地植棉能手、棉纺织业高手虚心学习，勤于钻研，从而掌握了当时最为先进的植棉以及棉纺织生产技术，于元代元贞年间（1295—1297）毅然返回家

1　江苏社会科学院《江苏史纲》课题组著：《江苏史纲》古代卷（王文清主编），江苏古籍出版社，第643—766页。
2　清嘉庆《松江府志》卷六《物产》，转引自熊月之主编：《上海通史》第2卷，上海人民出版社，1999年第1版，第133页。

乡。她以向乡人传授先进的纺织技术、使用先进的纺织工具为人生旨归。在传授中，她又不断加以改进，使松江的棉纺织业面貌为之焕然一新，并且泽被后世。元代人陶宗仪（1329—约1412）因避战乱，从家乡浙江黄岩来到松江华亭居住，入赘松江都漕运粮万户费雄家。他在其所著《南村辍耕录》卷二四中真实记述了黄道婆的传授以及所取得的实际成效，"乃教以做造捍弹纺织之具，至于错纱配色，综线挈花，各有其法。以故织成被、褥、带、悦，其上折枝团凤棋局字样，粲然若写。人既受教，竞相作为。转货他郡，家就既殷"。晚清文人、江苏吴江人王韬（1828—1897）在其《瀛壖杂志》卷二这样记述："自黄姑归后，织纴器具大备，机杼之声，比户相闻。濒海百里，数十万赋税，实半赖之。昔完正课之外，尚有余布，是以人民称殷实焉。"黄道婆死后，当地人为纪念她的杰出贡献，至元二年（1336），为她立祠，岁时享祀，并且留下了不少记述她事迹的书籍、文章和民谣。民谣如"黄婆婆、黄婆婆，教我纱、教我布，两只筒子两布匹"。上海不少地方还建了纪念她的建筑，例如上海南市区建的先棉祠，尊奉她为布业之祖，等等。今日，还有以她的事迹而演绎的舞剧《黄道婆》、电视连续剧《衣被天下》等。徐汇区华泾镇在2002年3月动工兴建了黄道婆纪念馆，由墓园和纪念馆两部分组成。2004年，黄道婆纪念馆被列为上海市科普教育基地。2006年，黄道婆乌泥泾手工棉纺织技艺被列入第一批国家级非物质文化遗产名录。黄道婆的故事以及技艺与时俱进，代代相传。

四、沙船业及其品牌

上海河道纵横，水网密布，自古以船为交通工具，航运业十分繁荣，正是航运业直接推动了上海经济快速发展。上海的航运业最先在内河航运方面发力，即青龙港衰败，它取而代之（包括在长三角地区取代江阴的地位），但在很长时期里作为苏州港以及其他周边大港的转运港，它与长三角地区以及长江流域的连接必须经过苏州等大港的中转。但有一个亮点，就是因为承袭青龙港的功能，它开始有了远洋航运产业。在现存的文献里，这至少可以追溯至南宋景定五年（1264），原来每年一次到青龙港的来自广南、日本、新罗的远洋海舶，开始改道进入上海。元至元十三年（1276），它与琉球、日本、满剌加、交趾诸番有了贸易往来，从此在史书上关于它的对外贸易的记载再没有断过。但就航线来说，也仅限于日本、南洋地区，并且就往来的密度和兴盛的程度，与东南沿海其他几座贸易大港宁波、福州、厦门和广州等相比，它充其量只是一个有待进步的小弟，让它瞩目的是沙船业以及漕运。

沙船是中国四大古船之一，在唐宋时期成型，源出于崇明，是一种大型的航海木帆船，其特点是平底、多桅、方头和方尾，俗称"方艄"，因其适宜于在水浅多沙滩的航道上航行，故命名为沙船，是当时江苏沿海地区常见的一种船型，在宋末元初的漕运中发挥了巨大作用，并且造就了在中国航运史上独特的崇明船帮。元至正中，上海县共计72 502户，其中从事与沙船等船相关的为5675户，占比达7.8%，航运业成为上海名副其实的支柱型产业以及就业高地即始于此，之后一直到开埠都没有大变过。明代，上海在内河航运史上成立了第一支官办的专业运粮船队，其时专门用以漕运的船达40艘，一次运粮能力为13 200石（约合792吨），使上海的沙船业又一次得到极大发展。自元以降，上海地区涌现了众多以船业而富的富商大贾，到清代中期，根据来自全国不同地方，有沙船十一帮之称，其中崇明船帮早已一分为崇明、通州和海门三大帮。清代学者、书法家包世臣（1775—1855）在其《安吴四种》卷一《海运南漕议》中记载了其空前盛况："沙船聚于上海，约三千五六百号。其船大者载官斛三千石，小者千五六百石。船主皆崇明、通州、海门、南汇、宝山、上海土著富民，每造一船须银七八千辆，其多者至一主有船四五十号。"崇明等地的县志也多有记载，如民国时期的《崇明县志》卷四就记述了崇明东乡的一家富户，"率以是起家，沙船盛时多至百余艘"。这样的航运业当然带动了造船业的发展，修造沙船等木帆船技术日臻完善。当然在明朝以及上海开埠前，数度长期海禁，使上海的国际航线难以得到开辟。康熙二十二年（1683）台湾收复，清朝再也没有海禁的借口而不得不开海，上海的国际航运业再度得到发展，但总的来说，仍以内河航运以及海上漕运为主。

康熙二十四年（1685）设立江海关，替代以往的市舶机构，对上海内河航运实施航政、港政、税收以及贸易等管理，关于其对上海航运业发展的影响，如"乾隆四十九年的《上海县志》卷一《风俗》称：'自海关设立，凡远物贸迁，皆由吴淞口进，泊黄浦城东门外，舳舻相衔，帆樯比栉，不减仪征、汉口，而闽广各商，待贩本地木棉，盘泊需时'"。[1]康熙五十四年（1715），上海商船会馆成立，是上海本地区沙船业主建立的最早的行业性会馆，对上海的沙船航运实行行业管理。会馆几经修建，一度成为上海最大的会馆建筑。道光五年（1825），由于运河阻塞，沙船的海上漕运再次兴盛，上海沙船业借机又得到一定程度的发展。在上海开埠前，上海港内船桅林立，沙船总数达3500—3600艘，总共雇用在船水手达10万余，拥有装货总吨位约350万石，总资本2400百万两白银左右。

因为沙船业在上海城市发展中的突出地位，1990年经上海市人大常委会审议通过，上海市市标特别引入沙船元素，其图案以市花白玉兰、沙船和螺旋桨三者组成。此市标如是解：三角图形似轮船的螺旋桨，象征着上海是一座面向未来不断前进的城市；图案中心扬帆出海的沙船，作为上海最古老的船舶，说明上海是一座历史悠久的港口城市；沙船以迎着早春盛开的白玉兰为背景，又展示出上海是一座生机勃勃的城市。

朱清、张瑄家族（元初）。崇明船帮的最初创立者是崇明人朱清和嘉定人张瑄。他们集聚一帮人，在上海沿海地区时而贩盐时而行劫，盗商并举，行踪飘忽不定，名声远播。他们眼看着宋灭元兴，便识时务者为俊杰，归降元朝，两人均被授金符千户。朱清随丞相伯颜远征闽越，建立功勋，被授武略将军，从五品。元朝刚刚建立，定都北京，急需南方衣食供给，而原来仰仗大运河的漕运，因宋金长期对峙，大运河失修，难以担此重任，朱清、张瑄闻讯后，主

1　易惠莉:《沙船商人与上海传统城市化和近代社会变迁》，载《国家航海》2016年第1期，第151页。

动请缨，建议以海漕解此危急。此举不仅得到朝廷许可，而且朝廷在至元十九年（1282），直接命上海总管罗壁以及他们俩，造平底海船，即沙船60艘，次年造好，装载46 000余石粮食，自上海出发，非常顺利地运抵直沽——天津聚落最早兴起之地。此举在朝廷面前较好地显示了沙船的长处，让它在众多船型中引起世人瞩目，树立起了品牌。朱清、张瑄也得到朝廷褒奖，在朝廷立海运万户府中，朱清为中万户，张瑄为千户，负责海上漕运。之后他们凭借海上漕运，多次升迁，直至擢升为江南行省的左丞、右丞。

朱清、张瑄的家族因此官商通吃，不仅官运亨通，而且财源滚滚。其族党乡里，被朝廷封为百、千、万户者居然达到百余人，崇明船帮由此强势崛起，上海沙船业也由此走向繁盛，北洋航线上的沙船业成为上海航运业的重心。祸福相倚，得意之极，也便是灭顶之时。大德六年（1302）冬，朱清、张瑄终因当朝其他权贵所妒忌，遭夷戮，家财全部抄没。但由于终元之世，海运不废，以海上漕运为主，内河漕运为辅，由朱清、张瑄共同开创的海上漕运始终兴旺不衰。

"朱、王、沈、郁"沙船商。在沙船业以及以沙船为载体的航运、贸易的发展中，每个时代都产生了不同行业的领军企业以及领军人物，清代乾嘉年间（1736—1820），上海最著名的沙船商有"朱、王、沈、郁"四家。朱家为当时沙船业最早的老大，由朱之淇兄弟创立的"朱和盛"号为标记，"家资敌国，称之为'朱半天'"。王文源、王文瑞家族开设的王利川沙船字号不仅拥有上百号的船只，而且还拥有以他家名字命名的王家码头。与"王利川"船只几至接连而行，声势浩大，煊赫于上海的沈家是指"沈生义"号沙船行。郁家是指嘉庆初年建立的"郁森盛"号沙船行，后来成为上海沙船业的首富。他们在激烈的市场竞争中善于竞争，敢于竞争，对于这种现象，包世臣如是记述："大户之船，油舱必精善，耆老、柁水必皆著名好手，庄客时常写雇，故富则益富。船少者商本既微，生涯淡泊，船或老朽，贫者益贫。"他们以及其他沙船主均较为注重自己的品牌建设。例如康熙年间的沙船业主张元隆，对每条沙船的命名都别具一格。他拥有沙船28只，"元隆自置船只，皆以百家姓为号，头号赵元友，二号钱两仪，三号孙三益，四号李四美，五号周五华之类，则其意要洋船百只之说，不虚矣"。[1]

在朱、王、沈、郁四家沙船业主的竞争过程中，"王利川"字号因后继无人、经营不善而很快衰落，而郁家沙船业主郁润桂"善经营居积"，不久资产便超过"王利川"字号，跃到第二位。郁润桂拥有"沙船七十余艘，雇工二千多人，企业遍于申江，人称'郁半天'"。[2] 郁润桂是嘉定南翔人，因父亲去世早，家境贫寒，无力读书，来到上海做学徒，以沙船业起家。略有起色，便将弟弟接来上海，一起经营沙船业，凭借自己的营商能力以及对信义的崇尚与践行，很快在嘉庆年间（1796—1820）成为有名的本帮巨商。由于操劳过度，在道光六年（1826）三月病逝，享年54岁，遗下二子。长子彭年，字尧封，号竹泉，后任商船会馆总董；次子松年，字万枝，号泰峰，亦商亦儒，名扬海内，在其兄去世后，也被推举为商船会馆总董。正是在郁泰峰的主持下，在父亲创下的基业基础上创办"森盛沙船"字号，规模超越其父亲。"郁森盛"以沙船运输为主业，进行品牌延伸，在"本邑开设各种行号，资本充足、规模宏大者如鼎泰典、万聚酱园、丰泰、利昌豆麦行等分号，几遍松太属各县"。[3] 在他的事业高峰，"郁森盛"拥有沙船近200艘。为便利贸易，他许陆续开设了钱庄、典当铺。由于他像父亲一样，热爱公益，乐于承担企业社会责任，被承办海漕水运各号商公推为领袖，在商船会馆中被举为总董。他与官府一直保持良好的合作关系，因此在经商上碰到什么难处，总能够逢凶化吉。

---

1 张伯行：《沥陈被诬始末疏》，载《正谊堂文集》卷二，转引自丁日初主编：《上海近代经济史》，上海人民出版社，1994年10月第1版，第20页。
2 包世臣：《海运十议》，载《安吴四种》，转引自丁日初主编：《上海近代经济史》，上海人民出版社，1994年10月第1版，第21页。
3 饶玲一：《清代上海郁氏家族的变化及与地方之关系》，载《史林》2005年第2期，第43页。

五、商贸服务业及其特色品牌

上海早期的商业特色与其所产棉花有关，这是它最初引种棉花时所没有想到的。广东、福建、北京等各地船只云集上海，相当一部分实为上海的棉花而来，在小东门外渐渐形成了一个规模甚大的棉花市场。有需求，就有市场。当这些船前来运载棉花时，当然又带来了各地货物，使上海市场上出现了经营京广货的店铺。自黄道婆纺织技术广泛普及之后，上海棉布的品质优于其他各地，各地前来的船只又有了一个重要目的，就是运载上海的棉布即松江布，上海因此顺理成章地在明代渐渐成为全国纺织手工业和棉布贸易中心，与之相伴的是钱庄业勃兴，被视为上海百业之首。

上海十六铺一带，各种铺户商号鳞次栉比，街上车击肩摩，人群熙熙攘攘，一派生意兴隆景象。《上海日用工业品商业志》的总序如此介绍："明嘉靖年间（1522—1566），上海县城内外已有三牌楼、四牌楼、新衙巷等十多条街道。至清嘉庆年间，上海县城内外已有大小街巷60条，并形成一些专业市街，如花衣街、篾竹街、草鞋弯路、剪刀桥路、硝皮弄、铁皮弄等，十六铺一带已成为闹市。一条以经营南北干果海味、食糖和东南亚、日本等国的海参、燕窝、檀香等洋货为主的街道有商号300余家，称为洋行街（今阳朔路）。县城内陆家桥（今方浜路、东门路），名品名店林立，吴良材眼镜、谈仲和笔纸、顾振海墨锭、濮元良菜刀、张善六银器等远近闻名。"在上海开埠前，已拥有的行业有豆米业、土布业、竹木业、酱园糟坊业、食糖业、洋货业、丝绸业、腌腊业、染坊业、典当业、颜料业、茶叶业、药材业、油麻业、南货业、北货业、煤炭业、蜡烛业、盐业、肉庄业、京货帽业、成衣业等几十个行业，行业组织达18个。经营者来自全国各地，主要有福建泉州、漳州，广东潮州，山东胶西、莱帮和乳帮，江苏青口，还有苏乍、关东、绍兴、宁波、徽州和宁国等，他们在上海交相辉映，使上海成为国内商界的英才荟萃之地。他们恪守业缘、地缘等中国人的传统理念，形成了以地缘为特色的众多公所、会馆，相当多的行业组织也以此形成。据统计，在鸦片战争前夕，有文字可查考的全国各地商人在上海设立的公所和会馆有26个。宁波商人设立的四明公所于嘉庆二年（1797）正式成立。潮州商人的潮州会馆于乾隆二十四年（1759）创立，其后"潮商还在沪建立了潮（阳）惠（来）会馆、揭（阳）、普（宁）、丰（顺）会馆等。上海潮商所属八县，按毗邻关系又分为三帮，即海阳（1914年改为潮安）、澄海、饶平为一帮；揭阳、普宁、丰顺为一帮；潮阳、惠来为一帮。嘉庆年间八邑会馆建立后，三帮发生矛盾，揭普丰帮首先于道光元年（1821）在盐码头另立会馆，潮惠帮于道光十九年（1839）另建潮惠公所于上海县城东"。[1] 徽宁会馆于乾隆十九年（1754）创立，起初名为思恭堂。这些公所和会馆作为各地商人在上海的办事机构和"后勤"机构，为他们在上海市场竞争中塑造企业品牌，乃至产品品牌的市场拓展发挥了较大作用，并且成为上海近代化进程中一道靓丽的风景线。

上海市场上本土品牌与外来品牌、上海本地人创立的品牌与外地人来上海创立的品牌交相辉映，有的品牌在历史进程中，由于行业的整体性衰亡而消失，成为历史的背影。例如履和钱庄，它由宁波商人方润斋携四弟方梦香于1830年左右创立，既是方家开钱庄之始，也是宁波商帮在上海开设钱庄之始，列上海历史上九大钱庄资本家家族之首，因为开在南市所以称为南履和。1866年方家在北市开设北履和钱庄，后更名为安裕钱庄。南履和钱庄于1870年改名为安康钱庄，1947年因其与重庆安康银行同名，改名为安康余钱庄。方家高峰时拥有42家钱庄。履和钱庄经营横跨一个多世纪之后，随着新中国诞生，上海私营金融业联合集团成立，履和钱庄在1950年以120岁的"高龄"收歇。[2] 并不是每个品牌在历史的无情洗礼下都能长期存在、发展，这是否意味着在不同的时代里都能绵延发展的品牌好像带有很大的偶然性？在上海开埠之前来到上海发展，如今依然能够老树发新芽，历久弥新，并被列为中华老字号的企业品牌

1　林其锬主编：《五缘文化——寻根与开拓》，同济大学出版社，2010年11月第1版，第95页。

2　徐兵：《风雨两甲子安康钱庄溯源》，载《金融博览》2019年第1期，第66—68页。

确实凤毛麟角。以前来上海发展的徽商为例。《徽商研究》[1]一书在梳理徽商发展轨迹时，专门辟出一节介绍徽商在上海的情形，从中可看出上海于这个地区商人发展的重要影响。徽商作为明清时期中国第一大商帮，他们的足迹遍及全国，上海是他们开展商业活动的重要地区之一，在徽商发展史上占有相当突出的一页。"明朝成化年间就有人说：'松（江）民之财，多被徽商搬去。'……自那以后，徽商之'贾松江''居云间''商游吴淞''业贾上海'者屡见于记载。嘉靖时，休宁人邵鸾'贾云间'，独捐巨赀，修复金汇、薛家两桥，又'尝以岛夷发难，同诸父老白当路，筑邑城，愿输财筑城若干丈'。休宁人程元利，'贾于嘉定……值倭围城，捐金募勇士，为诸室先，受甲登碑，城卒能保'。邵、程两人的事迹，表明当时徽商在上海的财力已经相当雄厚了。"[2]同时表明他们在松江不仅仅以营利为目的，松江有难时，他们主动承担责任，为地方分忧，从正面树立了徽商高尚的形象。松江府城内大部分布字号系徽商开设，以乾隆元年为例，"松江府立碑禁止苏州布商冒立字号招牌。在碑上署名的5家布商中，朱左宜店、朱汝高店、李士元店分别以'紫阳辅记''紫阳甫记''紫阳口记'为招牌，吴店则店主亦自称'原籍新安'。可知这5家中，除1家籍贯不详外，4家都是徽商。在上海县城还有许多徽商开设的棉布字号，如祥泰、恒乾仁和剑源茂等。"[3]在经营上，他们已极有品牌运作意识，往往在一个字号旗下，设立若干家分店，采取商牙结合，从棉布收购，到委托染踹加工，再从上海或苏州转销别处，形成了相对完整的产业链，保证产品质量以及价值的最大化获取。经营茶叶的有程裕新茶叶店等，于清道光十八年（1838）创立，近代著名学者胡适就在这家茶叶店出生。祥泰、恒乾仁和剑源茂早已消亡，程裕新茶叶店不仅留存至今，而且活得有滋有味，其加工的花茶远销美国。至今沿用的招牌字正是胡适的笔墨，成就了中国茶叶史上的一段佳话。

1　张海鹏、王廷元主编：《徽商研究》，安徽人民出版社，1995年12月第1版。

2　同上书，第84页。

3　同上书，第85—86页。

露香园顾绣（1522年）。《上海日用工业品商业志》[1]记载，"明嘉靖元年（1522），道州太守顾名儒在上海露香园生产刺绣商品，称为顾绣，这可能是最早的商办工业"。露香园顾绣恰又是上海较为早期的商标形态的代表。顾绣的鼻祖是缪氏，即顾名儒的侄子顾汇海（也有作顾振海）之妾。顾绣的集大成者则是顾汇海的儿子顾寿潜的妻子——韩希孟。韩希孟进入顾家，正是顾家家道中落之际。但纵是家道中落，顾家依然是松江地区望族之一，与本地的名门望族往来密切，谈笑有鸿儒。那些鸿儒包括大书画家董其昌、文豪陈子龙等，这些人物在中国文化史上都是山峰级别的，他们对顾绣赞赏不绝。

韩希孟的出生地有三种说法：杭州武林人、江苏武进人和南汇县新场镇人。较为让人信服的是南汇县新场镇十里浦人。对于刺绣，韩希孟自小不仅耳濡目染，而且有着与生俱来的热爱与天赋异秉，既能画一手好画，还习得一手上乘绣艺。嫁入顾家后，她自觉地承继缪氏的绣艺风格，但又别出心裁，以画入绣，名绣实画。可又似画非画，似绣非绣，将画绣推向全新境界，中国刺绣因此达到前所非有的高度，对后来中国四大绣艺——湘绣、蜀绣、粤绣和苏绣都产生了巨大影响。"明季以来，所有模仿书画艺术的刺绣作品，无不滥觞自海上顾绣。"[2] 她在自己的绣品上往往署名武陵，以此表明她是顾家媳妇，有时署名韩媛女红等。

顾绣从一问世，便以其独一无二的魅力，在江南士大夫中建立了良好的美誉度，培育了自己忠诚无二的高端客户。它"以针为笔，以缣素为纸，以丝绒为朱墨铅黄作画，取材极约而所用甚广"，巧夺天工。缣素指的是细绢。它的技艺有三绝：一是擘丝细过于发，比头发还要细；二是针如毫，绣针特制，且针法不拘一格，变化多端；三是有自创的配色，这种配色秘不示人，同时形成了自己的用色规律。因此一般性仿制，能让人一眼就可辨别。它有自己的核心工艺优势，但它不是为炫技而炫技，它深刻遵循画理与绣理，画与绣在它这里

1　月东主编：《上海日用工业品商业志》，上海社会科学院出版社，1999年版，第456页。

2　上海博物馆编：《海上锦绣——顾绣珍品特集》，第17页。

互为依存，相得益彰，技艺与审美水乳交融，所绣制的作品真实自然，形神兼具。对于所画的对象，严格选择：一是佛像，缪氏、韩希孟绣制了不少精品级佛像；二是摹古，主要是选取宋元时代的名画，而不是同时代画家的画；三是摹画，那些名画当然也经过精心挑选，能适合于绣表现的；四是会心，注重独特的精气神，在每一幅作品里贯注创作人员独到的艺术感觉和蕙心兰质，是人力，而又胜于人力，品质自贵。

在清代，清宫内藏有不少顾绣。在清兵进军江南时，清宫就开始收藏纯观赏性的顾绣，此后一直没有中断。同时，清宫又大量购买实用性的上乘顾绣，以供日常使用，这是对于一个品牌最好的推广，为顾绣赢得了隆卓的市场声誉。上乘顾绣供不应求，众多绣品商纷纷以顾绣相称榜，有人对此这般描述，"苏属之绣几无不以顾绣名矣"，甚至直称自己为顾绣业，顾绣制作因此迅速演变为一个相对独立的行业——顾绣行。道光年间（1821—1851），顾绣行在苏州专门建造"顾公祠"，尊顾名世为"绣祖"，香火旺盛，露香园顾绣自此更加声名远扬。苏州绣市中的所有绣庄，全部自称"露香园遗制"，露香园顾绣成为行业品牌中的领军品牌，顾绣发展迎来作为商品绣的全盛局面，绵延至今。其奥秘，主要得益于每个历史时期都有一个热爱它，充满才华、精益求精，把顾绣推向新的艺术高峰的领军人才；有一支面向市场的社会化、专业化和职业化的人才队伍；有甘愿研究它，并不遗余力地宣传、推广它的文化领域的权威群体；另外同样重要的是有一群忠诚于它的高端消费者。2006年5月，文化部公布顾绣列入首批国家级非物质文化遗产代表作名录（民间美术类项目，编号第316号），顾绣自此获得了更多的艺术品市场的关注以及政府对它的保护与支持。人们更加乐于欣赏顾绣、收藏顾绣，把顾绣视为高雅艺术品，顾绣因此成为高端传统文化品牌的象征。2014年5月，在亚信峰会上，彭丽媛同志邀请部分国家领导人夫人观赏顾绣的绣品，博得了贵宾们的啧啧赞叹。

程裕新茶叶店（1838年）。 程裕新茶叶店于清道光十八年（1838）在上海老城南市咸瓜街251号（南段）开设，创办人为安徽绩溪县茶商程汝均。在创办之前，程汝均的祖父程有相早在乾隆、嘉庆年间，已在上海南市大东门一带，开设茶叶店，从事茶叶经营活动，是茶叶世家。程裕新茶号常年销售徽、浙、闽等地名茶，批发为主，兼门市零售，闻名于沪上。它开张伊始，就经营有方，以花茶为特色，顾客盈门，获利颇丰，先行开出四个发行所（分号）。其中，第一、第二发行所设立于五马路（今广东路）贵兴里，第三发行所设于六马路（今北海路）东新桥北首，第四发行所设于静安寺路（今南京西路）731号。之后，又开出两家分号，使分号达6家之多。既销低档茶，也销高档茶。低档茶主要供门市销售，面对的顾客对象为普通茶楼、旅馆和浴室等。高档茶的销售对象为达官显贵、高级白领、高级知识分子和戏剧名伶等，电话订购，送货上门。在程裕新的主品牌下，先后开发出一系列特色鲜明的子品牌，有狮球牌龙井茶、福禄牌花茶、松鹤牌红茶、芝兰甘露茶、真蔷薇茶、保肺咳嗽茶等名品。1921年获上海总商会第一次展览金质奖章，1925年获上海总商会商品陈列优等奖，1932年获江苏地方第二次展览会银质奖和农商部最优等奖。在做稳本土市场、获得品牌效应后，它积极拓展海外市场。1927年，它所生产的花茶远销美国。自1944年开始，它每年前往浙江桐乡收购高质量杭白菊，进行加工包装，为此特申请了专用的新字牌商标，进行产品品牌拓展，用于向我国香港和东南亚地区出口，打造成为它最著名的品类品牌，也是国内茶叶市场上的佼佼者。

20世纪20年代后期，程裕新茶号为进一步扩大营业面积，将总号迁至浙江路（今浙江中路）。新搬迁的店招，邀请胡适题写。胡适不仅欣然题写，而且在程裕新茶号的营销中，他还多次出手。例如1929年程裕新茶号第三分号编印的介绍国内茶叶种植及饮用等科学常识的内部出版物中，胡适专门题写了"恭祝程裕新茶号万岁"的字样。这在当时上海众多百年名店、老店中，绝无仅有。盖因胡适一家与程家不仅同为安徽绩溪人，而且两家是世交。胡适在他《四十自述》一文中有这样一段自白："我生在光绪十七年十一月十七日（1891年12月17日）。那时候，我家寄住在上海大东门外。"此大东门外，正是程裕新茶号。有一次，他与上海亚东图书馆老板江孟邹交流，胡适明确介绍说他就出生在大东门外程裕新茶叶栈内。

阜昌参店（1838年）。上海参业的老字号，创建于清道光十八年（1838）。阜昌两字出自"阜兆丰年歌方有，昌垂余庆协同仁"诗句，店主原为杭州胡庆余堂的胡雪岩，在清咸丰年间（1851—1861），他将店赠予其弟胡月樵经营。胡月樵接手后，在店招上又加上"月记"两字。其"人参炮制加工别具一格，一是聘请经验丰富的技师制成含糖分少的优质山参；二是挑选分档上灰，隔年上柜供应。因而野山人参在蒸的过程中，其汁色清而香，疗效极高。中医用该店特殊加工炮制的野山人参，挽救临危病人，屡见卓效。……经营上严格掌握人参品种等级规格，坚持按质论价，货价不合，包退包换，包退还洋，负责到底"。[1] 因此生意兴隆，闻名遐迩，产品远销我国香港、澳门等地及新加坡。一度成为全国最老最大的专业参店，名列上海四大专业参店（阜昌、德昌、葆大、元昌）之首，上海40多家参店的营业额居然不及它一家。

1 陈中浩、徐文龙主编：《中华老字号》第1册，中国轻工业出版社，1993年第1版，第26—27页。

第二章　孕育与起步

（1843—1911年）

　　1843年11月17日，对于许多人来说普通而平常，然而对于上海人来说，那是一个新时代的开始。当时由于通信不发达，中国人对上海发生的事情还鲜有知晓者，更不会意识到中国将由此翻开新的一页，从此被粗暴地纳入全球资本主义体系。这一页的重要性若干年后才慢慢显现出来。因为之后中国所发生的一切重大变化，都可以在这一天找到因缘，包括清王朝为什么覆灭、中国共产党为什么在上海诞生。这一天，根据《南京条约》和《五口通商章程》的规定，上海开埠了。上海从此由江南的上海一跃为世界的上海，冥冥之中无数人的命运因此被改写、重塑，包括已出生的及还未出生的。开埠以后，上海在较长时间里扮演外国品牌倾销中国的桥头堡，与此同时一批民族工业自主品牌开始登场亮相，它由此成为我国自主品牌的摇篮。这　天，我们今天的史书如此表述，上海从此沦为半殖民地，是列强强加于中国的一道永难愈合的伤口，是中国之耻。

第一节　时代嬗变与制度的双重性

　　从上海开埠至清朝覆灭期间的上海城市发展，显然是整个中国晚清近代化的缩影，是中外交融互动的必然结果。首先，租界的设立使外国现代制度开始在中国古老的土地上落地生根，它与中国传统的封建制度之间构成了相互间冲突与妥协的悲壮剧情。其次，小刀会起义、太平天国运动以及上海起义等，又对上海发展构成了或正面或负面的强烈冲击。上海在晚清时期的品牌建设正是在这样的时代背景下展开。

一、租界以及现代制度移植

1840年，第一次鸦片战争在广州爆发，这是英国发动的对华侵略战争。在这场战争中，清朝彻底失败。1842年6月，英国侵略军攻陷吴淞炮台，随后上海陷落。同年8月29日，清朝钦差大臣耆英、伊里布与英国代表璞鼎查在停泊于南京静海寺江面上的英军旗舰"康华丽"号上正式签订中英《南京条约》，亦称《江宁条约》，这是中国在英国坚船利炮下被迫签订的第一个不平等条约。静海寺因此成为中国近代史起点的象征。该条约第二款规定："自今以后，大皇帝恩准大英国人民带同所属家眷，寄居大清沿海之广州、福州、厦门、宁波、上海等五处港口，贸易通商无碍。且大英君主派设领事、管事等官住该五处城邑，专理商贾事宜。"1843年7月22日，中英《五口通商章程：海关税则》公布施行，10月8日又订立《五口通商附粘善后条款》，即《虎门条约》。

有了这些铺垫，1843年11月8日，英国原马德拉斯炮兵部队上尉乔治·巴富尔来到上海，他受英国驻华公使派遣，出任英国首任驻沪领事。次日，这位一直在远东冒险闯荡的军人便迫不及待地与上海道台宫慕久商议开埠之事。11月17日，他急不可耐地正式对外宣告上海开埠通商，这就是上海近代化的开始，充满着无奈与屈辱。英国人可谓做足功课，蓄谋已久。从此，中国这个庞大的封建帝国成为英国制造业和英国殖民地——印度的市场，上海也因此被纳入世界资本主义国家主导的全球化，当然也开启了上海乃至中国现代民族品牌的振兴与发展之旅，是上海乃至中国品牌经济发展的重要历史分期。然而中国现代民族品牌在此时还付之阙如，还在孕育之中，不知何时呱呱坠地。

英国在中国获利甚丰，美国、法国、德国和日本等国不甘落后，1843年5月，美国政府在给使节顾盛的训令中赤裸裸地指出："目前由你所担任的我们派往中国的使团的首要任务，就是使美国的船只和货物，在同英国商人所享受的同样有利条件下，进入这些港口。……你应以断然的词句和坚定的态度表示，如果任何国家的人民从帝国获得的特权或商业的便利较美国人民所获得的为大时，美国政府将认为不可能继续同皇帝保持友好关系，并予以尊重。我们希望并且相信，在缔结类似英国同中国所缔结的那样的条约工作中，你将获得成功。"1844年7月3日，美国得偿所愿，在澳门名叫望厦的小村落，与中国签署了《望厦条约》，又称《中美五口通商章程》，获得了与英国在中国的同等条件。法国紧随其后，1844年10月24日，法国公使剌萼尼与钦差大臣耆英在广州黄埔的法舰"阿吉默特"号上签署了《黄埔条约》，即《中法五口贸易章程》，攫取了与英美在中国同样的权利。

1856年10月，第二次鸦片战争爆发，于1860年10月结束。在历时四年的时间里，中国与俄、美、英、法各国代表先后签订了《天津条约》《北京条约》以及《瑷珲条约》等。这些条约使中国丧失了东北及西北共150多万平方公里的领土，沿海城市则更深地沦为列强的殖民地。1858年10月，清政府为阻止外国公使进京，上海第一次成为清政府与列强的和议之地。次年1月，清政府将钦差五口通商大臣一职移设上海，从此由两江总督兼任，由此奠定上海取代广州，成为中国外交活动中心的地位。与此同时，英、美、法等列强在上海的租界急速扩张，继1862年英美租界合并为公共租界之后，这些列强不断得寸进尺，到1899年公共租界面积达33 503亩（约22.3平方公里），1914年法租界面积达15 150亩（约10.15平方公里），成为近代中国租界中开辟最早、面积最大、殖民地色彩最浓、影响最大的租界。他们"把租界经营成中国政府权力难于达到的地方。在这里，外国人有类似于议会的纳税人会议，有相对独立的行政权、立法权、司法权，有巡捕、军队、监狱。在这里，中国军队不得随意进出，甚至华人犯法，中国政府也不能独立处罚。租界的设立，对上海日后的发展，带来了极其复杂而广泛的影响"。[1] 学者李天纲如此一言以蔽之：海派文化

1　张仲礼主编：《东南沿海城市与中国近代化》，上海人民出版社，1996年7月第1版，第41页。

是租界制度的遗留，是上海近代品牌文化的重要组成部分。

租界的管理制度直接引进西方近代城市发展模式，其管理机构工部局和公董局以西方城市的标准在租界内外推进城市交通等现代市政建设，这些条件有效地保证了近代上海商业和工业的发展。小刀会起义和太平天国运动也对上海的商业和工业的发展影响甚巨，主要反映在人口集聚方面。咸丰三年（1853）八月初五，小刀会起义，迅速占领上海县城后，又占领了周边嘉定、宝山、南汇和青浦等5座县城，一度攻占太仓，于咸丰五年正月初二（1855年2月18日）起义失败。在此期间，上海及周边这些县的"衣冠右族"以及惧乱的平民百姓纷纷避入"中立区"，这就是上海历史上第一次"难民潮"，它使租界人口由原来的几百人猛增至2万多人。使租界人口更为猛增的当推太平天国运动。"1860年太平军第一次攻打江南期间，上海人口骤增30万人，1862年又增到50万人，一度还曾达70万人。战事平息后，一部分难民返回家乡，但仍留下约15万人口。"[1]那些返乡的人群，面对在战火之中毁坏的家园，又重回上海谋生发展。正是在这一战事中，苏浙一带不少品牌移至上海，其中雷允上较为典型。

雷允上（1734年）。雷允上是一家清雍正十二年（1734）创办于苏州的中药店。创始人雷大升，字允上，号南山，生于清康熙十五年（1617），自小师从名医，成名后，在苏州一边行医，一边以自己的名字创办了雷允上诵芬堂药店，乃"吴门医派集大成者"。其出名主要归功于同治初年其三房雷子纯创制的"六神丸"，是吴门温病学派治病用药的经典体现。1860年，太平军攻打苏州城时，苏州药店被毁于战火，雷氏后人不得已来到上海开设分店，分店地址为民国路兴圣街口（现为人民路486号），名称为雷允上诵芬堂申号药铺。据传早在1806年时，雷氏后代就已在上海开设分店。当太平军败退，雷允上返回苏州，重新开业，但在上海的药铺依旧保留。目前，上海、苏州均拥有雷允上，

1　周武：《小刀会起义、太平军战事与近代上海的崛起》，载《上海社会科学院学术季刊》1996年第4期，第141页。

苏州的为雷允上（苏州）药业有限公司，号称中国四大药堂之一，始终坚持以雷允上为统一品牌。上海拥有的三家雷允上，分别隶属于不同的公司——上海雷允上药业有限公司、上海市雷允上北区股份有限公司、上海雷允上药业西区有限公司，均是上海中医药行业的金字招牌，与童涵春堂、蔡同德堂、胡庆余堂同为上海四大中药店之一。它们虽然"同宗"，同用雷允上字号，共同拥有国家级非遗项目六神丸制作技艺等，但彼此之间没有产权隶属关系，所使用的商标有着显著区别，雷允上（苏州）药业有限公司使用"雷允上"商标，上海雷允上药业有限公司使用"雷氏"商标，上海雷允上药业西区有限公司使用"雷允上"服务商标和"上雷"商标，相互间良性竞争，各得其所，均有长足发展。

雷允上（苏州）药业有限公司坚持以"聚百草·泽万民"为使命，以"做中医药文化的复兴者"为愿景，秉承"300年雷允上，传承健康智慧"的品牌主张，恪守"精选道地药材允执其信，虔修丸散膏丹上品为宗"的祖训，传承发扬温病学说精髓，发展成为集现代制药业、连锁零售商业、中医馆系统化服务为一体的中医药大健康平台。上海雷允上药业有限公司坚持"诚心诚意做好药"为品牌主张，先后被评为上海市知识产权示范企业、上海市高新技术企业、上海市创新型企业，以"责任、专业、合作、创新"为企业核心价值观；2016年，该公司六神丸制作技艺传承人荣获上海医药系统企业唯一的首批"上海工匠"称号。上海雷允上药业西区有限公司巧用"雷允上"为其品牌释义，即以"诚信如雷、允承祖业研岐黄、上继良工惠苍生"为使命，以"修身敬业、精研岐黄、师法天然、佑民健康"为企业愿景，以"以质取胜、以诚取信、以需取市、以德济天下"为企业价值观，以大健康产业发展为主导，长期致力于民族品牌的传承与弘扬，在继承中医药文化精粹的同时以强烈的责任心和使命感努力探索老字号的发展之路，不断拓宽业务领域。它们的品牌内涵可谓一脉相承，即"质量、诚信、创新、佑民"。

二、国家制度的嬗变与保障

与西方列强的经济制度相比，晚清的经济制度显然是落后的，一批有识之士为此思考、践行，推动晚清经济制度能迎头赶上。例如，晚清重臣曾国藩从1851年开始研究国民经济建设问题，"时至1862年他已经基本理清了国民经济建设的大思路，提出了'商战'作为近代中叶国民经济建设的纲领。是年正月他在《复毛寄云中丞》一信中提出：'自古圣王以礼让为国，法制宽简，用能息兵安民，至秦用商鞅以耕战二字为国，国祚不永。今之西洋，以商战二字为国，法命更密如牛毛，断无能久之理。'这里尽管曾国藩追求'礼让'，以德治国，仇视西方的法治，但更深刻的是他已看到中国与外国资本主义的对立是两种生产方式的对立，即'耕战'与'商战'的对立，中国不能再以'耕战'的落后方式来应对'商战'，而只能以'商战'来应对'商战'。由此他主张与外国人保持正常的商贸关系，积极学习外国的科学技术和通商法则，在国内积极发展军事工业，进而民用工业，把发展工商业作为中国富裕自强的基础"。[1]经济的强大是政治、军事、文化强大的基础。

作为曾国藩重要的合作者，李鸿章在洋务运动中具有举足轻重地位，其经济思想与曾国藩有较高的一致性。李鸿章在其《复丁稚潢宫保》一信中明确指出："夫欲自强，必先裕饷，欲浚饷源，莫如振兴商务。""古今国势，必先富而后强，尤必富在民生，而国本乃可益固。"在曾国藩的决策下，他具体践行创办江南机器制造局，在创办这一军事工业企业的同时，深刻地认识到弥补经费匮乏，创办投资较少且利润丰厚的民用工业不失为一条可取之路。在这一思想的指导下，他一手推动创办了我国第一家官督商办的近代企业——轮船招商局，我国第一家纺织制造企业——上海机器织布局。上海机器织布局由盛宣怀具体操办。上海成为曾国藩、李鸿章以及盛宣怀等倡导并身体力行的洋务运动

1　李安祥、李文斌：《曾国藩经济思想的形成及其阶段性特点》，载《湖南人文科技学院学报》2007年第5期，第7页。

的重镇，并因此使上海一举奠定了我国现代民族工商业品牌摇篮的基础。轮船招商局、机器织布局股东之一的郑观应在1881年主持机器织布局工作时，上书李鸿章，要求实行十年专利权。随后机器织布局如愿获得了十年专利权。十年专利权"与西方通行的专利权大相径庭：后者只针对发明创造、工艺改良，前者却垄断了使用机器、兴办工厂的权利，是不折不扣的专办权、专营权"。[1]郑观应因此成为我国实行专利权的首倡者。

有思想有实践，自然派生出必要的法律制度以及行政制度安排，品牌经济的核心要素，即与专利、商标、版权相关的知识产权的法律法规相继横空出世。1898年，清政府颁布了《振兴工艺给奖章程》，系我国近代第一部专利法规。"1902年，清政府谕令'特派大臣，专办商务'，且责成各地督抚'应及时振兴'农工要务。同年10月，奉命外出欧美日本考察商务的载振归国，提出设立商部，以加强对全国农工商务的统一擘划。1903年6月，南洋华侨张振勋上书称：现时政府财力竭蹶，国库短绌，其能凑集巨资，承办一切者，惟仰赖于商；'农、工、路、矿诸政必须归并商部一部，否则事权不一，亦非商战之利'。诸多因素的催化下，1903年9月，清廷降旨在中央初设专门性的产业行政机构——商部，地位仅次于外务部而列其他各部之首。商部内分设保惠、平均、通艺、会计四司，分别负责农、工、矿、交通、财政事宜。"[2]提出了包括农务在内的一系列开创性的"振兴实业"政策法规。例如《钦定大清商律》，于1904年1月21日出台，包括《商人通例》《公司律》两部法律。《商人通例》规定了商人的重要作用、商号、女人从事商业等条例。《公司律》明确地规定了权利以及义务的内容，对公司的种类进行了划分，包括合资公司、合资有限公司、股份公司、股份有限公司四大类型。《钦定大清商律》是中国历史上有记载的第一部商业律法，也是清末法律改革中颁布最早的新法。1904年6月23

1 丁三：《清末"专利权"的兴废》，载《中国中小企业》2014年第2期，第63页。
2 赵泉民：《政府的制度供给及其社会绩效——论晚清新政时期的农业政策》，载《中国社会经济史研究》2003年第3期，第105页。

日颁布《商标注册暂拟章程》，是近代中国关于商标注册的第一部法律。《破产律》于1906年4月25日正式颁布实施，是中国近代史中第一部有关企业破产的法律。这些法律主要效仿西方国家拟定。除此之外，还陆续制定了《商会简明章程》《重订铁路简明章程》《矿务章程》《华商办理实业爵赏章程》《大清银行则例》《奖励商勋章程》和《出洋赛会章程》等。其中1907年8月颁布的《华商办理实业爵赏章程》和《奖励华商公司章程》，再次强调给予那些"所办实业能开辟利源制造货品，扩充国计民生"之人以奖励。这些经济立法均系"中国近代经济的鼻祖，是近代中国经济法律法规的基础，……不同于封建的传统立法，具有独特的先进性，打开了近代资本主义经济的大门"。[1] 1910年颁布的《大清著作权律》，是我国历史上第一部版权法。这些法律、章程等是中国从传统经济社会向现代经济社会转型的重大引擎，奠定了晚清民族品牌发展的制度基础，以此在国际竞争中寻求全新的比较优势。当清王朝覆灭时，这些制度并没有因此被弃，而是进一步得到延用，对中国经济产生了深远的历史影响。

三、上海经济制度的双重性

　　租界的物质文明极大地吸引华人在租界内安居乐业，并为华界的城市发展提供难得的范本，推进了华界的城市文明进步。同时租界制度与中国的封建制度之间构成了一系列冲突与妥协，它们在促进晚清国家经济制度向现代转型方面，发挥了积极的正面作用。上海也因此形成了难以统一的制度安排，没有统一的税收、货币制度、市政管理制度等，这使上海的城市经济发展形成了中西间既独立分割、又相互渗透影响，既各自为政、又相互对接协商，既激烈碰撞、又深度交融，既相互对立排斥、又相互联系依存的斑驳复杂的形态，成为以租界制度为核心的"条约口岸制度"的典型反映。

　　租界在政治上由于拥有"治外法权"保护，在市政管理上坚持法治，并

1　李建军：《晚清经济法规制度建立考证》，载《兰台世界》2015年9月下旬，第113页。

不许清政府染指，其制度环境相对稳定，对经济发展具有良好的促进作用。相比而言，华界在经济治理中，主要依靠民间社会组织。"华界的民间组织一直非常活跃，至少在经济管理方面，如同业公会等组织制度所形成的机制，还是十分有效的。这些民间组织和无形制度在租界经济占主导地位的激烈竞争中，顽强地生存下来并显示出自身的实力，实在也是一种不可轻视的制度机制。"[1] 面对外商的步步紧逼，这些传统的同业公会、商业行会和手工业行会等组织深感势单力薄，希望相互联合，借以增强本国商品的对外竞争力。在戊戌变法期间，康有为多次提出立商学、商报、商会的条陈，为光绪帝采纳，谕责施行。上海一部分工商界人士闻讯后发起成立商学会，但旋即因戊戌变法失败而搁置。但毕竟这是谁也挡不住的历史趋势。清光绪二十八年（1902）农历九、十月间，因中外商约谈判的需要，在两江总督的直接支持下，由宁波人、中国通商银行总董、候补道员严信厚牵头联合上海各业巨商，正式成立了我国第一个商会组织——上海商业会议公所。严信厚被驻沪修订商约大臣盛宣怀委为其总理，较好地完成了协助盛宣怀与外国商约谈判的咨询需要。光绪三十年（1904），上海商业会议公所遵照商部新出台的《商会简明章程》，改组为上海华商商务总会，严信厚任总董。它把民族工商业统一组织于自己的统辖、联络、指导、保护的范围之内，打破了以往行帮间的壁垒，是现代意义上的民间社会团体组织。其职能主要为振兴本国商务办实事，发挥官商之间的桥梁作用，为政府和企业在商战中筹措良策，等等，标志着"民族资本企业在会馆、公所的成员比重激增，执公馆、会所牛耳者也由早先的地方绅士或封建把头让位于资产阶级"，[2] 在推进上海品牌建设中发挥了巨大作用，1905年的抵制美货、提倡国货运动便是突出一例。

此事发生的背景是反对美国国内虐待华工，要求美国政府废除1894年3月

1　张忠民主编：《近代上海城市发展与城市综合竞争力》，上海社会科学院出版社，2005年10月第1版，第56页。

2　徐鼎新：《近代中国商业社会史迹追踪》，香港天马出版有限公司，2005年版，第3页。

中美之间签订的《限制来美华工，保护寓美华人条约》。1904年该条约期满，檀香山《新中国报》正式提出抵制美货，得到国内呼应支持。1905年5月10日，上海商会总会专门召开特别会议研究对策，致电呼吁清外交部、商务部、南北洋大臣，要求拒绝画押续约，并致电全国各处商会，要求协力拒约，倡议抵制美货，得到全国各界强烈反响。在抵制中，不少有识之士倡导民族工业，民族资本家借此机会大力发展工业制造业，以济本国之用，以杜外溢之利。这次运动持续时间达半年之久，迫使清政府没有与美国续签限制华工的条约，并对美国对华贸易给予当头一棒。1906年，美国对华贸易大幅下降，棉布减少一半，汽油减少三分之一。

还有突出的一例，则是支持南洋劝业会的成功举办。1908年7月间，时任两江总督端方准备在南京举办一次规模较大的南洋劝业会，上海商业会议公所闻讯后，由总理周金箴、议董虞洽卿等组成的一行9人迅速专程赶赴南京谒见端方，主动请求官商合办南洋劝业会，当场认定商股15万元。由虞洽卿出任副会长，协助会长端方。"在筹备期间，上海商务总会实际控制了南洋劝业会董事会（设在上海）的活动。这个董事会共13名董事，其中8名由上海总商会的代表充任，包括总理周金箴，议董朱葆三、严子均、丁阶厚、苏葆笙、陈子琴、祝大椿、席子佩，具体负责为南洋劝业会筹集股款、征集赛品等事宜。同时还相继成立了一个由著名绅商李平书主持的上海协赞会和由时任上海商务总会议董兼沪南商务分会总理的著名绅商王一亭主持的上海出品协会（又称'上海出品所'）。1910年2月间，上海商务总会还特地向海内外各埠商会发函，招徕各埠华商踊跃将当地最佳的出品送会陈赛。由于上海商务总会的积极推动，上海协赞会和上海出品协会的尽责尽力，这次参加南洋劝业会的上海出品人（国货厂商）代表共125名之众，他们送展的一批代表当时中国工业制造水平的产品，具体表现出作为'全国通商大埠''人民麇集''生产聚会'的特色。"[1]

---

1 徐鼎新：《近代中国商业社会史迹追踪》，香港天马出版有限公司，2005年版，第72—73页。

　　为解决中外双方不同的制度安排，特别是华洋杂处后的法律纠纷，1868年，清政府与英美领事订立了《洋泾浜设官会审章程》。次年根据这一章程，在公共租界内设立了中外混合的司法机关——会审公廨，又名"会审公堂"。由上海道台任命中方专职会审官（谳员），与外方陪审官（领事）会同审理租界内与华人有关的诉讼案件。如果案件涉及洋人或洋人雇用的华籍仆人，由外国领事参加会审或观审；纯粹的华人案件，由中国谳员独自审断。这是不同法系之间的妥协。与法租界的大陆法系不同，公共租界会审公廨践行英美法系，法官和律师援引中外判例的情况较为常见。在品牌的知识产权案审判中，例如"1907年英美烟草公司控告华商盗用商标一案中，原告律师援引英国本土判例，严禁被告继续从事仿冒行为，得到法官批准。……1911年美国某出版公司状告商务印书馆侵权一案中，原告律师援引1896年和1907年两起华商盗印西商图书而获罪的判决，被法官采纳"。[1] 在审理经济纠纷和品牌保护方面，发挥了良好的引导作用。

　　租界还为华人资本的投入提供极大便利，受到《公司法》规定限制的上海商人可以利用租界的外国领事馆注册公司，著名民营企业家刘鸿生就曾在加拿大领事馆登记注册。

第二节　产业发展及其品牌

　　上海开埠后，八面来风，上海的进出口贸易额直线上升。至19世纪50年代，其进出口贸易从开埠之初占全国的10%不到，一跃为50%左右，一举超过广州，成为我国对外贸易中心，确立了在我国内外贸易的枢纽地位。传统产业首先受到来自现代工业以及现代商业的强烈冲击：有的产业从此一蹶不振，例如沙船业，在一段时间的回光返照后，迅速衰落；有的则迎来了新的生机，例

---

[1]　侯庆斌：《晚清中外会审制度中华洋法官的法律素养与审判风格——以上海法租界会审公廨为例》，载《学术月刊》2017年第1期，第174页。

如棉纺织业；还有的产业，例如现代造船业、轻工制造业和医药制造业等则作为新兴产业强势崛起。这些产业的绵延、更新以及孕育，充分说明上海在融入世界经济发展的大格局中，无论产业品牌、企业品牌，还是产品品牌都进入了重新洗牌、重新起步的历史阶段。无论是外来的品牌，还是本土的品牌，它们在上海这块热土上，从此共同成为这座城市开埠后崛起的最有力的见证者与建设者，它们从此与别样的上海血肉相连。此后，上海所有的辉煌都将在它们身上找到印证，所有的曲折与伤痛也在它们身上打下深深烙印。它们是上海，上海是它们。

一、本土产业饱受冲击（1843—1865 年）

（一）本土产业与本土品牌

上海开埠至1865年，在这20余年间，中国现代工业意义上的民族自主品牌几乎一片空白。上海本土产业品牌、企业品牌和产品品牌依旧分布于其传统的棉纺织业、沙船业、饮食业、手工业和中医药业等，根本不是发达资本主义国家品牌的对手。这个时候不仅仅是上海，整个中国都晕头转向，尽管一批有识之士在思考，但中国的新兴产业品牌、新兴企业品牌和新兴产品品牌还难以横空出世，国家主权被列强随意践踏，中国市场不得不拱手相让。传统产业遭受严重冲击，这里充满了跌宕起伏的商战，有着商业智慧以及技术变革的激烈较量。

具有传统优势的棉纺织业首当其冲，但由于本土棉布品牌在消费者心目中的认同，质量又一时优于英国等外商的机制布，因此在棉布市场竞争中，外商的机制布一开始并不占任何优势。外商便改变策略，例如英商轧拉弗洋行极力宣传它所经销的布仿照中国土布，生产"机织窄面土布"，很好地适应了中国市场。在具体销售中，它们先是以蝇头小利诱使本土杂货店、染坊代销，通过送货上门、少量赊销，甚至赔本销售的方法，大量推销积压的棉布，令这些杂货店和染坊获得可观的利润，由此很顺利地打开它们在上海的零售市场。为迎合上海市场需要，外商不断提高机制棉纱棉布的质量，使机制棉纱棉布与本土棉纱棉布相比，明显质优价廉，本土市场因此被步步蚕食。在1850年前后，上海土布贩运集中的东门内外出现了第一家洋布专卖店，即同春洋货号。随后在1851年，出现了义泰清洋布店。此后陆续出现了协丰、恒兴、大丰、增泰、日新盛、四达瑞等清洋布店。至1858年，上海市场上涌现的清洋布店达十五六家之多。其中较为著名的品牌清洋布店为位于南京路上的大丰清洋布店，该清洋布店亦称翁大丰，因为店主姓翁，乃宁波高桥镇石塘村人翁景和。他专门聘请"湖州世家子许春荣任经理，专营洋布。英商泰来洋行进口的棉布基本上都由大丰经销，并有包牌独家经销商品多种（如兰团龙漂布、花蝴蝶尺六绒布等），获利甚丰，一般每年约三四万两。后因客帮采购数量甚大，业务繁忙，就将门市业务收歇，改为原件批发字号，气派很大。经理许春荣捐有候补道衔，兼为洋布公所总董、上海商务总会议董，又任德华银行买办。1880年左右，大丰翁姓老板将商店盘给许春荣，从此后亦称许大丰。许春荣独资经营大丰，年获厚利，又与镇海叶澄衷（儿女亲家）合资开设余大等4家钱庄，成为19世纪上海有名的大商业资本家之一。1905年，许春荣告老退休，将大丰再盘给邵琴涛，遂改称邵大丰。邵亦捐有道衔，并担任洋布公所协董、上海总商会会董。1917年，邵去世后，共妻弟顾子磐继任经理，并加入股份，改称顾大丰。后因西洋棉布进口减少，营业不振，于1930年收歇。总计大丰经营洋布70余年，中间四易其主，累计营业额达2亿两，盈余超过百万"。[1]上海的本土棉纱棉布业遂趋凋零，其重新崛起还需时日。

这一时期的沙船业似乎仍然处于稳定的发展期。无论资本，还是规模，作为在上海各行业中首屈一指的行业——沙船业，并未受到明显冲击，且沙船商一般均与政府间建立有良好关系。面对大洋行对远洋航行的控制，清政府无可奈何，但面对它们企图介入中国国内航运业，清政府采取明确拒绝的态度，在

1　许涤新、吴承明主编：《中国资本主义发展史》第2卷第2章第5节，人民出版社，2005年1月第1版。

这点上清政府并不含糊。1848年、1850年，恰巧运河淤塞，清政府便"对漕运略作局部调整，'苏松太二府一州'的部分漕粮，改归上海沙船业海运"。[1]确保上海沙船业对北方海运的控制，包括北洋豆石南运等业务。上海沙船业此时主要以南通帮、宁绍帮和本埠三帮势力最盛。以宁波帮为例，"在上海的著名沙船东，有镇海的李也亭，方亨宁、方亨黉兄弟，叶澄衷和慈溪的董耿轩、董友梅兄弟"。[2]其中李也亭是上海沙船商号中的后起者，其独资开设的久大沙船号，是当时拥有船只最多的船号品牌，声誉卓著，生意兴隆。李也亭生于1808年，卒于1868年，"名容，镇海小港（今属北仑区）人。15岁到上海，在南市曹德大糟行学徒，后经人推荐上沙船做工。数年后，积资开设久大沙船号，继之又设久大码头。以沙船为清廷运粮，擢升盐运司运同，赏花翎。又在上海组建慎余、崇余、立余等钱庄。其子侄在沪、甬等地涉足工商、航运业，使'镇海李家'成为上海有名的金融工商业家族集团。热心公益，在上海、宁波等地输饷、赈灾、铺路及捐助其他公益事业，前后达数十万金"。[3]

欧美等国轮船的先进性还是渐占上风，宁波帮紧紧抓住这一机会，成功突破清政府的政策封闭，在沙船余势未衰时，及时转型经营轮船航运业。这方面最早领风气之先的是宁波帮镇北柏墅方家。《上海钱庄史料》对此的记载是，自上海开埠后，方振记将丝茶卖与利百利洋行交换进口花色洋布，自购西方夹板船运至汉口出售。这是上海关于国人自购夹板船开展运输的最早记录。[4]之后诞生的著名的企业品牌有清光绪二十一年（1895），由宁波绅商创立的外海商轮局和永安商轮局，这也是我国最早以华商名义兴办的轮船航运企业。李也亭家族在这场行业的重大变局中，当然不会缺席，1897年参与创办东方轮船公司，并广泛投资其他新兴事业，例如垦殖、银行、保险、丝织等，包括参

1 熊月之主编：《上海通史》第4卷，上海人民出版社，1999年9月第1版，第24页。
2 金普森、孙善根主编：《宁波帮大辞典》，宁波出版社，2001年3月第1版，第15页。
3 同上书，第132页。
4 方煜东：《三北地区：近现代宁波帮航运业的摇篮》，载《宁波晚报》，2012年4月15日第0A6版。

与创立的著名企业品牌中国化学工业社，使其拥有"近代中国实业缩影"的美誉。

这一时期诞生的本土新兴品牌以及从我国其他地方迁来的品牌，当然主要还是囿于传统产业。本土新兴的品牌：船舶与机器修造业有发昌机器厂（1863年）；饰品业有老凤祥（1848年）；印刷业有戏鸿堂笺扇庄（1850年），系华商最早开设用机器生产的包装印刷工厂，即现今上海人民塑料印刷厂；制造业有荣记湖丝（1851年），系中国产品参与第一届世博会的开篇之作，获得了世博会优秀奖，免检进入英国市场，以所获奖状的图案"翼飞美人"为商标，被视为上海开埠后的品牌之始；食品业有北万有全（1851年）、邵万生南货店（1852年）、老大同油酱商店（1854年）、梨膏糖（1855年）、鼎丰乳腐（1864年）和汪裕泰茶号（1851年）；餐饮业有杏花楼（1851年）、五芳斋点心店（1858年）；日用杂货与商业有同春洋布店（1850年），1853年间开设的大丰洋布号、恒兴洋布号、增泰洋布号、成德丰注布号和时和洋布号，老介福（1860年），顺记五金洋货号（1862年），亨达利钟表（1864年）；文化产业有广方言馆（1863年）。外地迁沪的品牌：日用化学品业有老妙香室粉局（1860年迁沪，1851年开设于苏州），主要产品品牌为和合牌香粉；饮食业有王仁和茶食店（1853年，来自苏州，由苏州人王仁和创立）；文体业有曹素功墨（创于明朝末叶，清同治三年，即1864年迁沪）。本土新兴品牌相当一部分创立者并不是上海本地人，而是来自外地，例如，荣记湖丝的创立者乃广东籍商人徐荣村；汪裕泰茶号的创立者为安徽籍商人汪立政，他创制了不少金叶牌茶叶（1851年）等茶叶品类品牌，在19世纪30年代被誉为茶叶大王。其中绝大多数品牌至今魅力不减。当然，对于文化产业类品牌广方言馆来说，其自身虽已消亡，但其培养的学生所创立的品牌仍福泽人间。

广方言馆（1863年）。广方言馆由李鸿章和翰林冯桂芬联手创办，冯桂芬担任第一任馆长。作为上海第一所外国语专科学校，它的任务主要是培养翻译和承办洋务人员。它有几个名头，最先被称为上海外国语言文字学馆以及上海学习外国语言文字同文馆，简称上海同文馆，此名称主要是向北京看齐。北京同文馆于1862年8月24日成立，亦以培养翻译和外交人才为主要任务，1902年并入京师大学堂，京师大学堂即北京大学的前身。1867年，上海同文馆改为广方言馆。这名称的变化极有意思，表明了当时中国对待外国文化的态度。应该说最初的名字比较客观，改为广方言馆，就是把外国语言当成地方方言。中国到了这个时候，还以老大自居，别国语言文字全部是地方性语言文字。但不管怎么说，上海因此终于拥有了本土意义上对西方文化的自觉传播的机构，有了自己直接与世界对话的人才培养的学校。1869年，它并入江南制造局，分为英文馆、法文馆和算学馆，1894年增设天文馆。它不负众望，培养了我国第一批留学人员，即1872年8月11日，由陈兰彬、容闳率领的第一批30名14岁的学童赴美留学，首开中国官派留学生之先河。中国近代著名铁路工程师詹天佑就是其中之一。容闳乃第一个毕业于美国耶鲁大学的中国留学生，被誉为"中国留学生之父"。中国近代实业家、化工专家、品牌企业家吴蕴初（1891—1953）就是广方言馆培养的学生。吴蕴初是我国氯碱工业的创始人，创办了我国第一家味精厂、第一家氯碱厂、第一家耐酸陶器厂和生产合成氨与硝酸的工厂。我们至今还享受着他始创的味精——佛手牌味精，其生产企业就是上海天厨味精厂，现在的中华老字号之一。1906年，广方言馆被改组为兵工学堂（工业学堂），1913年受"二次革命"影响，被迫停办，广方言馆的历史就此结束，时长整整50年。

老凤祥（1848年）。老凤祥银楼的创立者系宁波镇海人郑氏十七房郑熙，其远祖为河南荥阳郑氏祖靖侯公，为避战乱而带着家眷迁居于宁波。经代代经营，在如今宁波镇海留下了绵延数里的望族聚居地——郑氏十七房村，宅上有街，街中有市，宅院之间，水系发达，规模宏大、结构严整，是目前为止我国最大且保存完整的明清建筑群。1844年，郑熙赴沪开设钱庄，并在嘉兴、绍兴、湖州、汉口和广州等地广设分号。1848年，郑熙在上海小东门方浜路创办凤祥银楼，前店后场，收购金银器皿熔炼制成首饰出售。上海作为我国早期银楼的发祥地，早在明朝末年就诞生了上海最早的手工作坊"日丰金行"；1773年，在松江诞生了杨庆和银楼。1886年，郑熙将凤祥银楼迁至大马路抛球场（时称望平街），号称"裕记"；1905年，改号为"植记"，楼名改为"老凤祥银楼"，产品戳记为松鹤；1908年，又迁至南京路盆汤街，并改号为"庆记"，戳记变为丹凤。20世纪30年代，老凤祥银楼迎来了历史上第一个鼎盛时期：在现今南京东路432号（老凤祥银楼总店），改建成三层钢骨水泥楼宇，上层为工场、下层为店铺，店员40余名，库存金数以万两计，日销售黄金千两，业绩骄人。此店址延绵至今，成为今日老凤祥总店，因而使老凤祥银楼又成为我国原店原址历史最悠久的银楼之一。据史料记载，1931年上海名人杜月笙家的杜家祠堂落成典礼，杜家所订中型水缸大小的银鼎礼品及各方名人所送贺礼，不少就是老凤祥能工巧匠所制作。哈同（英国裔犹太商人）夫人罗迦陵曾到老凤祥银楼定制白玉翡翠镶金烟枪、烟盘；宋美龄、章士钊等名人也都与老凤祥的首饰与摆件有深厚渊源。

目前，老凤祥共有20余家二级子公司，主要经营为生产、加工和销售贵金属饰品、贵金属镶嵌珠宝、玉石饰品、纪念品、钻石、珍珠、翡翠和其他珠宝玉石类工艺制品等工艺美术类产品。公司凭借集研发、设计、生产和销售于一体的人才队伍优势，拥有多家专业厂、研究所、典当行、拍卖行以及遍布全国31个省区市（除港澳台外），共2300个销售网点，全国覆盖率90%以上，市场占有率11.3%，2012年销售收入近250亿元。老凤祥坚持传承传统首饰的精湛工艺，融汇欧美首饰的先进理念，引领首饰潮流的经典时尚，获得的荣誉包括中华老字号、中国500强最具价值品牌、亚洲品牌500强、中国驰名商标、中国名牌产品和全国用户满意企业等。老凤祥金银细工制作技艺荣列国家级非物质文化遗产保护名录。近年来，上海老凤祥以其浓厚的海派文化气息开拓海外市场，在澳大利亚悉尼等设立专卖店，将品牌影响力推向世界，是中国首饰业的金凤凰、常青树，以及"中国黄金首饰第一品牌"。

杏花楼（1851年）。清朝咸丰元年（1851），一家具有鲜明特色的粤菜馆在福州路、山东路口开张了，仅是一开间小门面，主要卖广东甜品和粥类，名为"探花楼"，如今还传说为是"杏华楼"。创立者乃广东人徐阿润，又名"胜仔"，曾在外国游轮上当过厨师。对于徐阿润来说，虽是小本经营，但生意不错。年老后，盘给同为广东人的洪吉如、陈胜芳经营，由姓欧的经理具体经营。在民国初期扩建为一座老式楼房，门面装潢得好像银楼。欧经理做了一段时间后，决定扩大经营，但自己不亲自主持，在众人推荐下，聘请李金海出任经理。李金海系广东番阳人，于1888年来到探花楼当学徒，成为善制粤菜的当家名厨。他上任后，招股集资，成立探花楼股份有限公司。1927年，李金海在原址上将探花楼翻建成七开间门面四层楼，可同时摆近百桌酒席，使探花楼获得决定性发展，一跃为沪上最大的粤菜馆，既供应正宗粤菜，还兼营欧美大菜。在翻建时，李金海听取老顾客、中学老师苏宝和的建议，将探花楼更名为"杏花楼"，取意唐代诗人杜牧所写的："清明时节雨纷纷，路上行人欲断魂。借问酒家何处有，牧童遥指杏花村。"1930年，李金海特地请亦为广东人的清朝末科榜眼、书法家朱汝珍将杏花楼书写为店招，至今仍悬挂于杏花楼店堂，成为它历史悠久的不二证明。在李金海的经营下，杏花楼在20世纪三四十年代，进入全盛时期。上海著名国画家杭穉英专门为杏花楼绘制了一幅具有浓郁民族气息的重彩国画"中秋明月，嫦娥奔月"图案，并配以"借问月饼哪家好，牧童遥指杏花楼"的诗句，寓意入画，耐人寻味，此画沿用至今。大名鼎鼎的章太炎还向杏花楼赠予一副对联"蜜汁能消公路渴，河鱼为解巨君愁"，横批为苏宝华先生的"婆娑尊俎"四字；国民党元老于右任也赠了别有意味的诗句，"诗传画意王摩诘，船载书声米舍人"。杏花楼所产的粤菜以及食品较知名的有粽子、腊味和龙凤饼等。

新中国成立后，杏花楼几经改组，如今已发展成为上海杏花楼（集团）股份有限公司，拥有上海黄浦区相当一部分老字号餐饮品牌，其杏花楼、新雅、老正兴、燕云楼等12家被命名为中华老字号企业，功德林被认定为上海唯一一家国家级非物质文化遗产的餐饮企业。杏花楼、新雅还获得中国驰名商标称号，荣获国家质量奖。上海杏花楼集团以传承和发扬民族传统餐饮文化为己任，按照优势资源向优势品牌集中，做大做强优势品牌的指导思想，积极推动新雅、杏花楼、沈大成、洪长兴、扬州饭店、德大西菜社、德兴馆、燕云楼、老半斋等餐饮企业的创新和发展，使众品牌错位经营给力和差异化竞争能力迅速提高，每个品牌特色鲜明，例如功德林的素食、洪长兴的清真食品、新雅的半成品食品、杏花楼的月饼和沈大成的糕团等等，获利能力不断提升，从而铸就了企业进一步发展的基础。

（二）以外资为主的产业与品牌

以美英德为代表的发达资本主义国家纷纷在上海设立洋行，倾销它们的本国工业品牌，使上海一下子成为近代中国外资企业品牌的集聚地。借用沈祖炜主编的《近代中国企业：制度和发展》一书中所言，搞清了近代上海外资企业品牌的推进轨迹与特点，基本上也就把握了整个近代中国外资企业品牌进入中国的轨迹与特点。

随着英领事馆率先在沪设立，英商捷足先登，抢滩上海。仅1843年，来沪的英国洋行就有怡和、仁记、义记、广源（1858年歇业）和宝顺等5家之多，到1845年又增加和记、李百里、裕记和森和等。美商于1846年登陆上海，第一家洋行为旗昌洋行。德商于1855年登陆上海，第一家洋行为鲁麟洋行。著名的三大洋行分别为怡和、宝顺和旗昌，也即三大鸦片贩子，其中最大者为怡和，它们同时也是出口丝茶的大户。至1859年，先后在上海开设的洋行达74家，同期歇业的为12家，分为两大类：一类以经营鸦片贸易为主，另一类以经营纺织品为主。它们想尽各种办法，以上海为支点，撬动中国市场，有着强烈的海盗掠夺精神。这个时期外资产业主要以贸易业为主，不少贸易类企业品牌初具雏形，及与之紧密相关的船舶修造业，其次为文化产业，还有就是金融业。其中船舶修造业方面，"最早的船厂是1850年英国人创立的伯维公司，而最早的船坞则是由美国人杜那普建造的新船坞。至1860年，上海先后兴建的外资船厂已达12家，其中较著名的有包德船厂、米切尔船厂、浦东火轮厂等……1861—

1864年，上海就出现了8家外资船厂，最著名的是祥生和耶生，分别成立于1862年和1864年"。[1] 怡和、太古和沙逊等分别是祥生、耶松的大股东。1861年，琼记洋行、宝顺洋行先后从事长江轮运，至1864年，约有14家洋行从事轮运。旗昌洋行于1862年成立旗昌轮船公司，于1865年获取霸主地位。文化产业是今天回顾海派文化时不可绕过的巨大存在，典型的品牌有墨海书馆（1843年）、美华书馆（1860年）以及土山湾印刷所（1864年）等。土山湾印刷所源于土山湾孤儿院，位处徐家汇，该孤儿院是远东最大的私立文化机构，上海西南部文化地标，上海近代文化的重要渊源之一，中国近代诸多新式文化事业从这里起步，有中国近代美术的发源地、中国近代高等教育的发源地之一、中国近代工艺美术的摇篮等美誉。金融业品牌全面碾压中国传统金融，开创了中国现代金融的先河，引领中国传统金融业向现代金融业转型发展，此时中国金融业还局限于传统的票号、钱庄和银楼等。英商银行一马当先，风头劲健的金融品牌有丽如银行（1847年）、汇隆银行（1854年）、阿加剌银行（1854年）、麦加利银行（渣打银行）（1858年）、汇川银行（1861年）、利生银行（1864年）、利华银行（1864年）、利升银行（1864年）。法国银行在1860年开始进入上海，即法兰西银行。它们为日后上海金融业成为上海经济支柱产业起到了先导作用。

墨海书馆（1843年）。它于上海开埠元年由英国人创办，创办人是英国伦敦会传教士麦都思（1796—1857）（其子麦华陀，1823—1885，巴富尔翻译，日后成为第九任英国驻沪领事）、美魏茶、慕维廉和艾约瑟等，是上海最早的现代出版社，以传播西方文化为主，1863年（另说是1877年）停办，是一家典型的文化创意产业类企业品牌。追溯其历史，它的前身为1816年马礼逊夫妇、米怜创办的"巴达维亚印刷所"，设立在爪哇巴达维亚（今印度尼西亚雅加达），主要从事木雕印刷，隶属于英国基督教伦敦教会。上海一开埠，伦敦教会便决定将其搬迁来上海，由麦都思具体负责执行。麦都思早在1835年就来

1　沈祖炜主编：《近代中国企业：制度和发展》，上海社会科学院出版社，1999年12月第1版，第248页。

到上海游历，对上海并不陌生。1843年12月23日他再次来到上海，与美魏茶、慕维廉和艾约瑟等一起筹办印刷所各项迁移事宜。当各项事宜办妥正式开张时，他将其更名为墨海书馆，其意来自中文典籍。墨海"在中文典籍中，原意是大砚、墨盆，作为出版印刷机构，以此命名，颇为符合创办人麦都思的宏愿是要使墨流成海、书之成林。此外，麦都思以'墨海'命名，很可能与他的姓有关，Medhurst与'墨海'读音相近"。[1] 麦都思自号"墨海老人"，成为传教士中西学东渐的急先锋，不仅大量翻印《圣经》，普及宗教，而且译介了大量西方最新的科学成果，成为中西科技、文化交流的重要窗口，对海派文化的形成与发展产生了极为深远的影响。它创造了诸多第一：一是墨海书馆为当时中国大陆第一个备有铅活字印刷设备的出版社，技术最先进，印刷质量最好。二是所译科技类以及社会科学类的书，体现了当时最先进的成果，引领风尚。例如1854年，艾约瑟与李善兰开始翻译的《重力》20卷，让中国人第一次知道了什么是静力学、动力学和流体力学，是近代介绍进中国的第一部比较系统的西方力学著作，对中国科技发展影响甚巨。这些著作甚至对日本也产生了重要影响，学者苏智良、彭善民在《传教士与墨海书馆》一文中指出，"如《植物学》，对日本产生的影响比在中国还要大些"。[2] 三是培养了一批具有国际视野、中西文化兼备的人才，对之后上海广方言馆等一批新兴文化机构的诞生及其发展，做了良好的思想启蒙与人才准备，这些杰出人才包括王韬、李善兰、张福僖、蒋敦福和管嗣复等。关于这些人才，王立群在其《近代上海口岸知识分子的兴起——以墨海书馆的中国文人为例》一文中这样评析："在墨海书馆工作的这些中国文人大都取得过秀才的资格，具有很好的文字功底，属于中国下层文人。由于没能顺利踏入仕途，他们多有怀才不遇的愤懑，幸而时代的变化提供了与传统文人落第设馆授徒不同的生活道路，他们来到东西文化激烈碰撞的上海，成为近代中国第一批与洋人合作、向国人介绍西学的知识分子。在上海开

1　钱中兵：《墨海书馆与近代中国科技传播》，载《大众科技》2005年第12期，第106页。

2　苏智良、彭善民：《传教士与墨海书馆》，载《上海近代新文明的形态》，上海辞书出版社，2004年版。

埠之初，当人们还普遍对西人、西学持敌视、防范的态度之时，他们冒天下之大不韪为西方人工作，当然受到传统社会的排斥，成为生活在正统社会文化之外的'边缘人'。在大约十年时间里，他们一直生活在中国政治、文化生活的边缘。在中西文化与文明的夹缝中生存这一特殊的处境使得他们的行为举止非常怪异，他们时常一起狎妓，'每酒酣耳热，抵掌雄谈，往往声震四壁，或慷慨激昂，泣数行下，不知者笑为狂生'[1]，令时人为之侧目。当时的形势和国人对西人、西学的态度把这群了解西学、传播西学的口岸知识分子塑造成了上海滩上有名的狂士。"[2] 在最初的海派文化的形成中它风头无二，"微积分"等那些新概念、新名词不仅影响至今，而且还将长期影响下去。1857年，随着麦都思的病逝，墨海书馆开始式微，尤其是由美国传教士于1960年创办美华书馆后，它的风头很快被美华书馆抢去。

丽如银行（1847年）。外商为确保经济活动正常开展，金融业相伴而来，丽如银行揭开了洋商金融业在上海的帷幕。丽如银行的前身是西印度银行，总行设于印度孟买，1845年更名为东方银行，也称东藩银行，由原来单纯在印度的业务已扩展至远东，总行迁至英国伦敦，同年在香港和广州两地设立分行，名称分别为"金室"和"银房"。1847年，它来到上海开展业务，于1849年在上海正式设立分行，取名"丽如"，其意取自《周易》八卦中的"离卦"，"离卦"代表东方，卦象如旭日东升、艳丽、兴旺，希望丽如银行在上海的发展蒸蒸日上、兴旺发达。丽如银行同时将它遍布全球其他地方不同名称的分支全部统称为"丽如银行"。1851年，英国政府为让它发挥在殖民地的作用而给予有力的保护与支持，特颁给它"皇家特许状"，成为英国政府的特许银行。它的主要业务是国际汇兑，包括自身买卖汇票和充当供求双方汇票的中介者。刚开始它的国际汇兑业务始终竞争不过洋行，"初期的外汇市场，没有形成统一的

1 曾国藩：《曾国藩日记》，天津人民出版社，1995年2月版，第1216页。
2 王立群：《近代上海口岸知识分子的兴起——以墨海书馆的中国文人为例》，载《清史研究》2003年8月，第105页。

'行市'，上海的洋行可随时将它们的汇票登报求售，既没有规范化的外汇牌价体系，更没有规范的市场。这种'比较原始的'外汇交易状态，直到19世纪60年代后才告一段落。以丽如银行为首的外商银行以其雄厚的资本、在本土的地位以及广泛的业务网络优势，经过10余年的竞争，终于打破了洋行这些'商业大王'把持上海外汇交易的局面"。[1]19世纪50年代，在上海流通的钞票大都由它发行，在英国对华的鸦片贸易中，它还攫取了巨额利润。它在远东的地位几乎像英格兰银行在英国的地位一样。1872—1877年，它频繁借款给清政府，成为第一家向清政府进行财政渗透的外国很行。显然，丽如银行在上海早期的现代金融业建构中发挥了举足轻重的作用。1892年，它因放款和投资不慎而轰然倒闭、退出中国，营业大楼售与麦加利银行，伦敦总行更名为新东方银行公司。

二、民族工商业品牌顽强起步（1865—1894 年）

（一）本土产业与本土品牌

在外国资本、现代工业制造业、航运业等的强烈冲击下，上海本土沙船业全面沦陷，由于清政府以承运海漕为理由，阻止上海沙船业通过集资购买轮船的诉求，沙船业难以得到升级换代，无法与西方先进的方帆船、夹板船和飞剪船竞争。尤其是外资轮船的全面进入上海，上海沙船业在经历了一段抗衡后，也日趋衰落，渐渐成为明日黄花，昔日煊赫一时的沙船品牌随之全面消亡。手工棉纺织业在坚持一段时期抗衡后，也趋于没落。相比而言，随着上海人口的不断增多，本土文化产业、消费品工业、商业等品牌快速发展。本土文化产业品牌主要有张园（1882年）、千顷堂书局（1883年）、同文书局（1882年）、上海丽云阁笺扇镜架商店（1888年）等，外地来沪的有老周虎臣笔庄（1866年移师上海，原为苏州周虎臣笔墨庄，1694年）、扫叶山房（1880年）等。社会科

1　王垂芳主编：《洋商史（上海1843—1956）》，上海社会科学院出版社，2007年7月第1版，第222页。

学著作有郑观应的《盛世危言》（1892年）等。长篇小说《官场现形记》（1903年）、《老残游记》（1903年）、《孽海花》（1905年）、《二十年目睹之怪现状》（1906年）被誉为晚清四大谴责小说。张园面积最大时达61.52亩（约4.1公顷），创始人系无锡东门含锡桥人张叔和，自1885年开放以后的20多年中，一直是上海最大的公共活动场所，不仅集花园、茶馆、饭店、书场、剧院、会堂、照相馆、展览馆、体育场、游乐场等多功能于一体，安垲第楼更是当时上海最高建筑，登上此楼，上海城尽收眼底，而且是上海各界集会、演说，表达民意的场所，影响巨大，直至哈同花园、新世界和大世界的兴起，同时随着张叔和年老，渐趋没落，于1918年停办。有意味的是，1855年，美国旧金山出现了一座"上海戏院"，专事演出中国戏曲，在美国开始产生上海城市品牌影响，演出的剧目以粤剧、潮剧为主。医药业有人和堂国药（1874年）、蔡同德堂药号（1882年）、中西大药房（1887年）、中法大药房（1890年）和中英药业等。本土食品业有钱万隆酱油（1880年）、汪怡记茶叶（1880年）和宝鼎酱油（1894年）等，外地来沪的有采芝斋食品（1870年开设于苏州）；餐饮业有大富贵酒楼（1871年）、上海老饭店（1875年）、洪长兴（1891年）等；日杂与商业则有老同盛（1887年）、三角地菜场（1890年）等。

1865年，江南制造局的横空出世，表明中国工业品牌开始艰难起步，是上海乃至中国品牌经济发展史上一个划时代的大事件，尽管它只是一家军事工业企业。其后轮船招商局（1872年）、上海机器织布局（1889年）等的相继问世，清晰地表明中国民族工业制造业品牌从军事工业向民生工业延展，是洋务运动的重要成果体现。现代民族工业制造业中的造船业、纺织业、面粉业、针织业、造纸业、棉织业和缫丝业等采取拿来主义方法，对国外先进的工业制造业仿制学习，不仅从无到有，而且获得了长足发展。发昌机器厂在1869年呱呱坠地，它开始使用车床等现代机器进行生产，是中国机器制造从原来的手工锻铁作坊成长为现代性工厂的标志，并且是全国最早的近代民族资本主义企业。在船舶与机器制造业方面，从19世纪60年代末至80年代密集诞生了建昌铜铁机器厂（1875年）、邓泰记机器厂（1875年）、均昌机器厂（1879年）、远昌机器厂（1880年）、合昌机器厂（1881年）、永昌机器厂（1882年）、福昌机器厂（1882年）、公茂机器船厂（1885年）、广德昌机器造船厂（1885年）、大昌机器厂（1888年）、鸿昌铁厂（1888年）、活精机器局（1889年前）、史恒茂机器造船厂（1892年）。有趣的是这些企业中的大部分用了"昌"字。昌在百家姓中是姓氏之一，较为罕见。其字的本意是昌明、兴旺发达，从中可知创办人对于自己创立的企业的美好愿景，当与其他同样表达美好愿景的字结合在一起，便成了其人格化的品牌价值诉求。例如发昌，也就是说创办者所冀求的昌明和发达，不是静止的，而是动态的，是持续不断的，是递进的，是一步一个台阶向前发展的。当这种冀求成为一个群体的品牌价值诉求时，它不仅是该产业的品牌价值诉求，并自然而然成为这一时代民族企业家共同的心声表达。

造纸工业方面，1882年诞生了中国第一家私人资本机器造纸厂——上海机器造纸局，创办人为广东候选同知曹子撝。1891年，上海机器造纸局由官僚韩之鹏盘下经营，更名为伦章造纸厂，同期创立的还有天章造纸厂（1884年）。面粉工业方面诞生了裕泰恒火轮面局（1882年），系上海第一家私人资本主义机器面粉厂。之后又相继诞生了泰和新火轮机器粉局（1886年）、翁成号面粉局（1886年）。缫丝工业方面诞生了公和永缫丝厂（1882年）、新祥缫丝厂（1892年）、裕成缫丝厂（1886年）、延昌恒缫丝厂（1890年）、纶华缫丝厂（1892年）、锦华缫丝厂（1892年）、信昌缫丝厂（1893年）、乾康缫丝厂（1894年）。棉纺织工业除上海机器织布局（1889年）之外，又诞生了华盛纺织总局（1894年）、裕源纱厂（1894年）。火柴工业诞生了由叶澄衷创办的燮昌火柴公司（1890年）。皮革制造业方面诞生了中国制造熟皮公司（1882年）。其他制造业方面诞生了新光光学仪器（1887年）、上海钢琴（1895年）等企业。

商贸业在与狼共舞中，直接对标"狼们"先进的经营理念和管理方法，诞生了以经营五金工具为主的老顺记号（1862年），创立人叶澄衷。由于老顺记号获利丰厚，促使他又在19世纪70年代一鼓作气开设了南顺记、义昌顺记、新顺记、可炽顺记、可炽铁栈等企业。老顺记号分号遍及汉口、九江、芜湖、镇江、烟台、天津、营口、宁波和温州等地。还有周舜卿开设的震昌煤铁号（1884年）、升昌五金煤铁号（1878年），祝大椿开设的源昌煤铁号（1883年），朱葆三开设的慎裕五金号（1878年），洪益三开设的慎记五金号（1888年），唐晋斋开设的怡昌钢铁号（1890年），周可文开设的茂顺钢铁号（1890年），戴运来开设的利昌钢铁号（1890年），洪仰岗开设的万椿铁号（1890年）等。钟表业方面有孙廷源开设的美华利钟表店（1876年）。专业商店有王星记扇庄（1875年），从杭州迁来上海。洋布业方面有许春荣的大丰洋布号（1880年），此号原由宁波翁家在1853年独资开设，专营英、美进口洋布，是当时国内最大的进口棉布批发字号。许春荣于1880年接手后，借助自己担任德商德华银行买办的优势，在得到金融融通的支持下，独家经销英商泰和洋行的进口洋布，成为英国洋布品牌顶高洋标布、兰团龙漂布和花蝴蝶绒布的积极推销者，赚得盆满钵满。其成功经验是"'盖专销一家，运售之地认定牌子，设遇他种洋布价跌，别家无此牌子，不为牵动，且可关住不售，待价而沽'，收'独行生意'之厚利"。[1]许春荣因此又名许大丰。"1905年，许春荣年老告休，将大丰牌号让与邵琴涛，改称邵大丰。1917年邵故去，其妻弟继任经理，改称大丰。后因洋布进口减少，于1930年收歇。"[2]

　　丝业出口以经营苏浙生产的丝为重点，丝则以辑里丝为重点。辑里丝是通过上海而走向世界的丝品牌。辑里丝原名七里丝、辑丝，产于太湖流域浙江南浔镇。1851年，英国伦敦举办首届世博会，广东籍上海商人徐荣村寄去12包"荣记辑里丝"参赛。在众多参赛的丝中，"荣记辑里丝"以其极佳的品质脱颖而出，荣获第一，由英国维多利亚女王授予金银大奖，并获赠"小飞人"证书。自此，辑里丝在国内外大展上屡获佳绩。例如，在1910年被称为世博会预

1　经元善：《上楚督张制府创办纺织局条陈》，载《经元善集》，华中师范大学出版社，1988年版，第104页。

2　金普森、孙善根主编：《宁波大辞典》，宁波出版社，2001年3月第1版，第16页。

演的南洋劝业会上，南浔梅恒裕的"秀麟""金鹰钟"等品牌获头等商勋，"银鹰""梅月"等6个品牌获超等奖。1911年，在意大利都灵工业展览会上，南浔梅恒裕各种牌号丝获一等奖；1915年，在美国旧金山举行的巴拿马国际博览会上，南浔梅恒裕辑里丝获大奖章——金牌奖；1926年，在美国费城世博会上，南浔人顾敬斋的源康丝厂、南浔人周庆云的吴兴第一模范缫丝厂等生产的生丝获得甲等大奖；1929年，南浔人张静江在杭州发起举办西湖博览会，这是中国人仿照世博会举办的首次大型博览会，辑里丝获西湖博览会特等奖……2010年，第41届世博会在中国上海举行，南浔辑里丝再次闪亮登场。

19世纪80年代著名的丝行有施善昌父子开设的震昌丝行，吴少卿开设的顺成泰丝栈，杨信之开设的泰昌祥丝栈，徐润开设的绍祥字号，黄佐卿开设的震昌仁丝行，邱稼荪和徐升甫合开的震泰丝行，邵越荪开设的恒昌丝行，杨万丰开设的永达成丝行，徐鸿成开设的怡成丝行，陈竹坪开设的陈兴晶丝行、刘贯记丝行。徐润同时还开设了著名的宝源祥茶栈。

这些新兴商号顺势而生，有许多混业经营，同时开设有钱庄、绸庄、杂货号、布庄、典当、房地产等，并投资码头、榨糖、玻璃、缫丝、造纸和煤矿等产业，推动中国传统商贸业向现代商贸业转型发展。上海经济由此迅速从传统、发达的手工业城市演变为一座外向型突出的工商业新兴城市。

江南机器制造局（1865年）。江南机器制造局亦称江南机器制造总局、上海机器局，别名上海制造局。在今日上海黄浦区有两条路，一为制造局路，一为局门路，便是对它的深沉缅怀。它由曾国藩规划，李鸿章实际负责，是洋务派在上海创办的规模最大的洋务企业、规模最大的军事企业，是洋务运动的重要硕果之一。1864年9月27日，李鸿章正式上书总理衙门，请求在上海设厂制造轮船。10月，总理衙门函复同意。经过一年多筹备，于1865年9月29日，清政府正式批准成立。在筹备中，江南机器制造局收购了位于虹口的美商科尔的旗记铁厂，以此为厂址，同时兼并了上海洋炮局和苏州洋炮局。在设备方面，容闳又从美国购回全套100多台工作母机。旗记铁厂的原有占地面积显然难以满足江南机器制造局的快速发展需要，李鸿章与时任上海道台丁日昌经多次实地考察，选择了位于城南黄浦江边的高昌庙陈家港为新厂区。再经过一年多基础设施建设，1867年，江南机器制造局从虹口搬迁到新厂区，安置了下辖7个厂以及相关管理和后勤部门。它在发展中牢牢遵循魏源在《海国图志》一书中提出的"师夷长技以制夷"原则，坚持开门办厂，在技术研发方面由外国技师负责，也就是说，江南机器制造局的技术由外国技师所垄断，紧跟国外先进武器制造，积极模仿。与此同时它将广方言馆纳入麾下，积极培养本土人才，并成立了江南机器制造局翻译馆，及时跟踪国外最新科技发展趋势，引进最新科技成果，为江南机器制造局的发展奠定人才与科技基础。江南机器制造局的业务主要分四大部分：一是陆军的武器、弹药制造，二是炼钢，三是轮船制造，四是文化产业。中国现代工业史上的诸多第一由此诞生，可以开列一串长长的名单，例如第一艘蒸汽推动的军舰、第一艘铁甲军舰、第一艘双螺旋蒸汽钢质长江货船、第一炉钢铁、第一门钢炮、第一支后装线膛步枪……不胜枚举，渐渐形成"全部制造过程都系中国工人动手，技艺不下于任何欧洲工厂的工人"。[1] 在当时为清政府"提供了现代化的陆海兵种的装备；为抵御外来的侵略做出了贡献；促进了我国现代工业和现代经济的创设和发展"。[2] 难能可贵的是，它为我国培养了第一批科技人才，例如华蘅芳、徐寿、徐建寅、徐华封、华世芳、吴嘉燮、吴德钧和赵元益等。

在经营管理方面，虽然引入了资本主义企业的方式，但由于处于专制主义政治体制和封建主义观念之中，它的体制极其落后，画虎不成反类犬，暴露出人浮于事、生产成本远高于进口成本、质量低劣、腐败横行等难以解决的问题，掌权者把它当成自己获取私利的工具。在这一过程中，当然也催生了一批杰出的经营管理人才，其中有一个人值得关注，尽管在晚清以降的重要人物中，他难与曾国藩、李鸿章相提并论。这个人便是曾国藩的小女婿聂辑椝

1　《北华捷报》第23卷，1879年7月22日，第71页。

2　丁日初主编：《上海近代经济史》（第1卷），上海人民出版社，1994年10月第1版，第505页。

（1855—1911），湖南省衡阳人。他十分精明强干，在其运作下，其家族在晚清时期与李鸿章、刘晦之和席正甫家构成了上海滩四大家族。聂家花园是如今上海要保护的重要文物之一。1882年，在李鸿章保荐下，他出任江南机器制造总局会办，自此成为李鸿章大办洋务的得力干将。1884年，他升任为总办，即总经理，在职8年。在任总办期间，适逢中法战争爆发，他既重科研，聘请原墨海书馆的外国学者傅兰雅等为技术顾问；又重制造，成功仿造当时最为先进的武器，包括阿姆斯特朗后膛大炮及保氏钢甲军舰，极大地增强了清军战斗力，获得清廷瞩目。1885年，中法战争以中国获胜而告终，江南机器制造局借此扭亏为盈。之后他升任上海道台、浙江按察史等职。中共早期领导人蔡和森在上海出生与他有关，后来蔡和森一家从上海顺利地到法国留学，与他儿子聂云台有关。蔡和森的父母都是曾国藩的湘军之后，母亲葛健豪的父亲，即蔡和森的外公曾担任湘军参将，后担任盐运使、按察史，与曾国藩有姻亲关系。曾家、葛家与革命党人"鉴湖女侠"秋瑾的婆家王氏家族，在当时湖南并称三大家族。大约正因这些关系，蔡和森的父亲蔡蓉峰得以在江南机器制造局谋生，在聂辑椝手下担任一名小官。蔡和森父母婚后在上海生活，蔡和森生于上海。蔡和森4岁时，才由母亲葛健豪带回老家。蔡家与聂家常有往来，1919年，蔡和森一家远赴法国勤工俭学缺少路费，聂家获知后，慷慨资助。当然聂家在资助时，并无从想象蔡和森一家日后在中共历史上具有彪炳千秋的崇高地位。

历史往往如此诡秘，透过上海品牌经济发展轨迹，其背后的人事演变，彰显出上海品牌文化的别样之魅。当1891年上海机器织布局因遭受火灾，被烧得精光时，聂辑椝辅助李鸿章、盛宣怀善后重建，重建的纺织厂改名为华新纺织总局，他成为这家重建企业的重要股东之一。由于深知江南机器制造局的弊端，又深知欧美企业的先进性，因此在华新纺织总局的经营中，他尽量采用欧美企业先进的管理经验。但由于受合伙者的限制，他的能力显然无法得以施展，直至把它完全收购为自己的家族企业，更名为恒丰纱厂，他的才干才得以显现，然而此时他正走向生命的尽头。在其儿子聂云台于1905年出任总经理之后，恒丰纱厂终于走向兴旺发达，成为民族企业品牌创新转型成功的标杆，知名的商标品牌有云鹤、富贵、马、牛和老人等。聂云台被奉为中国纺织界泰斗，1920年8月，出任上海总商会会长，成为近代上海新兴商人阶层登上历史舞台的标志。1949年，在公私合营中，恒丰纱厂改为丝织厂。

1905年（光绪三十一年），江南机器制造局的造船部分独立，称"江南船坞"。在1911年辛亥革命中，它成为陈其美率领的上海起义部队重点攻占的地区。这一年，聂辑槼去世。之后，江南机器制造局、江南船坞均由民国政府陆军部管理，江南机器制造总局更名为上海制造局，其后一度改称为陆军部上海兵工厂，"江南船坞"更名为"江南造船所"。1914年，江南造船所达到了发展历程中的又一座高峰，为美国承造万吨级运输舰"官府"号，这是国外首次向中国订造的舰船，也是中国大地上承造的第一艘万吨级船。1937年淞沪会战后，上海的所有中国船厂均被日军占领，江南机器制造局的厂房及部分机器被日本人拆毁，自此星散，厂地并入江南造船所。江南造船所被更名为"三菱重工株式会社江南造船所"。抗战胜利后，江南造船所重由国民党掌管。1949年，国民党败退台湾。此时，江南造船所残破不堪，由新中国接管，自此获得新的生命。

为接续近代以来仁人志士的强国梦，1953年，江南造船所改名为江南造船厂。依靠科技创新、依靠工人们一流的工匠精神，它为新中国接连建造了第一艘潜艇、第一艘护卫舰、第一台万吨水压机、第一艘自行研制的国产万吨轮"东风"号……至今，江南造船厂一直位居中国高科技船舶制造业之首，堪称中国船舶工业的排头兵。1996年，它改制为"江南造船（集团）有限责任公司"。2008年，它搬迁至长兴造船基地，地处长江口的长兴岛。

轮船招商局（1872年）。随着外国轮运公司在中国航运市场上的长驱直入，上海沙船业迅速走向衰落，清政府开始考虑用新式轮船代替沙船，承担漕运。同时考虑到当时一批中国投资者不甘于通过附股洋商以分沿海外商的利润，强烈要求自己兴办轮船企业。对此，1867年，容闳创议设立一家纯由中国人投资的轮船公司，并拟就《联设新轮船公司章程》。与此同时，还有曾任常镇道的许道身、沙船商人赵产诚等，均提议设立轮船公司，虽均未被曾国藩允准，但引起了朝廷的重视。李鸿章从这些现象中发现此等业务不能放由民间兴办。随着曾国藩于1872年3月12日在南京病卒，李鸿章于8月在上海物色了世代以沙船为业的三品道员、浙江候补知府朱其昂及其弟、候补知县朱其诏设立招商局。轮船招商局由此开始正式筹备。1872年12月，李鸿章批准由朱其昂拟制的轮船招商章程20条，即轮船招商局条规，同年12月26日旨准成立，次年1月17日在上海法租界永安街正式开局。官督商办，开办资金主要来自民间，系我国第一家轮船运输企业。一开始由于朱其昂的官员身份，"投资于招商局的沙船商人，主要限于朱其昂家族以及同他们有关系的一些沙船商人。招商局初期招股并不顺利，其他沙船商人，包括一些搭股洋商的沙船主，并未给予积极支持"。[1] 招股如此，招商局创办初期经营管理也不成功，朱其昂难以担当重任。李鸿章不得已转请怡和洋行总买办唐廷枢担任总办，并由唐廷枢延请徐润为会办。唐廷枢、徐润皆为广东香山人，他们接替朱其昂兄弟后，局面马上改观，不仅资金招募顺利，而且在管理上完全采用资本主义经营方式，增强商董在企业管理中的地位。在与美资旗昌轮船公司、英资太古轮船公司这两大外国轮运公司的竞争中，李鸿章不惜动用军费给了支持，助其完美胜出。令人扬眉吐气的是，1876年，轮船招商局并购了旗昌轮船公司，又与太古轮船公司、怡和洋行旗下华海轮船公司达成"齐价合同"，形成了在中国沿海和长江轮船航运中三足鼎立的局面。

　　正值轮船招商局快速发展之际，1883年中法战争爆发。为了避免法军舰队的攻击，李鸿章不得已将招商局暂售给美国旗昌洋行，待战争结束后又以极高的代价赎回。由于轮船招商局承担了大清朝获取外国各种先进技术与管理模式的窗口，李鸿章极其重视对它的管理，1885年，他派遣自己的得意门生盛宣怀

1　丁日初主编：《上海近代经济史》第1卷，上海人民出版社，1994年10月第1版，第533页。

为招商局督办，马建忠、谢家福为会办，轮船招商局由此开启了以官为主、由官经营的时期。对于这一时期，郑观应在《商务叹》中透露出无尽无奈与凄凉："轮船招商开平矿，创自商人尽商股""办有成效倏忽变，官夺商权难自主""名为保商实剥商，官督商办势如虎"。官督与商办之间矛盾重重。1904年清政府正式颁布《公司律》，但轮船招商局没有被作为一家正常公司在商部进行注册，更没有一个由股东选举产生的董事会来负责运营。直到1909年，才作为公司正式注册，并第一次组建董事会。而实现政商分离，公司实际由"董事会全权管理"，则是在辛亥革命爆发、清政府垮台后，上级部门邮传部（分管邮政、电信、铁路、交通银行等）委任的官员才离开轮船招商局。它先后投资创办了中国近代最早的大型煤矿开采企业——开平矿务局（1882年），试办中国近代第一家保税仓栈（1887年），投资创办中国近代第一家银行——中国通商银行（1896年），创办了南洋公学（1896年，现上海交通大学前身）。

在民国时期，轮船招商局脱离交通部，改隶国民政府，1949年上海解放后，由上海市军管会接管。1951年2月1日，招商局（上海总公司）改组为中国人民轮船总公司。香港招商局归中国人民轮船总公司领导。1978年，招商局在中国改革开放中，一马当先，独资开发了在海内外产生广泛影响的中国第一个对外开放的工业区——蛇口工业区，为深圳的改革开放立下了汗马功劳。1985年11月12日，国务院批准交通部《关于香港招商局集团董事会调整的请示》，招商局集团有限公司正式成立，为交通部直属一级企业。1986年6月，收购在香港上市的友联银行，成为第一家利用股票市场收购上市公司的中资企业，也成为第一家拥有银行的非金融性企业。同年10月14日，招商局集团有限公司在国家工商行政管理局注册，12月18日，成立中国招商国际旅游总公司。1987年4月8日，中国人民银行总行批准招商局发起创立招商银行，为新中国第一家企业投资创办的股份制商业银行。1988年3月21日，创立中国第一家企业股份制保险公司——平安保险公司。1992年5月12日，中共中央总书记、国家主席江泽民为招商局成立120周年题词："继承爱国主义精神，为实现祖国统一大业而奋斗。"1992年6月，海虹集团（现招商局国际）在香港上市，开创了中资企业在香港上市的先例。

洪长兴（1891年）。洪长兴创建于1891年，创始人为马春桥。它本来是马春桥为解决自家——马家戏班子吃饭问题而开的伙房，同时对外营业，但以自己的特色迅即广受沪上消费者欢迎。马春桥系著名京剧表演艺术家马连良的二伯，人称马二爸，其伙房因此被称为"马二爸伙房"。其特色主要是针对上海冬天特别阴冷潮湿的特点，以涮锅涮羊肉为主。1918年，马春桥将此伙房转手回族朋友洪海泉。洪海泉人称洪三爸，接手后，他将此伙房正式命名为"洪长兴"。为进一步彰显特色，做透做足"羊"文章以及回族文化，洪海泉特意从北京聘来一批技师，将涮羊肉火锅推向极致，迅速成为上海滩名厨之一，引来不少达官贵人以及文艺名家的追捧，包括民国政界要人蒋经国，著名画家齐白石、应野平，著名影星胡蝶、石挥等。由于原是京剧马家戏班所创建，一批从北方来上海演出的京剧名家必来洪长兴消费，包括梅兰芳、谭富英、盖叫天、孟小冬等。新中国成立后，洪长兴受到了中央领导以及上海市领导的关怀，党和国家领导人陈云、李先念、陈毅等先后来过洪长兴，品尝涮羊肉，此处成为上海招待国内外回族朋友的一处重要饭店。

在"文革"期间，洪长兴暂时更名为"东升饭食店"。"文革"甫一结束，原店名立即恢复，但经营一直未见起色。直至1987年，马宗礼竞聘上岗，成为上海国营企业第一位不是由国家委任的总经理。它首倡夏天供应涮羊肉，开创了上海夏天吃火锅的餐饮新潮流，生意极其火爆，洪长兴由此开始走上复兴之路，洪长兴品牌得以重放异彩。在上海现存的一批老字号餐厅中，洪长兴是唯一一家以清真羊肉火锅为主打餐品的清真特色餐饮企业，将涮羊肉由单一品种拓展成包括"荷兰雪龙""顶级上脑羊肉""雪花牛肉""精品肥羊肉"等在内的涮锅系列。以"发展清真食品，振兴民族经济"为宗旨，精准定位，特色经营，品质至上，不断创新，人才为本，现隶属于上海杏花楼（集团）股份有限公司。它除位于云南南路的店之外，另有南京东路店、新客站环龙店，员工200多人。先后获得上海著名传统餐饮品牌企业（上海饮食行业协会）、中华老字号（中华人民共和国商务部）、上海市著名商标（上海市工商局）和中华餐饮名店（中国烹饪协会）等荣誉，是上海清真行业的龙头企业。

（二）外资产业及其品牌

1865—1894年，意图到上海掘金的洋行纷至沓来。"1869年11月17日，苏伊士运河通航，使中英航程缩短了一半以上。1871年6月3日及8月12日，上海至伦敦及长崎的海底电报线开通，中外商业信息能够及时传递。19世纪60年代以后，先进的轮船逐渐代替了古老的帆船，上海至欧美澳及南洋之间航线不断开辟，而且载重量增大、航程缩短，专业轮船公司逐渐代替了洋行的兼营业务"。[1] 但1865年4月，汇丰银行上海分行开始营业，它与丽如银行等一起，彻底扭转了洋行兼营的汇兑等业务，使洋行原先对贸易、航运、金融、保险等通吃的现状开始分化，航运、银行、保险以及制造业因此得以开始独立发展，直接推动上海轮船航运业、金融业、工业、房地产业和公用事业等新兴产业发展。不同国家之间以及一国之内的洋行之间激烈竞争，此消彼长。英商洋行无论数量还是贸易额均长期雄踞霸主地位，其次为美商洋行、德商洋行和法商洋行等。四大洋行品牌中有三大洋行品牌为英商洋行，分别为怡和、宝顺和广隆，美商占其一，为旗昌洋行。1872年，太古洋行设立太古轮船公司。它一出世，就咄咄逼人，挑战旗昌航运，很快取代旗昌，坐上中国船舶运输业头把交椅，打出了自己的品牌。这一年4月30日，英商美查兄弟与伍华特、普莱亚、麦洛基合资创办的《申江新报》问世，即以赢利为目的的商业性报纸《申报》，为中国现代报纸的开端和标志，在近代中国发行时间最久（达77年）并产生广泛社会影响，在中国报业史上屡创第一，例如1872年11月11日，它发行了我国第一份文艺期刊《瀛寰琐记》；1876年3月30日，它创办了我国第一份使用白话

---

1 王垂芳主编：《洋商史（上海1843—1956）》，上海社会科学院出版社，2007年7月第1版，第73页。

文和标点符号的通俗报纸《民报》；1877年，它出版了《瀛寰画报》；1884年5月8日，它创办了我国第一份时事画报《点石斋画报》。1876年，旗昌由轮船招商局盘购。1879年，怡和重新开展长江轮运业务，与太古、轮船招商局并驾齐驱。旗昌之所以败下阵，一是其造船技术未能跟上时代潮流，其木轮船难以与太古、轮船招商局的新式铁轮船相对抗；二是难以获得美国国内对其的资金支持，无法实现装备更新。

19世纪70年代，美国国内的投资机会较多，然而随着美国国内工业崛起以及海外贸易的快速扩张，很快对英商洋行的地位构成强烈冲击，但真正意义上的超越是在20世纪初第一次世界大战之后。第二次鸦片战争之后，日本像中国一样在西方列强胁迫下对外通商，英、美、德等国洋行从上海向日本长崎等地派设分行，中日间的贸易落入这些西方洋行之手。日本开启明治维新运动，积极引进西方科学技术，"脱亚入欧"，推动整个国家向资本主义转型。到19世纪70年代，日商洋行在1871年《中日通商条约》签订后，在1876年至1893年中日甲午战争爆发之际，在上海开设洋行达19家。西方列强与日本完全控制了上海的进出口贸易。"1894年，上海洋行与英国、美国、欧洲大陆、俄国、澳大利亚、日本、朝鲜、英属印度和南非洲、美洲、亚洲的殖民地及土耳其、波斯、埃及、亚丁等国家和地区有贸易往来。"[1] 同时，富于商业经营头脑的洋行审时度势，开始主动转型，从贸易向为贸易配套的码头、船坞、房地产、缫丝业等投资，形成了洋行本身也处于并开始注重企业品牌以及产品品牌建设。

由洋行向上海市场，或通过上海向中国倾销的品牌有英国的壳牌洋油、链条牌洋线团、蜜蜂牌绒线、祥茂牌香皂，美国的美孚牌洋油、品海牌洋烟，德国的礼和牌洋钉、麒麟牌洋袜，法国的夜巴黎牌香水，日本的福星牌洋布、猴头牌洋火，等等。这些洋品牌名，一直影响到今天对类似这些产品的称谓。与此同时，洋行以及其他来上海淘金的西方投资者充分利用特权开办企业，从而

1　王垂芳主编：《洋商史（上海1843—1956）》，上海社会科学院出版社，2007年7月第1版，第75页。

利用中国低廉的劳动力以及原料，就地生产，就地销售，引领上海以及周边地区的经济发展。其主要垄断的产业分布在银行业、船舶制造业、印刷业、食品工业、制药业、缫丝业、化工业、制革业、制皂业、火柴业、造纸业、建材工业、榨油业、卷烟业、石油工业、打包业和公用事业等，由此催生的企业品牌有正广和洋行（1864年）和科发牌药品（1866年）等。一批外资银行，如英国的汇丰银行（1865年）、德国的德华银行（1890年）、日本横滨的正金银行（1893年）等在上海滩雄起，它们集聚在上海外滩，使上海外滩在20世纪20年代享有"远东华尔街"之誉：一方面服务并服从于本国企业在华的经济活动，另一方面直接参与中国金融市场竞争，在十分孱弱的中国金融市场上呼风唤雨，攫取中国的金融资源，当然客观上迫使中国传统金融业创新转型，构建起现代金融体系。

科发药房（1866年）。当西方列强打开中国大门，在中国大地上长驱直入时，也把它们的医药带入中国。这些企业都有很高的国际化程度，科发牌药品的国际化程度就很典型，在上海就完成了国际化经营者身份的多次转变，这在今天也是难以想象的。它原来由旅华的德国医生科发于1866年创立，是外国资本在上海投资的第一批化学、医药工业企业之一。药房开设时的地址在今广东路。1871年，科发因故离沪回国，把这一品牌整体转让给德籍药剂师伏格尔和许劳特，由他们两位合资经营。1876年，随着南京路的兴起，它搬迁至南京路（今南京东路）136号，扩大经营面积，增加经营品种。至1894年，科发药房已拥有资产12万银元。1909年，科发药房一次投入100万两白银，正式组建成立科发药厂，同时在华德路（今长阳路）1568号，购置土地，建造了一幢三层楼钢筋混凝土的现代化大型药品生产厂房，以此形成工商联合发展的经营模式，成为上海现代化程度最高的新式制药厂。1916年又开设了酒精厂，生产科发牌酒精和酊剂。

后因"一战"爆发，伏格尔和许劳特回德国参战，美商借此入股，更名为美商科发药厂。科发药厂早期生产科发牌药品，其中科发牌沃古林眼药水、十滴痧药水和咳嗽白松糖浆（通称为"三水"），在20世纪初至40年代我国药品市场上，一度成为消费者家庭的必备药，建立了品牌声誉。1922年，世界发生经济危机，上海制药行业深受影响，科发也不例外，生产利润直线下降。对此，科发药厂吸收部分华商资金入股，并将药厂改为中美合办，但人、财、物大权，还是完全掌控在美、德董事手中。科发牌沃古林眼药水、十滴痧药水、咳嗽白松糖浆和气喘散等传统名牌药品远销至东南亚的马来西亚、新加坡和菲律宾等国。1932年，科发药厂在静安寺地区设立药品销售分店，之后，又在南京路设立华东药房。在国内的汉口、哈尔滨和南京等地也先后设立药品销售分店。1941年12月太平洋战争爆发后，科发药厂被日军非法强制接管。之后不久，便被日商武田株式会社作为附属工厂，为日军生产各种军用药品。1945年8月抗战胜利后，改组为中美合办企业，并成为美国先灵药厂在华东、华中及华南三个区域的专销机构，在国内增设广州、杭州和重庆等地销售分店，建立起全国性营销网络。

1951年，实行军管，收为国有。在1952年至1957年，以它为主，合并其他外商留下的药厂，包括德商拜耳药厂、英商施德之药厂、法商百部药厂和加拿大商韦廉士药厂等。1956年被国家列为重点生产抗生素的大型制药企业，建成了我国第一个抗生素车间，主要生产链霉素、合霉素、氯霉素等抗生素及半合成抗生素，产品出口美国及欧共体市场。1959年更名为上海第四制药厂。2002年6月，在上药集团主导下，第四制药厂与其他两家生产抗生素的骨干企业先锋药业、新亚药业资产重组，成立了上海新先锋药业有限公司，简称新先锋集团，一跃成为上海最大的医药工业制造企业及华东地区最大的，同时也是生产抗生素产品的制药基地，是上药集团旗下最大的生产抗生素产品的骨干企业。先锋与新亚也都有自己辉煌的历史：先锋药业创建于1950年，1951年生产了新中国第一支青霉素，被誉为"中国抗生素的摇篮"；新亚药业创建于1926年，是中华民族医药工业最早诞生的制药企业之一。

汇丰银行（1865年）。1864年7月，大英轮船公司监事、香港黄浦船坞公司大班苏石兰终于拟就了在上海"创设一家我们自己的银行"的计划书。这份计划书得到了以英商洋行为主，兼及其他国家为辅的洋行的支持认股，英商洋行包括宝顺洋行、琼记洋行、大英轮船公司、太平洋行和沙逊洋行等，德商洋行有德忌利士洋行、禅臣洋行，丹麦洋行有毕洋行等，旨在把它办成英国在中国殖民地的中央银行。1865年3月3日，汇丰银行正式在香港港督政府注册创立，当时初名为香港上海银行。1865年4月3日，上海分行开始正式营业。因香港人习惯给合作良好的银行一个富有寓意的译名，所以将它称为汇丰，取自汇兑丰富发达之意，也有一种解释是"汇款丰富"。它开业后，汇兑丰富发达得到了充分展现。它凭借英国在华特权，经营汇兑，操纵外汇市场，发行钞票。向清政府以及其后的北洋政府提供政治和经济贷款，取得中国关、盐两税存款权，是控制旧中国金融命脉最主要的外资银行。为取得中国本土权贵的支持，它特别邀请曾国藩擅长书法的儿子曾纪泽题写行名，被视为外资"在东方的全体企业中，无论在发展的速度方面，在成就的可靠方面，在基础的稳固方面，在前景的美妙方面，很少有几家能赶上汇丰银行"。[1]到20世纪初，它成为远东地区第一大银行，由它经手买卖的外汇经常占上海外汇市场成交量的60%—70%。清政府在1874年到1890年间，向它借了17笔债，占这一时期清政府借外债的65%，汇丰获利甚丰。其他银行也不甘其后，又称渣打银行的麦加利银行，也是英国政府特许银行，业务量在诸外资银行中仅次于汇丰。

1923年，汇丰银行在外滩建造起新大楼，是当时远东最华贵的建筑，是世界上仅次于英国苏格兰银行的第二大建筑，并被认为是中国近代西方古典主义建筑的最高杰作。门口安放一对铜狮，上海人为此一度将它称为"狮子银行"。新中国成立后，汇丰银行、渣打银行均由中国政府批准为"指定银行"，是我国改革开放前仅存的两家英资银行。1955年4月26日，汇丰银行正式移交上海市政府，作为上海市政府办公大楼，直至1995年7月1日零时。

1　王垂芳主编：《洋商史（上海1843—1956）》，上海社会科学院出版社，2007年7月第1版，第232页。

随着1945年中国抗日战争胜利，美商银行开始超越汇丰银行等其他国家在上海的银行，资产比战前扩大了一倍以上，压倒了其他洋商银行。代表美国银行的以花旗银行为主。花旗银行迟至1902年在上海设立分行，是美商银行在中国设立的第一家金融机构。它也是美国在国外的第一家金融机构，于1951年离开中国，1985年重新在上海设立办事处，1991年改设为分行。1993年，它率先把设于香港的中国区总部迁至上海。

三、民间活力渐次显现（1895—1911 年）

西方列强为保护自己的经济利益，长期占领中国大市场，并防止中国本土企业及其品牌崛起，纷纷向清政府要求保护本国商品的商标。1902年，英国在其出台的《续议通商行船条约》第七款规定："英国本有保护华商贸易牌号，以防英国人民违犯迹近假冒之弊。中国现亦应允保护英商贸易牌号，以防中国人民违犯迹近假冒之。"在西方列强的要求下，清政府被迫于1904年出台了《商标注册试办章程》，由于清政府正处于四面楚歌、风雨飘摇之中，又实在不知道如何运用商标法保护并促进本国品牌建设，因此该章程没有起到什么作用，象征性大于实用意义，但中国品牌的商标制度由此起步。一批新兴产业，例如出版业、医药产业、面粉业和金融业快速发展，由于人口增加、城市规模不断扩大，传统的餐饮业、食品加工业等稳步发展。清政府对民间的控制力下降，有效地释放了民间资本的发展动力。据统计，从1895年到1911年，甚至在之后一段时间里，中国民族资本主义工商业发展速度年均为15%，比第一次世界大战列强无暇东顾期间的发展速度还要高。

（一）本土产业及其品牌

李维清的《上海乡土志》记载：光绪年间，"吾邑商务颇盛，故市面为亚东之巨擘。就其最著者言之，则有陆翔熊之鞋，陈天一、老万泰之帽，李鼎和之笔，曹素功之墨，得月楼之笺，言茂源之酒，邵万生之南货，雷允上之痧药，泰和馆之酒菜，稻香村之茶食，童涵春堂之药饵，杨庆和之首饰，陆稿荐之熟食,紫阳观之罐头食物等。此皆名驰各埠,乃吾邑店铺中著名者也"。[1]
这些品牌当然还仅仅囿于传统产业方面,现代产业开始快速发展,现代商标
意识开始觉醒,传统品牌与现代品牌交相杂陈。文化品牌方面诞生了《时务
报》(1896年)、商务印书馆(1897年)、广智书局(1898年)、朵云轩(1900
年)、广益书局(1900年)、文明书局(1902年)、鲁庵印泥(张同泰第五代传
人)、西泠印社(1904年)、新舞台(1908年)等。《时务报》为戊戌变法的喉
舌,1898年8月8日停刊,共出69册。1906年,英商美查因年事已高,急欲回国
颐养天年,将《申报》转售给买办、祖籍苏州东山翁巷的席子佩,自此《申
报》产权由中国人掌控。新舞台为上海最早的近代剧场,它首先将传统戏院的
"茶园"改称为"舞台",并坚持演新戏为主,有力地推动上海新式戏院的涌
现。1917年,上海最后一家旧式茶园贵仙茶园歇业,而到1919年,上海新式戏
院已达70多家。新舞台成为上海海派京剧崛起与戏曲走向近代化的标志。

现代消费品工业品牌对西方国家工业制造业品牌采取拿来主义方法,在
仿制中前行,诞生了上海钢琴有限公司(1895年)、凤凰股份有限公司(1897
年)、求新机器制造厂(1902年)、景纶衫袜厂(1902年)等等。在传统五金
制品方面,杭州的张小泉剪刀于1911年来到上海发展。医药产业方面相继诞生
了康桥中药饮片(1908年)、五洲大药房(1907年)和华美大药房(1908年)
等。五洲大药房的主要品牌有地球牌药品,华美大药房的主要品牌为狮球牌
药品。食品业方面诞生了阜丰面粉公司(1898年)及其自行车牌面粉,良友海
狮油脂实业有限公司(1902年),还有福新面粉厂(1913年)及其兵船牌面粉
(1910年),泰丰罐头食品有限公司(1897年)及其双喜牌罐头食品,真老大房
(1899年)及其利男居龙凤礼饼(1900年,创始人为广东中山人钟安樵)。餐饮
业方面有上海豫园旅游商城股份有限公司南翔馒头店(1900年)、上海春风松
月楼(1910年)、上海杨同兴清真餐饮有限公司(1906年)。日杂与商业方面有

---

1 转引自张仲礼主编:《近代上海城市研究》,上海人民出版社,1990年12月第1版,第945—946页。

上海惠罗有限公司（1904年）。日用化学品业有广生行有限公司（1896年）及其双妹牌雪花膏（1896年）（系旅美华侨、广东番禺人梁楠创立的广生行有限公司的品牌），南阳皂烛厂（1911年）。饰品业有老庙黄金（1906年）。金融业方面有中国通商银行（1897年）、信成银行（1906年）和交通银行（1908年）等。

商务印书馆（1897年）。 商务印书馆是我国近代出版界的巨擘，主要品牌为商字牌图书和印刷品。它以开启民智、昌明教育为己任，与北京大学一起，被誉为"中国近代文坛的双子星"。它于1897年，由几位中等文化程度的年轻人夏瑞芳、鲍咸昌、鲍咸恩和高凤池等合作创立，他们曾先后在外国人创办的《字林西报》《北华捷报》等报社当排字工，有着一定经验。刚创办的商务印书馆，顾名思义，就是专门印制商务活动用品，但随着夏瑞芳到日本考察印刷出版业回国后，受日本印刷业启发，他们把原先在教会学校内使用的英语课本翻译为中英文对照本，广受欢迎，旋即编印了我国近代第一本科学画报——《格致新报》。1900年，它出版了我国第一部英汉字典《华英字典》，再次广受教育界和文化界欢迎。之后，它以出版教科书为特色，到清宣统三年（1911），即清政府垮台之际出齐了各年级、各学科课本共357种801册，完成了连清政府都无法办到的大型文化工程。在中国近代出版史上它创造了诸多第一，例如第一个采用珂罗版印刷技术，研制出第一台中文打字机，第一部大型古代汉语辞典——《辞源》，等等。在1932年"一·二八"淞沪抗战中，商务印书馆的总务处、编译所、印刷总厂和东方图书馆毁于日军战火。抗日战争前夕，它撤退到重庆等大后方，抗战胜利后，迁回上海。1954年，它从上海迁往首都北京。1958年以来，调整出版范围，以编译出版外国哲学、社会科学方面学术著作，编纂出版中外语文工具书以及研究著作、教材、普及读物等为主。

上海阜丰面粉厂（1900年）。 1900年，孙多鑫、孙多森兄弟看到洋面粉深受市场欢迎，遂联手创立上海阜丰面粉厂，系我国近代面粉工业第一家机制面粉厂，同时向清政府商务部申请了老车商标，为自己的面粉品牌。其生产设备购自美商爱立斯机器厂生产的先进全套面粉加工机械设备，系当时我国第一套进口制粉设备。因国内无人会操作，孙氏兄弟不仅以重金，而且专门盖了一幢洋房，聘请机器生产操作技师美国人冯马来到公司指导生产，并培养相关技术人员。这在当时民营企业中极其罕见，由此可见孙氏兄弟的经济实力之雄厚。

孙氏兄弟来自安徽寿县，他们的家庭是当地的名门望族，有"孙半城"之称。孙家祖代为官，他们的祖父曾是光绪帝老师，外祖父是李鸿章的大哥。父亲孙传越，为太学生，江苏候补道、记名道，南京洋务局总办，诰授资政大夫。有这样的官方背景，他们在实业界发展一帆风顺。商务部还给予政策优惠，免去部分厘金。对于这一部分厘金，他们让利给消费者，以增强竞争力。他们特意在商标左右两旁，印制两行文字："商部批准，概免税厘。"事实上，市场并不买账。创办第一年，孙氏兄弟由于不善经营，产品积压，亏损严重。第二年，通过大做广告，增加市场知名度与美誉度，老车牌面粉一下子打开市场，不仅扭亏为盈，而且获利甚丰。加之提倡国货，孙氏兄弟决定扩大生产规模，快速提高市场占有率。天遂人愿，老车牌面粉很快成为国内面粉第一名牌，阜丰面粉厂也因此一举成为国内规模最大的面粉生产企业。为了与时俱进，孙氏兄弟决定更换商标，原先手推车图案显得土气、落后，他们选择了先进的自行车图案为商标，并向农商部商标局进行了商标申请，但在消费者这里，还是习惯地称之为老车牌。

上海阜丰面粉厂依仗自行车牌面粉征战杀伐，在1916年，兼并了陆维墉创办的长丰面粉厂，将其炮车牌面粉品牌收归麾下。面对国内面粉业另一巨头，即荣宗敬、荣德生兄弟创立的福新面粉厂的兵船牌面粉，在竞争中他们谁也不向谁示弱。新中国成立后，1956年11月，上海阜丰面粉厂与福新面粉厂合二为一，为公私合营上海阜丰福新面粉厂。不久在此基础上成立上海面粉厂，上海阜新面粉厂与上海福新面粉厂由此完成自己的历史使命，自行车牌、炮车牌、兵船牌等面粉品牌也从此从市场上退出。要知道兵船牌面粉是民国时第一个登记注册的商标。

朵云轩（1900年）。 朵云轩主要经营文化用品，创始人孙吉甫，既是文化人，也是生意人。1900年7月，正值苏浙一带义和团风起云涌之时，众多文人避难沪上，需要信笺、印泥等文化用品，孙吉甫遂创办朵云轩。"朵云"典出唐五代的韦陟。韦陟乃当时著名文学家，官至吏部尚书，常以五彩笺纸写书信，落款的字迹若五朵云，后人因此将书信称为朵云。孙吉甫善于经营，不断扩大经营范围，经营业务迅速兼涉书画装裱与中介，后又发展出木版水印、书画中介等业务。朵云轩凭借优质的产品和诚信服务，很快跻身沪上主流艺术圈：张大千初来上海，朵云轩介绍他投名家曾熙门下；沈尹默不为人知时，朵云轩慧眼识才，大力推介，助其声名鹊起；章太炎喜用"朵云轩属云"宣纸画笺泼墨挥毫；张爱玲在名作《金锁记》开篇，把记忆中的月亮比作"朵云轩信笺上落了一滴泪珠"……鼎盛之时，朵云轩代理书画家达数百人，被誉为"书画之家""江南艺苑"等，与北京的荣宝斋比肩而立，并称为"南朵北荣"，确立了在我国书画界的地位。新中国成立后，朵云轩历经风雨，完成国有化。作为沪上艺术品行业代表性企业，朵云轩勇担文化使命，恢复和发展了传统的木版水印技艺。此外，朵云轩还坚持开展书画收购业务，抢救、收藏了大量民间流散的珍贵文物。1978年是朵云轩发展转变的一个重要标志。在朵云轩的基础上，正式成立上海书画出版社，并恢复朵云轩的名称。到20世纪80年代，朵云轩成为上海艺术品行业无可争议的龙头企业，"门通九陌艺振千秋朵颐古今至味，笔有三长天成四美云集中外华章"正是朵云轩的写照。

1992年8月，中国国内第一家艺术品拍卖公司——上海朵云轩拍卖有限公司成立。次年6月，朵云轩拍卖公司举办了新中国历史上首届艺术品拍卖会，艺术大师谢稚柳敲下意义非凡的"第一槌"——中国大陆艺术品拍卖第一槌，开启了中国艺术品市场20年高歌猛进的历史进程。2003年，朵云轩被推荐为上海著名商标；2006年，被商务部命名为中华老字号；2008年，其传承的木版水印技艺被列为国家级非物质文化遗产；2014年，被国家工商总局认定为"中国驰名商标"。

五洲大药房（1907年）。五洲大药房由著名实业家夏粹芳、黄楚九和药剂师谢瑞卿于1907年创立，初期资本为1万两白银。起始几年经营不良，自1911年黄楚九力邀项松茂（1880—1932）出任总经理后，五洲大药房获得脱胎换骨式的发展。项松茂，名世澄，别号渭川，浙江鄞县人，14岁至苏州当学徒，1900年任上海中英药房司账（会计），后任汉口分店经理。

项松茂将"勤俭"二字作为创办企业的方针，据此对药店进行一系列改革，变卖店中华丽陈设，转充经营资金；将店址从冷冷清清的福州路广西路口迁至交通更为便捷的闹市中心福州路河南路口；增聘药剂人员，成立"合药间"，自制地球牌人造自来血、补天汁、月月红和呼吸香胶等品牌成药。五洲大药房不再像一般药店只做方子，而是采取现代化的技术与工艺生产药品，其技术、工艺达到了比较先进的水平。

1913年，人造自来血在香港及东南亚各地注册，销往南洋群岛，继而进入欧美市场。1915年，德国商人在五洲大药房旁开设普恩药局，出售补血药片，袭用"人造自来血"商标，企图鱼目混珠。项松茂向德商严正交涉，并向工部局巡捕房提出诉讼。最终德商败诉，五洲大药房名声大振。此后，人造自来血为五洲大药房带来了滚滚财富。1915年，五洲大药房经北洋政府农商部批准，正式改组为股份有限公司，成为这一时期中国最现代化的工厂之一，上海乃至全国化学医药方面的龙头企业。同年，地球牌药品、保健品参加美国旧金山巴拿马万国博览会，荣获此届世博会银奖。

1920年，项松茂出资14.2千两白银购进闸北天通庵路地基，次年将五洲资本增为50万两白银，扩建厂房栈屋。1921年，项松茂盘进德国人创办的固本皂厂，创造了"五洲固本"的国货名牌，并重组五洲大药房与固本肥皂厂，创建五洲固本肥皂药厂，内设制皂与制药两部。他又以大手笔收购了德商亚林化学厂、中华兴记香皂厂等相关化工企业。至1929年，五洲固本肥皂药厂在上海及外埠先后增设了17处分支机构，领牌联号机构55处，公司资本总额增加至150万银元，职工由最初的30余人增加到400余人。五洲固本肥皂药厂成为当时沪上最大的化工药品制造企业。1932年，在"一·二八"淞沪抗战中，项松茂为营救被日军扣押的员工，惨遭日军杀害。

张小泉刀剪（1911年）。张小泉刀剪诞生于1663年，诞生地为杭州市大井巷，创始人为安徽人张思家，刚开始时，挂牌"张大隆"。由于他博采众长，选用优质钢材，把好钢镶嵌在剪刀刀口上锻打，首创我国剪刀镶钢锻打工艺。又采用镇江特有的泥砖精磨，令他打造的剪刀特别锋利而不卷口，别树一帜，深受顾客欢迎。张思家去世后，其子张小泉子承父业，在父亲的基础上，对剪刀生产更加精益求精，产品质量稳步提高，质量更胜一筹，名气更响，销量更佳，市面上因此出现假冒。张大隆便更名为"张小泉剪刀店"。据传清乾隆皇帝南巡，到达杭州，正巧遇雨。乾隆与随从为避雨走入张小泉剪刀店，让太监买了几把，又问此店名是否正是店主之姓名。张小泉点头称是。乾隆回宫后，使用张小泉剪刀，确实质量好，称赞"好个张小泉"，下旨保护。张小泉剪刀从此进贡朝廷，名扬天下。市场上由此一下子冒出许多张小泉。皇帝降旨保护，却不料引来数不胜数的假冒。在张小泉进入上海之前，上海市面上就有多达百家的张小泉剪刀店。张小泉剪刀各代传人讲究生产工艺以及产品质量，至第11代传人张永年时，经当时的"中国农商部"批准使用"云海浴日"商标，并告示天下："永禁冒用"。第12代传人张祖盈1910年承业。1911年，上海光启路上出现了上海地区最早的一家张小泉刀剪店——张小泉忠记，随后相继冒出张小泉、张小泉协记、张小泉春记和张小泉连记等店。1915年，张小泉刀剪在美国巴拿马万国博览会上获奖，此后因一次大火张小泉忠记被烧毁又重建。1938年，因日军占领杭州，杭州的张小泉剪刀店外出逃难，1942年，在杭州重新恢复营业。1945年，上海浙江路278号开出"张小泉近记剪刀上海分店"。至新中国成立时，上海全市共有刀剪商店300多家，其中以"张小泉"为字号的居然达100多家。

1956年，张小泉协记、张小泉鸿记和陆大隆等刀剪店合并，更名为张小泉刀剪商店，1990年再次更名，即现在的上海张小泉刀剪总店，1987年获得泉字牌商标，1993年10月被国内贸易部授予中华老字号。20世纪90年代中后期，杭州和上海两个"张小泉"为品牌问题展开诉讼。由于历史原因，这场诉讼旷日持久，各执己见。法院经审理后认为，杭州"张小泉"的注册商标权应当受到法律保护，但考虑到杭州"张小泉"的注册商标和上海"张小泉"的企业名称产生的特定的历史背景，从公平和诚信原则出发，对上海"张小泉"不认定构成对杭州"张小泉"商标侵权和不正当竞争。杭州"张小泉"对一审判决不服，提出上诉，之后，上海市高级人民法院驳回了杭州"张小泉"的上诉，维持原判。两者之争又一直上诉到最高人民法院。2007年，富春控股集团将杭州"张小泉"收归麾下，于2014年又收购了上海"张小泉"，以资本的力量解决了两者之间旷日持久的品牌之争，并于2021年9月在深交所挂牌上市。

交通银行（1907年）。为了建立自己国家的银行，1907年11月，邮传部尚书陈璧正式向朝廷奏请设立交通银行，"外足以收各国之权利，内足以厚中央银行之势"。1908年3月4日，在梁士诒主持下，交通银行在北京正式开业，"交通银行"四字由当时著名书法家郑孝胥题写，一直沿用至今。1928年，随着全国政治中心从北京转移到南京，交通银行总行遂迁移上海外滩。

交通银行的发展并不一帆风顺，由于对政府的过多垫款，先后发生两次停兑风潮。虽通过日金借款和奉系借款，勉强渡过这两次危机，但努力打造的品牌形象和声誉遭到很大损失，并导致中交合并问题、京钞问题的发生。面对这一连串突如其来的打击，交通银行开始走上自创品牌之路，在不断的变革和创新中寻求发展。在1929年至1937年间，改组向国家银行转变；1937—1949年间的抗战时期以及国内战争时期，致力发展实业，其总行一度迁移重庆，1951年再迁回上海；1949年至1958年间，由于国家重建，它追求独特经营；1958年至1998年间，它重组为全国第一家商业银行。

随着20世纪末中国加入WTO，交通银行特色品牌形象的塑造显得十分重要而紧迫。它携手汇丰，引进国际一流商业银行先进的理念、管理、技术和产品，不断推进金融创新，全面展现中国金融改革先行者的品牌形象。它是中国银行业唯一拥有近百年历史的银行，将其品牌定位为历史的、稳健的、科技的、创新的、前瞻的、国际的商业银行，坚持以诚信为本，创和谐之路。在近百年的历史足迹中，"诚信"是交通银行核心价值的有力支撑点。可以这么说，百年交行的历史就是百年诚信的历史。交通银行注重产品和服务的品质，并向公众倡导诚信，以提升百年交行的品牌形象。

除了精准的品牌定位和核心的诚信品质，交通银行的服务链管理也是其独到之处。服务链管理分狭义与广义。狭义的服务链是客户提出需求到完成交易的全部活动，广义的服务链是银行为客户创造价值而进行的一系列前中后台活动。通过服务链管理，交通银行针对链上的各个环节，改进内部运营、提高运营效率，从而提升客户服务水平，使企业达到利润最大化和可持续发展。与此同时，热衷于社会公益和服务。

2004年6月14日，国务院正式批准了交通银行深化股份制改革整体方案，在国家有关部门的支持下，交行顺利完成了财务重组的各项工作。2007年5月15日，交通银行股份有限公司在上交所上市。

精益眼镜（1911年）。1911年，曾受雇于高德洋行的张士德等人在南京路、劳合路（今六合路）口创办中国精益眼镜公司，与洋商抗衡。"精益"的店名来自论语"精益求精""如切如磋，如琢如磨"，正切合制作眼镜的质量和工艺的要求，切合行业的特征，内涵丰富。该公司进口玻璃坯料，吸取西方眼镜磨制方法和科学验光技术，废除陈旧的对光牌验目配光法，添置机械研磨加工设备，成为上海近代眼镜业的先驱。"1915年4月精益制作的眼镜在巴拿马万国博览会上荣获金奖。"[1] 1919年，精益眼镜公司为孙中山配镜，获孙中山题词"精益求精"的嘉奖。1927年，上海成立眼镜业同业公会，全市已有眼镜商店20余户。原设在南市的吴良材、茂昌皆发展成为眼镜专业商店，并分别于1932年、1936年迁到南京路扩大业务经营，配备验光仪器和镜片研磨机械，自产自

---

1 《商贸渝中》编委会编著：《商贸渝中》，重庆出版社，2013年12月版，第361页。

销，产品不仅行销国内，还出口到今东南亚一些国家，在全市同业中处于领先地位。抗日战争爆发后，上海租界地区经济畸形繁荣，眼镜业销售旺盛，一部分成品还经香港转销国外。太平洋战争爆发后，日军侵占租界，眼镜业外销中断，内销停滞，半数工场停业。抗日战争胜利后，美制眼镜充斥市场，上海眼镜制造业受到严重打击。吴良材眼镜店还派员赴美国考察学习有关眼镜业务，于1948年带回美国产新型验光、研磨等设备，成为全国首创经营"亚氏"无形眼镜（全角膜接触镜，今之隐形眼镜即脱胎于此）的独家销售店。据1947年10月上海眼镜业同业公会的资料，全市共有眼镜店（厂）59家，其中商店45户，占76.27%，以黄浦区最为集中，成为全国眼镜行业的交易中心和信息中心。其中，精益眼镜公司在全国各地设有分支机构18家，茂昌、吴良材在南京也设有分店。

龙虎公司（1911年）。1911年7月，浙江余姚人黄楚九在上海开设龙虎公司，自产自销自创的药剂"龙虎人丹"，这是黄楚九以古代名方《诸葛行军散》和其家传祖方《七十二症方》为基础研制而成的药，具有良好的开窍醒脑、祛暑止呕的独特疗效，黄楚九还为它设计了飞龙与猛虎对视凝望的图案为商标。它甫一面市，便对日商东亚公司销售的翘胡子仁丹形成强劲的市场冲击。1914年，东亚公司为达到垄断该类产品市场的目的，诬陷龙虎人丹假冒翘胡子仁丹，黄楚九没有被吓倒，而是奋起迎战，并在1915年将公司改名为中华制药公司，以示志气。这场维权官司历时10年，从地方法院一直打至北京大理院（相当于最高人民法院）。1927年，中国内务部最终裁定"龙虎"胜诉。其间，龙虎商标于1925年获得商标注册，成为国内早期由政府认定、规范的医药商标之一。1952年1月，中华制药公司与中国医药公司华东区公司（国药集团前身）签订龙虎人丹包销合同，成为上海市早期与国营医药公司订立包销协议的私营药企之一。1954年，中华制药公司更名为中华制药厂；1956年，实行公私合营。20世纪50年代，中华制药公司成功研制又一个主力产品清凉油，该品牌以独创性的配方和制造工艺，被列入国家秘密技术目录。2000年，龙虎牌商标成为医药类第一批中国驰名商标。2004年隶属上海医药（集团）有限公司OTC事业部。2009年，恢复法人地位，更名为上海中华药业有限公司。

目前中华药业有限公司旗下拥有三大品牌：龙虎牌、天坛牌、龙虎舒醒牌。天坛牌清凉油于1980年、1985年、1990年，连续三届荣获国家质量银质奖章。1984—1988年天坛牌清凉油获得上海优质出口商品证书。1987年，天坛牌清凉油荣获德国莱比锡国际博览会金奖，同时挟"东方魔药"之誉风靡亚非欧美，销售地区随之扩大到北欧、北美、日本和东欧等国家。时至今日，远销80多个国家和地区。2004年，龙虎牌、天坛牌获均"药用植物及制剂进出口绿色行业标准品质证书"。"天坛"商标是一个天坛图形形象，图形中镶嵌汉字"天坛"和英文"TEMPLE OF HEAVEN"。天坛是我国首都北京标志性的古代文明建筑，也是世界著名建筑之一。以"天坛"作为出口药品品牌，显示了该品牌产品的优良品质，是中华民族的骄傲。[1]龙虎舒醒牌的舒醒，取自"舒服"与"清醒"，谐音同"苏醒"，直接指向"提神醒脑"的功能定位，令消费者使用该系列产品后获得清凉舒爽、清新怡人的感受，立志成为提神领域的健康提神专家。

灰黄霉素是中华药业有限公司的又一个主打产品，其原料始终紧跟最新国际标准，几经工艺和设备的技术攻关，提高了原料细度、溶液澄清度和色泽的质量标准，降低了毒性，提高了生物利用度。产品质量达到最新国际药典版本（英国药典、美国药典、欧洲药典），同时还满足了客户高于药典标准的内控质量要求，产品质量标准领先国内和国际同类产品。由于产品质量内涵的不断提高，提高了产品价格和市场占有率的竞争能力，确保年产量98%出口。有了产品质量的保证，才有了走出国门的通道。

上海中华药业有限公司专注清凉和大健康领域，自觉承担"关爱人类健康、永葆基业长青"的品牌使命。

1　白光：《品牌溯源的故事（下）》，中国经济出版社，2006年版，第195—196页。

（二）外资产业及其品牌

1895年4月17日，清政府与日本明治政府在日本马关（今山口县下关市）签订《马关条约》，日本称为《下关条约》或《日清讲和条约》。这一条约的签署标志着甲午中日战争正式结束。日本以及列强取得了在华开设工厂等一系列特权。外国对华的经济活动进入以资本输出为主要特征的又一个新时期。这一时期一直持续到新中国成立后，当然中间随着各国力量对比的变化，其产业以及品牌发展自然有着相应变化，以此折射出时代变局。它们投资的产业主要包括轻纺、金融保险、房地产、航运、公用事业、进出口加工和文化等各个领域，涵盖中国经济的各个部门。据20世纪50年代初的统计，于1911年之前创办，依然运转良好的外资企业达643家，涉及17个国家，其中英商258家，德商103家，美商59家，日商47家，法商33家，俄商35家，葡萄牙商40家，意大利商18家，澳商14家，挪威商8家，丹麦商7家，其他投资商14家。上海洋商机器与船舶工业在1911年年产值达140万元，资本为838.9万元，分别占上海同业总数的92.1%和40.6%。就轻纺方面，有英、美、德商开办的怡和、老公茂、鸿源、瑞记四大纱厂，中日合资的龙云轧花厂（1897年），英日合资的上海纺织有限公司（1902年），日商的上海纺织第一厂（1902年），美商胜家缝纫机器有限公司上海分公司（1905年），德商的固本肥皂厂，纯日资的内外棉株式会社上海分厂（1911年）。英商怡和纱厂，又名老怡和纱厂，为外商在沪开设的第一家纱厂。金融业方面，有俄国的华俄道胜银行（1896年）、法国的东方汇理银行（1899年）、日本的台湾银行（1899年）、美国的花旗银行（1902年）、比利时的华比银行（1902年）和荷兰的荷兰银行（1903年）。房地产方面，有犹太人哈同创立专营房地产的哈同洋行（1901年）、美国人派克创立的中国营业公司（1902年）。航运业方面，有英商的和丰船厂（1896年）、日商的东亚造船铁工厂（1897年）、德商的瑞镕机器轮船工厂（1900年）、英商的耶松船厂（1901年）、日商与华商合办的东华造船株式会社（1910年）等。公用事业方面有中国海关邮政司（1896年）、公董局自营电灯厂（1897年）等。进出口方面，有英商的卜内门洋碱有限公司（1900年），美商的美孚三达石油公司（1900年）、慎昌洋行（1901年），英商壳牌石油公司所属亚细亚火油公司（1906年）。商业方面有英商的惠罗百货公司。文化方面有西班牙商雷玛斯开设的虹口电影院（1908年）、法商开设的东方百代唱片唱机公司（1908年）等。

这些企业以及它们创立的品牌在上海蓬勃兴起，在上海市场乃至在中国市场上攻城略地，如入无人之境。当美国出台禁止华工公约时，中国人再也坐不住了。云集上海的各帮商会在上海总商会集议抵制，又电告全国21个通商口岸，以两个月为期，如美国强迫中国续约，则誓不运销美货。由此在全国各地掀起了抵制美货的风潮。

慎昌洋行（1906年）。在沪的美商洋行中，影响最大的当数慎昌洋行，它由美国籍丹麦侨民安特生、马易尔合伙创立。他们租下泗泾路2号一间简陋的房子，放下一张桌子，先是设立为营业事务所，以推销丹麦商品为主。1908年，安特生离去，马易尔雇用岳姓中国人担任买办，生意较有起色，公司遂搬到距离英国领事馆不远的圆明园路的一幢楼房里办公。1909年10月马易尔与妻子吉斯腾在上海结婚，两人住入英租界爱文义路的一幢别墅里。为打出自己的牌子，马易尔向社会征集慎昌洋行商标。在上百份应征稿中，评委们对其中一个三角形标记图案青睐有加，马易尔拍板认定，此时马易尔还不知此商标由吉斯腾设计，吉斯腾擅长绘画，以匿名投稿胜出。当向社会宣布时，吉斯腾才作为作者正式亮相。这就是慎昌洋行著名的三角形商标的由来。自1915年起，马易尔经过努力，成为美国奇异电器公司（即美国国际通用电气公司，用GE商标）在中国的代理商，将营业所改组为美商慎昌洋行有限公司，向中国主要推销GE品牌，包括交通设备、电力机器、纺织机械、食品工业机器、建筑工程机器以及材料。马易尔一直担任总经理。资本由原来的35万美元，到1921年增至500万美元。共有外籍职员100余人，华籍职工1100余人。先后在天津、北京、广州、济南、汉口等地设立分行或营业所，并且又在天津设毛冷洗染厂，在汉口设桐油提炼厂、蛋粉厂、制革厂，在济南设发网厂，在张家口设地毯厂。1921年，它又在上海开设机器厂，从修理装配进口设备和加工制造钢窗开始，发展到制造中小型机床。1925年，它在杨树浦再设一家工厂，即现在上海电气集团旗下的上海锅炉厂的前身。它生产的奇异牌电风扇，与在它之后诞生的华生牌中国民族电风扇在市场上展开了长时期的品牌战。1925年，慎昌洋行整体盘给GE。1929年，GE在上海创办了上海电力公司。20世纪30年代初，它作为美、英、日、意、荷、匈、比、丹及瑞士、瑞典等171家公司的众多制造业品牌代理，遍销中国各省。

太平洋战争爆发后，公司被日军接管。抗战胜利后，由民国政府发还，恢复经营，分为进口贸易及机械电气制造两部分，其"慎昌"和"奇异"品牌，远销中国各地和东南亚、非洲。1949年上海解放前夕，它解雇大批工人。解放后不久，被人民政府接管。1979年，美国国际通用电气公司在北京设立办事处。1984年，组建美国通用电气中国公司。1994年，通用电气（中国）有限公司成立。1995年，马易尔的外孙——白慕申先生成为丹麦王国驻中国大使，江泽民主席接过这位丹麦新任驻华大使递交的国书后，与他进行了愉快的交谈。白慕申先生说："我家与上海有很深的渊源，我外祖父在上海创办了慎昌洋行和慎昌工厂。"他还特地前往杨树浦工厂参观，在工厂的墙上，他竟然找到了当年慎昌洋行的三角形标记以及GE的Logo。

第二编

民　国

第三章　突破与探索

（1912—1936年）

在中外各种力量的交互作用下，上海作为现代化的国际性城市冉冉上升，清政府在这个过程中无法挽回自己的颓势，所有的挣扎都随着辛亥革命的爆发，轰然倒塌。中国由此开启了民国时代。上海在这一新时代里，依然保持上升势头，在中国政治、经济和文化等各领域，拥有举足轻重的地位与作用。由于其得天独厚的租界格局，各种政治力量在这里你方唱罢我登场，此消彼长。1921年，中国共产党在这里诞生，并由小到大，由弱到强，日后它会建立政权，国家独立，大步走上品牌经济发展之路，使中国再次屹立于世界民族之林。

从1912年到1936年，上海经济依然处于被迫对外开放的大格局，不断突破中国传统发展方式，探索成为国际性的多功能经济中心，其经济发展在20世纪上半叶达到顶点，"确立了近代中国国内的轻纺工业基地、金融中心、交通运输枢纽和内外贸易中心的地位，成为近代中国的一个多功能的经济城市"[1]，其商标注册量一度占全国的86%。期间所诞生的无论外资品牌，还是民族品牌，及它们相互之间的各种精彩激烈、蔚为大观的品牌战，构成了全球品牌文化史上一道既罕见又独特的风景，形成了属于自己的品牌文化，其领风气之先、中西交融的特点是那样鲜明，引领并推动中国经济向现代化转型发展。

1　熊月之主编：《上海通史》第8卷，上海人民出版社，1999年9月第1版，第1页。

第一节　民族工商业与民族情怀

一、时局的相对稳定与经济政策变化

从民国成立至全面抗战爆发，可以分两个时段。前一时段，自1912年至1927年，为南京临时政府以及北洋政府统治时期，尽管军阀之间为争夺地盘，纷争不断，但与处于大动荡的国际环境相比，总体上相对稳定。南京临时政府以及北洋政府在走马灯般城头变幻大王旗的情况下，无论谁执政，都在对晚清经济政策的反思中，竭力推进经济发展。南京临时政府颁行的中华民国《临时约法》为资本主义经济活动提供了根本的法律保障，在振兴民族自主品牌方面，"在振兴实业、发展经济以救亡建国这个问题上，资产阶级革命派、改良派等各政治派别和团体具有最大程度的一致性，比较能够达成共识，使之成为全社会的关心焦点和带有普遍性的社会潮流"[1]。在政府管理部门方面，1912年设立工商部，工商部下设商务司、工务司和矿务司。1912年12月12日，《暂行奖励工艺品章程》颁布实施，乃中华民国第一部经济法规，《申报》《时报》和《东方杂志》等报刊给予了简短报道。1913年，工商部与农林部合并，设立农商部，下设农林、工商、渔牧三司与矿政局，其中工商司管理工业和商业，并建立商标备案管理制度，在上海、天津分别建立海关商标挂号分局的商标挂号制度。1923年，出台了我国第一部商标法以及《商标法施行细则》，并正式成立我国历史上第一个商标局，编辑出版了我国第一本商标管理刊物——《商标公报》，结束了原来一盘散沙式的混乱的管理制度。由于上海在我国商标注册数量中占当时全国的一半以上，为此，同年6月7日，农商部又以部令第383号颁布了《商标局驻沪办事处暂行章程》（共九条），决定在上海设立农商部商标

1　徐建生：《民国初年经济政策的背景与起步》，载《民国档案》1998年第2期，第54页。

局驻沪办事处，是当时全国唯一一个商标局的对外分支机构。1927年，农商部拆分为农工部和实业部，农工部下设农林司、工务司、渔牧司和水利司，由实业部管理商业。后一时段，即1927年至1937年，这是南京国民政府走上执政舞台的第一个十年，也是国共两党进入武装斗争的十年。南京政府一方面忙于对共产党领导的工农红军展开军事围剿，另一方面竭力振兴经济，设有工商部，工商部下设农业司、工业司、商业司、矿业司、渔牧司、劳工司以及林垦署。1930年，南京国民政府重新颁布《中华民国商标法》；1935年11月，《中华民国商标法》重新修正，使民国商标立法基本完备。

（一）历史的衔接点

1912年北洋政府召开全国工商会议，这是北洋政府统治时期唯一的一次全国工商会议，由此可知北洋政府发展经济的决心以及思路。会议成果具体包括五个方面：1. 迅速制定商律、公司律等各种经济法规，进一步完善法律法规；2. 针对晚清官办或官督商办的积弊，提出改变官营垄断，激发民间活力，保护民间积极性；3. 对纺织、制铁、采矿等新兴产业出台特别保护法，实行补助和保息；4. 裁免厘税，改良税则，倡议增加进口税，实施奢侈品消费税；5. 大力提倡国货，仿制洋货，振兴本国制造业，并给予必要的奖励。这些思路的核心究其实质围绕自主品牌建设而展开。大会除一般代表外，还特别邀请了25位德高望重的商界实力人士，其中上海企业家占了较大比例，包括依托上海发展起来的南通实业家张謇，上海总商会总理周晋镳、议董朱葆三，恒丰纺织新局总理聂云台，求新机器厂总理朱志等。由此可知，上海在当时全国工商界，或者说品牌建设中的举足轻重的地位可见一斑。

从目前对当时经济政策的回顾分析，从事经济史研究的学者充分肯定了这次会议对于北洋政府经济发展的贡献，它对于这一时期民族品牌快速发展起到良好的推动作用。它作为北洋政府执政后的政策准备，承晚清而启民国，"在此之前，还没有过官方与商民聚集一堂、平等地共商政策的情形。……借会议召开之机，各地资产阶级组织的商会还联合发起成立了中华全国商会联合会，显示了资产阶级的热情和抱负。正是政府部门与实业界上下一心的良好气氛，为政府初步形成并进一步完善其经济政策提供了条件；从迅速制定各项经济法规开始，会议决议案所提问题与相应的政策要求和建议，大都成为此后经济政策的主要内容。……在一定程度上反映了资产阶级的政治要求，代表和维护了资产阶级的经济利益"[1]。这一时期出台的政策，主要包括《保护人民财产令》《商业注册章程》等。

同时，这一时期各类民间团体纷纷涌现，仅民国元年成立的各种推进经济发展的实业团体就达40多个，包括中华民国工业建设会等。还有积极推动现代法制建设，例如通过司法途径，在现代市场经济活动中较好地确立了破产清债的现代债务清偿理念。另外，各类现代媒体的勃兴，较好地形成了推动经济发展的社会氛围。

（二）训政时期的经济政策

1930年11月召开的全国工商会议既可以视作对北洋政府经济政策的反思，又反映出国民党在训政时期经济政策的特点：1. 国民党在经济领域方面的"以党治国""一党专政"，中央党部代表孙科在开幕致辞中明确表示，"除了中国国民党能建设新中国外，再没有别的东西能够"；2. 抵制外国经济侵略，对外实行保护关税，限制外资设厂；3. 厉行工商政策、促进生产事业、发展对外贸易、增强国民经济，大力倡导国货。具体来说："1. 征求工商意见，厘订工商法规，以期适应社会之情状；2. 会同主管机关斟酌工商现状，协谋改正关税，保护幼稚工业；3. 创办中央工业试验所及度量衡局，以谋工商标准化之逐渐实现；4. 设立商品检验局、工商访问局，提倡国货品质，注重对外发展，以谋国外贸易信用之培进；5. 创设中华国货展览会，组织中国国货银行，以养成人民爱用国货之习惯，而扶植国货生产机关之发展。"[2] 许多议案后来转化为良好的政策措施，包括对特种工业、手工业以及工业技术施行奖励、救济工商业

1　徐建生:《民国时期两次全国工商会议与经济政策》，载《中国经济史研究》2002年第1期，第81页。
2　同上书，第83—84页。

及限制外资设厂等政策法规。当时的特种工业主要指民办的"基本化学工业、纺织工业、建筑材料工业、制造机器工业、电料工业及其他重要工业之符合外销、发明、替代手工等条件者"[1]，与现在战略性新兴产业相仿，其中上海在这些产业中占绝对优势地位，是国货生产与营销的龙头重镇，国家给予了充分重视与支持。1932年1月28日，淞沪抗战爆发，工商部商标局所在地南京与当时我国商标注册数量最多的上海，交通阻断，商标注册工作几乎完全停顿。同年2月初，工商部经考虑，将商标局总部迁往上海办公，极大地促进了上海工商业发展。上海工商业相较于国内其他地方而言，普遍重视商标注册、品牌保护与运用。

南京国民政府出台的既与企业运行相关，同时与品牌建设相关的政策法规主要有《公司法》、《商标法》、《著作权法》、《工业奖励法》、《工业技术奖励条例》、《特种工业奖励条例》等，重大政策举措包括裁厘改税、废两改元和法币改革等。

二、升格为中央直辖市与在全国领先地位

1914年，上海成为江苏省直辖市；1925年1月，称为上海特别市，2月，被称为"淞沪特别市"，辖区包括淞沪警察厅管辖的区域及上海县全境，并监督闸北、南市市政公所。1927年3月，南京国民政府建立后，仍称上海市为"上海特别市"，直接隶属中央政府，一般将之定为上海真正意义上的设市之始。上海县属上海（沪南）、闸北、蒲淞、洋泾、引翔港、法华、漕河泾、高行、陆行、塘桥、杨思，宝山县属吴淞、殷行、江湾、彭浦、真如、高桥等，共17市乡，为上海特别市的实际境域，面积494.69平方公里（不含租界），并改17市乡为17区，上海从此有了区一级设置。1930年改称上海市，隶属行政院，并一直作为中央直辖市。

1　《国民政府关于公布特种工业奖励法政行政院训令》（1929年7月31日），载《中华民国史档案资料汇编》第五辑第一编，第1—2页。

"由于上海是通商大埠，绾毂中外，在经济、政治等方面具有重要的地位，为江浙势力必争之地。其中尤以鸦片进出的收入为各系军阀所垂涎。"[1] 因此无论北洋政府，还是国民党执政的南京政府，均十分重视上海。1923年爆发了江浙之战，即江苏军阀齐燮元与浙江军阀卢永祥之间争夺上海的战争。这一战争最后以孙传芳为最大赢家而告终。但紧接着在北伐战争中，孙传芳又被北伐军所灭，上海转由国民党掌控。在这些纷繁的战事中，大量难民涌入租界，不少工厂减产或完全停工，饱受影响。南京政府接管上海后，至1937年的十年间，尽管换了五任市长，但整体上促进了上海经济快速发展，一批新兴品牌快速涌现。

同时诞生了一批至今仍熠熠生辉的企业家，例如荣宗敬和荣德生兄弟、穆藕初、黄楚九、刘鸿生、唐君远、沈九茹、章乃器、刘国钧、陈万运、朱葆三和吴蕴初等，他们都具有良好的品牌意识。1921年1月，上海美华利钟表号向上海总商会呈请商标公证，成为上海商标公证的"标字第一号"，兵船牌面粉商标在1923年8月29日获准注册，成为北洋政府核准的第一号注册商标。1927年12月1日，国民政府在南京设立全国注册局，上海南京路（今南京东路上）的中山留声话盘制造厂呈请注册的孙总理肖像牌商标，成为经全国注册局审定并核准注册的全国第一只商标。1928年12月21日，国民政府把全国注册局中分管商标注册的业务工作划出，成立隶属工商部的商标局，并于同日设立工商部商标局驻沪办事处。1933年2月15日，商标局总部从南京迁至上海贵州路办公。1934年11月，上海工商界协助商标局编辑了我国有史以来第一部商标方面的大型工具书《东亚之部·商标汇刊》，由上海中华书局承印出版。至1934年年底，全国华商注册商标9224只，其中上海华商注册商标7932只，占全国华商注册商标总数的86%。无论工业品牌、金融品牌，还是商业服务业品牌，风头雄健，在全国处于绝对领先地位，并且行销东南亚等地区，奠定了我国民族工商业中

1　熊月之主编：《上海通史》第7卷，上海人民出版社，1999年第1版，第155页。

心的基础，泽被今日。在新中国成立后，商务部评定的全国中华老字号中，上海独占鳌头，达180个，约占总数的15%，占长三角地区的一半。

三、两个"黄金十年"与国货运动

自1912年至1936年，上海民族品牌发展有两个"黄金十年"。第一个"黄金十年"，即1915年至1925年。第一次世界大战爆发后，"帝国主义列强忙于互相争斗，无暇东顾，上海民族工业得到了一次迅速发展的机会，棉纺织、面粉、缫丝、卷烟、化妆品、皮革、火柴、机器等行业发展尤为迅速。名闻遐迩的上海企业，很多在此期间开办或得到迅速发展，如申新九厂、福新面粉厂、南洋兄弟烟草公司、先施公司、永安公司等，这种发展势头一直延续到20年代"[1]，史称"缝隙效应"。从20世纪20年代到抗战爆发，上海品牌再次井喷，诞生了一批民族品牌以及外资品牌，这便是第二个"黄金十年"，其时间点为1927年至1937年，是国民党执政的第一个十年，也称"南京十年""十年建设"。上海品牌是这两个"黄金十年"的标志。第二个"黄金十年"中的产业品牌包括轻工、纺织、医药、食品业、商贸和文化产业等，企业品牌以及产品品牌涌现了梅林、正广和、佛手、冠生园和民光等。

在政府支持下，一批民族企业家积极开展国货运动，极大地推动了民族品牌崛起，"以集合本国工商同志谋切实合作，以利国货之制造与推销为宗旨"[2]。上海是国货运动的策源地。在辛亥革命中，诞生了我国最早的提倡国货团体——中华国货维持会。1912年成立了华粹国货公司。在第一次世界大战后，西方资本主义列强再次腾出手来，加强对中国市场的品牌倾销，对刚刚"小荷才露尖尖角"的民族品牌形成巨大冲击。1915年3月16日，上海商会组织成立"劝用国货会"，推举虞洽卿、董少严、王正廷为正副会长。3月18日，绅、商、学各界联合发起，在张园召开反对"二十一条"要求，通过了提倡国货、设立

1　张仲礼主编：《近代上海城市研究》，上海人民出版社，1990年12月第1版，第14—15页。
2　潘君祥主编：《中国近代国货运动》，中国文史出版社，1995年6月第1版，第517页。

公民捐输处等项决议，到会者近4万人。1915年成立了隆泉公记号，1916年成立了中华国货公司，1918年成立了公发国货公司。1921年，虞洽卿、王晓籁和简照南等发起成立上海市民提倡国货会，宁波旅沪同乡会等共同参与发起，以"提倡国货，振兴实业，改良工艺，推广贸易"为宗旨。至1929年，该会的工厂会员达6000余个，产生了一批企业家群体，包括虞洽卿、王晓籁、简照南、方液仙、方椒伯、胡西园、戴畊莘、荣宗敬和荣德生兄弟、黄楚九、刘鸿生、朱葆三和吴蕴初等。"中国人要用中国货"成为时代发展中的响亮口号。1923年成立了小世界国货公司。1925年成立了上海国货商场。1932年成立中华国货产销协会。上海地方协会、市商会、中华职业教育社等社会团体将1933年定为"国货年"。1933年2月，方液仙、黄延芳、任士刚等企业家在中华国货产销协会的基础上创办中国国货股份有限公司，"资本十万元，方液仙任董事长兼总经理，李康年任副经理。商场设有绸缎、布匹等40个商品柜。全部货物都向国货工厂征求寄销，于销出后付款，向中国银行、新华银行等对供给寄销货物的工厂予以贷款，这种产、销、金融一体的方式受到很多国货工厂的欢迎。……1953年初歇业，全部存货出盘给国营中百公司"[1]。1934年为"妇女国货年"。1935年为"学生国货年"。中华、益丰、兆丰、久新等搪瓷厂及家庭工业社联合17家同行，出动汽车举行"国货大游行"，举办"国货运动周"和"国货展览会"。1934年，中华国货产销协会又筹建了国货联合办事处，于次年先后在镇江、徐州、济南、温州、郑州、福州、西安、昆明、重庆、广州、长沙等11处设立了以地名命名的中国国货公司。1937年国货联合办事处改组为中国国货联合营业公司，在抗战中艰难经营，承担起为大后方采购供应物资的重任。

　　1928年，上海举办了由南京国民政府授权的我国近代规模最大的全国性国货展览会，即中华国货展览会。展览会系提倡国货的重要载体，1912年至1930年全国举办的大小不一的展览会达59次。1921年，上海总商会成立了商品陈

1　金普森、孙善根主编：《宁波大辞典》，宁波出版社，2001年3月第1版，第27页。

列所，使国货展成为常年展。中华国货展览会由工商部发起策划，上海市政府具体承办，全国其他省市政府、商会、国货团体积极参与，官商合作。为扩大影响，组委会发起征歌活动，通过提倡国货的歌曲的创作与传播，使国货运动不断深入人心。南京国民政府又通过提高进口税，有效地降低了外国品牌对中国的倾销。例如搪瓷制品，由于政府在1931年将搪瓷品的进口税从5%提高到12.5%，使洋货进口量大为减少。1931年比1930年进口量降低23.3%，其中日货减少一半。国货运动极大地推动了上海品牌快速发展。无论工业品牌、金融品牌，还是商业服务业品牌，都风头雄健，在全国处于绝对领先地位，不少品类品牌行销东南亚等地区，奠定了在我国民族工商业中心的基础，泽被今日。

四、司法保护与舆论宣传

（一）司法保护

民国政府力所能及推动经济法规建设，同时注重司法实践，并成为中国现代转型中的亮点。受西方法制文化的影响，即使在相关法制缺失的情况下，也能通过司法审判，促进良好的品牌发展环境建设。例如上海商事公断处在破产法缺失情形下对大有机器榨油有限公司申请破产的审判。上海商事公断处于1914年1月成立，是民国初年《商事公断处章程》颁布后成立较早的公断处。该案据于1922年，大有机器榨油有限公司经理孙贻谷请求破产一案，"从整个破产过程的进展看，公断处在推进破产程序的进行、破产财产的处置和分配方面，起了更积极主动的作用。两者互相配合，公断处4次召集债权人会议，3次召开全体评议员调查员会议，对债权认定、债权分配方案的确定等重大问题通过集思广益取决多数的方法，妥善地处理了大有厂的破产案件"[1]。做到承认法理但不拘泥于法理，变卖资产但不损害债权人利益，程序合理，理外有情。尤

1　王红梅：《民初破产法缺失下的民间破产案件处理——以上海商事公断处处理大有机器榨油有限公司破产案为例》，载《盐城工学院学报（社会科学版）》，2013年9月，第26卷第3期，第31页。

其是采用资产重组与债权转股权的方式，开创了我国债权转股权，使实业既得保持，债权也稍可取偿，权益得到申张，各方认可得益的处置方法。可以说，1999年我国经贸委和人民银行下发的《关于实施债权转股权若干问题的意见》，是昔年民国探索的延续。再如1935年，大中华橡胶厂与英国邓禄普橡皮有限公司之间的商标战。当大中华橡胶厂生产的双钱牌轮胎在市场上异军突起，对英国邓禄普公司的老人头牌轮胎构成强有力的市场竞争时，邓禄普试图以商标战，一举击败大中华。整个商标诉讼延续十余年，从抗战前打到抗战后，跌宕起伏。邓禄普最后利用外国势力干涉，致使大中华败诉，其理由是邓禄普公司注册商标具有特殊的创意和构造，应为"特别显著之商标"，并不违反商标法的规定。大中华深受其伤，但吸取教训，励精图治，在抗战中、在极其艰难的处境中，生产双钱牌军用胶鞋和汽车轮胎，供应抗战前线。1954年，实行公私合营，大中华橡胶厂转为国有企业，屡创我国轮胎业第一。1958年，生产出国内第一只双钱牌人造丝轮胎。1962年，生产出国内第一只双钱牌尼龙丝轮胎。1964年，生产出国内第一只双钱牌全钢丝子午轮胎，20世纪80年代出口世界许多国家。1992年，大中华橡胶厂投资建成中国最大的轿车子午线轮胎生产线，并成为具有一定世界知名度的品牌。

（二）国货的宣传与推广

提倡国货，除邀请工商界著名人士播音演讲，组织国货厂商游行、展览，扩大宣传国货外，还首先生动地反映在文艺宣传上。例如涌现的国货歌，成为我国音乐史上一道独特的风景线，有赵诚灵的《提倡国货歌》、黄康屯的《劝用国货歌》、纪谦的《国货谣》、林醉仙的《神州血》、上海市教育局制作的《爱用国货歌》二首、黎锦晖的《国货打胜仗》、《宝山民众》杂志发表的朱允宗的《提倡国货十字山歌》、金山县的《倡国货五更调》等，充分传达国货精品概念以及精品名录，蔚为大观。其中在上海传播的宁波民谣颇有特点，其歌词如下："一双皮鞋外国货，两元洋钿买来哦；三日穿过贼贼破，四穿凉棚洞眼多；侬看罪过勿罪过，落去还要重买过；切记勿买外国货，百样东西撮烂屙；究竟要买啥个货，实实在在中国货。"这首民谣如今书写在宁波甬帮博物馆（2016年10月），用于表示宁波商人在上海"十里洋场"参与国货运动的证明。在上海国货运动中，宁波商人是一支不可忽视，并发挥了至关重要作用的商人团体。上述的虞洽卿、方液仙、方椒伯、胡西园、戴畊莘、黄楚九、刘鸿生、朱葆三等均为宁波籍商人。其次生动地反映在广告宣传上，一批企业家深刻地认识到广告宣传对于品牌传播、塑造品牌形象的重要性。例如，先施公司创立者马应彪就认识到："商埠广阔，店号万千，而吾店之处于其中，犹如沧海一粟，苟不能扬其名，播其誉，使四方之顾客注意，则谁知而顾来哉？""广告之于商业，犹蒸气力之于机械，有莫大之推进力。"[1] 先施公司的品牌广告做得有声有色。企业家们在广告中往往微言大义，坚持"国人愈爱国货，国货愈宜精良"，注重以民族情感吸引消费者关注，引发爱国共鸣。例如天厨味精厂用"完全国货"，使其佛手牌味精较好地获得消费者的青睐。还有五洲固本肥皂厂在广告中强调："大国耻，用人民的血来洗；小国耻，用五洲固本皂来洗。若用外国皂洗衣，便是增加小国耻。"三友实业社推出三角牌毛巾时，适逢1925年五卅运动发生之际，它在运动发生的第二天，即在《申报》上大做广告，把爱国雪耻行动巧妙地引导到购买国货的行为中。半个月后，它再做广告，以"商战能敌兵战"为题："五九国耻以后，三角牌毛巾打倒铁锚牌（日制毛巾）；愿五卅纪念以后，自由布打倒毛丝纶（进口英货），透凉罗打倒珠罗纱（进口英货）。中国人自己有了的东西，却（切）莫再用外货，造成商战的趋势。护助国货的成长，也是国民的天职。"

第二节　产业发展及其品牌

据20世纪50年代初统计，1911年至1921年中国共产党诞生的十年间，尽管

1　徐鼎新：《近代中国商业社会史迹追踪》，香港天马出版有限公司，2005年版，第312页。

受第一次世界大战影响，欧洲资本在上海发展的势头有所减弱，但美国以及日本的资本家或一批冒险人士看准中国市场，在上海加速设厂。这一时期新增外资企业达1098家，外资企业总数为1741家，其中日本984家、英国266家、美国216家、葡萄牙55家、法国55家、俄国55家，30家以下的为德国、意大利、荷兰、挪威、丹麦、比利时、巴西、西班牙和瑞典等。它们不断地推动着上海从传统产业向现代产业转型，上海工业行业不断增加。"上海工业行业的数量通常都占全国的80%以上，与天津、汉口、广州等重要工业城市相比，往往要超出这些城市三分之一甚至半数以上，特别是有些新兴工业行业更为上海所独有。以1933年为例，当时上海工业包括16个大类74个行业，天津工业为9个大类48个行业，广州工业为8个大类47个行业；武汉三镇工业以碾米、面粉和蛋品加工为主，仅有23个行业；青岛工业以蛋品、纺织、火柴、面粉、精盐和卷烟为主，共有19个行业；无锡是近代重要的新兴工业城市，全市工业以棉纺、缫丝、面粉和碾米4个行业最为重要，共有13个行业。另外就一些基础工业行业进行比较，上海在行业规模上也要比其他城市大得多，从而使上海工业的整体优势远高出于其他城市。"[1] 1933年，上海工业总产值占全国工业总产值的65%，初步形成了布、百货、五金以及西药等商业行业，成衣、饮食、旅馆和市内交通等服务行业，广告、电影院、游乐场等文化产业。这些产业的兴起，是以一批品牌的诞生以及迅速做强为前提，而之前创立的无论外资品牌，还是民族自主品牌，在市场竞争中，尽管不少失败而从市场上消失，但也有不少得到长足发展。新中国成立后被商务部评定的180个中华老字号，在这一时期创办的达68家，占上海中华老字号的37.77%，其中"一战"时期为9家，占比5%。在商标注册方面，以1934年为例，据国民政府实业部商标局统计，该年全国注册商标计9224件，上海为7932件，占比高达86%。

1　张忠民主编：《近代上海城市发展与城市综合竞争力》，上海社会科学院出版社，2005年10月第1版，第185页。

一、后来居上（1912—1927 年）

（一）本土产业及其品牌

本土产业在外国资本的重重碾压下，像野草一样顽强生长，居劣势而不气馁：一是所涉产业广泛，比外国资本更适合普通消费者需要，二是在上海经济总量中占据重要地位（以1933年为例，这年上海民族资本机器工业的年产值占上海中外资工业总产值的57.6%，一批本土民族品牌开始后来居上）；三是一批生产效率低下、技术落后的手工业通过引进先进的管理、技术以及设备，向近代工厂过渡，甚至与先进的欧美日企业相比，也不逊色，有效地增强了企业竞争力和品牌发展的自信力。

1. 船舶修造业与航运业及其品牌

上海外贸和埠际贸易比重始终占据全国市场50%左右份额的优势，极大地促进了上海船舶修造业和航运业发展。1910年到1918年，江南造船所共建造船舶200余艘，计6万余吨，营业额和盈利额成倍增长，超过了当时最大的外资耶松船厂。1918年至1922年的四年间，江南造船所为美国建造了"官府"号等4艘万吨级运输舰，使国际造船界为之刮目相看，被誉为中国工业史新纪元。同时，建造的川江货船和长江客货船，无论建造技术，还是建造质量都超过当时中外船厂的水平。1919年开设的合兴机器制造厂有资金20万元，民国十七年出船17艘，达3412吨。[1] 1927年大中华造船机器厂（中华造船厂前身）的"大达"号客货船以及造船专家杨俊生等人设计的"天行"号破冰船成功建造。1935年大中华造船机器厂为南京制造了当时国内最大的5000立方米—10 000立方米大型煤气柜，直至1995年还在使用。这些成就使上海船舶工业有效地扭转了外资船厂长期控制和垄断上海船舶修造业的局面。

在航运业方面，20世纪30年代，上海与世界五大洲近60个商埠通航，因此催生了我国最重要的一批华商航运品牌。之前创立的轮船招商局、鸿安商轮公

1　白寿彝:《中国交通史》，中国文史出版社，2015年1月版，第216页。

司（1890年）、大达轮船公司（1902年）、宁绍商轮公司（1908年）、平安轮船公司（1910年）等均获得长足发展，新创立的三北轮埠公司（1913年）、华通轮船公司（1926年）、中国合众航业公司（1928年）、华宁轮船局（1931年）、华胜轮船公司（1933年）、同兴航业公司（1936年）等快速崛起。外地的一批品牌轮船公司也纷纷在上海设立分支机构，例如大连张本政的政记轮船公司上海分公司、重庆卢作孚的民生实业公司上海分公司等。其中宁绍商轮公司的问世，不仅是宁波帮的一件大事，而且是我国民营航运业走向与外资航运业、官办航运业公开竞争以及相互抗衡的新时代的标志。它作为当时华商轮船公司中资本最大的一家，以每年亏损5万元的代价，不仅顶住了巨大竞争压力，几年后开始逐年有"盈"利并发展壮大。[1] 在其成功的基础上，经营者又开始独资创建三北轮埠公司，成为一家同时经营轮运与港埠的企业，直接同英商太古、怡和两家轮船公司的外资航业以及轮船招商局的官办航业展开正面竞争。

中华造船厂（1926年）。 中国造船实业家杨俊生生于1890年，江苏淮安人，1906年进入日本留学，并加入了中国同盟会。后受孙中山鼓励，在日本东京帝国大学船舶工学科学习，毕业后到当时日本最大的造船厂——长崎三菱造船厂担任工程师，并兼任三菱造船所工业学校教师。1924年，满怀赤子之心的杨俊生放弃了优厚待遇，偕妻子女儿回到百废待兴的中国，随即在当时荒无人烟的复兴岛上筹办造船厂。1926年10月，杨俊生创办的大中华造船机器厂正式开业。建厂初期，由于资金有限，技术人员也不足。杨俊生既从事管理，又设计开发，在艰苦的条件下依然取得了令人瞩目的成就。从建厂到淞沪会战爆发的10多年间，大中华造船机器厂先后建造了"长风""正大""天赐""大达"（当时国产吨位最大、设备最完善）等客、货轮和"天行"号破冰船。当时上海的民族造船企业除了江南造船厂外，大中华是唯一一家能与外商抗衡的中资造船企业。1935年，大中华造船机器厂改组为股份有限公司，杨俊生继续担任

---

1 方煜东：《三北地区：近现代宁波帮航运业的摇篮》，载《宁波晚报》，2012年4月15日第A7版。

厂长。次年抗日战争爆发，大中华造船机器厂和江南造船厂沦陷，日本人邀请他出任江南造船厂厂长，但被他严词拒绝。他毅然在静安寺出家，参禅读经。抗战胜利后，他满怀希望地向国民政府提出发展民族造船业的计划，但均被束之高阁。新中国成立前夕，杨俊生选择了留在上海，他团结全厂职工多方筹措，维持工厂生产。[1] 1946年起，他担任同济大学造船工程系教授，并一度出任该系主任，讲授实用造船学及舾装等课程。1948年，在中国造船工程学会第五届理事会上被推选为理事长。

1949年新中国成立前夕，有人劝杨俊生抽取资金去香港，但他坚定地留在上海等待解放，迎接新中国诞生。新中国成立后，他主动向政府申请公私合营。1952年，"五反"运动后，中华造船厂被评为"守法户"，杨俊生表示"愿把一身老骨头献给政府"。1953年元旦，中华造船厂光荣地被政府批准为第一批公私合营单位，并改名公私合营中华造船厂股份有限公司，杨俊生继续担任厂长兼总工程师。1953—1960年先后有16家公私合营小厂并入；1966年11月更名为东方红造船厂，1973年1月重新定名为中华造船厂。在十年浩劫期间，他横遭迫害，备受折磨，但毕竟亲眼看到拨乱反正。1982年1月26日，他以92岁高龄在上海去世。

2001年4月8日，中华造船厂和沪东造船（集团）有限公司合并组建成立沪东中华造船（集团）有限公司，系中国船舶工业集团公司下属五大造船中心之一。

2. 消费品工业及其品牌

（1）轻工制造业及其品牌

由于倡导国货运动，以及一批民族企业家自身的努力，上海民族轻工业至1937年扩展至31个行业，企业数量达1160家，比第一次世界大战结束时增加5.4倍，其中化妆品、油墨行业增加近8倍，电池、印刷行业增加9—12倍，纸

---

1 《趣闻圣经》编辑部主编：《老上海的趣闻传说》，旅游教育出版社，2013年1月版，第319页。

品行业增加26倍。新增加缝纫机、热水瓶、打字机、计算机、感光材料、号码机、速印机、灯泡、铝制品、自来水笔、锯木、味精、冷藏制冰、墨水、复写纸等15个行业979家工厂。

在国货运动中，涌现了一批著名企业和一批名牌产品，例如：上海亚明灯泡厂有限公司（1923年），亚字牌灯泡；上海三联（集团）有限公司（茂昌）（1923年），茂昌牌眼镜；上海五华伞业有限公司（1932年），五华牌伞；上海汇丰纸行有限公司（1934年）；上海大华仪表厂（1927年）；中国纺织机械股份有限公司（1920年），中机牌布机；上海华通开关厂（1919年），华通牌开关；上海晟光日用五金进出口有限公司（1932年，原中华机制刀剪工场），双箭牌刀具；上海刃具厂有限公司（1928年），三圈牌刀具；上海立信会计账册纸品公司（1936年）；美华利时钟制造厂（1915年1月），美华利牌时钟；华生电器制造厂（1916年），华生牌电扇；铸丰搪瓷厂（1924年），三胜牌搪瓷制品；康元花铁印刷制罐厂（1922年），康元牌铁皮罐头；益泰信记机器厂（1919年），信记牌钢精器具；汇明电筒电池厂（1925年），大无畏牌电筒电池；中国亚浦耳电器厂（1924年），亚浦耳牌灯泡；亚美股份有限公司（1923年），亚美牌收音机；立兴热水瓶厂（1929年），长城牌热水瓶；协昌缝纫机器制造厂（1919年），无敌牌缝纫机；光大文记热水瓶厂（1917年），金鼎牌热水瓶；益丰搪瓷厂（1920年），金钱牌搪瓷制品；华丰搪瓷股份有限公司（1929年），如意牌搪瓷制品；中华珐琅厂（1921年），立鹤牌搪瓷制品；上海百新文化用品公司（1912年）；协兴文记运动器具厂（1914年），胜利牌球类产品；金城工艺社（20世纪20年代），金字牌美术印泥；大中华留声机器公司（1923年），双鹦鹉牌唱片；《中国晚报》留声部（1924年），孙总理肖像牌唱片；民生墨水厂（1925年），民生一指牌墨水；关勒铭自来水笔公司（1926年），关勒铭牌金笔；华孚金笔制造厂（1931年，1966年改为英雄金笔厂），新民牌金笔；金星自来水笔厂（1932年），金星牌金笔；中国标准国货铅笔厂（1935年），鼎牌铅笔。

1915年，孙廷源所创办的美华利时钟制造厂生产的美华利牌时钟获巴拿马太平洋万国博览会金奖；1921年，方剑阁开设了我国最早的民族搪瓷厂——中华珐琅厂，并生产立鹤牌搪瓷，产品造型新颖、色彩鲜艳，一时间客商云集、营业鼎盛；1922年，爱国实业家项康元创办了第一个国货花铁罐制造厂，取名"康元制罐厂"，生产康元牌花铁罐，其生产的康元五彩花铁罐盒在1929年的上海国货团体春季展销会上，获国民政府工商部颁发的优等奖章，后甚至跃进国际市场，销至东南亚；甘斗南先生于1925年创立上海立兴保温瓶厂，该厂生产的长城牌热水瓶，因为高质量、广促销而成为声誉鹊起的国货精品；1925年，丁熊照创办汇明电池厂，生产大无畏牌电池，其质量之高，曾获得英国伦敦维泰利电器公司的高度称赞，后逐渐在市场上代替了美货永备牌。[1]此外，卷烟业在中国近代史上，既是一个角逐激烈，同时也是名牌辈出的行业。简照南、简玉阶兄弟在1905年创办的"南洋兄弟烟草公司"应时而生，成为中国最大的民族制烟企业，盛极一时。它的商标"名目不下100余种，其彰彰者为大小'白金龙'、'梅兰芳'、'七星'、大小'长城'……更为南北各地通销之品"。[2]

中国标准国货铅笔厂（1935年）。创始人吴羮梅（1906—1990年）系江苏武进人，青年时期留学日本。留学期间在日本铅笔制造企业实习，了解了铅笔制造工艺及其流程，1933年回国，正值国货运动兴盛之时。面对中国市场没有自己全能铅笔制造企业、被外国生产铅笔垄断的现状，他发起集资筹建铅笔厂。与章伟士、郭子春等几个志同道合者一起，艰难地筹得5万元，于1935年在上海创建中国第一家能够自己制造铅芯、铅笔板、笔杆及外观加工的全能铅笔制造工厂，工厂定名为"中国标准国货铅笔厂股份有限公司"（1942年公司改组更名为"中国标准铅笔厂股份有限公司"，简称"中铅公司"），向商标局注册了飞机牌和鼎牌的商标专用权，为其生产的铅笔的品牌。为激发同胞的爱国热情，促使国人使用国产铅笔，他公开宣称工厂的产品由"中国技师、中国

1　汪永平：《中国近代知名民族品牌的名称研究》，载《史学月刊》2007年第3期，第94—102页。

2　中国科学院上海经济研究所、上海社会科学院经济研究所编：《南洋兄弟烟草公司史料》，上海人民出版社，1958年9月版，第236—237页。

原料、中国资本"制造，并特请书法家、时任上海教育局局长潘公展手书"中国人用中国铅笔"，以特殊技术将墨宝影印在每支铅笔上。在国人爱国热忱的支持下，中国标准国货铅笔厂的产品逐步挤进被外国铅笔霸占的铅笔市场，取得一席之地。他又用比同档次的外国铅笔在价格上便宜10%—15%的优势，把自己的铅笔成功地摆上当时上海滩著名的永安、先施、新新和大新四大百货公司的文具柜台，提高了产品的身价和知名度，建立了产品信誉，销路日增，不仅在上海市场上站稳了脚跟，而且逐步扩大了销售区域。1936年，教育部通令全国各级教育管理部门和学校，推荐采用中铅公司的铅笔，为其带来大量订单。

在"八一三"淞沪抗战中，中铅公司沦于炮火之下，被迫停工。为了不让呕心沥血所创建的企业沦于敌手，吴羹梅响应国民政府经济部工厂内迁的号召，决定将工厂全部迁到内地大后方。中铅公司首迁武汉，1938年再迁宜昌，1939年三迁重庆。在迁移重庆中，由于川江水流湍急，装运机器的民船遇险，大半设备沉没于江底。在重庆期间，工厂又两次遭日机轰炸，车间、仓库等被炸毁，损失惨重。中铅公司奋力抢修，坚持生产，承担起大后方独此一家铅笔厂应尽的责任。抗战八年中，制造了"完全国货"的铅笔5141.4万支，行销大后方各地，缓解了后方急需文化书与用品的燃眉之急。同时附属的中国标准锯木厂制造了大量抗敌前线急需的军用木箱，附属的中和化工厂生产大量军工所需的化工产品，为直接支持抗战事业尽了力量。

1945年抗战胜利，中铅公司为首批上海内迁工厂从重庆返回上海复厂的企业之一。复厂初期，面临美国铅笔大量倾销的严重威胁，又面对原在上海的长城铅笔厂和上海铅笔厂两个强大对手的激烈竞争，吴羹梅勉力支撑。1949年5月上海解放后不久，中铅公司在中国共产党和人民政府领导下，为新中国发展铅笔工业尽心尽力。1949年9月积极响应人民政府号召，将一套月产能力2万支的铅笔制造设备作为投资，与黑龙江省公私合营哈尔滨企业公司合资建立公私合营哈尔滨中国标准铅笔公司，系上海第一家私营企业与外地公私合营企业合资建厂。哈尔滨中国标准铅笔公司至今仍是全国铅笔行业中规模较大的企业之一。1950年7月，中铅公司被国家政务院财政经济委员会正式批准公私合营，成为上海轻工系统第一家公私合营企业。1954年3月，研制出规格齐全、高质量的中华牌101绘图铅笔，上市后深受消费者欢迎，美、德、日等国的绘图铅笔就此在我国市场上绝迹。中华牌101绘图铅笔成为中国唯一能与国外绘图铅笔一争长短、国内产品无与匹敌的品牌。

1954年10月，上海铅笔工业合营合并，中铅公司改名"公私合营中国铅笔公司一厂"。1955年6月再改名为"公私合营中国铅笔一厂"（简称"中铅一厂"）。1956年1月，国家将公私合营中国铅笔三厂（原创建于1937年的长城铅笔厂）并入中铅一厂。其后又并入五华五金文具制造厂和8家小业主单位。新公司积极开展群众性技术革新，提高工艺水平，并对从日本、德国引进的先进设备加以改进，使新公司的生产能力以及生产质量大幅提高，长城牌铅笔和定牌铅笔得以大批量出口。1959年，申请注册专用于出口产品的象牌商标。到1965年，出口产品交易量达到1.13亿支，占铅笔总产量的三分之一以上，为我国原是铅笔进口国转变为铅笔出口大国起了支柱作用。吴羹梅一直主持公司工作，孜孜不倦，竭尽全力。1983年，他被轻工业部任命为中国制笔协会名誉会长。1990年6月1日，吴羹梅因病去世，被世人誉为"铅笔大王"。

1992年5月，上海市人民政府批准中国铅笔一厂改制为中外合资的中国第一铅笔股份有限公司；1994年5月11日，经上海工商行政管理局浦东新区分局批准，为中国第一铅笔有限公司，依然简称"中铅公司"。目前，中铅公司系上市公司老凤祥股份有限公司的独资企业。2011年2月，公司被商务部授予中华老字号企业称号。中华牌铅笔集国家工商局、国家技监局、海关总署重点保护商标于一身，是国家重点保护的著名品牌之一。2008年由中铅公司研制的中华神七太空书写笔，伴随着航天员实现了中国人首次太空行走。同时公司还被指定为2008年北京奥运会和2010年上海世博会特许产品制造商。中华、长城牌铅笔在全国文具用品市场上享有其他品牌无可比拟的影响力和号召力，市场占有率逾36%，其中高档产品更是以75%的占有率称雄市场，还出口世界54个国家和地区。

上海协昌缝纫机厂（1919年）。19世纪后期缝纫机才传入中国，用作缝纫草帽。1919年，民族资本家沈玉山创建上海协昌缝纫机厂，在1928年生产出了中国第一架缝纫机，先后使用红狮、金狮、无敌等商标，其中取名无敌意指天下无敌，沈玉山的雄心壮志足见一斑。新中国成立后，上海协昌缝纫机厂公私合营，1966年，更改为国营上海东方红缝纫机厂，无敌商标演化为蝴蝶，图案还是原来的图案，于1987年做商标注册，1991年被认定为驰名商标。

蝴蝶商标图案由汉字名称、英文名称和蝴蝶形边框图形构成。立体的蝴蝶图案造型，象征蝴蝶成双成对，吉祥如意。"整体机身设计上采用了不对称设计，下带轮和操作台的延展板分别位于机身的左右两侧，而上下对角的位置结构使得缝纫机整体显得极其大方稳重。设计者大胆采用了花边与刺绣结合的图样做装饰，黑色的机身镀铬与金色的蝴蝶纹样显得华贵与高档。设计者倾其所有将'蝴蝶'缝纫机的每个部位都进行了最大限度的装饰，每当人们看见'蝴蝶'，便如同遇见一位'以针作画，巧夺天工'的水乡奇女子，激发了人们的购买热情。"[1]

在20世纪90年代初，蝴蝶牌缝纫机与永久牌自行车、上海牌手表一并成为当时青年男女结婚的"三大件"。蝴蝶牌缝纫机最高年产量达40万台，但依旧供不应求。在此情况下该厂每月都要召开特别会议，平衡出口与内销的数量。为尽可能满足市场需求，协昌厂在全国各地开展联营，输出技术，开设新厂，扩大生产。时至20世纪90年代末，缝纫机生产向民营企业放开，缝纫机生产厂家如雨后春笋般在全国各地出现，原先协昌厂的联营企业以及由它技术输出后培育的企业，摇身一变，成为它最强劲的竞争者。相形之下，有着5000余名职工的协昌缝纫机厂犹如一个身负重担的老者。单一的产品形式、过于死板的体

1　毛溪、孙立：《品牌百年——沪上百年轻工老品牌》，上海锦绣文章出版社，2014年2月第1版，第111页。

制、沉重的负担，加之频频被假冒，国外品牌"渗透、入侵"，蝴蝶牌缝纫机的国内市场急剧萎缩，"但丝毫没有减弱广大海外用户喜爱'蝴蝶牌'缝纫机的程度。据国家海关统计：2000年至2005年，约累计出口'蝴蝶牌'家用、工业缝纫机330架，出口创汇1.2亿美元"。[1] 2000年，其资产，包括另一著名缝纫机品牌"飞人"一起受让给上工股份有限公司。2004年10月，上工与上海申贝（集团）股份有限公司合并重组，两家企业统一更名为上工申贝（集团）股份有限公司。2005年，上工申贝以承债为主的方式收购了德国百年老店杜可普·阿德勒公司，以蛇吞象之势，开启了其国际化品牌并购之路，并对假蝴蝶展开商标维权，收到了实效。"2006年6月3日，《新民晚报》刊登了《假'蝴蝶'国门受到阻击》的通讯，对浙江某缝制设备有限公司涉嫌侵犯'蝴蝶'商标的侵权事件进行了报道。这起案例因具备保护国内企业自主品牌、引入风险分析技术、侵权货物数量较大3项要素而成功当选我国海关总署公布的首次年度知识产权海关保护'十佳'案例。仅2005年，海关就查获了9起假冒'蝴蝶'商标的侵权事件。"[2] 上工申贝（集团）股份有限公司主业从事工业缝制设备和家用缝纫机的研发、生产和销售，目前在缝制机械行业拥有全球知名的高端品牌：杜克普·爱华、百福、KSL，及国内家喻户晓的著名品牌：上工、蝴蝶。蝴蝶牌缝纫机不断升级，已演变为家庭以及个人产品，不仅具有实用功能，而且具有审美意义上的装饰作用。

（2）纺织、服装业及其品牌

受第一次世界大战影响，纱布进口锐减，市价突飞狂涨，为中国发展棉纺织业提供了难得的良机。据1912年统计，当时上海民族资本的棉纺锭达到77万枚，占总量175万枚的近一半。到1920年，纺织工业可以说已成为上海规模最大、经济实力最强的一个产业部门。上海棉纺织业在这一阶段，进入黄金发展期，并带动后来各个加工工业，包括印染、针织、毛巾被单、制线织带，以

---

1 《上海工业老品牌》编委会：《上海工业老品牌》，上海市工业经济联合会，2007年7月第1版，第60页。
2 同上。

及毛纺织印染和丝织业的共同发展。1922年，上海棉纺织业进入调整期，受市场影响，至这一年的12月18日起停产四分之一，为期3个月，是中国棉纺织业第一次集体限制生产活动。永安兼并了大中华、鸿裕，申新兼并了德大被，宝成、华丰等工厂被日商攫取。

涌现的企业品牌以及产品品牌至今依然拥有旺盛生命力的有：上海菊花纺织有限公司（1914年），菊花牌内衣，飞马牌针织内衣；上海针织内衣（集团），鹅牌内衣（1924年）；上海汉森投资发展有限公司（1929年，原上海汉阳手帕厂），飞鱼牌手帕；上海东海毛巾厂（1915年，原德昌纺织厂），双船牌毛巾；上海凤凰毯业有限公司（1922年，原名经纬纱厂），凤凰牌毛毯；上海民光家纺企业发展有限公司（1935年，原上海民光被单厂），民光牌被单。

当年名噪一时，如今消失而只能作为历史凭吊的有：申新纺织厂（1915年），人钟牌棉纱；达丰染织厂（1923年），孔雀图牌印染布；物华电机丝织公司，华字牌丝绸；中华工业有限公司（1918年），孔雀牌丝织品；南洋袜厂（1916年），南洋群岛牌袜子；足安电机织袜厂（1917年），飞足地球牌袜子；永安纺织有限公司（1922年），金城牌棉纱；统益纺织股份有限公司（1919年），猫蝶牌棉纱；章华毛绒纺织股份有限公司（1930年），绵羊头牌绒线；密丰绒线厂（1934年，英商），蜜蜂牌绒线；上海裕民毛线厂（1927年），双羊牌、地球牌绒线；瀛洲染织厂（1925年），地球牌色织布；美亚织绸厂（1920年），美亚牌丝绸；中孚绢丝厂股份有限公司（1925年），钟虎牌绢丝；鸿兴织造厂（1921年），狗头牌袜子；中国飞纶制线厂（1929年），飞轮牌棉线；安乐纺织厂（约1933年），英雄牌绒线；新光标准内衣制造厂（1933年），司麦脱牌衬衫；同兴实业社（1928年），唱机牌袜子。

该时期的服装企业及其品牌有：上海鸿翔时装公司（1914年）；上海第一西比利亚皮货有限公司（1920年）；上海龙凤中式服装有限公司（1920年）；上海培罗蒙西服公司（1928年）；上海亨生西服有限公司（1929年）；上海朋街服饰有限公司（1935年）；上海永新雨衣染织厂（1927年），大地牌风雨衣；上海全泰服饰鞋业总公司（1935年），等等。

申新纺织公司（1915年）。申新纺织公司由荣宗敬、荣德生兄弟创办，是中国最大的民族资本工业企业之一。1915年，荣氏兄弟集资30万银元在上海创办申新纺织有限公司，遂建立申新纺织第一厂（简称申新一厂）。建厂初期，申新一厂仅有1.3万枚纺锭。在第一次世界大战期间，申新一厂颇有盈利，但荣氏兄弟未满足于此，而是将利润继续投入研发，并添置织机1100台，民国八年又扩充纺锭2.6万枚，同年，扩大产量的同时也扩大规模，购进上海恒昌源纱厂扩建为申新二厂。1920年，他们联合同业，在上海开办华商纱布交易所，将申新的人钟牌棉纱定作标准纱。"荣氏创业，铢积寸累，化利为本，他们与股东相约，三年不分红，股利亦存厂生息。"[1] 至1922年，申新纺织公司资本达300万银元，其中230万银元都是历年红利转入。1929年，荣氏购进上海东方纱厂成立申新七厂，又为生产细支棉纱而兴建4万新锭的申新八厂。1931年，荣氏进一步购进前身为上海机器织布局的三新纱厂，成立申新九厂。据1932年统计，申新纺织公司共有纺锭53万枚，织机5357台，分别占全国民族资本（东北除外）纺锭、布机总数的19.9%和28.1%。荣氏扩展企业、发展实业也借助于金融，实行一定的负债经营。申新公司不仅是中国银行和上海银行的大股东，荣宗敬还在许多钱庄搭股，他说："搭上1万股子，就可以用他们10万、20万的资金。"

"九一八"事变后，日本商品开始向东北倾销以此来逐渐打开中国市场的大门，华商纱厂产品销路明显减少，棉纱市场出现"花贵纱贱"现象，产品大量积压。1934年6月底，申新资产共值6898.6万银元，而负债达6375.9万银元。因债主催逼，中国、上海两银行又中止贷款，造成申新历史上的搁浅。国民政府实业部企图以"整理"为名，将申新"收归国有"，荣宗敬拼死斗争。由于国民党内部四大家族与改组派汪精卫、陈公博之间的矛盾，加上国民党元老、无锡同乡吴稚晖的活动，得以免遭灭顶。1935年年初，英商汇丰银行暗中与日

1　施颐馨主编，《上海纺织工业志》编纂委员会编：《专记：申新纺织公司》，载《上海纺织工业志》，上海社会科学院出版社，1998年版。

商勾结，不顾其他债权人的利益和法院的干预，悍然拍卖申新七厂。荣氏上下呼吁，职工誓死反对，舆论纷起声援，汇丰银行慑于民众呼声，取消拍卖，续订借约。

"八一三"淞沪战争爆发，处在战区内的杨树浦申新五厂、六厂、七厂首先罹难。周家桥申新一厂、八厂也遭日机轰炸，申新八厂几乎全毁。1938年，荣宗敬为逃脱日本侵略军的胁迫，避居香港，2月10日因脑溢血症复发医治无效，在香港去世，享年65岁。

1938年起，日军用"委托经营"方式对上海沦陷区内申新各厂实行"军管理"，申新一厂、五厂、六厂、七厂、八厂分别落入日商丰田、裕丰、上海纺织和钟渊公大之手。唯有申新二厂、九厂在公共租界内，不但得以继续营业，且因本市、内地、南洋对纱布需求殷切，进口外棉原料充沛，日夜开工，经营得力。申新九厂就仅仅利用这"孤岛繁荣"大举添机扩充，纺锭增至13.8万枚，成为远东之最。双马牌棉纱量大、质优，成为市场标准纱，称雄国内，远销南洋。1938—1941年，申新九厂账面盈利按时价折合黄金11.39万两；申新二厂盈利4.16万两。两厂不仅了结旧欠，并偿清申新银团的全部债务。"孤岛"时期，申新二厂、九厂分别改用"美商""英商"名义，托庇保护。太平洋战争爆发后，日军占领上海租界，申新二厂、九厂两厂被"军管理"。此后，经上海申新各厂疏通后发还，但原棉、电力均受统制配给，只能勉强维持生产。

新中国成立后，人民政府通过贷款、配棉、代纺、代织等各种方式帮助申新各厂克服困难，维持生产。1950年，重新组合后的申新成立上海申新纺织厂管理委员会，推选荣德生为主席，推聘荣毅仁为总经理，管理开始不断改进，生产逐步走上轨道。1954年，经国家工商行政管理局批准重新成立上海申新棉纺织印染厂股份有限公司，推选荣毅仁为董事长。1955年，申新纺织印染股份有限公司正式宣布公私合营。经过清产估价，上海申新一厂（纬昌并入）、二厂、五厂、六厂（三明并入）、九厂及相关的中华第一棉纺针织厂、鸿丰纱厂资本总额为6400万元，占上海全行业合营厂总资本额的47.32%。公私合营后，

1957年2月，上海棉纺织工业公司成立，实行行业统一管理。"1966年10月，上海申新纺织总管理处撤销。1958年，申新一厂改为上棉二十一厂；1960年，申新二厂转业为上海无线电二厂；申新三厂设在无锡，1954年合营，后改为无锡第一棉纺织厂；申新四厂设在汉口，1954年公私合营，后改为武汉第三棉纺织厂；1958年10月，申新五厂、六厂与荣丰纺织印染厂合并成立上海杨浦棉纺织印染厂，1970年8月改名上棉三十一厂；申新七厂在新中国成立初期负债过多，于1950年出让给中国花纱布公司；1966年10月，申新九厂改为上棉二十二厂，1992年后恢复原名。"[1]

上海五和织造厂（1924年）。鹅牌汗衫由上海五和针织厂生产。五和针织厂创建于1924年，时为五和织造厂，由任士刚等五位大学生合伙筹资建成。任士刚建厂时取厂名为"五和"，意为"五个老板和气生财，团结致富"。"鹅"与"和"，用宁波方言来说是谐音，所以他们决定用"鹅"字做商标名称。

20世纪初以前，中国百姓都习惯以布料做内外衣裤，只有达官贵族能拥有绫罗绸缎、呢绒哔叽等高级衣料做衣衫。针织内衣在我国市场上起步较晚，随着民族纺织工业的兴起陆续出现，人们将高档洋货针织内衣视为日常生活中的奢侈品。这一现象随着民族针织企业的建立得到改变。

确定鹅牌商标之后，任士刚想到，如何依法保护鹅牌商标名称与五和企业的名称呢？他在向政府商标主管部门呈请鹅牌商标注册后，为预防今后被人仿冒，他又分别注册了有一只鹅、两只鹅和五只鹅的商标。此外，他还先后注册了"金鹅""银鹅""天鹅""蓝鹅""白鹅"等一系列与"鹅"有关的商标名称以及与"五和"厂名读音相似的几个商标名称，如"五禾"（由五棵禾苗扎在一起）、"五荷"（由五朵荷花连接在一起）和"五鹅"（由五只戏水的白鹅组成）等商标。

任士刚的做法在很大程度上保护了鹅牌商标与五和针织厂的品牌等合法权

1　上海通志编纂委员会编：《上海通志　第3册》，上海社会科学院出版社，2005年4月第1版，第1909页。

益。他又带领职工开展技术攻关，质量迅速提高，仅用一年多时间，就使鹅牌汗衫名列国内同行业前茅。到20世纪20年代末，鹅牌商标成为名牌。鹅牌先后参加上海、青岛、南京、镇江及新加坡、泰国等流动展览和陈列，多次荣获西湖博览会等全国性优等奖。鹅牌汗衫风靡全国，首次打破了高档汗衫长期由外国舶来品独霸我国市场的局面。当时的鹅牌汗衫销量赶上日货，并超过法国产的高档洋货。20世纪30年代初，鹅牌60支双股麻纱汗衫，率先改变国货汗衫无上等货的落后面貌。[1]

设立在上海的德国礼和洋行，原来向法国进货针织汗衫、棉毛衫，然后在我国沿海地区销售。他们后来发现市场上的鹅牌针织品很畅销，便将鹅牌汗衫与法国针织汗衫比较，发现质量不分上下，但法国货的价格远高于鹅牌。于是，礼和洋行放弃进法国货，改为选购鹅牌汗衫。德国人大批量购进鹅牌汗衫之后，并不马上转手出售，而是动了歪点子，他们把购进的鹅牌商标标识拆下，再改缝上自己的商标，冒充为进口洋货品牌，投入我国市场。外国人以中国名牌货，非法冒充洋牌洋货，再抛售给顾客，这在当时实属罕见。

出色的广告宣传水平又使得鹅牌在全国迅速打响。在南京路成都路口仙乐斯草坪的池塘内，五和针织厂用当时较少见的水门汀（即水泥）浇筑了5只姿态各异、栩栩如生、人见人爱的大天鹅，引得来往行人驻足观看，成为当时南京路上一大景观。抗战前，任士刚他们还经常在上海等地报刊上采用与众不同的广告宣传手法，来提高鹅牌的社会影响。如画谜征答广告，要求读者根据图意作短文或诗歌，一般每次征集均有上千人来稿。

1937年《机联会刊》第44期上发表了一位消费者撰写的五言诗："白鹅映碧荷，妙理谐音罗。韵事追千古，商标说五和。品高差比拟，色洁胜如何？料想风行日，口碑载道多。"说尽了鹅牌与五和的妙处。[2] 然而此时一向以"使用国货，抵制洋货"为己任的五和针织厂，成为日商的眼中钉。任士刚曾于1932

1　白光:《品牌溯源的故事（下）》，中国经济出版社，2006年版，第174页。

2　左旭初:《百年上海民族工业品牌》，上海文化出版社，2013年1月第1版，第125—127页。

年"九一八"事件一周年时，在《申报》上刊登的鹅牌商标宣传广告文章《外感与外侮》里写道："鹅牌卫生衫可防止外感，吾人从人身的外感，便想到国家的外侮。国人应精诚团结，共御外侮。"别有用心的日商抓住这些词句，雇用和挑唆一批日本浪人，放火烧毁了五和的厂房，使鹅牌产品被迫停产。抗战后期，五和厂虽恢复部分鹅牌产品的生产，但和抗战前相比，产量相差甚远。

新中国成立后，五和针织厂响应政府号召，在同行中率先进行公私合营，由此兼并吸纳40多家小厂，成为针织产品专业生产厂。"1982年，鹅牌汗衫荣获国家质量银质奖。1985年、1990年又连续保持国家银质奖荣誉。鹅牌产品以其良好的内在品质和商业信誉，始终处于全国领先地位，并赢得海外消费者的信赖。"[1] 进入20世纪90年代后，五和厂的领导更加注重对鹅牌商标的使用和全方位的保护，并制定了一系列的规章制度来加强管理，确保鹅牌的名牌效应和产品质量。

恒源祥（1927年）。江苏籍人沈莱舟在1927年创办了恒源祥人造丝毛绒线号，店址在福州路，以转批进口的人造丝毛为主要业务，兼营绒线，1931年开始主营绒线。1935年迁址法大马路139—141号（即金陵东路），更名为恒源祥公记绒线号。"'恒源祥'三个字，取自于'恒罗百货，源发千祥'的对联，暗含了恒古长青（恒）、源远流长（源）和吉祥如意（祥）的意境。"[2] 日后谁也没有想到，这间毫不起眼的半开间门面小店，让沈莱舟成为上海赫赫有名的绒线大王。新址开业后，生意十分兴隆，绒线吞吐量很大，货栈里最多时存放绒线24万磅（1磅＝0.454公斤）。

上海的霓虹灯无疑是20世纪30年代上海时尚、浪漫的符号。沈莱舟天生的商业头脑使他一眼就看准了蕴含在霓虹灯内的商业价值，用霓虹灯把恒源祥装点起来。恒源祥新装修的店面沿街是崭亮的大玻璃窗，霓虹灯从一楼装到三楼，店堂里灯光明亮，摆绒线的全部是玻璃柜台，绒线摆在柜台里，粗粗细

1　左旭初:《中国近代商标简史》，学林出版社，2003年7月第1版，第241页。

2　魏义光:《品牌新常态＝TOP BRAND》，中国法制出版社，2015年4月版，第181页。

细，各种颜色，一目了然。他侧重倡导时尚新生活，重金聘请绒线编织大师鲍国芳、冯秋萍、黄培英等到恒源祥坐堂，向消费者专门教授绒线编织的技法。他还专门花钱出版《冯秋萍毛衣编织花样与技巧》，在恒源祥店堂里免费赠送。请明星当模特，邀请风靡大上海的歌曲《夜上海》《天涯歌女》的演唱者、著名电影《马路天使》的女主角周璇光顾恒源祥，试穿用它的绒线织成的毛衣。消息一出，恒源祥的店面还没开业就被围得水泄不通。为恒源祥做广告的还有著名演员白杨、上官云珠、竺水招、徐玉兰、尹桂芳和童芷苓等，她们都曾到恒源祥试穿冯秋萍编织的毛衣。

1946年，沈莱舟展开新一轮广告攻势，用他的话说，所谓生意，就是你要生出新的主意来。这一次，沈莱舟在上海各报刊登广告：恒源祥推出"海陆空有奖销售"。"奖品分为几个等级，超等级获得者可在上海龙华机场乘飞机到天空中遨游，特等级获得者可乘海轮到宁波玩两天，优等级获得者可坐火车到无锡、苏州玩两天。当时，坐飞机可是一件极为稀罕的事情。买绒线有机会得奖乘飞机，这在上海引起一阵轰动。"[1] 在上海商界史无前例，在中国商界同样也是史无前例。

1949年10月1日，沈莱舟为扩大恒源祥规模，筹建恒丰毛纺厂，并发行了新中国第一张股票，但随着公私合营，恒源祥进入到另一种商业模式中。至1987年，刘瑞旗接掌恒源祥绒线商店，运用引领时尚的新装修为恒源祥打开了销售新局面。已在病榻上的沈莱舟在《新民晚报》上读到通栏广告《恒源祥绒线商店装修竣工暨店庆五十九周年绒线、羊毛汇展》，兴奋不已。1991年4月，刘瑞旗怀揣10万元走进上海电视台，由此开启了恒源祥广告营销新模式。他认为视觉广告是给观众的形象传递，是一种快速记忆，越简单越有效，因此制作的广告时间为5秒，为上海电视台开创出5秒广告的新品种。1993年，其广告词为"恒源祥，羊发财"。1994年，确定为"恒源祥，羊羊羊"，一经播出，便家

1　陈华：《中国绒线大王沈莱舟》，载《经济导刊》2006年第8期，第94—96页。

喻户晓，[1] 深入消费者内心。

2004年，恒源祥集中所有加盟厂和特许加盟店，成立了恒源祥联合体，通过《恒源祥联合体共同纲领》。如今，恒源祥已拥有100余家加盟工厂、500多家加盟经销商以及7000多个加盟销售网点。省级市场销售网点覆盖率100%，地市级市场网点覆盖率超过94%，县级市场网点覆盖率超过60%。恒源祥电商在天猫、京东等平台授权店铺数量达130多家，品类涉及服饰、家纺、内衣和服饰配件类等。2014年，恒源祥荣获"2013年度工业品牌培育试点企业"称号，被科技部授予"国家火炬计划重点高新技术企业"称号，恒源祥品牌再次入选亚洲品牌500强，位列第127位。恒源祥现已成功为北京、伦敦两届奥运会中国体育代表团打造礼仪服饰，也为巴西里约奥运会中国体育代表团奉献精彩礼服。

（3）化工制造业及其品牌

上海是化学工业的发祥地，民族化工品牌的诞生有效地改变了全赖进口的局面。这一时期诞生的品牌主要有：上海开林造漆厂（1915年），开林牌油漆；上海涂料有限公司（1915年）；上海振华造漆厂（1916年），飞虎牌油漆；上海实业马利画材有限公司（1919年），马利牌颜料；上海造漆厂（1932年），眼睛牌油漆；大中华橡胶厂（1928年），双钱牌轮胎；上海回力鞋业有限公司（1927年），回力牌球鞋；上海白象天鹅电池有限公司（1930年），白象牌、天鹅牌电池；上海京华化工厂（1930年）；上海华元实业总公司（1935年）；一品颜料有限公司（1931年，原上海氧化铁颜料厂）；上海美丽华礼品公司（1916年）；上海油墨厂（1913年，原中国油墨厂），牡丹牌油墨。此外还有：大中华火柴公司（1930年），宝塔牌火柴；华商上海水泥股份有限公司（1920年），象牌水泥；中国蓄电池厂（1924年），名妹牌电池；永固造漆股份有限公司（1926年），长城牌油漆。

1　上海市品牌建设工作联席会议办公室编：《品牌的力量》，2013年12月第1版，第31—33页。

大中华橡胶厂（1926年）。 大中华橡胶厂由旅日侨商余芝卿出资8万银元，和薛福基、吴哲生于1926年共同筹建。1928年有职工83人，10月30日投产，日产套鞋近1000双。采用的双钱商标，次年10月注册获准。"1930年改为合伙经营，资本增为20万元，同年盘进交通橡胶厂，改名为交通利记橡胶厂。1931年改组为大中华橡胶厂股份两合公司，资本增为110万元，职工2200人，产品有套鞋、跑鞋、晴雨鞋、球鞋、长统靴、热水袋等。1933年年底，又改组为兴业股份有限公司，余芝卿任董事长，薛福基和吴哲生为经理，资本200万元。1937年资本为300万元，1943年资本为中储券2500万元。1946年7月改组，由杜月笙任董事长，吴哲生任经理，在唐山路1100号增设分厂，并增资为5亿元。1947年又在怀德路969号增设分厂，1948年增资至300亿元。生产'双钱'牌各种橡胶鞋类、各种车轮胎、飞机轮胎及其他橡胶制品，为近代中国最大的民族资本橡胶厂。"[1]

1932年开始筹备，至1934年10月双钱牌汽车轮胎试制成功，打破了国外轮胎垄断中国市场的局面。与此同时，1933年建成力车胎厂房，次年从日本购进一套制造力车胎的旧设备，安装后投入生产。1931年起，生产的胶鞋先后获得国民政府实业部及上海市政府的优、特等奖状和上海市商会荣誉奖状。1934年起生产汽车轮胎和力车胎，1935年，双钱轮胎在新加坡中华总商会国货展览会上展出，获特等奖状。

抗战爆发后，三厂、四厂、原料厂和各地营业机构遭到破坏，四厂全部机器及部分原料等120余吨物资内迁途中也遭洗劫，损失相当于胜利前夕资本总额的四分之一。为避免日方的干扰，公司总部暂迁香港。1938年分别在徐家汇路和陕西南路，另办美泰制钙厂和德福织染厂。1942年受太平洋战争影响，原料中断，曾一度停工。新中国成立前夕，大中华橡胶厂股份有限公司有制造厂6家、原料厂3家、机器修造厂2家，拥有职工4000余人，另有两家独立经营的

---

1 金普森、孙善根主编：《宁波帮大辞典》，宁波大学出版社，2001年3月版，第15页。

原料厂。

20世纪60年代初期，该厂在中国首先用尼龙帘子线代替棉帘子线生产轮胎，同时试制了全钢丝子午线轮胎。20世纪70年代末，又在国内第一家全部采用丁基橡胶代替天然橡胶生产轮胎内胎。该厂生产的双钱牌轮胎从1957年开始出口，销售到50多个国家和地区。该厂轮胎的行驶里程、翻新率和耐久性试验、强力试验数据已与世界名牌产品相当。1958年生产轮胎达75万套。

上海回力鞋业有限公司（1927年）。上海回力鞋业有限公司的前身是1927年创办的上海义昌橡皮物品制造厂，创始人为经营日货的两大商号业主刘永康、石芝珊，由石芝珊任厂长。建厂初期以生产八吉牌橡胶套鞋为主，之后扩大至布面胶鞋。1930年，更名为上海正泰橡皮物品制造厂。1934年，再次更名，为正泰信记橡胶厂。同年10月7日，正泰信记橡胶厂在《申报》上发布回力球鞋征求改名揭晓广告，标志着回力以一个弯弓搭箭的古希腊勇士的图案商标正式问世，商标图案上的英文"WARRIOR"，意思是战士、勇士、斗士。这一图案又宛若中国神话传说中的"后羿射日"，可谓中西合璧。1935年4月4日，回力商标获准注册，取得商标专用权，并作为品牌形象标志。"回力"寓"回天之力"，喻指能战胜困难的巨大力量。回力牌胶鞋以款式新颖、经久耐用为特点，又体现了不畏艰难、敢于胜利的精神旨归，深受消费者欢迎，成为中国最早的时尚胶底鞋品牌，并一直风靡不衰。在20世纪70年代，回力鞋几乎就是运动休闲鞋类的唯一象征；相比解放鞋而言，它简洁鲜明的设计在那个同质化的时代显得卓尔不凡；到20世纪80年代时，拥有一双回力鞋在青少年中已经是相当牛的潮人标志。

在国内相当长的时期里，球鞋中真正的"大哥大"是回力运动鞋——一种高腰的篮球鞋，底子很厚，有两三厘米，内侧有个半月形的红色标志，内踝骨位置有一块纪念章大小的白色圆形皮子，是一个做健美状的裸体男子压模图案。回力鞋十多块钱一双，一旦蹬在脚上，穿什么衣服都无所谓，单凭这双鞋，就能"拔"起"份"来。回力也分蓝白两种颜色。白回力尤其扎眼。据说还有一种黑色回力，则很罕见。不少中学生刻苦练篮球，因为只要能打进校队，回力就有盼头了，这是央求家长给买回力鞋的最佳借口。说到回力之俏，作家王朔写过这样一段话："'文革'时社会秩序大乱，这款鞋和军帽一样是小流氓抢劫的主要目标。经常看到某帅哥穿着'回力'神气地出去了，回来光着脚，鞋让人扒了。"

2008年主演过电影《指环王》《加勒比海盗》的男星奥兰多·布鲁姆亮相位于曼哈顿的《纽约，我爱你》片场。身穿墨绿大外套的他脚上一双球鞋尤为抢眼，这正是中国球鞋——回力鞋。随后，奥兰多换了造型，裤子由浅色换成深色，可对足底那双雪白的回力球鞋仍然不离不弃。在奥兰多的带领下，越来越多的好莱坞明星开始穿上来自中国的球鞋。回力成了欧美潮人争相购买的"尖货"，售价约合每双500元人民币。2008年夏天，一批受邀参加奥运会的尊贵外国客人，比利时王储、丹麦副首相、蒙古国副总统、布隆迪副总统等，直接走到王府井利生体育商厦三楼，抢购中国国货回力球鞋。当时，他们手里拿着的是《中国日报》英文版，上面刊登了回力鞋在王府井利生商厦有售的消息。

（4）日用化学品工业及其品牌

20世纪初，国民的视野不断扩大，商人们的嗅觉也不断提高，开始创制属于自己民族的日用化学产品。1907年，华商董甫卿开设裕茂皂厂生产狮球牌洗衣皂；1910年，香港广生行在上海设厂并生产双妹牌化妆品，红极一时。"一战"期间，帝国主义列强忙于战争、无暇东顾，为上海民族企业的发展提供了宽松的机会。这期间先后成立了8家大型皂厂、4家知名化妆品公司，又涌现了三星牌牙粉、蚊香、无敌牌蝶霜这样的强势品牌。1912年，著名实业家方液仙创办中国化学工业社，生产了系列知名产品，打破了洋商品牌在中国市场上的垄断，如三星牌蚊香把日本野猪牌蚊香赶出中国市场，三星牌牙粉把美国丝带牌牙膏赶出中国市场，剪刀牌肥皂对英商构成很大威胁（因英商向国民政府商标局抢注剪刀牌肥皂商标，中国化学工业社被迫将其改名为箭刀牌。但由于媒体对此商标纠纷案的炒作，此品牌的知名度反而更高了）。吴蕴初的同学李润田试制出的飞鹰牌香精是我国第一个现代香料商标，为国产香料工业奠定了基础。

1917年，著名鸳鸯蝴蝶派小说家陈蝶仙跻身实业界，创办家庭工业社，用镇海海边的乌贼尸体生产出无敌牌牙粉，把日货金刚石牌牙粉赶出中国市场，无敌牌蝶霜把美货三花牌雪花膏赶出中国市场。同一时期，永和实业公司的叶钟廷、叶翔廷也推出月里嫦娥牌牙粉、头蜡和白雪雪花膏等，成为市场上的热销产品。[1] 五洲固本肥皂厂、爱华瑞记香皂厂、汇生肥皂厂等多家大型企业陆续开设，为民族日用化工业奠定了坚实基础。

中国化学工业社（1912年）。它于1912年由著名爱国实业家方液仙先生在上海创办。方液仙，名传沆，1893年生于上海，是近代著名的镇海方氏子弟。方液仙少年时就读于近代上海著名的教会学校中西书院，接受了良好的西学教育。他尤其喜爱研究化学，曾师从上海公共租界工部局化验师、德国人窦柏烈学习，其同学中还有后来著名的"味精大王"吴蕴初。他在家里设立简易的实验室，购阅有关制造日用化学品的书籍，苦心钻研，学会制造多种化工产品。1910—1911年，上海发生钱庄倒闭风潮，方家钱庄大多亦未能幸免。方液仙之父方选青不擅经营，打算让方液仙继承家业，但他对经营钱庄并无半点兴趣，令父亲非常失望。鉴于当时外货化妆品，如欧美夏士莲雪花膏、旁氏白玉霜及日本金刚石牌牙粉等充斥市场，方液仙决计自己研制化妆品。

在方液仙看来，这些化妆品完全可以中国制造。因此，他计划建厂自制，以此来抵制洋货。起初工厂就安在家中，一些简单的生产设备，几个学徒，开始生产三星牌雪花膏、白玉霜、生发油、花露水、牙粉等。因为无力刊登广告，百货商店不进他的货，方液仙雇人挑着产品到街头巷尾叫卖。眼看工厂连年亏损，但他仍不灰心，又和友人合伙开办了龙华制革厂、鼎丰搪瓷厂以及橡胶制品厂、硫酸厂等，多为国人首创的轻化工厂。只是，在洋货大行其道的近

1 汪永平：《中国近代知名民族品牌的名称研究》，载《史学月刊》2007年第3期，第94—102页。

代中国市场，本土产品几乎没有销路，最终都无奈停产了。

1919年，五四运动爆发给中国民族工业带来了生机，全国掀起了抵制洋货、振兴国货运动。1920年，方液仙的叔父方季扬看到了中化社的发展前景，同意投资，使中化社总资本增加到5万元，同时改组为股份公司，在河南路设总公司，扩大了生产规模，企业焕然一新，先后推出四大名牌产品。

20世纪初，产自日本的野猪牌蚊香倾销中国，几乎独霸了上海及东南沿海市场。方液仙决计研制国产蚊香，与日货一较高下，经过钻研，成功研制出蚊香。随即，他派职员赴日本学习用机器制造盘型蚊香的技术，拨款建厂房、置机器，进行机制蚊香试造，终于获得成功。产品取名为"福禄寿三星"蚊香，打破了日货垄断的局面。方液仙打出"国人爱国，请用国货三星蚊香"的广告语，通过报纸、招贴等形式广为宣传。在民众爱国热情支持下，三星生意日渐兴隆，不仅畅销国内，而且远销南洋各埠。从此，市场上三星蚊香基本取代了野猪牌蚊香。

辛亥革命以前，日本生产的狮子牌、金刚石牌牙粉在中国市场倾销。1912年，方液仙瞅准时机，开始生产牙粉，取名三星牌，为最早的国产洁齿剂。最初的几年中，三星牌牙粉在国产牙粉市场上独领风骚。但短短几年后，随着其他品牌牙粉的相继出现，三星牌失去了昔日的辉煌，境况大不如前。这些新品牌各有所长，如无敌牌香味宜人，嫦娥牌包装精美，都是三星牙粉的劲敌，形成三足鼎立之势。在牙粉市场遭遇激烈竞争的情况下，方液仙思虑再三，决定另辟蹊径。当时的国际市场，牙膏作为新生代，以其独特的优势成为牙粉的替代品。但在中国市场上，却只有洋货，最著名的是美国产的丝带牌牙膏。终于，经过不懈努力，最早的国产牙膏于1923年诞生了，也叫三星牌。当时，丝带牌牙膏每支卖7角5分钱，平民百姓都觉得是奢侈品。而三星牌牙膏最初定价2角5分，后降为2角，大家认为绝对是物美价廉，因此甫一问世，便风靡一时。很快，1925年五卅运动爆发，抵制洋货风潮兴起，三星牙膏更是供不应求，方液仙大大赚了一笔。相对于蚊香来说，牙膏虽利润不高，但其优势在于产量大，不受季节限制，资金周转快。由于三星牙膏的先锋效应，一时之间，其他各种品牌的牙膏雨后春笋般冒了出来，比较著名的有黑人牙膏、留兰香牙膏等，但三星牙膏却一直遥遥领先，成为同业中的领头羊。三星牙膏不仅在国内畅销，而且远销东南亚，甚至连非洲都有售。1949年后各种牙膏集中在中化社生产，中化社改名为上海牙膏厂，当时生产品种有30多种，产量占全国牙膏生产的70%。

甘油为牙膏的主要原料之一，同时又是洗衣皂的副产品，为了能做到原料自给，方液仙决定生产洗衣皂。1935年，中化社从德国进口精炼甘油的全套设备，并把洗衣皂品牌定名为通俗易辨的剪刀牌。为使剪刀牌肥皂的质量能赶超当时英商中国肥皂公司的祥茂等洋牌肥皂，曾派人不辞辛劳地进行市场调查，走访过一些家庭主妇，采纳家庭主妇提出的要求：剪刀肥皂要做到"三不"，即"不缩布料、不易变形、不伤皮肤"。1938年春，剪刀肥皂研制成功，终于达到了"三不"要求，遂正式投产，并很快进入市场，因其脂肪酸含量高、质量佳，受到消费者的青睐。由于剪刀牌肥皂价廉物美，加上中化社将剪刀牌商标在各大报纸上做广告，使剪刀商标的名声越来越响，并对英商中国肥皂公司的"祥茂"等洋牌肥皂的销售造成了影响。

抗战期间，中化社与国货公司日益壮大，成为日军的心腹之患。1940年7月某日，方液仙乘汽车由住所外出，刚驶出大门，突然间冲出多名持枪者，喝令停车并开枪射击，陪坐在车中的贴身保镖陈浦生被打伤，歹徒将方液仙拉出车外，挟持到另一辆车上，疾驰而去，方液仙被绑架杀害。

上海牙膏厂（1912年）。在闻名世界的上海玉佛寺旁，矗立着一座闻名全国的工厂——上海牙膏厂。上海牙膏厂创建于1912年，是我国创建最早的日用化学品生产厂家之一。初创时仅是个手工作坊，[1] 生产牙粉、雪花膏等日用品，1922年试制成国内第一支牙膏——三星牙膏。20世纪30年代，产品扩大到

---

1 《上海经济体制改革十年》编辑部：《上海经济体制改革十年》，上海人民出版社，1989年5月第1版，第469页。

牙膏、肥皂、蚊香、化妆品、调味品、化工原料和玻璃器皿等7大类200多个品种。知名产品有三星牙膏、三星蚊香、金鸡香皂、箭刀肥皂等。50年代，该厂开发了国内第一代水果香型的白玉牙膏。60年代，研制出国内第一支高档牙膏美加净牙膏。70年代，又先后研制出上海防龋、上海防酸等药物牙膏。自行设计制造牙膏连续式自动双管车、软管自动印刷生产流水线等，从国外引进全自动软管生产线、全封闭式牙膏制膏生产线、复合管制管、灌装和包装等设备。1994年1月，与英国联合利华公司合资建立上海联合利华牙膏有限公司，知名品牌有中华、美加净、白玉、上海、留兰香等。"从20世纪90年代开始，'中华'牌牙膏产量已高达4.5亿支，在全国牙膏行业中一直是产销第一。'中华'牌商标在全国市场的覆盖面和占有率均为全国之冠。20世纪90年代，'中华'牌商标还被国家工商总局认定为中国驰名商标。"[1]

天厨味精厂（1921年）。 1921年春天，上海聚丰园饭店来了一位顾客，是一位清苦的读书人，只点了一份便宜的客饭。只见他在菜里加上一些自备的粉末，吃得津津有味，还客气地将这种粉末加在邻座的一位顾客碗里说："你吃了后会立即觉得鲜美绝伦。"谁知邻座却是个不识货者，不但不吃，反而同他争吵起来，惊动了在店里用膳的另一位有心人。他一吃加了粉末的菜肴，觉得读书人所言不虚，确实鲜美，爽快地说："你这份菜就算我的。"

这位读书人就是后来成为我国现代化学奠基者之一的吴蕴初。原来他参照日本的"味之素"，以粮食为原料，用植物蛋白提炼出了一种新的化学品，就是味精。很快，他通过上海张崇新酱园的推销员王东园的介绍，认识了王东园的老板张逸云。他与张逸云一拍即合，他出技术，张崇新酱园出资金，合资创办生产这种粉末的工厂。受当时已有的"香水精""糖精"名称的启示，吴蕴初将这种很鲜的物质取名为"味精"。吴蕴初从"天上庖厨""西天佛国"中获得灵感，他和张逸云共同将该工厂取名为"天厨味精厂"，将佛手作为商

1　左旭初:《百年上海民族工业品牌》，上海文化出版社，2013年1月版，第301页。

标，其意为佛法无比，点石成金。"该厂则建于1923年，生产'佛手牌'味精，'天厨'和'佛手'两者十分协调。推出的商品广告词也短小精悍，颇具特色，'天厨味精、鲜美绝伦'、'质地净素、庖厨必备'、'完全国货'，味精生意顿时打开局面，遍销全国经久不衰。"[1] 迫使日本的美女牌味精悄然退出中国市场。

1924年1月，佛手牌味精商标正式向政府呈请注册；并分别于1926年、1930年和1933年，先后三次参加世界博览会，每次都获得大奖，创造了中国在世博会上的持续获奖奇迹。为确保配方、生产技术不被同行假冒，佛手牌味精于1926年，向英、美、法等国申请专利，并获批准，开创了我国化工产品在国际上获得专利的先河。1939年，吴蕴初又在香港建味精分厂，佛手牌味精因此畅销东南亚各国，还成功打入美国市场。吴蕴初由此博得"味精大王"的称号。吴蕴初又以天厨味精厂为核心，在中国南方形成最大的"天字号"民族化工企业集团，成为一名著名的化学实业家。他还出资成立了我国南方第一个化工科研机构——中华工业化学研究所，发起设立"天厨化学论文奖"。1931年，他出资成立清寒教育基金会，将获奖者送到知名大学深造。1933年，吴蕴初以民族大义为重，出资12万元购买战斗机一架，命名为"天厨"号，并捐献教练机一架，参与抗战。

1956年1月，天厨实行公私合营，并入天生、天然、太乙、天元、天香等厂。1958年，在国内首创发酵法生产谷氨酸，被国家科委列为140项国家科研重大成就之一，赶上当时调味品行业国际水平，为我国味精生产更新换代奠定了扎实基础。1988年，在天厨味精厂成立65年之际，江泽民同志亲笔为其题词："老树盛开新花，花香飘遍四海。"全国人大常委会原副委员长胡厥文的题字是"天字第一号"。其味精、鸡精现出口十多个国家。2010年，佛手牌味精荣获世博上海城市公众满意度调查调味品类味精品牌金奖。2014年，佛手牌味精因连续20年获得上海名牌称号，而荣获上海名牌辉煌之星称号。

1　文昊：《民国的实业精英》，中国文史出版社，2013年版，第310—312页。

（5）医药制造业及其品牌

1912年至1919是我国一些较具规模的西药房为制药工业确立基础和独立的制药工厂陆续诞生的时期。上海相继出现了一些附属西药房的制药工场和少量独立从事化学药品生产的工厂。"这些药厂的原料往往依赖进口仿制或改制外国药品。中华、大生、爱华等制药厂相继在上海开办。太和药房在上海开业，利用药品需求量大而无外源的时机扩大生产，自制西药600余种，如六〇六、肺浆等颇有名气，供不应求。"[1] 同一时期内还有：中华制药公司（1911年），龙虎牌人丹；上海胡庆余堂药号（1914年）；上海信谊化学制药厂（1916年）；徐重道国药号（1920年），福寿牌中成药；九福制药有限公司（1923年10月），九福牌药品；上海群力草药店（1924年）；康拾义父子药厂（1924年），唐拾义牌药品；海普化学制药厂（1925年），海普牌针剂药品；上海新亚制药厂（1926年）；佛慈大药厂（1929年），佛光牌中成药；上海九和堂国药有限公司（1933年）。

这些品牌企业以及它们生产的品牌，均有强劲的市场表现，是现代民族医药工业崛起的重要标志。1915年，上海龙虎公司生产的人造自来血被德国商人普恩药局假冒。1925年，张禹洲创办海普制药厂，生产海普牌针剂药品。20世纪40年代，海普牌已完全能和洋货抗衡。新中国成立前夕，它成为我国针剂药品中最好的产品。1963年，被国家医药总公司确认为全国针剂药品行业产量、质量第一名。[2] 1926年，许冠群、赵汝贤创建了上海新亚制药厂，生产物美价廉、深受顾客欢迎的星牌注射液，其中百乃定注射液和宝青春，在20世纪30年代更是市场上的热销产品，使很多洋药品牌失去很大市场份额。直到今天，星牌仍是我国药品行业中的传统品牌。

徐重道国药号（1920年）。 徐重道国药由浙江慈溪人徐芝萱于1920年创立。因他又名徐重道，故药号名就源用于此。"徐重道"自创立来，在上海医

---

1 刘录亚：《旧中国的制药业》，载《历史档案》1995年第2期，第105—112页。

2 汪永平：《中国近代知名民族品牌的名称研究》，载《史学月刊》2007年第3期，第94—102页。

药业史上创造了三个第一。"40年代，'徐重道国药'在公共租界、法租界等闹市地段，先后开设了17家连锁店，成为解放前上海滩门店最多的连锁药店；第一家开创了接方送药、代客煎药的服务特色；第一个推出了自产中成药，即以中药草为主要原料，精制成药丸、药水等剂型。"[1] 徐芝萱乃小本经营，之所以快速开出这么多连锁店，便是其利用银行抵押贷款获得的，即他每开出一家药店，便将这家药店抵押给银行，获得银行贷款，然后他以此再开出一家药店，即"抵押—贷款—开店，再抵押—再贷款—再开店"。在服务上，做到上门送药，为此，徐芝萱专门订购一批特制自行车，雇用30多位善骑自行车的工人，为患者送药，大受患者欢迎，并引发国药业震动，被业内效仿。

徐重道品牌以自己的经营特色很快在医药行业享有"范围大、分店多、药品全、价格公道"等称誉，并与胡庆余、蔡同德、雷允上、童涵春四大中药店媲美，成为闻名遐迩的上海老字号专业药店之一。1946年，它开设药厂，沿袭徐重道国药品牌之精髓，加工生产的"徐重道"系列饮品、精致饮品等产品达数百种，质优价廉，成为老百姓买得起并吃得放心的中药产品。1956年公私合营后，徐重道国药号各分号归各所在区领导。现今的徐重道国药号隶属上海药房股份有限公司，是上海原卢湾区第一家医保定点销售药店，其特色品类品牌有野山人参、冬虫夏草、燕窝、西洋参、枫斗、精制中药饮品和冬令膏方等。

（6）食品制造业及其品牌

民以食为天，随着洋人在华人数的增加，西式生活风俗和食品文化也传入中国，渗透到大众的消费和饮食文化中。该时期的民族食品品牌一方面既要顺应当时的社会审美观念和消费需求，又要吸收西方美术的设计元素加入到中国传统艺术之中。第一次世界大战的爆发使洋人无暇顾及中国市场，使民族企业有了自由发展的空间，进入发展黄金期。这一时期食品市场中的产品和形式出现多样化，铁质包装与玻璃制品开始出现。十几年间，荣氏兄弟创立于20世

---

[1]　上海市经济委员会：《海派经典——中华老字号集萃　第一辑》，上海锦绣文章出版社，2008年11月版，第73页。

初的兵船牌面粉在国内市场上成为脍炙人口的热销产品，在第一次世界大战期间还远销至欧洲、澳大利亚和东南亚。1918年，冼冠生组建冠生园食品公司，并使用生字牌商标。至1937年，冠生园品牌的产量与销售量都居食品业之首。同期，乐汝成开办上海济南泰康罐头食品有限公司，注册金鸡商标，也是国内食品业的知名品牌。乳品业有吴百亨在1926年创办的百好炼乳厂，其生产的白日擒雕牌乳品是英瑞公司鹰牌炼乳的劲敌。[1]

冠生园（1915年）。冼冠生原名为冼炳成，广东南海人，1903年，他来到上海当学徒，之后创办陶陶居，叫卖干果零食。1915年，他在闲暇之余翻阅《申报》，在中缝广告中看到一家名为冠生园的香港食品店歇业的消息，觉得此店名弃之可惜，于是将这一店名用于自己刚创建的食品店的店招。1918年，他不仅继续追加投资，而且引入合伙人，将之组建为食品股份有限公司，他出任总经理，并将自己的姓名改为冼冠生。同时，将企业名称"冠生园"中掐出一字"生"，作为产品品牌之名，希望企业由此"生生不息，兴旺发达"。在经营中，他颇为注重广告宣传。邀请电影明星为冠生园的月饼展销会剪彩合影，并题作巨幅广告"唯中国有此星，唯冠生园有此月饼"。冠生园月饼销量大增，他由此获得"月饼大王"的美称，冠生园成为上海滩鼎鼎大名的品牌。"在自强求富的国货运动时期，为了推崇和适应这股民族大潮的需要，冼冠生注重把爱国语言应用在食品盒的设计中，例如在食品包装中使用孙中山先生的头像作为图案符号，以此申明商品的民族身份，是一种强烈有力的民族设计语言。"[2]像"祖国""中国人""挽回利权"等字样也被广泛地应用在包装设计中。通过对商品包装的图案、内容、样式的排版设计，较好地表达了同胞们的民族归属感，是当时流行语言和设计潮流的典型反映。

1928年，冼冠生沿长江布局，先后在南京、武汉、重庆和成都等开设分

1　汪永平:《中国近代知名民族品牌的名称研究》，载《史学月刊》2007年第3期，第94—102页。
2　胡兰兰:《民国初期上海食品包装设计的研究与应用——以冠生园品牌为例》，载《安徽大学》，2016年。

店，在新中国成立前，冠生园在全国各地开设的分店达37家，为当时中国最大的食品企业。新中国成立后，这些分店均属地化管理，与上海冠生园总店从此只是名号相同而已，再无资产、业务以及管理上的实质性隶属。上海冠生园现在拥有大白兔、冠生园、华佗、和牌、佛手和天厨等众多子品牌。其中大白兔奶糖获得上海地区首批原产地标记注册认证。上海冠生园坚持以"提升国人的生活质量"为宗旨，以"绿色、无边界、永续经营"为经营理念，秉承"品争冠、业求生、人兴园"为企业精神。

在互联网条件下，冠生园积极适应商超新零售业态发展态势，不断优化以"传统商超"为主体，"网购电商"和"特殊通路"为两翼的营销模式，通过创新和转型调结构、重布局、壮品牌、求增量。坚持以品牌年轻化为导向创新营销、开发新品。抓住"IP创新"及"跨界营销"机会，加快自有品牌产品和品类开发周期，提升产品品质，以OEM产品创新模式拓展品类和产品。坚持优化管控，通过管理创新和技术改造全面提升核心竞争力。持续维护品牌形象，保持老品牌常亮、常新和常响，乃中国食品工业杰出品牌之一。

3. 商业服务业及其品牌

（1）餐饮业及其品牌

餐饮业是上海特色的重要反映，一方面根植于自己的传统，另一方面继续向特色化方向发展。诸多名牌餐饮企业均有自己的招牌菜，以此招徕回头客，建立自己的品牌忠诚度，例如德光馆的虾子大乌参、老人和的醉香螺等。西餐业依旧发展良好，中国人创办的西餐馆稳步发展。这一时期诞生的餐饮品牌并延续至今的，有上海鲜得来排骨年糕餐饮有限公司（1921年）、上海功德林素食有限公司（1922年）和上海杏花楼（集团）有限公司新雅粤菜馆（1926年）等。

鲜得来排骨年糕店（1921年）。鲜得来排骨年糕来自地摊，创始人是何世德。1921年，他在今西藏南路177号弄口设了一个摊，跟风主营西式餐点，却并不受普通企业职工以及中学师生欢迎，于是改卖五香排骨年糕和烘鱿鱼。由于价格低廉，一下子生意兴隆，名声渐响。因为味道鲜美，顾客誉之为"鲜得来"，意思是味道鲜得不得了，何世德觉得此三字甚好，便以鲜得来为店招，不知不觉成为上海滩传统的名小吃。有食客赋诗云："传统小吃何处有，黄浦江畔'鲜得'来，排骨嫩来年糕糯，童稚梦境已重现，今非往昔大变样，得来得来定要来。"何世德被誉为"排骨年糕大王"。现在的店招是1978年由沪上著名书法家任政所书。1986年，它以"春笋"商标注册。沪剧演员王盘声、徐伯涛赞其"排骨年糕鲜得来，吸上顾客千千万，精湛技艺功夫深，百吃不厌滋味美"。

（2）商贸业及其品牌

民国初年，上海公共租界内一下子诞生了好几家百货公司。1917年，先有先施百货公司，翌年永安百货公司在南京路、浙江路交叉口一侧开业。这由华侨开设的两家百货公司，使南京路客流量显著上升，将其急速地改变成上海最大的商业和娱乐之街。因此，先施和永安在南京路的发展史上具有决定性的重要作用。1926年，新新百货公司开业，1936年大新百货公司也加入其中。"这些被称为'四大公司'的百货公司，除了销售'环球百货'，即高级舶来品外，还开设了很多娱乐游戏设施、旅馆等，如此的一体化经营充分发挥了广场、庙会的机能，使其成为一个充满多彩的综合性的都市型生活、娱乐中心的巨大设施。"[1]

这一时期的商贸服务业还有：协大祥绸布商店（1912年），上海新世界股份有限公司（1914年），上海华安美容美发公司（1921年），上海宝大祥青少年儿童购物中心（1924年），上海新新美容城（1925年），上海广茂香经贸发展有限公司（1925年），上海全国土特产食品有限公司商场（1936年），上海百联集团股份有限公司第一百货商店（1935年）。

服务业方面，1919年华商周祥生创办了祥生出租汽车公司，由于使用了绝

1　菊池敏夫：《战时上海的百货公司与商业文化》，载《史林》2006年第2期，第93—103页。

妙的电话号码"40000"，外加服务周到，一举压倒美商的云飞出租汽车公司，而成为近代上海最大的出租汽车公司。1917年，金鸿翔在上海开设鸿翔女子时装店，使用鸿球牌商标，前店后厂，工贸一体化，宋庆龄曾称赞其"推陈出新、妙手天成、国货精华、经济干城"，蔡元培称赞"国货津梁"。在1931年美国芝加哥国际博览会上，鸿翔公司的中式锦绣礼服获得银质奖，使具有中国特色的旗袍从此走向世界服装舞台。

先施公司（1917年）。 辛亥革命后，南京临时政府为发展中国的资本主义而对华侨资本实行优惠政策，在此背景下，先施百货公司最先进入南京路。其创始人——华侨马应彪在悉尼成功经营水果批发生意，在香港及广州开设百货公司，获得根基后决断进入上海。店名"先施"取自巴黎"邦·马尔谢"，这个世界上最早的百货公司表示经营信条的语言"Sincere"的中文译音。先施百货公司从英国商人雷士德（Henry Lestre）那里租借南京路、浙江路口的30年土地经营权，建造百货公司大楼，于1917年10月开业。商场面积1万余平方米，销售商品1万余种类，员工300余人。其新的经营有如下几方面特征：第一，打出"经营舶来品牌商品"的招牌，商品陈列整齐，而且都是高级商品，非日常必需品不上架。"打破了传统的专门店如南货店、绢织物店、银楼、鞋帽店、食品店、酒菜馆的专门性与限界性。"[1] 商品的种类不仅多，其多数还是中外的优良品。进入百货公司大楼的顾客最初仅打算买衣料品、日用品的，却不料进入了吃、喝、玩、乐什么都齐备的场所，这是上海从来没有过的商店形式。商品的丰富与购物的便利，这是快乐生活的胜利。第二，明码标价，发行发票。在商店里公示商品的价格能废止顾客在赊账和价格方面与店员讨价还价的行为。发行发票，能减少百货公司与顾客的冲突，具有增强顾客对商品和百货公司信赖度的效果。对高级商品采取正当又妥当的价格，成为对无论什么样的顾客都实行无差别价格销售体制的先驱，因而取得了清末以来正在急速增长的

1　菊池敏夫：《战时上海的百货公司与商业文化》，载《史林》2006年第2期，第93—103页。

上海的中国富裕层以及新的社会势力都市中间层、工人阶级上层等社会层的广泛好评。

这些新的商业实践，以上海消费构造变化和消费能力增强的顾客层增长及多样化为背景的措施是有前景的，因而也是极其有效的。例如，从采用女店员来瞄准男性顾客这一招徕手法来看，即使在那个时代新顾客妇女、主妇层不断增加的状况下，这一措施也应该从根本意义的方面被看好。还有，先施的经营者在用语言宣传"舶来品牌商品"的同时，也将品质好但价格相对便宜的国产品和自家工厂制造的商品与舶来品一起陈列，这种出于对不同层次顾客进行多样化选择的深切关心，是非常懂得大众社会心理的做法。一方面，面向中国人的大型百货公司在上海的出现是以大众社会形成和发展为前提的；另一方面，百货公司亦通过自身功能进一步扩大大众社会，并使其不断发展。先施百货公司的经营方法是全新的，因而成为南京路商业改革的先驱。继先施百货公司之后，1918年，永安百货公司插入南京路，开设在先施的正对面。1926年，先施的西邻又诞生了新新百货公司。南京路与浙江路交叉点的周边地区成为上海最有活力的区域。1936年，大新百货公司在南京路、西藏路口设立。这就是上海四大百货公司的来历，这一地域因此代表了上海的摩登。

宝大祥（1924年）。宝大祥始于1924年的宝大祥绸缎庄（宝大祥洋货号），创建于黄浦区小东门外大街，创始人为柴宝怀、丁方镇，以老板名字中的"宝"字为招牌。处处突出"宝"字，无论在匾额、商标，还是发票上，都标有"宝"字，寓意来宝大祥购买衣料大吉大祥。它以"备货足、花色多、价格廉、配套齐"著称，系上海棉布零售业"三大祥"之一。在顾客中流传这样一句话："嫁女要到宝大祥，备嫁妆、送新娘，床上、身上都像样。"不仅在国内享有盛誉，而且声名远扬，与东南亚地区及日本、美国等也有业务往来。1950年4月，在南京东路北庆云银楼旧址，开设南京路宝大祥，由此"三大祥"在南京东路再次形成面料行业鼎足而峙、激烈竞争、称霸沪上的局面。

1993年，宝大祥重建，将贴邻的亨得利公司、闽江大酒店、金桥百货商店合建为整幢大楼，成立了宝大祥公司。1995年1月，经过一年多时间的筹建，上海黄浦宝大祥公司正式对外营业，它集餐饮、娱乐、百货、商务办公于一体，主楼高11层，营业面积8000平方米，经营百货、服饰。然而在当时的"百货热潮"中，市场分流、同类型商店过剩、经营雷同等诸多弊端明显制约了商厦的发展。此后数年间，宝大祥在经营上、业绩上、商誉形象上始终无法再现往日风光。

1999年春，南京路步行街商业结构调整全面启动，是年9月18日宝大祥这一老字号终于实现了堪称凤凰涅槃式的新生，以其前所未有的宝大祥青少年儿童购物中心的新形象、新经营展现在人们面前。经过数年中高端化、专业化、细分化的精心经营，宝大祥已成长为南京路步行街上唯一也是沪上规模最大的专门服务于青少年生活、娱乐、学习等的专业性购物中心，同时以"内修精兵、外拓疆土、主题百货、连锁发展"为目标，开拓新的经营空间，抢占市场份额，立足上海、辐射长三角、服务全国，实现老字号品牌的跨越式发展。

现宝大祥青少年儿童购物（集团）有限公司旗下经营的品牌有300多个，涵盖了童装、婴童服饰及用品、童鞋、玩具、青春装、文具等商品大类，吸引了大批国际及国内一线的青少年儿童品牌入驻。在经营策略上注重商品及品牌的更新率，逐渐被特定的消费群体所推崇，充分体验到"宝大祥，宝宝、长大、吉祥"这一口号所包含的丰富内涵，日趋成为最具人气和动感的专业儿童百货，销售额实现了快速增长，企业业绩位居同行业之首。已先后获得中国十大优秀玩具零售商、上海市服务诚信先进单位、上海市商业零售业规范服务示范单位、上海市价格协会诚信建设单位、上海市商业信息工作先进单位、国家首批达标百货店、商务部评定的中华老字号企业、上海市著名商标、上海名牌等多项荣誉。

鸿翔时装公司（1917年）。金鸿翔和金仪翔是来自上海川沙的金家二兄弟，在1917年联手创设鸿翔时装公司，从此开始了"中衣洋化"的改革。至1927年，鸿翔发展成为一家有200名左右职工的大型公司。这一年，金鸿翔倡议在三蕊堂公所的基础上成立上海市时装业同业公会，并任理事长。会员有70余户。1928年，在亲友的资助下，鸿翔把原房翻建成6开间3层楼的新式市房，铺面作商场，二楼为贵宾室，三楼设工场。1932年，又在南京路开设鸿翔公司分店，即今日鸿翔时装公司（东号）。全盛时期，雇有职工400余人，分工为店员、采购、裁缝三大类。他们合作创造立体裁剪法，成衣贴体不走样，有"天衣无缝"的美称，开创了中国妇女时装的风格。"在管理方面，金氏兄弟也特别重视商店信誉，除了保证质量，交货准时之外，还特别重视服务周到。如发现偷工减料或营业员得罪顾客以及有损店誉的行为，立即解雇。此外，鸿翔还率先发行购物礼券。"[1]

1931年，在美国芝加哥国际博览会上，鸿翔大衣和礼服获银质奖。"电影皇后"胡蝶结婚时，鸿翔为她精心设计了一件绣有百只彩蝶的中西合璧式礼服。婚礼上，礼服大放光彩，鸿翔也声名鹊起。之后，金鸿翔又约请胡蝶在百乐门舞厅穿着鸿翔礼服跳舞，增强鸿翔公司的声誉。1935年胡蝶访问欧洲，鸿翔向她提供了百套时装。这样的明星效应，将鸿翔的名字进一步广而告之，风头一时无两。

1936年，国内抵制日货运动高涨，蔡元培在鸿翔公司制衣，亲笔题赠"国货津梁"匾额。1947年，金鸿翔获悉英国伊丽莎白公主即将举行婚礼，特精制大红缎料中华披风一袭，满刺金线，极尽描鸾绣凤之巧，由英国驻上海领事馆转赠公主。事后，英领事馆送来由英国伊丽莎白公主亲笔签名印有"白金汉宫"字样的谢帖，金鸿翔立即将礼服复制品连同谢帖一起陈列在大橱窗内，以招揽顾客。

那一段时间，也是西服和中式时装在上海的全盛时期，昔日的拎包裁缝，纷纷开设实体店，沪上的时装业已成气候。资料显示：1937年"八一三"事变后，外地一些生活富裕人士涌入上海租界避难，穿着时装者增多，时装店大批

1　张文佳：《二十世纪上半叶的"鸿翔"及上海时装业的特征分析》，东华大学学位论文，2013年。

开设，到抗日战争胜利时已达200多家，比抗日战争前增加了一倍。抗日战争
胜利后，女子时装进一步普及，到1948年，全市时装店已发展到439家，逐渐
形成了经营高、中、低不同档次的时装商店和时装街。静安寺路（南京西路）
有时装店34家，主要经营高档时装，以社会名流为主要供应对象；同孚路（石
门一路）一带有时装店64家，主要经营绣花内衣，以外侨妇女为主要供应对
象；霞飞路（淮海路）有时装店56家，经营中档时装，以中等生活水平的顾客
为主要服务对象；福州路、湖北路一带附近多妓院，有时装店52家，经营档次
比较低的时装，供应对象主要为"欢乐场"中的妇女和一般劳动人民。

王开照相馆（1920年）。位于南京东路378号的王开照相馆，并非上海滩
最早创办的照相馆，却是至今还在营业的老上海照相馆。1920年，广东人王炽
开把王开照相馆从北京开到了上海。在太多上海"老克勒"眼中，它是无须数
字的地标，有着骨子里的海派情调，代表摄影的最高境界。一帧帧寂静无声的
"王开"老照片里，有周璇、胡蝶、黎莉莉、阮玲玉、王人美等明星的时髦姿
态与微笑，各色旗袍锁住优雅而不造作、高贵而不冷峻、温情而不甜腻的海上
光影，拂去这座城市不为人知的历史尘埃。

"王开"初创时，只有一间摄影室和几名职工，为大力提高知名度，吸
引更多的顾客，他不惜大量投资做广告宣传，与新闻媒体保持着密切的联系。
当时，沪宁铁路沿线几乎站站都有"王开"的广告牌，沪上的大报如《申报》
《新闻报》等也经常刊登有关"王开"的消息和广告。渐渐地，人们都知道了
南京路上有这样一家照相馆。1925年，孙中山先生在北京病逝，随即举行隆重
的送葬仪式。王炽开派出摄影师前往北京，再跟随为中山陵选址的人们到达南
京，然后再回上海，拍摄了广大人民群众为一代伟人送行的历史性场面。王炽
开将这些珍贵照片加上"王开摄影"的落款，洗印多份，分送各地知名人士与
中高层军政人员，影响很大，"王开"一时声名大振。"王开"最广为人知的得
数民国年间的明星照。周璇成名前就曾至"王开"拍过许多照片，其中一幅半
身侧面照，虽然只有17岁，但已经出落得清秀靓丽，明星气质显现无疑。陈云

裳成名后，每部新片首映前也会到"王开"拍造型照，供首映时举行抽奖用，中奖的观众可以到"王开"拍摄同样的明星照，这种做法在当时非常轰动。王炽开执拗地认为一张结婚照关系到新婚夫妻的终身大事，马虎不得，如若拍得好，可为新人增添无限喜气。中国人结婚历来崇尚红色，五四运动前，新人是绝对不允许穿白色衣服的。王炽开却在结婚照中大胆地吸收了西式装扮，令同行瞠目。"王开"让新郎身着笔挺的黑色燕尾服、白硬领衬衫，胸前系有领结。新娘身着拖曳的白色婚纱，头戴白色长纱，手戴白色手套，手捧鲜花，明媚可喜。画面上出现6个人物也是当时"王开"婚纱照创下的特色：新郎新娘两侧分别站有伴郎伴娘，外加一男一女两个小傧相，拍出来既有派头又有早生贵子的寓意。王炽开的又一个惊人之举是夸下海口，公开宣称他所拍摄的结婚照会使新人红颜长驻、永不褪色。时间久了，照片哪能不褪色？然而，历史为王炽开的承诺做出了公允的评价。数十年后，一对青年男女专程到"王开"拍摄结婚照，特地带来男方祖父母当年结婚时在这里拍下的照片。岁月倏忽而过，这张结婚照却仍旧保持光鲜，未曾泛黄或褪色。人们皆言"王开"的结婚照考究至极，却不知这不泛黄不褪色的秘密就在于王炽开多年的潜心研究，关键在于照片上的药水一定要漂洗干净，除去能引起化学反应的各种诱因。"王开"设有专人负责漂水这道工序，坚持用"四层水洗"过滤药水，直到彻底漂清，照片就能存放很长时间。虽然比一般漂洗费时，但却能使照片历久如新。此外，"王炽开选用的底片、相纸、洗印药水等照相材料，都是货真价实的进口品牌。为抵制日货，他甚至不惜出高价从美国、德国购买高档原材料，一只专业人像镜头，最贵的达一万美元。而这样的高价原料一旦过期，'王开'一定将之全部报废，坚决不用。无怪乎当时'王开'的拍摄费用是上海滩最昂贵的，拍一份照片要3到6块大洋，这相当于一桌饭菜的价格"。[1]尽管如此，"王开"仍常常门庭若市，而王炽开却规定早上9点钟开门，晚上9点钟打烊，一天最多只拍

---

[1]　范昕：《上海"王开照相馆"的前世今生》，载《传承》2010年第31期，第51—53页。

60对新人，力求保证质量，绝不粗制滥造。

数十载物转星移，21世纪的今天，上海摄影行业中的老字号纷纷歇业或是改行，只剩"王开"一家凭着对品质的执着追求还在南京路坚守。时至今日，仍有老人留恋曾经在"王开"享受过的优质服务，甚至指定儿孙后辈一定要选择这里拍照，为的就是一个"放心"。

在"王开"的照片上，"王开照相"的字样早已不复存在，不过许多年轻人还会刻意嘱咐这四个烫金大字绝不能少，他们就是冲着这块金字招牌而来。

4. 金融业及其品牌

从19世纪末至20世纪30年代末汇丰银行统治的上海金融体制已发生剧烈的变化。这一阶段内，华资银行崛起和外资银行相继设立，"以及钱庄不再受外资银行的控制而重新成为一支独立的活跃力量，使上海金融活动中存在三大势力，这三大金融品牌的业务重点各有不同，外资银行在国际汇兑业务上仍处于垄断地位，华资银行以支援民族资本工商业发展和促进内地生产力为主，而钱庄则主要在上海与内地、华商与洋行之间的内外贸业务中发挥中介作用"。[1] 这些作用在上海金融活动中相辅相成。"到1925年，三大金融势力之间的资力比重，华资银行已占到40.8%。"[2]

1897年，首家中资银行中国通商银行在上海开办。此后户部（大清）银行、交通银行在上海设分行，信成、四明银行在上海设总行。第一次世界大战期间，上海商业储蓄银行等一批银行创办，开始形成著名的"南三行"（上海商业储蓄、浙江兴业银行、浙江实业银行）和"北四行"（盐业、金城、中南、大陆银行）。"南三行"都由江浙籍银行家投资创办和主持管理，并都以上海为基地，在经营上互相声援、互相支持、互兼董监，虽没有联营或集团的组织形式，但实际上收到联合经营、守望相助的成效。"北四行"先由盐业、金城、中南3家银行成立联合营业事务所，次年大陆银行加入，"北四行"由此形成，

1 张仲礼:《近代上海城市研究》，上海社会科学院出版社，2008年版，第243页。
2 唐传泗、黄汉民:《试论1927年以前的中国银行业》，上海社会科学院出版社，1986年版，第82页。

是旧中国银行业中的第一个，也是唯一的一个联营组织。上海逐渐成为中资银行集中地。"1925年五卅运动后，中国人大量提取在外资银行的存款，拒用外资银行发行的货币，中资银行存款大增。20世纪20年代，上海发展成为全国最重要的工商业城市，促进上海金融业在全国地位提高。1927年南京国民政府建立后，取得上海金融界巨大经济支持，以后银行界又取得中央政府对公债的吸纳与推销的支持。"[1] 1928年11月，中央银行总行在上海成立，中国、交通、金城、盐业、大陆、中国实业等银行总行先后移至上海，在沪的各大银行又在内地广设分支机构，形成全国性的纵横交错的融资网络，进一步确立了上海在全国的金融中心地位。

　　这期间诞生的银行，除在上海成立并将总行设于上海的银行如中华商业储蓄银行（1911年）、中国银行（1912年）、上海商业储蓄银行（1915年）、上海贸易银行（1917年）、中南银行（1921年）等；还有总行在外地，而在上海设立分行的台湾银行（1911年）、山东银行（1913年）、殖边银行（1914年）、浙江实业银行（1923年）、广东银行（1916年）、蔚丰商业银行（1916年）、中孚银行（1917年）；随后将总行（含未在上海设立分行）迁至上海的有江苏银行、东莱银行（1918年）、金城银行（1918年）等；中外合资成立的银行有中法实业银行（1913年）、中法储蓄会（1918年）、中华汇业银行（1918年）、中美合资的中华懋业银行（1920年）、中意合办的华义银行（1920年），中国、挪威以及丹麦合办的华威银行（1921年）等；外资银行在上海设立总行的有美丰银行（1917年）、日商上海银行（1917年）、法商汇源银行（1921年）等，设立分行的有义品银行上海分行（1912年）、日本住友银行（1916年）、日本三菱银行（1917年）、日本三井银行（1917年）、朝鲜银行（1918年）、美国运通银行（1918年）、美国友华银行（1919年）、菲律宾国立银行（1919年）、荷兰安达银行（1920年）、美商大通银行（1921年）、大英银行（1922年）等（至1927

1　上海通志编纂委员会编：《上海通志　第5册》第二十五卷，上海社会科学院出版社，2005年4月第1版，第3330页。

年，外资银行达34家）。上海银行业多种所有制并存，均处于快速发展阶段，继而奠定了远东金融中心的地位。

上海商业储蓄银行（1915年）。 经过前期大量筹备，1915年6月3日，上海商业储蓄银行成立，由庄得之、陈光甫、李馥荪、王晓赉等人共同创办，总行设在上海，资本名为10万元，实为8万元，在上海银行界并不起眼，时人称它为"小小银行"，由庄得之任总董事（后改董事长）。庄得之系中国红十字会理事长曾任洋行买办。总经理由陈光甫担任。陈光甫是江苏镇江人，不仅曾任江苏都督府财政司副司长，还长期在银行任职，对于银行业发展有着自己独到的见解，在上海商业储蓄银行的经营中有着鲜明的风格、独到的办法。在业务做法上，他认为"若不出新制胜，必有落伍之虞"，主张"人争近利，我图远功，人嫌细微，我宁繁琐"，为此提出一元即可开户，举办小额储蓄，陆续开办零存整取、整存零付、整本付息、子女教育储金、养老储蓄、礼券储金等，倡导信用，提倡铁路押汇，开办国外汇兑，开银行界风气之先。1923年8月，他获得北洋政府交通部支持，在银行内设立旅行部，至1927年，他让旅行部挂牌注册，易名为中国旅行社，独立经营。1928年1月，中国旅行社拿到国内第一号旅行业执照，使他又成为中国近代旅游业创始人，中国旅行社成为中国旅游业界开创性品牌。

上海商业储蓄银行于1917年年初在天目路设立界路办事处，使它成为民国成立以来最早开设本埠分支机构的一家。中国通商、苏州储蓄、金城、正利商业储蓄、浙江实业等银行，也先后在本埠虹口和南市这些距离各家本行较远的地方，设立分支行或办事处均在其后。在陈光甫顾客至上的经营理念下，上海商业储蓄银行在本埠设立分支行数量最多，共有10家，几占全埠分支行总数的十分之一。陈光甫又十分重视人才，不拘一格降人才，延揽了一批精明能干、具有现代银行业务知识的人才队伍。他还较早使用机器记账，以此提高服务质量以及工作效率。至1936年，上海商业储蓄银行的资本额达500万元，存款额高达1.5亿多元，约占当时私人银行存款额的十分之一，分支机构

80多个，遍布全国大中城市，列南三行、北四行之首，同时也列全国私人银行之首。新中国成立后，陈光甫移居香港，将上海商业储蓄银行香港分行易名为上海商业银行，在香港注册。1954年，陈光甫定居台湾。1965年，在他的运作下，上海商业储蓄银行在台北恢复营业，他出任董事长，被誉为中国最优秀的银行家。

5. 文化产业及其品牌

民族企业家们开始意识到，时代的变化与居民生活方式的改变给上海文化产业化发展的市场带来了巨大潜力，是他们一展身手的舞台，于是各种文化品牌相继涌现。文化制造业方面，1919年创立的上海马利工艺厂是我国最早生产西洋画颜料的厂家，创立的马头牌商标，是我国最早的西洋画颜料商标，也是国内颜料市场众所周知的知名商标。"1926年，'金城工艺社'的黄菊森又注册'老鹰牌'颜料商标，与'马头牌'展开激烈的市场竞争。1926年，关勒铭创办'关勒铭自来水笔股份有限公司'，出品的'关勒铭金笔'以独特的风格、美丽的外表、可靠的质量和良好的服务赢得了很多消费者的欢心，被誉为国货精品。随后并与'英雄金笔'和'中华金笔'等，与国外的名笔如派克、犀飞利、爱弗释和华脱门等在市场上展开了激烈的竞争，使中国的制笔行业呈现跨越式的进步。"[1] 还有协兴义记运动器具厂（1914年）、胜利牌球类产品。文化创意产业方面相继诞生的品牌有大世界游乐场（1917年）、百代唱片有限公司（1919年）的雄鸡牌唱片、金城工艺社（20世纪20年代）的金字牌美术印泥和大中华留声机器公司（1923年）的双鹦鹉牌唱片，等等。新闻出版业方面，据《上海出版志》介绍，1911年5月前，上海有116家书店，翌年开业的有35家。该时期的代表性品牌书局有中华书局（1912年），期刊有《新青年》（1915年）、《生活周刊》（1925年），栏目有《申报》副刊《自由谈》（1911年），等等。这些书局以及报刊在中国现代文化转型中发挥了巨大作用。广告业方面有荣昌祥

1　汪永平:《中国近代知名民族品牌的名称研究》，载《史学月刊》2007年第3期，第94—102页。

广告社（1921年）等，荣昌祥包办了上海以及沪宁、沪杭两条铁路沿线所有的路牌广告。

马利颜料（1919年）。马利创立于1919年，那时，西洋画随着宗教已进入中国，但绘画颜料用的都是从英国、德国和日本进口的。1919年，张聿光等十位画家、教育家、企业家，目睹中国画坛被昂贵的外国颜料一统天下的局面，决定集资办厂，生产中国自己的美术颜料，为学画绘画的人提供负担得起的优质颜料。那么这个民族颜料厂应起什么厂名呢？为表示齐心合力，股东十人选了一个十笔画的"馬"字，取马到成功之意；再选一个"利"字，希望颜料能够利国利民。马利工艺社就这样诞生了。马利工艺社创建之初，即以双马头图案作为商标。因为图案上的主体是由两个马头组合而成，故人们也称之为马头牌，但由于它们是马利工艺社的产品，因此，商标注册牌名是马利牌，英文标识为Marie's，两者读音相近。此后，圆形马头图案的绘画颜料，开始了其弘扬民族气节、打造民族品牌的创业历程。1919年，中国第一瓶广告色颜料在马利工艺社问世。1920年，马利工艺社又生产出中国第一支水彩颜料。

因为质量优异、价格适中，马利牌美术颜料很快深入人心，成为国内美术爱好者的首选，还成功打入东南亚市场，成为我国最早跨洋出口的民族工业品之一。马利颜料不但受到普通人的欢迎，还得到一些著名画家和社会名流的喝彩。社会名流、德高望重的于右任先生欣然为马利题词"光照中国"，何香凝先生题词"绚烂夺目"，徐悲鸿先生题词"光腾采耀"，林风眠题词"提倡国货，挽回外溢利权"。1934年，马利牌经民国政府核准为注册商标。[1]

新中国成立后，马利扩大了资产和设备，继续牢牢地坚持"以画者为导向"。1951年，经国家批准，大胆技术创新，在国内首先推出环保型的铝管装颜料。1997年马利牌商标被上海市工商局认定为上海市著名商标，又被国家工

1　杨中毅、孙玉敏：《马利：中国美术颜料龙头的前世今生》，载《上海国资》2012年第6期，第98—100页。

商局认定为中国驰名商标。2000年，它成立了全国文教用品行业唯一的省市级技术中心。在注重技术进步的同时，它又以培育中国自己的画家为使命，创办了马利书画艺术服务公司、业余美术学校和美术画廊等美术场所，并打造马利画廊，在中央美术学院、中国美术学院、鲁迅艺术学院、西安美术学院等全国各地设立马利艺术奖学金。2004年，与中国美术家协会合作赞助第十届全国美术作品展，专设马利艺术创作奖。它的品牌知名度随之得到进一步提升，并助其市场占有率近60%，成为我国规模最大的美术画材专业公司，有效地奠定了马利在我国美术类商品中第一品牌的地位。2011年，它在澳大利亚国家艺术学院设立了马利奖学金，开启它崭新的国际品牌塑造之旅。

二、快速崛起（1927—1937 年）

1927年是中国近现代史上具有划时代意义的一年，中国政治格局发生了转变，南京国民政府成立，社会逐渐转型，新旧文化不断摩擦碰撞，演绎出一幅欣欣向荣的商业景象。1927年至1937年10年间，上海在挫折中快速发展，迅速成为闻名中外、名副其实的"国际大都市"。

这10年也是上海近代工业史上一个重要的发展时期。在此10年间，上海的经济经历了一个曲折而缓慢增长的过程，其中前五年，上海的经济整体水平趋于上升阶段，后几年，由于战争的破坏，经济状况有所下降，但是上海民族资本企业在困境中求生存，通过政府的经济改革支持和自身奋力开拓，整体工商产业也取得了一定的进展。南京政府成立之时设立了实业部，并采取了多项经济措施，整理财政，统一各行税制，统一国家货币，限制白银外流，鼓励实业，颁布优惠政策。通过一系列的经济改革，上海的工业得到了恢复，重现了"一战"时的繁荣。"1928年，《建设大纲草案》里规定，政府鼓励个人创办实业，并给以充分的政策支持；1929年，《特种工业奖励法》中表明，近代新型工业以及市场继续产品的工业，政府应给以专利、免税等奖励扶持政策；1930年，《实业建设程序》中提倡全国的轻工业应该放手给私人创办；并制定有专门的产业扶持政策，例如1930年国民政府交通部拟具的《造船奖励法草案》，该草案于1936年始经其行政院转咨立法院修正通过。种种法规政策表明，首先，南京国民政府对于民族工商业的态度是积极的，是给予支持和鼓励的，一定程度上加快了民族企业品牌的壮大和发展。其次，政府方面在企业构架重组上也起到了促进作用。1929年，南京国民政府颁布了近现代第一部较为完整的中国公司立法——《公司法》，为行业公司成立提供了全面的法律依据，扩大了原有的单一公司组织方式，逐步过渡为以股份有限责任制为主流的公司组织方式，极大地促进了商业的发展和飞跃。"[1] 为顺应民意，"政府于1927年开始了有组织、有计划的对日'经济绝交'政策，长达三年的'绝交'让日资在华的火柴、棉纺品等产业被彻底清除，中国民族品牌开始取代洋品牌占领了大部分中国市场"[2]。上海特别市政府于1928年出台《上海市奖励工业技术暂订条例》，条例包括"对于工业上的物品或方法首先发明者实行奖励"，并明确享有专利权10年或5年，比国民政府颁布的《专利法》提早16年，国民政府迟至1944年才颁布《专利法》。

20世纪30年代前期中国经济面临前所未有的困境，但工业发展总趋势在跌宕起伏中继续有所发展，并在1936年达到了近代历史上最好水平。例如发轫于20世纪20年代的针织、丝织、染织、印染、毛纺织等轻工业都有长足发展，并且又产生了一批新兴行业，例如电器用具工业、电机工业、染料工业、酒精工业、酸碱工业等，新兴行业又促进了工业部门结构调整。此外产品种类增多，一小部分国货产品开始替代进口外货。工业地区分布也在扩大，工业生产技术水平和管理水平都有提高。

中外矛盾进一步渗透到商业各界，中外商战频繁发生，国货运动多次爆发，民族情绪一直贯穿工商业的发展。面对日本的各种侵华行为，上海人民奋

1　尤嵩：《1927—1937年上海民族日化品牌的形象设计与传播研究》，华东师范大学学位论文，2014年。
2　毛溪、孙立：《品牌百年——沪上百年轻工老品牌》，上海锦绣文章出版社，2014年2月第1版，第19页。

起反抗，各界抗日救国团体纷纷成立，反日救国口号随处张贴，商界人士纷纷抵制日货，誓言要与日本断绝经济关系。各商界团体多次开展国货运动，并将1933年定为"国货年"，1934年定为"妇女国货年"，1935年定为"学生国货年"等，同时利用游行、展览、赠送等多种销售手段呼吁国民抵制洋货，使用国货。一方面充分表达了国民爱国救国的强烈意愿；另一方面，通过抵制洋货运动将民族工商拉入正常轨道并趁机迅速发展起来。20世纪二三十年代，面对洋货的不断输入，大批民族企业成立。为了区分与洋货的差别，许多企业家在品牌设计上大动脑筋，利用文字谐音、图片寓意等各种办法以示对洋货的抵制。品牌设计上主要突出三个特点："第一，以政治事件名称作为品牌名称，如'五卅'牌皂烛、'八一三'牌药品等；第二，以爱国救国情怀作为品牌名称，如'大中华'牌橡胶、'自由牌'化妆品等；第三，以激进反抗情绪为品牌名称，如'警钟'、'无敌'等。"[1] 这些品牌充分反映了当时的时代特征和国民忧国救国的爱国情怀。在面对西方商业的巨大竞争压力下，中国民族企业家更是用尽智慧积极销售产品，采用多种手段刺激消费者购买欲望，惠赠促销、折价促销和竞赛促销屡屡出现。

上海早期的工商业发展、企业创办、品牌建立经过几十年的积淀，在1928—1936年呈现出繁荣状态，无论船舶制造业、交通运输业还是轻工业、纺织业、商贸服务业等均快速发展，这一时期的品牌凝聚了上海早期的商业文化和时代特征，与以往相比，面广量多质优，国际影响力快速上升。

（一）本土产业与本土品牌

1. 消费品工业及其品牌

（1）轻工制造业及其品牌

"黄金十年"期间，发轫于20世纪20年代的轻工业都有长足发展，而且又产生了一批新兴行业，新兴行业又促进了工业部门结构调整。此外产品种类增

1　尤嵩：《1927—1937年上海民族日化品牌的形象设计与传播研究》，华东师范大学学位论文，2014年。

多，一小部分国货产品开始替代了进口外货。"据统计，抗日战争前夕，上海民族轻工企业已涉及31个领域、多达1160个企业，比第一次世界大战时企业数量增加5.4倍，其中日化企业肥皂厂21家、化妆品39家、橡胶厂48家、火柴厂30余家，知名日化品牌上百种。据1933年的工业总值统计，在饮食品业、皮革橡胶业、造纸印刷业和其他一些主要的轻工业等行业，上海的产值均分别占全国同行业产值的百分之六七十以上，可见抗战以前上海的工业在全国工业中所处的举足轻重的地位。"[1] 这一时期著名的品牌有：上海晟光日用五金进出口有限公司（1932年，原中华机制刀剪工场）生产的双箭牌刀具；华丰搪瓷股份有限公司（1929年）生产的如意牌搪瓷制品；大孚仁记橡胶厂（1931年）生产的大虎牌胶鞋；还有大中华火柴公司，等等。

大中华火柴有限公司（1930年）。为了打击中国民族的火柴工业，挽回被中国火柴工业夺占的市场，1928年起，垄断世界市场的瑞典火柴开始低价倾销，正崛起的日本火柴也紧随其后，而日本火柴工业也几乎由瑞典资本控制，主要品牌为日商的猴牌火柴和瑞典的凤凰牌火柴，对中国的火柴业造成巨大威胁。面对火柴市场的严峻形势，上海中华火柴公司首先动摇，考虑与国际火柴资本合并。瑞典资本亦提议收购鸿生火柴厂等中国民族火柴厂商。经多次谈判，刘鸿生以条件不合为由，抵制国际资本收购企图。于是，瑞典火柴竟以成本之一半的价格倾销，企图压迫刘鸿生等退让。1929年11月23日，来自全国的52家火柴企业69位代表云集上海，成立全国火柴同业联合会，通过联合会章程，选举刘鸿生为常务委员会会长。

刘鸿生率领请愿团赴南京，向国民政府请愿："窃以我国火柴业已有40余年之历史。比年以来，外受瑞典之侵略，内感捐税之繁冗，成本愈高，而工作愈困；销路愈蹙，则售价愈低。停工倒闭，前后相望，其幸存者，咸岌岌不可终日"；"洋货资本大而行销广，国货捐税重而成本高，贵贱之值悬殊，强弱之势

1　黄汉民：《1933和1947年上海工业产值的估计》，载《上海经济研究》1989年第1期，第61—66页。

判然，欲其不败，实不可得。"请愿要求：对进口火柴实行"屯并税"，以限制进口数量；豁免火柴原料进口税，或增加火柴进口税；出口火柴除纳一次性出口税之外，免内地一切捐税；铁道运输按照四等收费并免铁道附加税，而进口火柴则收一等运费，以示区别。[1]

最早于1928年，刘鸿生就开始探讨大规模联营火柴业，他认为只有这个办法才是中国火柴得以对抗外国火柴入侵的根本良策。但中国人"宁做鸡头不当凤尾"的观念致使他的努力不能奏效。此刻瑞典发起的强大攻势，使中国火柴三大厂家均处于严重亏损状态，荧生、中华、鸿生三大公司便开始联合经营谈判，以求共渡难关。经多次核资并股协商，三大公司于1930年7月达成合股，成立大中华火柴有限公司，刘鸿生出任总经理。大中华火柴有限公司成立后，陆续兼并了全国多家火柴企业，包括九江裕生火柴厂、芜湖大昌火柴厂、镇江荧昌厂、杭州光华火柴厂等，中国火柴从此形成了实力强大的集团，不仅自身实力大增，还获得银行信贷支持。有了大额资金，刘鸿生较大幅度更新了中国火柴生产的设备与技术，节省了劳动力及生产成本，提高了生产效率和产品质量，从而具备了与瑞典火柴生产竞争的实力。经历一系列改革措施，到1931年，大中华火柴占据大半个中国火柴市场。至此，不仅中国人用的基本上是国产火柴，中国火柴也远销南洋，成为南洋各地居民的日用佳品。刘鸿生当之无愧地获得"中国火柴大王"的头衔。

英雄牌钢笔（1931年）。 从源头上说，"英雄"诞生于1931年。英雄金笔厂的前身是上海华孚金笔厂。英雄商标则是另一个名为"大同英雄"的金笔厂在1939年注册的。1955年大同英雄金笔厂并入华孚金笔厂，商标也一同进入。与它们一起合并的还有上海绿宝金笔厂。

华孚金笔厂的创始人是周荆庭，浙江奉化人。20世纪30年代，随着西学东渐，用钢笔代替毛笔写字的人日益增多，以学生为盛，而钢笔（自来水笔）几

1 惜珍：《上海老板》，上海文汇出版社，2010年版，第171—172页。

乎由西方企业垄断。在实业救国的感召下，周荆庭决心创设自来水笔厂。"为掌握制造技术与购置器材设备，周荆庭先赴日本考察，学得要领回国，于1927年在上海与人共同创办合群自来水笔公司，担任经理。1931年10月，周荆庭与人合股创办华孚金笔厂，在上海华德路（今长阳路）宏源里作坊式生产自来水笔。当时，与华孚金笔厂类似的企业有60多家，很多已淹没在历史的红尘之中了。"[1]英雄HERO品牌在1937年完成注册，取得专用法律地位。当时正处于抗日战争时期，所以英雄牌具有全国奋起齐抗日，人人争当民族英雄的象征意义。历史的契机使英雄金笔与抗日英雄们一起，共同鼓励起中国人民的民族抗日精神。到20世纪40年代末，华孚金笔厂已成为上海制笔首家大厂，华孚金笔成为上海四大名笔之一（其余三大名笔为金星、博士、关勒铭）。新中国成立前英雄金笔就畅销国内和东南亚地区，被誉为金笔英雄、国货之光。

20世纪五六十年代的人至今仍都有着一份"英雄金笔情结"，不少人的抽屉里珍藏着当年的老式英雄金笔，而且在改革开放后的中国，许多历史性的关键时刻，也都有英雄金笔的见证：1984年，中英两国领导人使用英雄笔签署了《关于香港问题的联合声明》，为成功实践"一国两制"开辟了道路；2001年金秋十月，在上海召开的APEC会议期间，美国总统布什、俄罗斯总统普京等国家首脑，都是用英雄笔签署重要文件。

（2）纺织服装业及其品牌

民族纺织工业经过十几年的发展，趋于成熟。在此期间，中国纺织学会于1930年4月20日成立于上海，以联络纺织界同志研究应用学术使国内纺织工业臻于发展。"欲从制造方面谋纱厂发展，固宜注意设备，然人才尤不可忽视"，1932年，学会开始在全国纺织业中心之上海创办纺织补习夜校，有沪东补习夜校两所，呼吁政府重视纺织工业。学会就政府对纺织业的发展认为应实行关税保护政策，"凡外商纱厂于吾纱厂在合理之工作效率及以最经济方法办理之下，

1　白光：《品牌溯源的故事（下）》，中国经济出版社，2006年版，第185页。

故贬低价格加以危害时之此希望于政府厉行保护政策，以改善我纱厂者也。"[1]
还应奖励补助幼稚工业"欲谋纱丝工业能安定而发展，染色工业能日就繁荣必
有赖于政府之奖励补助"。为扶植纺织业的发展，国民政府借拨英国退还庚款
余额属水利工程项下之购料款由政府担保，商民向英国政府分批订购纱锭、布
机。政府还提倡举办国货展览会，参加国外的博览会，以扩大中国民族工业产
品的影响和销路。"黄金十年"中，纺织工业进一步发展，注册的知名企业品
牌有恒源祥、三枪集团、生产飞轮牌棉线的中国飞纶制线厂、生产英雄牌绒线
的安乐纺织厂、生产司麦脱牌衬衫的新光标准内衣制造厂（1933年），等等。

培罗蒙西服（1928年）。培罗蒙创始人许达昌（1894—1991年），浙江定
海人，祖上行医，信奉基督教。20世纪初，许达昌来到上海，在王顺昌西服店
当学身徒。在学徒期间，他刻苦钻研，全面掌握了量、算、试、裁、缝等技
艺。1924年，许达昌自筹资金在南市老西门建立了小型西服工场，承接西服加
工业务。白天他背着包袱走街串巷招揽生意，晚上窝在狭小的屋内缝制衣服。
由于精明能干，他很快便积累了一笔资金。1928年，他在四川中路香港路口开
设了以自己姓名命名的许达昌西服店。1932年，他把自己的西服店搬到南京西
路"新世界"二楼，1936年移至更好的黄金地段，南京西路284—286号（当时
为静安寺路，大光明电影院隔壁的三层楼双开间），更名为培罗蒙西服公司，
不以中文中吉祥之字为店名，迎合上海滩洋化的时尚习性。"培"指高超的缝
制技术，"罗"代表服装，"蒙"代表顾客。培罗蒙专营男式西服，一楼陈列式
样，二楼订货交易，三楼住人，店后面晒台搭工场，20多个师傅做活，很快发
展成为上海最高级的西服店，号称"西服王子"。

许达昌十分注重延揽人才，以高薪聘请当时号称上海西服业的"四大名
旦"、哈尔滨裁缝——王阿福、沈雪海、鲍昌海和庄志龙，进一步坐稳了上海
西服业的头把交椅。引来一些西服店仿效，以致都用"培"字招牌招揽顾客，

1　叶丹丹：《民国时期的中国纺织学会》，载《黑龙江史志》2014年第13期，第10—12页。

出现了"培利""培泰""培康""培琪""培鑫""培达""培凯"和"培门"等不一而足的西服店店招，带动静安寺路上的裁缝店越开越多，使静安寺路几乎成了制衣业一条街。许达昌又十分注重从内部培养人才，招收的第一个弟子便是同乡宁波人戴祖贻。戴祖贻于1934年6月进店，跟着许达昌专心学艺，成为许达昌的嫡传弟子。许达昌又舍得花钱，挑选勤奋好学有培养前途的学徒到上海西服工艺职业学校深造，让他们既有实践经验，又有理论知识，培养了一批优秀的"红帮裁缝"。在用料上，做衣服的料子都是从英国订购来的高级的套头料，每年秋冬、春夏两次向英国采购。马鬃衬、黑炭衬等也用进口。所有料子事先都落过水，以免做成衣服后变形。对于每一道工序，许达昌均严格把关，确保培罗蒙的款式与质量。

1948年，上海即将解放时，许达昌在香港也开办了"培罗蒙"，经三次搬迁，最后在香港於仁行落脚。1950年，许达昌又把"培罗蒙"开到了日本。听说"培罗蒙"到了香港，在香港的上海老顾客和外国游客纷纷找上门来做西装。因为生意忙不过来，许达昌把上海的裁缝师傅叫到香港来帮忙，其中包括他的嫡传弟子戴祖贻。"培罗蒙"做西装价格不菲，但还是顾客盈门，因为它印证了这些顾客尊贵的身份和地位。日本的"培罗蒙"开在东京富国大厦，顾客多为在日本的外国商界巨头及外交官员。美国驻日大使、麦克阿瑟将军的儿子等都先后光顾"培罗蒙"。日本的"培罗蒙"于1967年9月转让给戴祖贻经营。美国《财富》杂志1981年9月号曾刊载专文，称誉许达昌为全球八大著名杰出裁剪大师之一，全亚洲只有他一个人获此殊荣。1991年3月，许达昌在香港去世，享年97岁。除了专注于西服制作，许达昌没有什么其他爱好，既不抽烟也不喝酒，除了周日上午做礼拜外，他都不休息，勤奋、求进是他的唯一守则。他经常教导徒弟，工作要勤奋，待人要忠实客气；做事一定要向前求进，遇事要抢在前头，多钻研、琢磨，敢为人先。

上海的"培罗蒙"西服店在1956年公私合营，1961年，被审定为特色商店，1964年易名为"中国"，后又改为"培艺"。1980年恢复特色，重新启用"培罗蒙"招牌。自1980年连续多次被上海和商业部评为优质产品，西装、大衣在1986年被全国百货商场推荐为160种最受消费者欢迎的轻工产品之一，1985年在《新民晚报》开展的吃、住、穿、用、玩商品民意测验中，获"金牛奖"。2007年，培罗蒙的缝制工艺被列入"上海文化遗产"名录。

开开服饰（1936年）。创建于1936年的开开百货商店，经过数十年的成长与变革，由一家销售自产衬衫及羊毛衫的"前店后场"式小型企业，逐步发展成为上海乃至全国知名的服装企业。1992年12月改制为股份有限公司，1996年12月成为具有境内上市外资股（B股）的国有控股公司。公司以制衣为支柱，以品牌为龙头，形成了一个拥有"开开"和"鸿翔""蓝棠博步""第一西比利亚""龙凤""亨生"等沪上知名品牌，集男女装、童装、皮装、中装、皮鞋生产、批发、零售于一体的企业集团，公司已连续多年排名"中国服装行业的十强之列"，并被中国服装行业授予"中国服装业优势企业"。被选入2001年度"中国名牌"的上海品牌"开开"，这个在上海乃至全国著名的服装品牌，现已成功地进行品牌扩展、品牌延伸，实施多元化经营，从开开百货商店发展成为一个集服装业、中西药业、百货业、房地产业及精细化工业于一体的全方位多元化经营的静安区属国有开开集团。

开开集团在寻求自身发展的道路上，运用已有品牌优势，运用无形资产调动社会有形资产，形成多元化的品牌目标，突破原来仅仅作为商业企业的框架。开开集团现拥有：开开服饰业，包括上海开开实业股份有限公司、上海静安鸿翔服饰有限公司、上海亨生西服有限公司、上海培进服饰有限公司、上海蓝棠一博步皮鞋有限公司、第一西比利亚皮货有限公司、上海龙凤中式服饰有限公司、上海市汤生鞋业有限公司、新大美华鞋业有限公司；开开药业，包括雷允上（西区）国药有限公司、静安药业公司；开开百货业，包括上海开开百货公司、上海开开家电装饰、WINGS鸿翔百货有限公司；开开房地产业，包括上海开开房地产有限公司、上海宝城商业房产公司；开开精细化工业：上海菲玛斯实业有限公司、上海菲玛斯饮料厂；其他还有，上海开开经营管理有限公司。它所承担的国家"九五"重点攻关项目——《专卖连锁运作机制的实现》，首创全国性的专卖连锁企业计算机管理的范例，开开网站的开通，在品牌与消费者之间架起了一座新的桥梁。[1]

（3）日用化学品工业及其品牌

1928—1936年，是中国近现代历史上具有转折意义的一段时期，上海这座具有"东方巴黎"美誉之称的城市，迅速成为远近中外的贸易之都、工商重镇。先进的商业模式、激烈的商品竞争、强大的购买力，促使了民族工业兴起与壮大，日化产业作为轻工业的一个重要组成部分，与市民生活息息相关，透过日化行业，我们亦能够清晰看到当时上海的精神面貌与商业景象。20世纪二三十年代的上海，大量的先进技术设备涌入为日化品牌的发展提供了必要的前提；报纸、杂志、广播的涌现，为日化品牌的传播提供了丰富的媒介和载体；中外商业文化的激烈交锋，产生了多元设计语言和营销方法，上海民族企业家为了与西方洋品牌相抗争，选择了多种当时先进流行的传播媒介进行品牌宣传，是现代品牌传播的先行案例。

10年间，上海新涌现出了多家日化企业。由于技术设备的发展程度，日化用品的门类并不是像如今这么丰富齐全，最突出的主要产品有肥皂、化妆品、牙膏牙粉、橡胶制品以及搪瓷用品5大类。其中，最为著名的企业品牌主要有永和实业公司的月里嫦娥牌（牙膏、牙粉、花露水、擦面霜等），中国化学工业社三星牌（香雪霜、蚊香、肥皂），家庭工业社无敌牌（擦面霜、牙粉、生发油、白玉霜），香亚公司金钟牌（爽身粉、化妆品），义生橡皮厂坚固牌和飞艇牌（套鞋、皮球），大中华橡胶厂双钱牌（橡胶鞋、轮胎），正泰橡皮制物厂万年青牌和大喜牌（套鞋），五洲固本肥皂药厂五洲固本牌（香皂、洗衣皂）等等。[2]这些知名企业生产品种的多样性，构成了丰富的民族日化市场，为今后中国民族日化品牌的崛起和发展奠定了坚实基础。

1　钱朝阳：《上海品牌初探》，载《上海大学学报（社会科学版）》2004年第5期。
2　尤嵩：《1927—1937上海民族日化品牌的形象设计与传播研究》，华东师范大学硕士论文，2014年。

百雀羚化妆品（1931年）。百雀羚品牌的创立者顾植民（1903—1956年）是嘉定黄渡人，14岁时来到上海先施百货公司就业。当时，国内外化妆品品牌正展开激烈商战，顾植民经常在《申报》上看到广生行与英国的夏士莲互打擂台。虽然以夏士莲为代表的洋化妆品在上海畅销一时，顾植民还是判断国产化妆品的机遇很快就会到来。在此之前，出于反对北洋政府对日"二十一条"卖国条约，国内已经掀起了抵制日货、提倡国货的运动。再加上"一战"期间，英国到中国的海运航路不安全，上海市面上的夏士莲一度断货。

顾植民在老板马应彪的安排下，专门负责先施百货化妆品的销售和市场调研。他逐渐显露出精明的经商头脑，不仅看到这个市场丰厚的利润和广阔的前景，加上多年的摸爬滚打，使他对化妆品原料的进口渠道了然于胸，更重要的是他熟识了各种工艺，练就了一个"闻什么就是什么"的鼻子。渐渐地，顾植民一心想要创办自己的化妆品品牌。1931年，他决定放弃在先施百货中层职员的位置以及丰厚待遇，独资成立富贝康化妆品有限公司，地址为原卢湾区崇德路91弄（培福里）33号，一幢石库门3层楼房，既是厂房，也是全家的住所，一楼为生产车间，4间房子共百来平方米。他自己研究配方，原料大多采用进口香料。他重金挖来一名技术工，设置两条生产线，即香料搅拌混合与成品包装。最初，他只生产一些花露水、胭脂，后来又增加了香水、香粉。

这些产品在市场上并未很快成气候。有一天，顾植民遇到一个瞎子，请他算一算他生产的这些化妆品叫什么名字好。瞎子掐指一算，说："百雀羚。""百雀"是"百鸟朝凤"的意思，"羚"又与上海话"灵"谐音。是个好口彩，顾植民便将他生产的这些化妆品命名为"百雀羚"。

1937年，顾植民进一步提炼工艺，推出一款以"百雀羚"为商标的"百雀羚冷霜"。这款冷霜与众不同，纯油脂，保湿效果强，还特别香，用圆圆扁扁的蓝色铁盒包装，在市场上极为走俏。于是，顾植民大张旗鼓，将"有限公司"改成"无限公司"，并迁址扩大生产规模。

1945年抗战胜利后，外货大量进入上海，化妆品品牌骤然间多了起来：妮维雅、雅霜、双妹、百雀羚、力士等同时竞争，但永安公司楼下的化妆品玻璃柜里的百雀羚常常连样品都断货。百雀羚成了上海滩名媛贵妇的首选。民国第一美女胡蝶、天涯歌女周璇、名伶阮玲玉都是它的用户。百雀羚完美取代德国"妮维雅"，成为国内化妆品第一品牌。

1956年年末，公司更名为"公私合营富贝康日用化学工业公司"，百雀羚产品体系增加至8大类，年产值近千万元。六年后，改名为"上海日用化学二厂"，搬离崇德路到静安区的句容路15号。1982年，经过资产重组演变成上海凤凰日化有限公司。"由于长期被定位在价格低廉的大众护肤品之列，20世纪90年代初，'百雀羚'渐渐沉沦。2000年，改制为民营的上海百雀羚日用化学品公司成立，开启了百雀羚艰难品牌转型之路。"[1]

2013年3月，国家主席习近平及夫人彭丽媛出访俄罗斯、坦桑尼亚、南非、刚果四国，在参加坦桑尼亚"妇女与发展基金会"时，彭丽媛将百雀羚定制礼盒作为国礼赠予对方。"这个有着82年历史的国货经典品牌再次吸引了全世界的目光"，[2]并在国内掀起了一股对中国老品牌怀旧的热潮。百雀羚公司由此终于打了一场极其漂亮的品牌重塑翻身仗，再次爆发市场。

（4）制药业及其品牌

1928年至1936年为中国新兴化学制药工业确立和初兴时期。独立的制药厂家增多，小厂呈现出集中趋势。大药厂即新亚、信谊、海普、民生等制药厂诞生后迅速扩展为"巨擘"，这些制药工厂的占地面积不断扩大。"1932年'一·二八'事变发生导致上海一部分药厂毁于战火。制药工业开始向华中、西南、西北延伸，陆续出现了一些民营或官商合办的工厂。这些迁移的药厂填补了机器制药业的空白。"[3]20世纪30年代初，在制药方面颇具影响的新亚制药厂创办人许冠群最先意识到行业合群竞争的必要，他坚持认为如果能组织一个

1　贾彦主编：《上海老品牌》，上海辞书出版社，2016年7月第1版，第172页。
2　付逢：《顾植民：百雀羚创始人》，《嘉定报》，2015年1月27日第8版。
3　彭善民：《民国时期上海制药业同业公会探析》，载《档案与历史》2004年第4期。

工业性质的制药业同业公会，就可以摆脱以商业为主的新药业公会的限制和束缚，可以自主地发展制药工业，这同时也反映了一些药厂业主共同发展的心声。1933年，依据当时同业公会法的规定，新亚制药厂集合了海普药厂、信谊药厂、五洲药房制药厂、中法药房制药厂、民生药厂和余氏研究所等7家药厂，共同发起筹组上海市制药厂业同业公会。

上海信谊药厂（1916年）。1915年，北洋政府正式承认西医。1916年，俄籍、德国药学博士马克思·霞飞便独资开设信谊药房，信谊品牌从此诞生。为了生存，信谊药房除经营西药外，还兼营化妆品、医疗器械、照相器材、卫生用品，还有糖果饮料、罐头食品等。1924年，霞飞与中国药剂师何子康合作，将信谊药房改组为信谊化学制药厂，信谊因此成为中国历史上最早的合资企业之一。1930年改制为由民族资本经营的信谊药厂股份有限公司，这次改制迎来了在怡和洋行地产部供职的宁波人鲍国昌。鲍国昌精通英、法文，是震旦大学医科肄业生，一名虔诚的基督教徒，进入信谊，他有备而来，想成为一名改变西药市场在上海一统天下的局面。

信谊以霞飞研制的维他赐保命药掘得第一桶金，也是信谊首款"本牌成药"。这是一种生物化学复合药物，以动物脏器和婴儿胎盘中提炼的十字形内分泌素六种结晶体为主要原料。质量上乘，疗效显著，有针剂、丸剂、男用、女用之分。接着，信谊又开发生产了铋司莫撒而、乌罗透宾等注射剂，力弗肝、旦黄素等医用片剂和医用橡皮膏等23种产品，但由于中外医师对国产药品质量存疑，信谊于1933年专门派人，携带这些药品送到美国鉴定，获得相关证明文件，使信谊产品打开了国内市场。1937年，霞飞退股回国，信谊成为中国民族资本企业，鲍国昌接任总经理。在鲍国昌的经营下，信谊不断推出新药品，快速发展，被誉为远东第一大药厂。抗战初期进口磺胺制成消治龙针、片剂。1940年年底，试制成功磺胺噻唑，产品有针、片剂、药膏及药皂、牙膏。

鲍国昌将经营理念上升到产业救国的高度，具有强烈的爱国意识和民族情结。他撰文写道：中国药物资源丰富，但如麻黄、桔梗、当归、龙胆、肉桂等植物，药材大量输出国外，为外人利用，利权外溢，而船来西药每年输入以百万美元计。"本厂炼制国药取精用宏其目的除服务社会外，在为国家挽回一分权利，即为国家保持一分元气。缘时代巨轮而推进，出品之力求精良，业务之适应需要，与新医之发展，共相联系，进而谋普及医药、保障健康，为吾人所当再接再厉者也。"[1] 1945年，信谊药厂受国民政府中央卫生署委托，承担起对全国各制药企业送中央卫生署定性、定量等分析化验的药物进行检测的任务。也在这一年，其生产的消治龙成为当时远东地区最畅销的药品之一。

1954年，信谊药厂获准成立公私合营企业；1956年，天一、标准、亚光、百达、大明等9家药厂并入信谊药厂。随后，建业、勤生、津慧3家玻璃厂也相继并入。1965年，信谊药厂成为国有企业。1992年，香港新鸿基入股信谊，占30%的股权，信谊再次成为合资企业。1994年，培菲康（双歧三联活菌）获得国家一类新药证书，经过与中国预防医学院流行病微生物学研究、江苏省微生物研究所10多年共同开发研制，成功投产上市。2009年，信谊药厂改制成为"上海信谊药厂有限公司"。以"除了好药，还有信誉和友谊"为经营理念，以"客户的满意是我们的追求"为价值观，以"以信治厂，以谊为人"为企业精神。

上海新亚制药厂（1926年）。上海新亚制药厂建于1926年5月，创始人为许冠群。该厂是中华民族制药工业最早诞生的企业之一。根据创始人许冠群的注释：新亚牌商标的设计理念用五角红星，星内"亚"字，取其名"新亚"两字的谐音；红星图案内白色"亚"字中间，又显现一个"十"字，与国际通用的医药卫生的含义相联系。1927年，成为中国最早生产"注射药"的四大民族企业之一。1928年，在中国首创生产"注射用蒸馏水"。1930年，建造成功中国第一家"药用玻璃工场"，并首创在中国投产药用"安瓿"瓶，成为国内第一家注射液安瓿配套生产厂。1931年，新亚牌良药率先在中国制药业建立起质

---

1 顾海娟：《探寻百年老店长寿的文化基因——以上海信谊药厂的百年经营为例》，载《经济研究导刊》2014年第22期，第169—172页。

量监控保证体系。1935年，首创有机制剂新消梅素（新胂凡纳明），闻名全国。1939年，推出星牌绿药膏，在20世纪40年代行销东南亚。星牌是新亚力推的药品品牌，该品牌还有医用注射液、宝青春、开塞露等系列产品。为扩大该产品影响，新亚制药厂大做广告，并专门编纂《星牌良药集》，详细介绍各种星牌新药的成分、性状、适应证、使用方法等，连续宣传达18年，建立起特有的品牌美誉度。20世纪40年代初，成为我国首次独立试制成功抗生素制剂——星牌青霉素，此药使新亚制药厂获得长期巨额利润。

新中国成立后，星牌药品得到进一步发扬光大，其各类供静脉注射用的星牌无菌粉、针剂，达到世界先进水平。1993年，上海新亚制药厂改名为上海新亚制药有限公司，被列为"中国100家最大医药工业企业"。2011年9月，上海医药完成对新亚的96.9%股权及上海华康医药有限公司100%股权收购，以新亚药业为平台的抗生素业务完成重组进入上市公司，是上海医药（集团）有限公司的核心企业之一。上海新亚制药厂（上海上药新亚药业有限公司）以"创新、诚信、合作、包容、责任"为核心价值观，以品质创造价值、创新成就未来为经营理念，以科技兴企为发展宗旨，以人力资本是企业的第一资本，其发展战略定位：专注于抗感染领域，以抗生素为主，做精、做强、做大非专利的处方药。

（5）食品业及其品牌

上海食品行业发展迎来了黄金年代，大小企业数量迅速达到70余家，这些企业凭借上海优越的地理位置与华洋杂居的市场条件，对外来食品加以改造发展，生产适合中国人口味的食品。民族资本在激烈的市场竞争中为维护本身利益，通过同业公会，以增强与外商竞争能力，并大力发展对外出口。

凯司令（1928年）。 1928年，林康民、邓宝山看到西餐在上海拥有较大市场空间，开设了旧上海中国人经营的第一家西餐馆，适逢北伐胜利，他们一合计，将西餐馆命名为"凯司令西餐社"。同时希望他们经营的这家西餐社在由洋人垄断的西餐业中如北伐军一样凯旋，是常胜将军。为做出正宗并有自己特色的西餐，1932年他们引入了当时西餐业无出其右的一流技师凌庆祥，凌庆祥又带着他的"左右手"长子凌鹤鸣、次子凌一鸣，一起跨进凯司令的大门。他们各以自己的绝活，例如在蛋糕制作方面，不仅所制作的蛋糕糕胚松软，肥糯细腻，甜度适中，而且运用独特的裱花技艺在蛋糕上所制作的各种花纹栩栩如生，精致美观，赏心悦目。凯司令迅速在沪上西餐界异军突起，吸引各界人士争相购买，打破了洋人垄断上海西餐业的局面，并成为上海滩食品消费领域里时尚的代名词。在沪上曾风靡一时并且至今仍有极强影响力的著名作家张爱玲的记忆里，当年一般人家小孩子，若能到凯司令两层楼的卡座坐坐，或是买上几块点心，也是相当"扎台型"了。她也常挽着炎樱一起来。并且她把它直接写进了她的小说《色戒》里，女主人公王佳芝坐在这里等她钟爱的男人老易。

1956年，公私合营。1960年，凌一鸣在北京参加全国西点烘焙比赛中获得"第一大奖"，得到朱德委员长的亲切接见。1966年起，凯司令的发展可谓历经磨难，久经风霜，在"文化大革命"时期曾被改名为"凯歌食品厂"。1981年公司恢复原名"凯司令"。其奶油裱花蛋糕、维纳斯精致饼干，二度被商业部授予金奖。它采用先进工艺、先进技术开发研制的西式多味干点系列深受广大消费者的喜爱。2014年国庆以后，凯司令悄然转型。除重整老上海味道的西餐咖啡外，还重置门面，成为上海西点行业中唯一幸存的中华老字号，其西点技艺已列为上海市非物质文化遗产。它以"追求卓越，品位永恒"为品牌定位，演绎那个风情十足的逝去的老上海，无疑是上海老克勒们怀旧的绝佳去处。若论老上海西点的头把交椅，凯司令若排第二，怕没有人敢称第一。

2. 商业服务业及其品牌

（1）餐饮服务业及其品牌

上海餐饮业处于快速发展期，涌现了一批餐饮名店，既有中餐，也有西餐，成为海派餐饮的新亮点。其间涌现的名店有上海和平饭店有限公司（1929年）、上海红房子西餐馆（1935年）、上海锦江饭店有限公司（1929年）、上海杏花楼（集团）有限公司燕云楼（1936）和上海绿杨村酒家有限公司（1936年）。这些饭店都有自己鲜明的特色，在不同的时代里都有着自己骄人的市场表现，至今不衰。

上海和平饭店（1929年）。和平饭店有南楼与北楼之分，其渊源要追溯于1854年（清咸丰四年），这一年它的南楼问世，当时名为"中央饭店"，是西侨在上海建造的第一家带餐饮业的旅社，它的汇中厅风靡上海滩。1909年，中英美法等国在汇中厅召开了万国禁烟会。1911年，孙中山赴南京就任中华民国临时大总统途经上海时，在汇中厅出席全市各界举行的欢迎大会，响亮地提出了"革命尚未成功，同志仍需努力"的著名口号。1927年，蒋介石、宋美龄在汇中厅举行订婚典礼。

北楼的创始人为犹太商人沙逊，他于1877年来到上海设立分行，开启了他在上海飞黄腾达的人生之路。他一到上海便买下位于外滩20号美商琼记洋行的房地产。1926年4月，他开始拆除这一房产，建造新楼。1929年9月5日，新楼落成，是上海和平饭店发展中极其重要的一年，新楼高77米，建筑风格属于装饰艺术运动（Art Deco），它的19米高的墨绿色金字塔形铜顶顿时成为外滩又一个显著标志，并成为国际著名的建筑学派——芝加哥学派赋予上海的一部杰作，同时也是外滩最早兴建的一座大楼，是上海建筑史上的一件大事。设计者是著名的公和洋行（Palmer & Turner Architects and Surveyors）。底层西大厅和4—9层开设为当时上海的顶级豪华饭店——华懋饭店（Cathay Hotel），有9个国家风格的客房。底层东大厅租给荷兰银行和华比银行，顶楼作为沙逊自己的豪华住宅。抗战之后，大厦被孔祥熙的山西裕华银行收购。1952年，上海市政府接管该楼。1956年作为和平饭店开放。1965年，外滩19号原汇中饭店（Palace Hotel）与之合并，分别称为和平饭店北楼（外滩20号）和南楼（外滩19号）。1992年世界饭店组织将和平饭店列为世界著名饭店。站在这座大楼里，黄浦江的美丽风景尽收眼底，并仿佛穿梭在历史时光里，现代与传统、新潮与复古，交融交错。

自1980年圣诞之夜开始，6位从事音乐半个世纪左右的音乐家在这里组成老年爵士乐队，以其在酒吧演奏的独特的爵士风格，迅速成为海派文化一景。

其中菜以沪、粤、川等三大帮菜为主，达500多个品种。上海畅销书女作家陈丹燕专门著有《成为和平饭店》，于2012年由上海文艺出版社出版。她认为这是一座极富象征意义的建筑，"外滩是上海的象征，和平饭店就是外滩的象征"，具有纪念碑式意义，她费时8年才得以完成该书的写作。

（2）商贸服务业及其品牌

伴随着四大百货的开张，还有惠罗、丽华、福利、国货等四小公司经营有方，上海的消费热浪达到了顶峰。1928—1936年，曾一度不受重视的商人阶层，在20世纪30年代得到了南京国民政府的重视，这一群精明能干的商人中大多数接受过西方教育，见过世面，能够灵活地使用不同营销方式带动当时国民的消费热情，他们使用了折扣促销、抽奖赠券、邮寄上门等多重现代意义上的营销手段，将物质消费推广开来，同时为了服务贵族消费，他们常从纽约、东京、巴黎进口时尚的化妆品与服饰，极大地丰富了当时的商品市场。随着国内外矛盾的激化，民众的爱国情怀不断高涨，商人借此机会壮大民族企业，国民纷纷抵制洋货，使用国货，一时间，大街小巷随处可见国货产品的广告和橱窗。20世纪二三十年代，各大百货公司成立，时装、手表、化妆品、照相等特色店铺开设，逐渐形成了全国独树一帜的商业群体。其中，最有代表性的品牌有上海全国土特产食品有限公司商场（1936年）、上海百联集团股份有限公司第一百货商店（1935年）等。当然还诞生了一批红色商业品牌，例如福兴商号（1928年）、广大华行（1933年）等。福兴商号负责人能瑾玎、朱端绶夫妇还"开办了三个酒店，一个钱庄。此外，还同毛泽民经营了一个印刷厂，与钱之光经营了一个织绸厂，同曹子建经营了一个小洋货店，还加入了一个大型布店为股东"。[1]

广大华行（1933年）。其五位创始人均是上海滩小职员，来自长三角地区，卢绪章是宁波人，田鸣皋是上海人，张平是无锡人，郑栋林是苏州人，杨延修是泰州人，他们相识于卢绪章等人发起的"商夜"童子军，田鸣皋、张

1 中共上海市委党史研究室，上海市档案局（馆）:《日出东方》，上海世纪出版集团、上海锦绣文章出版社出版，上海故事会文化传媒有限公司出品，2014年6月第1版，第240页。

平、郑栋林为第二届学员，由卢绪章负责对他们进行训练。杨延修是第三届学员。1933年，他们经过仔细商洽，先是与其他人联合创办光大行，不到一年，他人退出，他们五人合伙投资300元，创办广大华行，地址为宁波路47号，主营西药销售；同时又以"海思洋行""友宁行"对外开展业务，加入上海西药同业公会，迅速成为沪上略具规模的小型西药行。在经营中，他们又吸收了程恩树、舒自清等人共同经营。他们志同道合，追求革命，1937年10月，卢绪章、程恩树加入中国共产党。随后，卢绪章又介绍张平、杨延修、孙云海和刘声入党，广大华行成为上海地下党组织进行革命活动的一个据点。随着全面抗战的展开，广大华行顺势而为，克服各种困难，把生意做到大半个国家，并开辟了海外贸易，其产业由医药贸易到五金、纸张等。1941年随着皖南事变发生，广大华行转为党隐蔽战线的"第三线"组织。当"第一线"和"第二线"组织遭到破坏，它作为"第三线"组织不仅必须保存下来，而且必须完成各项特殊任务，为党筹集资金。广大华行从此由党的一般地下机构转为隐蔽最深的地下经济事业和秘密机构。

在卢绪章、张平、杨延修以及舒自清的经营下，又先后组建了民生保险公司、民孚企业股份有限公司、万力制药厂等，迅速成为上海滩一颗跨业经营的集团企业新星，得到国民党达官贵人，如国民党元老陈果夫等人的青睐，与陈果夫主持的中国特效药研究所合作创办了中心制药厂，安全运作。1948年11月，随着国民党败局已定，广大华行转至香港，与党于1938年在香港创办的联和行等公司合并，以新的面目出现在国际商业舞台上，即华润公司，为即将诞生的新中国做出它应有的贡献。"党外人士的股份一律清退，而党员所持股份和红利等，一律上交党组织。"[1] 广大华行的负责人之一舒自清担任华润公司总经理。卢绪章等人回到国内，成为国内急需的经济干部。1980年珠江电影制片厂以卢绪章、杨延修等人为原型，拍摄成电影《与魔鬼打交道的人》。

1　王元周：《广大华行：从小西药行到中共三线地下机构》，载《百年潮》2005年第1期，第50页。

（3）金融业及其品牌

"经过南京国民政府一系列的准备筹划，1933年，财政部长宋子文正式公布以统一货币为特征的废改两元币制改革，我国的币制进入了银本位制阶段，也是货币制度迈向现代化的第一步，货币开始便于全国流通。"[1] 从此短期货币市场、长期资本市场等金融工具日新月异，华资银行、外资银行、传统钱庄三分天下，并驾齐驱。

从金融机构的变化看，1928年，中央银行总行在上海成立，中国、交通、金城、盐业、大陆、中国实业等银行总行先后移至上海，在沪的各大银行又在内地广设分支机构，形成全国性的纵横交叉的融资网络，进一步确立了上海在全国的金融中心地位。南京国民政府的建立取得上海金融界巨大经济支持，以后银行界又取得中央政府对公债的吸纳与推销的支持。至20世纪30年代初期，上海金融市场兴旺，黄金市场成交量仅次于伦敦与纽约，超过巴黎、东京和孟买；外汇市场活跃程度远超日本；"证券交易居全国之首，1934年上海证券交易所债券成交额47.7亿元，远高于北京证券交易所成交额1亿元。上海众业公所上市中国和远东各地外商公司、企业的债券和股票，已具有一定的国际性。银行业吸收的存款，占全国银行总存款的三分之一乃至五分之二。上海发展成为全国金银外汇的总汇和货币发行的枢纽，左右全国的利率、汇率和多种金融资产行市。"[2] 资金总量集中程度的加深，资金集散、吞吐作用的进一步加强，与各地金融联系的更加广泛，金融的辐射作用和枢纽地位越发显著，上海成为全国金融中心、远东国际金融中心之一。此时，"来自政府的直接干预并不多见。上海有着集专业知识和敬业精神于一体的金融家群体，有着凝聚力和自主性都很强的金融业同业组织，在政府提供的制度安排框架下，各种金融业务的展开

1　张仲礼：《近代上海城市研究》，上海社会科学院出版社，2008年版，第253页。
2　上海通志编纂委员会编：《上海通志　第5册》第二十五卷，上海社会科学院出版社，2005年4月第1版，第3330页。

与调适，主要是金融界自己的事。"[1]

太平洋保险公司（1929年）。"太平保险公司成立于1929年11月，金城银行投资100万元（实收50万元）建太平水火保险公司，主要经营水险、火险、船壳险、汽车险，并有少量玻璃险、邮包险及茧纱险业务。"[2] 到了1933年金城银行召开董事会，商议与中南、大陆、交通、国华等五家银行各出规银100万元，总资本共500万元注入其下设的太平水火保险公司，并改组为太平保险公司。此后，太平保险公司相继收并安平、丰盛、天一，并合组太安平总经理处，控制联合保险公司，另外组织太平分保集团，专门经营上海地区分保业务，从而形成太平保险集团。一跃而成上海地区最大的保险公司之一，其1934年至1936年的盈余额分别占资本额的10.17%、9.11%和7.78%，盈余总额为规银82.1万余元。实力的增强，使得太平洋保险集团在经营保险业务上有了与洋商对话的资本，在一些比较大的保险业务上，它也有足够的实力进行承担。甚至洋商公会也承认太平洋保险集团的实力雄厚，在1929年太平洋保险公司加入了上海火险公会，参与其分保业务，这是华商保险公司可以加入洋商公会的第一例，在一定程度上打开了华商与洋商交涉分保与共保这个问题的局面。"在这之前，洋商保险公司看不起华商公司，不承认华商有共保权，凡华商公司承包之业务，有溢出自己所订的限额时洋商公司不肯接受其余额的分保。"[3] 显然，太平洋保险集团在上海地区已经有了与洋商保险公司竞争的资本。尤其是考虑到这是没有官方的支持而只是依靠民族资本的支持兴办壮大这一因素，那么太平洋保险集团无疑是当时上海地区保险业界从事分保业务的华商保险公司的一个典型。

（4）文化产业及其品牌

随着资本主义生产经营方式的出现，上海的文化经济活动不仅开始大量

1　吴景平：《近代上海远东金融中心地位的变迁》，载政协上海市黄浦区委员会、政协上海市委员会文史资料委员会编：《外滩金融史话》，上海文史资料选辑2010年第2期总第135辑，第432页。

2　上海通志编纂委员会编：《上海通志　第5册》第二十五卷，上海社会科学院出版社，2005年4月第1版，第3381页。

3　吴艳：《1927—1937年上海地区华商保险业发展概述》，东华大学硕士学位论文，2011年。

涌现，而且逐渐采取新的方式进行生产经营。"他们通常以营利为目的，封建时代，中国社会上存在的文化产品的生产和经营活动，多是为了养家糊口和自娱自乐，而近代以后，'赚钱、赚更多的钱'则成为经营者的最大目标。如近代上海读者最多、影响最大的中文报刊《申报》自己就曾坦称'是为谋利而开办'。其他一些文化企业的开办也大都具有明确的商业目的。"[1] 同时，近代上海文化产业化发展，也得益于近代上海居民由简朴到奢靡的消费方式的转变。娱乐文化方面，随着南京国民政府的成立，西洋文化的冲击和铺垫，上海市民的休闲娱乐方式变得多元和丰富起来，在基础的温饱之上，很多达官贵族便有多余的时间开始注重穿着打扮，显示生活品质。据统计：1930年，上海已有25家戏院、37家电影院、39家舞厅、13个公园以及多家大型游乐场。传媒出版业、广告业和电影业等也获得了长足发展。

多元的生活方式不仅丰富了市民的日常生活，扩大了市民的消费视野，更有力地带动了政府的财政收入，推动了民族文化产业品牌发展。企业品牌有大同乐会乐队（1920年）、百乐门大饭店舞厅（1929年）、大光明电影院（1928年）、生活书店（1932年）、中国旅行剧团（1933年）和金城大戏院（1934年）等。大同会乐队创办人郑觐文，编写过《中国音乐史》，该乐队系当时上海规模最大的民族乐队，乐会赞助人有蔡元培、叶恭绰、梅兰芳、程砚秋和周信芳等人。中国旅行剧社创立人是从法国留学归来的唐槐秋，该剧社借鉴欧洲旅行剧团形式，开启了中国话剧职业化进程，是经典话剧《雷雨》的首演剧团。它以"民间、职业、流动"为经营宗旨，1947年年初被迫解散。金城大戏院由上海本土人氏柳中亮、柳中浩兄弟创建，两兄弟在1938年又创建了自己的电影摄制公司——国华影业公司，在上海电影界异军突起。两兄弟坚持做中国人自己的电影、占领中国人自己的电影市场为抱负。金城大戏院是当时罕见的国产电影首轮影院，在这里首映的包括中国第一部在国际上获奖的影片《渔光曲》，

1　姜虹：《近代上海文化产业化发展原因分析》，载《上海社会科学界联合会会议论文集》2007年第3期，第256—260页。

还有日后主题曲《义勇军进行曲》成为中华人民共和国国歌的电影《风云儿女》。《渔光曲》公映极一时之盛，连映84天，1935年3月2日，在苏联为纪念电影国有化十五周年举办的"国际电影展览会"上，该片获"荣誉奖"，是我国第一部在国际上获奖的影片。

著名京剧表演艺术家梅兰芳自1913年首次到上海演出，之后频频来沪演出，并移居上海，形成独具一格的梅派。1929年12月29日，他率领梅剧团，在上海搭乘"加拿大皇后"号邮轮启程赴美，来到美国巡回演出，引起轰动，产生国际影响。

大光明电影院（1928年）。 大光明电影院始建于1928年，原址在卡尔登舞厅（今长江剧院）附近，投资人为潮州商人高永清（又名高勇醒），初建时名为"大光明大戏院"，中国著名鸳鸯蝴蝶派小说家周瘦鹃曾担任其广告部主任。开张时，京剧大师梅兰芳亲自为它剪彩，出席的名流还有包笑天、严独鹤等。1930年，它由于放映美国辱华电影《不怕死》，遭到市民抵制，并引发诉讼，声誉一落千丈，1931年11月宣告歇业。史称"不怕死事件"，被认为是一向独立于中国当局管理之外的租界及外商影业在中国遭遇的首次"滑铁卢"。1932年，英籍广东人卢根与美国国际抵押公司经理合资组建联合电影公司，出资买下它，将旧戏院以及附近建筑全部拆除，请著名的匈牙利建筑师邬达克设计重建。卢根是联合电影公司总经理，十分看好电影业，建一座远东第一流的影院是他的梦想。重建后的"大光明电影院极佳的地理位置，富有创意的欧美建筑风格，优雅的氛围，舒适的环境，周到的服务，先进的设备，极富品质生活的象征，使得它赢得了'远东第一影院'的美誉"。[1] 卢根的梦想因此得到满足。该建筑是邬达克在上海设计作品中一个重要的里程碑。新的大光明电影院观众座位分2层，设有2000多个沙发座位，舞台跨度为当时上海第一，附设咖啡厅、弹子房、舞厅、剧场，还在每个座位上安装"译意风"耳机，这样观赏外国电

---

1 《趣闻圣经》编辑部主编：《老上海的趣闻传说》，旅游教育出版社，2013年1月版，第214页。

影时戴上耳机就可以听到中文解释，开中国西片译制之先声。

1933年6月14日晚，大光明电影院以米高梅影片公司出品的《热血雄心》为首映式，掀开崭新一页。由于它首次使用冷气，而引发轰动。它作为上海首轮电影院，以专门放映美国电影为特色。自1933年重新开张至1942年的10年间，仅放映过一部中国电影，即1935年2月3日放映的《红羊豪侠传》，其余均为美国电影。这部中国电影制作方是新华公司。新华公司由此片发迹，日后在"孤岛"时期成为上海最大的电影公司。在"孤岛"时期，大光明电影院被日方接管，上映伪"华影"、伪"中联"等拍摄的国产片。1948年，产权归国光电影公司。

大光明影院在经营中，竭力提供优质服务，努力将自己塑造成为上海滩高级社交场所，而到大光明电影院看电影成为一种身份象征，它要求衣冠不整者不许入内。一般来看电影的男士着西装，女士穿开衩较高的单薄旗袍，外披厚大衣，汽车接送，是上海时尚流行的风向标。1958年，从当时民主德国引进设备，改造成为上海第一家宽银幕电影院，"文革"时期一度改名为东方红电影院。

（二）外资产业及其品牌

上海作为各国对华资本输出的重点地区，体现出各国在国际科技研发、产业分工中的关联度以及国际政治经济地位。"据美国学者雷麦估计，1930年各国在沪的企业直接投资、英国占其对华企业直接投资总额的76%，美国占64%，法国占40%，日本则占其对中国本部投资总额的66%。"[1] 由此看出日本国力的上升。"他们投资的重点产业集中在纺织、烟草、造船、动力等部门，这些部门在1936年的工业产值均超过了同期民族资本的工业产值。另外，化学工业和日用品工业也占有相当的比重。而且由于各国资力雄厚，技术先进，且享有多种政治、经济特权，因此其发展也较为迅速。"[2] 例如日本在上海的纺织业，至1937年3月，形成了一批足以与英美法以及中国纺织业相抗衡，占有一定优势的企业品牌，有公大、同兴、东华、丰田、裕丰、日华、大日本、内外棉和上

1　陈真、姚洛编：《中国近代工业史资料》第二辑，北京三联书店，1958年版，第407页。
2　张赛群：《"孤岛"时期的上海工业》，中国言实出版社，2007年8月第1版，第13页。

海等9大纺织企业品牌。这一时期涌现的著名企业品牌有：英商创办的可的牛奶有限公司（1918年）、中国肥皂有限公司（1923年）、上海啤酒股份有限公司（1931年）、上海密丰厂（1934年）；美资班达蛋厂（1914年）、中国电器股份有限公司（1918年，由中国交通部、美国西电公司、日本电气株式会社共同出资设立，在美国注册；1925年由美国国际电话电报公司收购）、沙利文糖果饼干面包公司（1925年）、上海奇异安迪生电器公司（1931年）；瑞士商人投资的华铝钢精厂（1931年）、美光火柴公司（1931年）；法资东方修焊公司（1918年），等等。这些品牌均有较高的市场占有率，例如华铝钢精厂拥有上海独一无二的制箔设备，生产的铝片占上海产量的60%。上海奇异安迪生电器公司生产的安迪生等灯泡品牌不仅供应中国市场，而且远销东南亚。这些企业品牌同时是这些跨国公司品牌在远东的据点。由英商掌控的耶松船厂公司在1936年与由德商掌控的瑞镕船厂合并组成英联船厂，长期垄断上海的近代船舶修造业务。太平洋战争爆发后，被日军接管，改称"三菱株式会社江南造船所杨树浦工场"，为日军修理军舰。直至抗战胜利，由国民政府海军部收回归还英商，原名英联船厂得以恢复。

马勒机器造船厂（1928年）。 沪东造船厂的前身是创办于1928年的马勒机器造船厂，创办人为英国人伊利克·马勒，其父贲赐·马勒早年从英国来到上海冒险掘金，以赌马以及在中英之间跑轮船运输发家，是上海滩有名的赌马高手，他所创办的贲赐洋行，从事代理进出口贸易、报关以及组织提供运输船只。其子伊利克·马勒接手后，租下相对固定的码头，为马勒码头。1928年，他以贲赐洋行的名义创办马勒机器造船厂，不仅为自己名下的船舶提供维修保养，同时也为别的船企提供相关业务，并从事造船业务。1933年开始在上海复兴岛江边三角地建造厂房，占地面积1.5万平方米，有职工60余人。1937年，伊利克·马勒购买了上海浦东庆宁寺码头东侧沿江土地14.2万平方米，于次年兴建新厂，并入复兴岛旧厂，至1940年拥有工人1000余人。1941年6月，职工数猛增至2000余人。1937年11月上海沦陷，因英国为中立国，马勒机器造船厂着力发展生产，大发战争财，伊利克·马勒因此一举成为上海滩船舶大王。及至太平洋战争爆发，日军没收马勒机器造船厂，更名为"三井造船所"，成为日军在华重要的兵工厂之一。

伊利克·马勒与其父亲一样，也十分喜好赌马，并成为上海跑马厅大班。1936年，伊利克·马勒为圆女儿的梦，建造了美轮美奂的梦幻城堡，具有典型的挪威斯堪的纳维亚风格，伊利克·马勒将其命名为"梦幻中的仙境"，即现在上海市延安中路与陕西南路交界的马勒别墅，1989年被列为上海市首批近代优秀保护建筑，2006年被列为国家级重点保护历史建筑。当马勒机器造船厂以及马勒一家其他全部财产被日军没收后，马勒一家被关押在日军集中营。1945年日本投降后，马勒机器造船厂归还马勒，但马勒一家将公司总部迁往香港，无意重振旧业，在上海只留几个代理人，勉强恢复生产，业务处于维持状态。

"上海解放后，马勒厂厂方对中国政府的政策抱消极抵制态度，不断向中国政府和职工提出关厂或停薪、解雇的要挟，一面抽走资金，一面借口战争的破坏损失向中国政府提出贷款要求。由于厂方不积极承接业务，造成生产停滞，经济拮据，一度靠出售厂内器材维护局面，濒于破产。1952年2月，华东工业部通过海森实业有限公司承租了马勒机器造船厂，再由海森实业有限公司转租给中央重工业部船舶工业局，接租后经改组，改名国营沪东造船厂。1952年7月，英国当局非法掠夺中华人民共和国在港的中国航空公司留港资产和《大公报》全部财产，中国政府发表严正声明。8月15日，中国人民解放军上海市军管会受权采取相应行动，命令征用英商在沪船厂，马勒机器造船厂也在征用之列。从此，沪东造船厂完全归属国有，成为上海市第一家直属船舶工业局领导的造船企业。"[1]

1　王树春主编，《上海船舶工业志》编纂委员会编：《上海船舶工业志》第二章第二节，上海社会科学院出版社，1999年版。

第四章　抗争与发展

（1937—1949年）

1937年11月11日，上海租界在淞沪会战之后沦陷为"孤岛"，一批民族工业品牌惨遭摧残。据统计，被炸毁的企业高达2270家，内迁的为148家，与此同时，租界相对安稳，出现畸形繁荣的"孤岛"现象，即由于"欧洲发生战争致使舶来品锐减，减少了外国竞争的压力，加上其他沦陷地区的工业品皆仰给租界内正常开工的上海民族工业企业，因而上海民族资本企业大获发展"。[1] 商贸业、娱乐业等也莫不如此，直至1941年年末太平洋战争爆发。太平洋战争爆发后，无论华资、外资均被日本侵略者强占，覆巢之下，焉有完卵，欧美俄等外资企业也从此一蹶不振。随着抗战结束，内战爆发，时局极度动荡，上海品牌建设在1945年至1947年的短短两年间再获快速发展，之后伴随美国商品的大规模倾销，国民政府采取统制经济，上海品牌经济全面萎缩。

第一节　救亡图存与品牌中心

1937年"七七"事变后，全面抗战爆发。同年11月11日，上海沦陷，一批民族工业品牌惨遭摧残，上海品牌发展陷入低潮。不少品牌毁于炮火，据统计在历时三个月的淞沪战争中，被日军炸掉的企业达905家，损失总额达15 576.4万元，其中原料损失达8548.4万元。浦东、虹口和闸北地区，就有11家造纸厂、

1　沈祖炜主编：《近代中国企业：制度和发展》，上海社会科学院出版社，1999年12月第1版，第478页。

7家搪瓷厂、3家皮革厂、40家食品卷烟厂、74家印刷文具厂、8家玻璃厂、72家日用五金厂、23家锯木厂悉数被毁。上海最早，也是我国最早诞生的时钟品牌美华利钟表也是毁于这场战火中的品牌之一。

相当一部分民族品牌表现出强烈的爱国主义色彩，它们或内迁重庆、九江、香港以及苏南等地，或停止生产经营远走香港等地，坚决不与日本人合作。荣崇敬、刘鸿生、王云五等32名著名企业家联名呈文国民政府，及其吴蕴初、胡西园、叶友才等著名企业家以个名义，纷纷请求当局支持民族企业内迁。上海市民提倡国货会、国货工厂联合会、机制国货工厂联合会、中华国产厂商联合会、国外贸易协会、中华国货维持会、中华国货工业总联合会、第一特区市联会、国货运动委员会等团体，也联合呈请政府严令大工厂内迁。其中不少商会自行通知会员企业内迁。内迁中不少企业均是中国民族品牌的佼佼者，它们积极支持抗日，共赴国难，包括大中华橡胶厂、新亚制药厂、华生电器厂、汇明电池厂、中国标准国货铅笔厂、天厨味精厂、天原化工厂、大鑫钢铁厂、顺昌机器厂、龙章造纸厂和商务印书馆等。内迁企业达148家，既较好地支持了抗战大业，又较好地推动了后方产业品牌以及企业品牌的建立与发展，对战后内地的产业品牌以及企业品牌发展产生了深远的历史影响。1939年3月，上海工商界为支援抗日战争捐款购买了5架飞机，其中一架由天厨味精厂捐献。一时之间难以离开上海而留下的企业家，不少也绝不与日本人合作。例如新仁记营造厂的老板何绍庭自1937年"八一三"事变后，闭门谢客达六年之久。五洲固本肥皂药厂老板项松茂在厂中成立抗日义勇军一营，自任营长，惨遭日本鬼子杀害，蒋介石为之题赠"精神不死"匾额。"大中华橡胶厂的老板余芝卿，在上海沦为孤岛后，日方曾派人诱请其出任伪职，被他严词拒绝。"[1]

由于租界相对稳定，人口从战前的168万猛增至400多万，并且游资充裕，

1　上海市宁波经济建设促进协会、上海市宁波同乡联谊会编：《创业上海滩》，上海科学技术出版社，2003年2月第1版，第180、224页。

为"孤岛"品牌建设奠定了良好的市场需求、资本支持以及廉价劳动力保证，还有极为重要的是庞大的内地市场需求以及南洋市场需求。一时间租界，即"孤岛"成为这个时代企业生存投资发展的理想之地，上海品牌经济发展旋即进入"孤岛"时期。原有的企业以及苏浙一带企业迁入租界纷纷复业，同时新设工厂雨后春笋般涌现，在数量上为战前的1.5倍。棉纺织企业品牌统一，如永安、鸿章、申新，面粉品牌阜新、福新，机器制造企业品牌泰利，火柴业大中华，制药业新亚制药厂，等等，均快速复工、快速发展，获利惊人。商业方面，协大祥、宝大祥和信大祥三大绸布商店也先后在租界开设分店，形成三大新兴商业品牌三足鼎立格局。面对巨大的国内外市场需求，民族企业家们对于企业经营以及品牌塑造，没有懈怠，而是有着自己独到的手法与经验，至今也不过时。他们不仅高打爱国牌，激发起民众使用国货的爱国主义热情，使国货迅速打开市场，而且善于以广阔的国内市场为依托，从仿制进口工业品开始，走替代进口产品道路，遏制外国工业品牌的倾销，取得了良好效果。他们还极善于做广告，包括邀请明星代言，善于提炼标志性极富煽动性的语言作为广告语，善于运用报刊平面媒体、影剧院、电台、户外广告牌等，打广告组合拳，推动广告业发展。在商标设计方面，注意汲取传统文化元素，古为今用，时尚与传统相兼，地方特色与国际化相兼，获得良好的市场效应，成为光大民族传统文化、传播现代文化的重要载体。与此同时还必须看到他们独到的国际化经营能力，在与外国品牌竞争中，他们毫不怯弱，敢于竞争，重视知识产权保护，积极开拓国际市场，使相当一部分民族品牌走出国门，例如三星牙膏，作为我国自主生产的第一支牙膏，不仅迅速取代进口牙膏，而且远销非洲和东南亚的泰国、新加坡、马来西亚和菲律宾等国家。

然而，随着1941年太平洋战争爆发，美英与日开战，"孤岛"现象转瞬即逝，日军进驻租界，不仅诸多民族品牌从此被日本侵略者所挟持，而且众多外资品牌也被日军征用，例如，1941年，海宁洋行、正广和公司、沙利文面包厂等企业由日军接管，交汪伪政府经营。汪伪政府对此无心经营，企业效益直线下滑。汪伪政府便将正广和商标转让给其他小汽水厂使用，直接获利，品牌因此蒙受损失。1942年7月，日本化工油漆商人对上海开林造漆有限公司软硬兼施，强行低价收购该公司股权，改名为大日本涂料株式会社，抗战胜利后，被国民政府托管。海宁洋行、正广和公司和沙利文面包厂发还原业主经营。1922年创办的凤凰毛毯，于1937年被侵华日军占有，划为海军衣量厂，专织军毯。1943年解除军管后被日本商人德珍正藏收购，改厂名为明丰纱厂。1945年9月，明丰纱厂由经济部接管（即中国纺织建设公司），改厂名为上海第十八棉纺织厂，扩展棉纺设备，生产棉纱、线为主，兼营棉毯，直至上海解放。

英商开设的谋得利琴行正式关闭，不少欧美外资品牌也同样损失巨大。随着日本战败，那些被日本强行接管的外资企业，由国民党陆续接管，或发还原经营者。如美商科发药厂，作为日商武田株式会社的附属工厂，由国民党接管后，改为中美合办企业，摇身一变为美国先灵药厂在华东、华中和华南三个区域的专销机构。紧接着，全面内战爆发。1946年11月，国民党与美国政府签订《中美友好通商航海条约》，自此，"美国货凭借其价廉质优，以排山倒海之势向中国袭来，国货岂是对手，很快败下阵来"。[1] 美货向国内倾销，使上海日化、文教、制革、玻璃和牙刷等轻工品牌遭受重大打击，仅半年时间，上海倒闭的企业就达1600多家。民族品牌再次过山车般陷入低潮，步履维艰。一批民族资本家不得已发起抵制美货运动，涌现了不少爱国企业家，并且也成就了他们的事业，例如三四十年代的"四大王"。他们分别是：荣德生，面粉、棉纱大王；沈瑞洲，桐油大王；此两人皆为无锡人。詹沛霖，纸业大王，苏州人；郑源兴，房地产、蛋业大王，浙江奉化人。在上海民族品牌塑造中，江苏、浙江籍企业家地位的举足轻重，由此可见一斑。

1　中共上海市委党史研究室、上海市档案局（馆）：《日出东方》，上海世纪出版集团、上海锦绣文章出版社出版，上海故事会文化传媒有限公司出品，2014年6月第1版，第196页。

第二节　产业发展及其品牌

一、本土产业及其品牌

（一）船舶制造与航运及其品牌

至1936年，上海船舶制造以及航运业发展在中外资的相互激烈竞争中达到高峰。1929年，商界巨子虞洽卿创办了三北机器厂，在四明银行支持下，该厂迅速发展成为长江下游和沿海航业中最大的商办航业集团。随着抗战来临，日资的机器船舶工业因战争需要而飞速发展，上海本土的一批民族船舶制造企业被日军所挟持，大部分摇身一变为日军的军需工厂，厂名也被更改为日资企业名称，仿佛成了日资品牌，例如江南造船厂被更名为"朝日工作部江南工场"。有的惨遭合并，例如财利、龙昌、恒昌祥、鸿兴祥、招商局内河厂等机器设备被日军集中起来，在浦东陆家嘴设立为"日清造船所"。公茂船厂由日军海军接管，成为日军汽艇、小火轮等内河船只的修造厂。外资船厂经过一段短暂繁荣之后，由于太平洋战争爆发，也纷纷被日军接管。抗战胜利后，这些企业才得以重新回归国民政府，由国民政府发回民族企业家以及外资企业家之手，但均元气大伤。至新中国成立前夕，上海共有船厂17家，约有一半已名存实亡。公茂船厂的遭遇便是较为典型的反映。

公茂船厂（1945年）。 1945年这一年，对于公茂船厂来说极不平凡，随着日本投降，其原产权所有人郑氏家族以8000万伪中储券将"三井洋行上海造船所"赎回卖契，试图消灭与日本人曾经发生过的买卖行为，并向伪敌产管理局以被强占之名申请发还，改为原名。要知道在1938年，它被迫以4000万日本军用票出售给日本三井洋行，并被强行更名为"三井洋行上海造船所"。

公茂船厂又名公茂机器船厂，又称公茂机器厂，其创始人为郑良裕。郑良裕来自宁波镇海，生于1866年，少年时随父亲来到上海闯荡，先在洋行当学徒。1883年，郑良裕创立通裕洋布号，随后于1885年在此基础上创立通裕铁厂，由原来主营轧花业务转变为修造内河小火轮，开始经营航运。1888年，为利通裕铁厂营业，他将通裕铁厂改挂英商公茂招牌，果断将通裕铁厂更名为公茂船厂，又称公茂机器厂。1895年，他出任英商公茂纱厂买办。公茂船厂在郑良裕的经营下，发展良好，至第一次世界大战结束时，公茂船厂已能制造千吨级的江海钢轮。与此同时，在1901年，郑良裕创办公茂轮船局，购置平安、新平安、宝华、新宝华、大华等轮船，经营内河、长江和沿海航线，并开发通裕、平安等子品牌。1920年9月，郑良裕积劳成疾，因病辞世。此时，公茂船厂已成为上海最大的民营造船厂。郑良裕在经营中，既不与外资合作，也不与官僚资本合作，坚持独立经营，被誉为中国近代第一位民营船王。他辞世后，偌大的家业由其长子郑锡棠接手经营。

在郑锡棠的经营下，公茂船厂、公茂轮船局等稳步发展。1933年3月6日，郑锡棠惨遭绑匪杀害，郑氏家业从此由郑锡棠妻子郑孙文淑负责。郑孙文淑时年28岁，全面接手郑氏所属的平安轮船公司、老公茂轮船公司、平安船坞、老公茂修船厂、裕新纱号等公司。正当郑孙文淑将公茂船厂等企业经营得蒸蒸日上时，抗战爆发。1937年8月4日，新平安轮被国民党政府征用，沉塞于江阴，大通轮沉于宁波。公茂船厂厂房全被炸毁。

上海沦陷后，在日军的威逼利诱下，郑孙文淑被迫将公茂船厂出售给日本三井洋行。1939年，日军将该厂机件移交日商日清公司造船所。"平阳""新华""宝华"3轮又被日军强行掳扣、沉失。郑孙文淑虽然竭尽全力与日军周旋，但怎能与之相抗，郑氏家业急剧衰落。抗战胜利后，郑孙文淑勉力支撑，原属公茂轮船局的大华轮，以平安轮船公司名义注册，公茂轮船局自此不再存在。新中国成立后，郑氏家族由于未向上海市人民政府上报公茂船厂曾经被日本三井洋行所收买的事实，经查部分财产有"隐匿敌产"性质，而作为"隐匿敌产"的"完全违法户且情节十分严重"者进行处理，于1952年6月6日，由中央人民政府交通部长江航务局接管，即由长航二厂正式接管。1955年后，长航二厂改称白莲泾修船厂，工业产值持续走高、经营效率稳步提升。[1] 日后更名为上海港口机械造船厂。公茂船厂于1952年成为国营工厂，并在日后更名为上海港口机械造船厂。郑孙文淑移居香港，以仅有一条平安轮的平安轮船公司重振家业，在香港国际航运中心建设中，与来自宁波的另两位世界级船王董浩云、包玉刚并驾齐驱，被誉为香港的女船王。

1954年1月，公茂船厂在经过一系破产清算程序后，经法院正式宣判，自此消失于历史烟云。然而有意思的是通裕铁厂却是日后叱咤于世界港机市场的振华重工的历史起点，公茂船厂则成为它历史进程中的重要过程之一。

（二）消费品工业及其品牌

1. 轻工制造业及其品牌

随着局势日益严峻，一批企业毁于战火中，还有一批企业在国民政府支持下举厂内迁，国民政府在重视重工业内迁的同时，"拥有300余家会员工厂的中华国货联合会，要求政府'赶紧组织内迁，并派员指导生产'。其他不被国民政府注意的轻工业企业的民族企业家，也以团体联合的形式向国民政府请求从速内迁，以满足战时后方的日用民需，支持长期抗战"。[2] 至1937年中旬，报名内迁的企业达125家。据经济学家千家驹统计，最后迁出的企业为152家。迁往汉口的有121家，其余迁往九江、香港和苏南一带。不久武汉告急，迁往汉口的企业又踏上内迁重庆的迢迢路途。到达重庆后，不少内迁企业被迫改变生产性质，从事军需物品生产。内迁的品牌企业不仅有轻工业，还有纺织业、机器业、化工业等，包括上海章华毛纺织厂、华生电器厂、申新纱厂、大成纱厂、美恒纱厂、美亚丝绸厂、精一机器厂、新民机器厂、仲明大隆机器厂、康元制罐厂、华利时厂、华安颜料厂、振华油漆厂、民丰造纸厂等。1942年元旦，这些企业在重庆专门举办了"迁川工厂出品展览会"，为期15天。

1　陈碧舟、龙登高：《从公茂机器造船厂考察中华人民共和国初期"隐匿敌产"企业的改造》，载《中国经济史研究》2020年第1期，第171—180页。

2　张赛群：《"孤岛"时期的上海工业》，中国言实出版社，2007年8月第1版，第17页。

在内迁的这些企业家中有一位来到武汉后，对于下一步内迁何处，他的选择是前往延安，他就是利用五金厂的老板沈鸿。利用五金厂创办于1931年，是沈鸿依靠亲友和同事集资得以创办，主要生产利用牌弹子锁，打破了洋人在这方面的垄断。在得到八路军取得平型关大捷的消息后，他"毅然带领10余名技术工人和10台机床，于1937年11月将利用五金厂迁至陕甘宁抗日根据地，制造了纺纱机、织布机、造纸机、油墨机等设备，创办了五个工厂，有力地推动了边区工业的发展"。[1]1942年沈鸿获特等劳动模范奖状，毛泽东主席为他亲笔题写了"无限忠诚"四个大字。中共中央赞誉他为"边区工业之父"。他的贡献还不仅仅局限于这些，他还长期担任国家工业领域领导，为新中国的工业建设立下了汗马功劳。1958年5月，他写信给毛主席建议制造万吨水压机，得到批准，并由他出任总设计师。这便是由江南造船厂生产的，新中国工业品牌标志之一"万吨水压机"诞生的由来。万吨水压机的建成，使"我国成为继美国、英国、西德和捷克斯洛伐克后，第五个拥有制造万吨级以上大型锻压设备技术和能力的国家，标志着我国重工业体系的初步奠定，也标志着上海成为全国工业排头兵，从此有了'全国工业看上海'之说"。[2]

内迁的企业不仅有效地避免了资敌情形的出现，同时成为抗战的有力支撑，不得已留存的一批上海企业在汪伪政府统制政策的管制下，针对市场重大变化，减少开支，降低成本，寻觅新商机，侧重于消费品行业。有的迁往租界生产，有的挂洋旗、改洋号，托庇英商、德商、美商等，以求保护。但随着租界相对稳定的环境，人口骤增，需求加大，及其苏浙与内地富豪携巨资来到租界长住，有的将他们的工厂搬迁到租界，如杭州都锦生丝织厂在杭州停产后，将12台手拉机转移到上海法租界生产，其丝织画产品曾在美国费城国际博览会上获金质奖章，蜚声中外；再加上南洋一带对上海产品的需要，上海工业迅速走向恢复。却又随着1941年12月，太平洋战争爆发，租界随之被日军控制，租

1　张赛群：《"孤岛"时期的上海工业》，中国言实出版社，2007年8月第1版，第17页。

2　中共上海市委党史研究室编：《一座城市的60年变迁》，上海辞书出版社，2009年9月第1版，第54页。

界内的企业无论英资、美资，还是华资，悉由日方接管。抗战胜利后，这些企业，另包括日方企业悉由国民党接收，却又深受美国品牌的挤压，爆发了抵制美货运动。在时局的巨大动荡中，不少企业品牌以及产品品牌饱受摧残，或夭折，或苟延残喘，但也有行业与品牌获得了新的发展机遇。例如，1947年上海脚踏车工业同业公会成立伊始有自行车制造厂及零配件厂66家，次年即涨至84家，到新中国成立初期已经达到199家之多。

上海自行车厂（1940年）。前身是日商小岛和三郎在1940年开设的昌和制作所，位于唐山路1217号，主要生产铁锚牌26英寸平车。1945年，该所由国民政府资源委员会接管后，成为上海机器厂第二制造厂，生产扳手牌28英寸和26英寸平车，1946年改称上海机器厂。1949年5月，人民政府接管，先后改名为上海制车厂和红星制车厂生产永久牌自行车；1953年定名为上海自行车厂。1955年，该厂设计制造了全国统一标准的标定自行车；以后又相继研制成功我国第一辆26英寸轻便车、我国第一辆公路赛车、我国第一辆多速自行车和机动脚踏两用车。1989年向中国自行车运动队提供第一批正式用于国际比赛的SC654型公路赛车。中国自行车运动员用它参加第十四届亚洲自行车锦标赛和第十一届亚运会，均夺得冠军。

长期以来，上海自行车厂广大职工艰苦奋斗，勇于创新，20世纪50年代设计制造了国内第一辆标定车，在国产自行车史上树立了一个里程碑。尔后又研制出国内第一辆轻便车、第一辆运动赛车、第一辆平跑车和第一辆多速运动车。近年又推出BMX越野车、全地貌车、滑板车和新型赛车。"产品质量自1980年PA13型高级锰钢车获得自行车行业第一枚国家银质奖后，1987年660毫米（26英寸）系列自行车又获得国家银质奖，历年来企业共有47个品种111次获得国家经委、轻工业部和上海市优质产品、优秀新产品等嘉奖，获奖次数为全国同行业之首。"[1] 1953—1990年共出口自行车5 010 751辆，累计为国家创汇

1　中共上海市委研究室企业处等编：《上海企业管理概貌 》（工业、交通卷），上海科学技术出版社，1991年5月第1版，第491页。

2亿美元，被批准为出口基地企业。

上海胶带股份有限公司（1949年）。骆驼（CAMEL）品牌始创于1949年，最初的设计者采用"骆驼"作为品牌，是因为骆驼能吃苦耐劳，能负重，正可以象征胶带的经久耐用、善负重荷。在品牌的形象设计上，设计者独具匠心地采用了"唐三彩"中的双峰骆驼造型，以弘扬民族文化，突出民族工业色彩。骆驼品牌已成为中国管带行业中拥有较高知名度的品牌。[1]

上海胶带股份有限公司以生产名牌产品骆驼牌各类胶带而驰名中外，是全国同行业中唯一的一家上市公司。20世纪80年代后期至今，公司抓机遇、转机制、上规模、求发展，在夹缝中求生存，由一个仅有1000多人、固定资产1500万元、总资产4700万元的中小型国有企业，扩展为固定资产逾1亿元，总资产达5亿余元，员工人数2886名，下设9家生产厂，3家中外合资企业、2家代管厂、2家控股子公司的跨行业、跨地区的大型企业。近几年在全国管带行业普遍不景气的情况下，胶带公司各项主要经济指标始终名列同行业前茅。

市场的竞争是无情的。随着改革开放的深入，竞争的日趋激烈，企业自身条件的限制，加上原材料价格上涨，80年代末期，原上海胶带厂的优势在逐渐削弱，缺乏参与市场竞争的有效手段。由于厂房拥挤，严重阻碍新产品的开发和老产品的更新换代。窄V带是该厂开发的具有国际水平的新产品，全国各地油田使用量大，市场需求大，但受场地限制，自1983年鉴定后，始终只能在实验室小打小闹，年产值仅有100万元。而同行业的另一家厂，从1985年开始生产，年产值很快达到300多万元。

在裹足不前和积极进取两种选择间，当时的厂领导毅然选择了后者。但到底采用何种方式改变目前场地狭小、设备老化、新产品无法大规模生产的状况呢？设想各种各样：通过银行贷款，购置场地，增加生产场地面积；吸纳同行业企业加盟，等等。在企业发展关键的时刻，厂领导意识到一个企业的发展规

1　白光：《品牌溯源的故事（下）》，北京：中国经济出版社，2006年版，第255—256页。

划是极其重要的,是起定向作用的。各级领导班子多次讨论酝酿,认为上海胶带自身产品单一,存量资产少,如靠银行贷款改造,投入多,产出慢,企业负担加重。而与同行企业联合发展,进行产品结构调整,这样投入少,产出快,不失为发展企业的一条捷径。这样上海胶带厂后十年的总体发展设想在决策者头脑中逐渐清晰起来:通过与同行企业的经济合作,着手产品结构调整,实现梯度转移,向市郊发展,建立胶带、制品生产基地,将上海胶带厂发展成为以胶带为龙头的外向型企业。[1]

骆驼,是上海胶带股份有限公司用于生产的运输胶带、传动胶带产品的品牌。骆驼品牌于1986年注册,1999年被认定为著名商标。骆驼品牌是一个汉字名称、英文名称与图形相组合的标志。图形采用了"唐三彩"双峰骆驼形象。

上海绿宝金笔厂(1947年)。汤蒂因在她而立之年,也即1947年一举创办上海绿宝金笔厂。她于1916年出生在上海一个贫寒的市民之家,原名汤萼。刚满14岁时,她有了第一份工作,即益新教育用品社金笔柜台营业员,从此让她和金笔结下一生的不解之缘。三个月后,汤蒂因在柜台上已能应付自如,不仅对柜台里的金笔价格和性能烂熟于心,而且能视顾客的地位和身份,提出深得他们满意的建议,让每个顾客乘兴而来、满意而归。这也使她和顾客渐渐熟识起来,并交上朋友,赢得顾客们的良好口碑。一些热心的顾客到店里来,有时居然什么也不买,仅仅是为了来看她一眼。但从此店里回头客增多了,使金笔销量上升,引起老板注意,开始对她另眼相看。

汤蒂因是个有心人,不仅卖金笔,而且对有关金笔制造和销售的点点滴滴的信息也十分关注。一段时间下来,她对陈列在柜台里的各种金笔产生一种莫名其妙的留恋之情。1933年,汤蒂因17岁,毅然离开商店,自己开办现代教育用品社,经销金笔、文具用品。经过仔细调查研究,汤蒂因萌生自己生产一种别具特色的金笔的想法,并立即付之行动。仿照美国"蓝宝"金笔,取名

1　杨继宏、李美霞:《上海胶带股份有限公司改革纪实报导之四 "骆驼"继奋进,明日更辉煌》,载《中国橡胶》1996年第24期。

为"绿宝"，更因为绿色是她的亡友毕子桂深爱，也是她自己偏爱的颜色。这一年，她19岁，并将自己的名字改为汤蒂因。她先申请了"绿宝"商标注册，为保护自己的商标，并考虑到将来发展，她还申请注册了"红宝"商标，尽管这一商标后来从没有用过。她专门委托一家叫"吉士"的自来水笔厂生产"绿宝"，并开始大做广告，"绿宝"很快就打开销路。

1946年年底，通货膨胀日益严重，物价一日数涨，投机倒把、囤积居奇之风大盛，"绿宝"竟也成了囤积对象，货物很快就卖光了。可是新的问题又出现了，"绿宝"的承制商故意刁难，汤蒂因成了没有货源的干老板。汤蒂因一面维持现代教育用品社门市营业，一面筹集资金，正式开办绿宝金笔厂。汤蒂因深知广告的作用，她以自己的满腔真诚，邀请从不做广告的越剧皇后袁雪芬，为"绿宝"做了电台广告，使"绿宝"销路大增。但世上没有坦途，1948年8月，国民党政府发行金圆券，所有黄金、白银、银元都被中央银行"限价"收购。"汤蒂因生产金笔所需的黄金、白银等原材料无从补进，工厂很快陷入周转不灵的境地，一份份退单像雪片一样飞来。汤蒂因十几年的奋斗顿时搁浅，几乎到了破产的边缘。"[1]

汤蒂因勉力维持上海绿宝金笔厂到新中国成立，自1950年开始，国家向上海绿宝金笔厂供应生产所需的黄金和白银，又为她提供贷款扶持，并成为上海第二家接受国营公司收购的金笔厂，使"绿宝"不断发展壮大，销路大开，几度出现供不应求的局面，营业额和利润都达到建厂以来的最高峰。1951年，上海国营日用品公司采购供应站进一步明确了与绿宝金笔厂的合同，规定向绿宝金笔厂收购80%的产品，其余允许其自销。这虽然一时对绿宝的利润有影响，但在帮助它极大地打开销路的同时，又再次推动它扩大再生产，真正做到产销两旺。

1953年10月，上海绿宝金笔厂北京分厂与国营兴业投资公司合营，成为北京第一个公私合营工厂。一年多后，上海绿宝金笔厂又与华孚金笔厂、大同英

1　刘芳、郝润沁:《商界巨子与品牌的故事》，希望出版社，2008年12月第1版，第258—262页。

雄金笔厂合并,汤蒂因被任命为这家大厂的私方经理。这家华孚金笔厂,在汤蒂因带领下,很快发展成为誉满中外的英雄金笔厂。1955年,在汤蒂因的倡议和推动下,上海制笔工业全行业被批准为公私合营。晚年,她撰写自传体《金笔缘》一书,对自己一生的金笔缘做了生动而真实的回顾。

2. 纺织服装业及其品牌

纺织服装业在抗日战争、解放战争的炮火中曲折、艰难地发展。在"八一三"事变中,上海有22家纺织厂遭到不同程度的破坏,197家染织小厂毁于炮火。是年,上海丝织工业同业公会成立。抗日战争期间,上海由于租界的特殊环境,纺织产品一度出现畸形繁荣,不同国家之间的纺织品牌竞争极为激烈,不仅包括经营管理、生产技术、人才竞争、市场竞争,还包括非市场竞争。例如,1937年上海沦陷后,恒丰纱厂被日军管制。1942年,恒丰与日本大康纱厂合并为"恒丰纺绩株式会社"。抗日战争胜利后收回产权,改恒丰公司为合资经营,聂云台任董事长。再如中国飞轮、香槟、红狮等棉线品牌与英商链条牌的竞争,地球、英雄等绒线品牌与英商蜜蜂牌的竞争,使中国纺织品牌不仅做大,而且做强。生产飞轮牌的中国飞纶制线厂为避免被链条牌击垮,其创办人罗立群联合和丰、中华和瑞和等民族企业品牌,组成以飞轮牌为主的制线托拉斯集团,通过不断提高产品质量,并实行规模化经营,降低成本,同时申请政府贷款以及低于市场价的官配制线原料棉纱等措施,使中国飞纶制线厂在1947年一举成为亚洲地区规模最大、设备最新的专业制线厂,其产品质量完全赶上链条牌,其产品不仅畅销国内,而且销往印尼、新加坡和泰国等南洋地区。

诸如钟牌414毛巾,民光牌被单,三枪牌、飞马牌、菊花牌棉毛衫裤,美亚真丝被面,寅丰派力司,协新花呢,白猫牌泡泡纱,色织无敌直贡,唱机牌袜子,船牌被单,司麦脱、康派司牌衬衫,启发西服等等,有口皆碑,久销不衰。其中民光牌被单以及钟牌414毛巾日后分别被誉为"国民床单"和"国民毛巾"。当时,除了服装类产品多为前店后工场而尚未发展成为工业化生产外,上海纺织工业的大类产品基本齐全。

三枪牌内衣（1937年）。三枪商标诞生于1937年，至今已具有80多年历史，系上海莹荫针织厂创立。上海莹荫针织厂创建于1928年，董事长王衍庆，经理干庭辉。干庭辉乃浙江余姚人，是一位射击运动爱好者。1936年，他在射击比赛中荣获三连冠，为表庆贺，同时也为了提倡国货、抵制日货，故向实业部商标局申请使用"三枪"商标。实业部商标局于1937年6月4日正式发给其第31520号注册证。"三枪"商标图案中的"盾"是一种奖励的载体，采用"盾"是奖励之义；"三枪"象征"连中三元、弹无虚发"之义；三枪交叉、鼎立象征稳固坚实，表示国货精品的稳固，将立于不败之地。干庭辉极为注重产品质量，生产的棉毛衫裤的原料使用英国高档棉纱织布，少量产品销往南洋。"八一三"事变发生后，工厂减员一半。翌年恢复正常生产。1948年总产量近1万打，主要产品有棉毛衫裤、汗衫裤、人造丝汗衫裤等。

1954年12月，上海莹荫针织厂实行公私合营。1966年10月，改名为国营上海针织九厂，所生产产品统购统销，大部分产品出口，小部分内销，包装简陋，并且有多个品牌，如电力牌、灯塔牌等。1977年，苏寿南出任厂长，他来自苏州，13岁就已进入针织行业做学徒，对针织行业十分了解。他上任后采取做大做强三枪品牌战略，将其余品类品牌搁置一旁。虽然不愁销路，但苏寿南还是坚持打广告，树立三枪品牌形象，1985年，三枪牌闪色棉毛衫裤获国家银质奖。1994年，以上海针织九厂改组成立上海三枪集团有限公司，被国务院列为推行现代企业制度100家试点单位之一。也正是在这一年，苏寿南在全国首创品牌专卖，为国货名牌开拓市场闯出一条新路。在品牌塑造上，苏寿南提出"消费者满意是三枪质量的最高标准"，为此他主抓两支队伍，一是科技研发，即以"白领"工程师为主，开发填补国内空白新品；二是以"蓝领"技师技术工人为主，以丰富的实践经验，攻克生产技术难关，将"白领"的创新成果实现规模化生产，直接转化为拳头产品。对这两支技术队伍，苏寿南均实行超常规激励。

1998年，三枪集团以优质资产整体进入上市公司龙头股份。2005年，三枪集团实现销售额14亿元人民币，处于行业领先地位。三枪集团凭借科技创新、以质取胜攀名品之巅、扬民族之魂的企业精神，创出了一条发展民族品牌之路。

中国萃众制造公司（1937年）。 在我国的毛巾市场上，过去足以和日货铁锚牌毛巾抗衡并赢得声誉的高档毛巾，主要是三友实业社生产的三角牌西湖毛巾。在1937年"八一三"事变以后，三友实业社杭州纱厂被日本侵略军炸毁，以致各大百货商店柜台上高档毛巾脱销。中国国货公司、中国钟厂的创办者李康年便在1937年出资创办中国萃众制造公司，萃众意为"拔萃超众"。李康年同时将萃众两字变化成一个"钟"字图形，作为注册商标。钟又隐含警钟之意，即不忘日军入侵之耻，时刻保持警钟长鸣，钟牌毛巾从此诞生。为打开销路，李康年先让百货公司试销，卖出后付款，并对各销售点规定：对大宗要货者，赠送毛巾若干，请他们试一试。消费者对于这试一试的毛巾用后赞不绝口，质量上乘。这试一试的毛巾从此便建立了自己的口碑。"试一试"与414谐音，1947年，李康年将414呈请商标局注册为专用商标。

钟牌、414牌毛巾始终保持高档毛巾的质量，首先在用料方面十分讲究。毛巾的原料主要是棉纱，可是毛巾行业在棉织行业中是一个小行业，没有自己的纱厂，只能向棉纺厂或棉纱市场购进，中国萃众制造公司在选购原料时尽量选用高质量的名牌棉纱。遇到优质纱缺货时，也不愿降格以求，坚决不用杂牌棉纱，宁可同小型纱厂协商，商请采用上等棉花定纺订购，以免降低钟牌、414牌毛巾的质量。除棉纱外，使用染化料也以上好品为合用，不用次货。对已购进的原材料，中国萃众制造公司均经过严格测试合格后，方准应用。其次，为使毛巾经久耐用，在毛巾组织上增加头纹和碰数，让毛巾的经纬组织较一般毛巾为密。

在推销方法上，中国萃众制造公司很重视广告宣传的作用。但对于钟牌、414牌毛巾，从不做"滑头广告"，认为广告弄虚作假，不仅起不到为商品宣传、扩大销路的作用，反而会因此败坏商品的声誉。在考虑对钟牌和414牌毛巾的广告措辞时，字斟句酌，十分慎重。最后只用了"柔软耐用，拔萃超众"两句话，这两句话既符合产品的实际，又可为"萃众"两字扩大影响，并配以一幅醒目的毛巾图案，让人印象深刻。[1]

1954年公私合营后，中国萃众制造公司改名为萃众织造厂，申请注册了复合商标钟牌414牌，1978年又更名为上海萃众毛巾厂。20世纪50年代至80年代，为了不断提高产品质量，维护品牌信誉，上海萃众毛巾厂针对毛巾色泽问题，如何提高耐用性，特别是在夏季的耐用性等问题，先后进行多次重大工艺改进，提高了毛巾的各项使用指标，多次通过国家有关部门质量认定。正是由于对卓越品质的不懈追求，414牌毛巾在80年代激烈的市场竞争中始终立于不败之地，以其优秀品质继续赢得广大消费者的青睐。从1979年开始，先后两次被纺织工业部评为名优产品。1992年，年产量达到982.8万条。

1996年，为实现新发展，上海萃众毛巾厂与上海毛巾三厂合并，组建上海萃众毛巾总厂。在20世纪90年代的产业结构调整中，上海许多纺织老企业纷纷停产或半停产。上海萃众毛巾总厂审时度势，克服困难，善于创新，经受住了严峻挑战，实现了新发展。目前，上海萃众毛巾总厂已发展成为集产品研发、生产、销售、物流为一体的专业毛巾生产企业。坚持"承前启后、拔萃超众"的品牌口号，414品牌产品也从彩条毛巾发展到拥有6大系列180多个品种。钟牌414品牌不仅成为上海龙头（集团）股份有限公司旗下拳头品牌之一，更是成为全国毛巾行业独树一帜的老字号，深受国内外消费者的赞誉。钟牌414商标连续6次被评定为上海市著名商标，连续11次荣获上海名牌产品称号。2006年，钟牌414品牌被商务部评为中华老字号。

3. 日用化学品工业及其品牌

"八一三"事变后日军侵沪，上海日化行业遭到严重破坏。地处南市、闸北的华商化妆品厂、肥皂厂大部分毁于炮火，中国火柴厂厂房、机器及火柴

1　林炳伟：《钟牌414毛巾是怎样创名牌的》，载《上海经济研究》1981年第7期，第34—35页。

1000余箱均付诸一炬。太平洋战争爆发后，五洲固本肥皂药厂、英商中国肥皂有限公司、美光火柴公司和中国化学工业社等主要日化企业被日军控制，生产萎缩。同时日货香料、油墨大量进入，占领上海市场。抗日战争胜利后，上述这些企业品牌均迅速恢复生产。由于通货膨胀，肥皂、油墨和火柴等日用品一度被投机商囤积，从而刺激了生产，造成日化行业畸形发展，工厂大量增加，上海明星香水厂、新华薄荷厂等即在此时问世。1946年以后，上海拥有化妆品厂129家、火柴厂40家、油墨厂36家、香料厂24家、肥皂厂48家。1948年，因国内交通不畅，产品销路呆滞，全行业又陷入半开工状态。上海解放后，日化行业逐步得到恢复和发展。[1]

上海明星香水厂（1941年）。1941年7月，中西大药房经过市场调研，决定将药房所属明星香水经营部分离出来，单独设厂经营，上海明星香水厂由此诞生，厂址设于东有恒路（今东余杭路）1190号。在此之前，明星香水经营部已具有开发明星香水以及拓展明星香水市场的能力。当1931年1月黄楚九病逝后，原负责药房日常管理的周邦俊便将中西大药房以及中西牌商标盘为己有，在原经营基础上，他扩大经营范围，为迎合社会上青年男女的明星梦，他充分发挥自己医师之所长，汲取市场上正在畅销的各类香水的优点，研发生产出明星牌花露水。这款花露水如晶如翠、碧绿透明，包装上又配以年轻美貌、打扮时尚的舞女画像，与其他香水不同的是，它还易于漂洗，不留痕迹，因此在日用化妆品市场上独树一帜。周邦俊在营销策略上，坚持物美价廉，并广做广告，无论是报刊、影剧院、电台，还是商场、码头、车站，都能看到听到关于明星香水的视觉形象以及声音，其"明星香水、香水明星"的广告语，简洁易记，"越陈越香"四字也深得消费者之心。

明星花露水迅速打开市场，并获得市场美誉度。周邦俊紧接着推出明星牌洗衣皂、香皂、香粉、爽身粉等系列品类品牌，并直接将厂名更改为上海明

1　贺贤稷主编，《上海轻工业志》编纂委员会编：《上海轻工业志》，上海社会科学出版社，1996年版，第139页。

星香水肥皂厂。1946年，由于明星牌花露水兼具消毒、止痒和醒脑等功效，在南方市场销量猛增。1958年，它与香港广生行有限公司沪厂、中华协记化妆品厂、东方化学工业社以及鸥治化学工业厂等合并，成立了上海明星家用化学品制造厂，明星牌花露水获得进一步发展。1967年，上海明星家用化学品制造厂的厂名去掉明星、制造四字，一个全新的上海家用化学品厂自此脱胎而成。

4. 医药制造业及其品牌

抗战时期制药工业曲折发展，一方面沿海工厂内迁西南，一方面上海又陆续产生新厂。民族制药工业中较小的企业或挣扎喘息或倒闭，1937年，上海市制药业同业公会已有会员33家。例如抗战初期，资本在5万至30万元的药厂有新光、茂德等等。但好景不长，抗日战争爆发，上海沦陷，上海的制药厂几乎都位处租界，但仍难免不受影响。新亚制药厂等部分药厂开始向内陆武汉等地迁移，而同业公会活动则无形中已中断。太平洋战争爆发后，租界沦陷。日伪对上海工商业进行全面控制，当然也包括制药业。各药厂先后成立上海华商制药联合会、上海市特别市制药厂同业公会。抗战胜利后，57家制药厂于1946年正式成立上海制药工业同业公会，在此期间，制药工业被国民政府定为国防工业。由于近代上海制药业几乎是清一色的民营企业，在官僚资本、外来资本的双重挤压下，由企业联合起来的同业公会担当起扶持与保护民族品牌的重任。因国内各地主要依赖上海供应药品，因此上海制药工业产值仍相对较高。"此时期，留在上海租界内的信谊药厂并进上海生物化学厂，产品有多种维生素丸、肝胜制剂等，营业不断扩大的同时发行了股票。抗战胜利后，国统区制药工业陷入全面崩溃时期。国民党政府通过扬子公司和立达洋行从冲绳运来剩余药品并大量倾销，使制药工业受到致命打击。上海的药厂年底关闭了160家，残存的数十家又有一半陷于半停工状态。全国药厂也绝大多数已垮掉。"[1]

上海第一制药厂（1943年）。1943年，日商平松兵藏在上海元芳路（今商

---

1 彭善民:《民国时期上海制药业同业公会探析》，载《档案与历史》2004年第4期，第70—75页。

丘路）387号开设福寿大药厂，归属重松大药房。产品有大王油、老笃眼药水、胃活、苏苦那等。1945年8月，由国民政府接管，福丰药厂、金刚药厂、脏器研究所、武田药厂、山田药厂、黑田药厂、若素药厂、生光药厂、重松药房等并入。1946年1月，改名为中央生物化学制药实验处上海制药实验厂，产品有葡萄糖、维他命C、维他命B_1等针剂。1948年2月，国民政府善后事业委员会基金保管委员会吸收中央生物化学制药实验处，该厂更名为药品制剂厂。1950年12月，改名为华东人民制药公司化学制药第一厂，1953年6月1日，划归中央轻工业部医药工业局，定名上海第一制药厂。1952年试剂成功磺胺噻唑。1958年，投产磺胺嘧啶。同年，又试剂成功维生素B_1，国家投资17万元新建维生素B_1车间，1982年产量150吨。1984年，上海市医药工业公司将维生素B_1规划上海第二制药厂生产。同年经过技术改造，发展成为针剂专业厂。

1994年6月，上海第一制药厂与上海生物化学制药厂联合组建为上海第一生化药业有限公司，隶属于上海医药（集团）。2015年更名为"上海上药第一生化药业有限公司"，秉承"针针献深情，一生可信赖"的企业精神以及"您的健康，我们的追求"的经营理念，推行"四好"文化，即以"企业对员工好，员工对产品好，产品对客户好，客户才能对企业好"为理念，令员工感恩企业，产品回报社会。在独立自主的基础上，打造成为中国生物生化药品精品智造基地。

5. 食品制造业及其品牌

在"八一三"抗战中，闸北、南市成为战区，苏州河以北同遭厄运。冠生园斜桥老厂被毁，漕河泾厂房虽存，但无法开工，机件拆迁西南后方。泰康枫林桥总厂机器迁运汉口，途中遭日军飞机轰炸，部分被毁。马宝山闸北厂毁于战火，另设工厂于星加坡路（今余姚路），其他小厂有的也迁至租界内，以期恢复生产。抗日战争时期，罐头食品原料来源受阻，内外销售均因交通不便而减少，梅林厂限制罐头生产，转产乳品、淡奶、番茄沙司、辣酱油等。第二次世界大战爆发，外货绝迹，加上市民抢购食品储存以应变时局，罐头食品厂呈现一时的畸形繁荣。1938年到1943年新开设的罐头厂有如生罐头厂、伟大罐头厂、吉美罐头食品公司，新增的糖果厂有干士民食品制造厂、伟多利食品厂、爱皮西糖果饼干厂、天明糖果厂。饮料汽水业也恢复应市，并先后诞生了北美冷藏公司、上海饮料食品股份有限公司以及合群、光明、福利、福康、联美、大成、好莱坞等小型企业。欧美国家在上海的企业正广和、海宁洋行、沙利文等则均被日军接管。红色企业有沪丰面包厂（1938年）等，沪丰面包厂还开设有大中华咖啡馆、唐拾义药厂、金龙三轮车制造厂等作为秘密联络点，负责人卢志英，化名周育生。

抗战胜利后，食品行业内迁工厂陆续回沪，恢复生产。冠生园增资修筑漕河泾原址改为总厂，泰康公司沪南总厂经整顿修葺，于1947年8月恢复生产，正广和、海宁洋行、沙利文先后归还外商原主继续经营。1946年8月，正广和股份有限公司改设香港，上海成为分公司。同年，国民政府联勤总部购买海宁洋行，生产军用口粮，改名为第一粮秣厂第五工场，接收原日本企业公大食品厂为第一粮秣厂第一工场。食品行业恢复伊始，又遭美国战略剩余物资大量倾销，加上主要原料和马口铁价格猛涨，成本上升，工厂难以维持，部分工厂实行减产或停工。梅林厂则在原料产地设分厂以降低运输成本，压缩开支，以渡难关。至上海解放前夕，上海食品行业已处于奄奄一息境地。[1]

爱皮西糖果饼干厂（1943年）。 爱皮西糖果饼干厂厂名乃ABC音译，创始人冯伯镛，他受英国鸟结糖（今多称为牛轧糖）启发，决意仿制这种英国奶糖，于是他请来制糖高手刘义清进行试制。刘义清不想简单仿制，而是想要有自己的创造，在对鸟结糖进行深入研究后，他尝试用当时较为稀罕的液体葡萄糖、奶粉、炼乳等食料进行配制。经过反复试验，一种与鸟结糖口味迥异的新型奶糖就此诞生，与鸟结糖相比，它的奶香更浓郁，咀嚼起来更有韧劲，还不黏牙不腻。但进入批量生产，对于设备有着较高要求。此时，爱皮西糖果饼干厂生产设备较为简陋，这就要求操作工人具有高超技艺，其奶糖的柔韧性、口

1 贺贤稷主编，《上海轻工业志》编纂委员会编：《上海轻工业志》，上海社会科学出版社，1996年版，第87页。

感的稳定性全凭操作工人一双手。操作工人不负期望,全凭手工制作出一粒粒奶糖。这是一种高级糖果,面向市场销售打什么牌?冯伯镛想起正在热映的美国迪士尼动画片米奇老鼠的形象。这一卡通形象,深受观众喜爱,他便将这种奶糖取名为米老鼠奶糖,包装糖纸使用红色米奇的图案。一经投放市场,果不其然,广受欢迎。1948年,由于原材料价格飞涨,爱皮西糖果饼干厂陷入困境,勉强维持。

1950年,上海爱皮西糖果饼干厂收归国有,改名为上海爱民糖果饼干厂。对此改名,厂家特意在《旅行》杂志上登了一则广告,如此声明:"本厂为彻底肃清帝国主义殖民地思想的残余,已将'上海爱皮西糖果饼干厂'的原名取消,采用'五爱'公德中的'爱人民'一点,改名为'上海爱民糖果饼干厂'。"米老鼠奶糖又恢复生产。1958年,因米老鼠之名有崇洋媚外之嫌,同时正值除"四害"运动,上海爱民糖果饼干厂职工将其改名为"三喜",但市场对此并不买账。上海食品工业公司对此经过深入思考,以白兔取代米老鼠。在中国传统文化中,大白兔具有较高的认知度以及认同感,不仅是美好的代名词,而且是长寿的象征。职工们又调整原料比例,使这款奶糖的味道更加纯正。1959年,即新中国成立十周年之际,这款奶糖以大白兔的全新形象推向市场,一炮打响。

1972年,周恩来总理将大白兔奶糖作为国礼赠送给来访的美国总统尼克松,尼克松在品尝后大加赞誉。之后,大白兔奶糖出现在美国复活节礼品市场,成为美国人馈赠亲友的佳品。1976年,上海爱民糖果饼干厂并入冠生园食品厂,成为冠生园的拳头品牌,并进行外销。到1992年,出口美、英、法、加拿大、秘鲁、新加坡、马来西亚和中国香港等几十个国家和地区,出口值达2452吨,创汇395万美元。截至2006年,大白兔奶糖累计销售60亿元,是全世界奶糖累计销售额最多的单品。[1]

1　贾彦主编:《上海老品牌》,上海辞书出版社,2016年7月第1版,第42—43页。

1983年，广州一家糖果厂前来冠生园取经，之后，该厂开始生产米老鼠奶糖，并抢先一步进行米老鼠商标注册。随后，这家企业将米老鼠商标出售给迪士尼，使迪士尼获得米老鼠的商标所有权，价格4万美元。迪士尼一获得商标所有权，就"找到冠生园，表示允许冠生园继续使用该商标，但要求每年分享利润的8%作为商标特许使用费。实实在在的、冷冰冰的数字似一记重槌，使冠生园猛然觉醒。痛定思痛，他们终于注意到品牌的重要性。"[1] 意识到知识产权保护的重要性后，他们立即对大白兔不仅进行国内商标注册，形成大白兔家族商标群，而且在凡是地图上有的国家，大白兔都要蹦到那里的国家进行商标注册。目前，冠生园已在《商标国际注册马德里协定》的20多个成员国和另外70多个国家和地区进行了商标注册。

（三）商业服务业及其品牌

商业活动迅速恢复，新店猛增，"1938年，沪上新设饮食店129家，日用品店85家，服装店58家，医药店31家，饰品店26家。迄1940年，百货商店增开500家"。[2] 百货商店以及专业商店获得从未有过的大发展。"日中战争前，上海五大百货公司的销售额占上海商品零售总额约56%，具有绝对优势。以富裕阶层及有丰厚积蓄的新兴中产阶层为主要目标，百货公司的业务从销售商品发展至商业文化。孤岛时期，大量难民及资金流入，工商业得到了进一步的发展，百货公司迎来了黄金时代。亚洲太平洋战争爆发后，日本'军管'、外国商品的进口减少等负面现象存在，百货公司的新建和扩建，附属事业的繁荣景象也不断呈现，战争期间的经营因此得以维持。"[3]

太平洋战争以后的百货公司行业发生了非常大的变化，较为显著的是百货公司同业公会的会员数增加到20多个，新会员中除两家以外全部是在太平洋战争爆发后创办和加盟。据《上海近代百货商业史》介绍，当时的上海百货公司

1　石章强：《上海老品牌复兴之路》，浙江人民出版社，2013年9月第1版，第128页。

2　熊月之主编：《上海通史》第8卷　民国经济，上海人民出版社，1999年9月第1版，第367页。

3　李天纲：《简论近代上海商业文化》，载《中国商业文化研究会论文集》1995年，第51—58页。

可分为四种类别：第一类由大百货公司分化独立，丽安、光华两家是代表，由中国国货百货公司的中、高级职员分别开设。友信百货公司是丽华分店，仅是店名不同而已。丽安百货创设于1943年1月，由中国兴亚热水瓶厂、大业毛织厂、天宝染织厂、大丰织绸厂、同福绸庄、协兴绸庄和云章绸庄等十几家中小企业联合发起成立的股份公司。第二类因物价高腾、销路不畅的工厂为扩大销路而开设的店铺，主要销售工厂制品，以三星棉铁厂、大东袜厂等为代表。第三类借零售为名隐匿商品，从事投机活动，协大新公司、联贸百货公司、大沪百货公司等为其代表，它们没有零售业实态。第四类以本业为基地兼营百货业，以泰昌木器公司、凤凰时装公司等为代表。

专业商店方面相继出现维也纳皮鞋店（1938年）、同大昌百货店（1938年）、上海帐子公司（1942年）、万象百货公司（1944年）、大不同皮革制品股份有限公司（1944年）、中亚床上用品商店（1944年）、芷江童鞋店（1945年）、中华烟行（1947年）和世界衬衫服饰商店（1949年）等。同大昌百货店主营日用百货和文具用品，新中国成立后更名为同大昌文化体育用品公司，专业性得到充分体现。万象百货公司专做领带批发。大不同皮革制品股份有限公司主要生产、销售大不同牌皮鞋，前店后厂模式。饮食业方面相继诞生了梅龙镇（1938年）、王家沙（1945年）、凯福饭店（1945年）等。当然也有不少专业商店因受战争影响，在经营上一直难有起色。例如程裕新茶叶店，由于上海与浙江、安徽和福建等地受战争影响经常交通中断，致使程裕新茶号的新字牌等茶叶进货，受到前所未有的影响。特别是太平洋战争爆发后，日军全面进入租界，上海市民纷纷外出避难，社会不稳，人心不定，市场萧条，程裕新茶号的新字牌等茶叶销售一落千丈。直至上海解放后，程裕新茶号才获得新生。

上海帐子公司（1942年）。上海帐子公司创始人为苏州吴江人张影波，他在家乡初中毕业后来到上海三星棉铁厂帐子柜学生意，发现市场上没有专门的帐子商店，不少顾客想买帐子而买不到，便联络亲戚、师兄，由他牵头，共同投资，顶下南京东路一家一开间店面。随后，张影波一面筹备货源，另一方面开始在《申报》上刊登广告造势，遂在开张这天，吸引大量顾客，准备的500顶蚊帐一抢而空。这使张影波认识到广告的重要性，为进一步扩大市场，他不仅在报刊上做平面广告，而且利用霓虹灯、电台、影剧院幻灯片和户外广告牌等做广告，并邀请著名滑稽戏演员姚慕双、周柏春在电台做广告，将上海帐子公司的品牌形象广而告之，建立起良好的品牌美誉度。针对帐子没有统一的行业标准，他深入城市社区以及农村走访，对帐子的透气性以及防蚊性进行研究，首创帐子生产标准，即每英寸见方须保持12个洞眼，每公尺（米）的重量保持在3两5钱重（约130克）。为降低制作成本，他委托安徽民间生产，对成品严格验收，使帐子的质量得以确保。他还对售出的帐子包退包换，并做到预约订货、送货上门。在1946年4月至1948年年初，张影波相继在上海、南京、广州开设三家分店和一家分销处，令同行刮目相看。

1956年公私合营后，其专业优势不断得到强化，并充分发挥地段好、商场大、名气响的优势，同时为适应消费者美化居室的需求，增加花色品种，营业额稳步提高。1992年9月，更名为上海卧室用品有限公司。2001年4月，公司实施整体转制，通过合法程序转制为自主经营的民营企业，以"上卧"为注册商标。有意味的是它在亮出上海卧室用品有限公司的新店招时，旁边必定始终还有一行醒目的文字：上海帐子公司。它以"讲究品牌效应、注重老店与时俱进"为经营宗旨，引领上海乃至全国家纺时尚与潮流；以"服务讲优质、生意讲信誉"为经营理念；以"送真情，讲便民、便利"为企业文化。犹如当年张影波拓展市场一样，它与时俱进，推出"床品世家"连锁经营模式，开设多家连锁网店，进军长三角，在开出太仓店的基础上，在宁波开出国内首家一站式家纺购物广场。

（四）金融业及其品牌

1937年上海沦陷后，中央、中国、交通、中农等政府银行，上海商业储蓄、金城等民营银行，均迁往内地，或继续维持上海原总管理处，管辖沦陷区的分支行，或全部撤出，上海金融业顿时面临"通货紧缩，信用停滞"的严峻形势。对此，银钱两业同业公会决议，分别委托银行和钱业两准备库，各自办理同业汇划拆放。在此紧急关头，中国银行立即大量叙做同业押款。据统计，"中国银行上海分行1937年8月上、中旬发放的同业贷款有：新华银行75万元，上海市银行50万元，上海商业储蓄银行480万元，又与交通银行合放女子银行20万元，亚洲银行20万元，通和银行100万元等多笔"。[1] 有效地化解了这些银行资金周转困难，及其信誉风险，对稳定上海金融市场发挥了较好作用。

太平洋战争爆发后，敌伪放松金融管制，上海金融机构数量空前扩张，共有银行195家、钱庄229家、信托公司20家。外资银行中，日资银行占垄断地位，英、美、荷、比4国银行被日军接管停业，尚存12家外资银行，日资银行占三分之二。抗日战争胜利后，国民政府直接经营的"四行两局"（中央、中国、交通、中国农民四银行和中央信托、邮政储金汇业两局）挟其巨大金融势力由重庆重返上海。私营中资银行的存款、放款实值，因通货膨胀加剧远低于抗日战争爆发前，已无力扶植私营工业，变成纯粹收支出纳和办理结算的机构。1948年8月19日改发金圆券，通胀变本加厉，仅几个月，货币金融就全面崩溃，金融市场全面失序。1949年5月，上海有中外金融机构200多家，其中国家资本银行7家、省市银行6家、官商合办银行5家、私营银行113家、钱庄80家、信托公司5家、外商银行15家。银行数量急剧下降，钱庄锐减。一些钱庄、票号努力向现代企业转型，例如1940年，大德通、大德恒两家票号改组为银号。苏州程氏家族钱庄之一的福源钱庄，在1943年改组为股份有限公司。

上海证券交易所（1946年）。有曾在上海证券交易所工作过的红马甲这样回忆："场内有230多家证券席位，每天几百人在里面，很热噢，我就穿一个衬衫，汗流浃背。老板用电话和场内联系，代理人叫'出市代表'，就是代理客户在场内买卖股票，我写单子是可以成交的，电话员就报行情，他报的行

1　中国银行行史编辑委员会编著：《中国银行行史（1912—1949）》，第440页。

情都是我手势打出来的。"[1] 上海证券交易所的前身应是上海华商证券交易所，它于1920年5月20日创办，1921年1月正式开业，范季美任理事长。在1937年"八一三"抗战中奉令停业，1943年7月，汪伪财政部和实业部饬令复业，专营华商公司股票，1945年8月停业。1946年5月，国民政府行政院发布训令，筹组上海证券交易所，于同年9月正式营业，是当时全国唯一的证券交易所，它继承了原上海华商证券交易所业务，兼容原外商上海众业公所营业，所址即原上海华商证券交易所大楼。属于股份有限公司，资本额定10亿元，原华商证券交易所的旧股东认购其中60%，中国、交通、中国农民银行和中央信托局、邮政储金汇业局合计认购40%，由杜月笙任主任委员，王志莘任总经理。营业以本国企业的股票为主，兼及政府发行的公债和外商在华发行的证券，是远东最大的证券交易所。它规定经纪人名额300名，第一批225名获准。核准上市股票20种，包括永安纱厂、美亚绸厂、景福袜衫、新光内衣、中纺纱厂、大中华火柴厂、新亚制药厂、丽安百货、中国内衣、华丰搪瓷、五和织造、中国丝业、中国水泥、永安公司等。在这位红马甲的记忆里，最多时股票达194种。登记参加交易证券的字号达234家，遍及金融、地产、纺织、百货、化工和文化等产业，其中交易活跃的为"三大二小"，三大即永安公司、永安纱厂、美亚绸厂，二小即星光内衣、景福衫袜。较有名气的上市公司品牌有商务印书馆、中华书局和三友实业等，它们恪守"回报股民"原则，稳健经营。交易所分为股票、债券两个市场。开业初只做现货，交易不旺，收不抵支。试办"递延交割"和套利交易后，成交量大增，由日4万—5万股增至8000万股。1947年，上市股票增至32种，总值70 783亿元，因恶性通货膨胀，货币剧烈贬值，社会游资追逐高利和保值，乃大量涌向证券市场，股价涨幅超过同期物价涨幅。以1946年9月为基数，到1947年年底股价上涨30倍，上海批发物价上涨仅25倍。市场交投活

1　张强、梅柏青：《旧上海的"红马甲"生活——旧上海证券交易所交易员李晓棠访谈》，载政协上海市黄浦区委员会、政协上海市委员会文史资料委员会编，《外滩金融史话》（上海文史资料选辑2010年第2期总第135辑）第384页。

跃，估计吸收游资一两千亿元。1948年，法币制度逐渐崩溃，股票价格全面下跌，证券交易一蹶不振。1948年8月19日，发行金圆券，实行"币制改革"，交易所奉令停业。1949年2月，奉令复业。1949年5月初，人民解放军逼近上海自动停业。随着上海解放，它又悄悄复业，成为一部分国民党特务以及少数不法金融投机商操纵金银外币、扰乱市场的大本营。对此，中共中央华东局第一书记邓小平、上海市市长陈毅等果断决策，在1949年6月10日凌晨，由上海市公安局出动警力将其迅速取缔。

（五）文化产业及其品牌

20世纪40年代的上海已经成为全国出版业中心，出版数量占据全国的半壁江山。据上海档案馆的统计，20世纪30年代，上海文学著作出版总量占全国的60%，1935年上海出版机构260家，既有商务印书馆、中华书局等综合性出版巨头，也有如儿童书局、中医书局、法学书局这样的专业性出版企业。新闻业方面，1912—1949年上海的报纸种类多达1580种，其中20世纪30年代期间创刊的中文报纸有480种，占总数的三分之一，新闻普及类（如《申报》《新闻报》等）、宣传小报类（如《明星日报》《商业导报》等）、小报界"四大金刚"（《游戏报》《晶报》《福尔摩斯》《罗宾汉》）等各类报纸，充分反映了当时政治、经济和文化的变化。这一时期创办的报刊较典型的有：万象（1941年），它存在时间并不长，至1945年6月停刊，内容兼顾时事、科学、文艺和小说，较为综合，以"趣味"为主，较为大众化。时至1998年，辽宁教育出版社再以《万象》之名出版，并聘当年的主编柯灵为顾问，其风格深得当年《万象》神韵。1946年5月1日，《新民报》上海社成立，发行晚刊，便是《新民晚报》的前身。《译报》于1937年12月9日创办，1938年1月21日更名为《每日译报》，并由小报扩展为大报。

著名的三大游乐场新世界、大世界、小世界发生剧变，小世界于1937年11月歇业，成为难民收容所，大世界被炸，也一度成为难民营，一层层楼挤满难民。新世界在1940年创建跑驴场，后改为"米高梅舞厅"。上海四大公司游乐场，即先施乐园、永安公司天韵楼、新新游乐场、大新游乐场等获得新的发展，大新游乐场虽最晚创办（1936年），但在规模上超越其他三家为最大。舞厅、电影院、戏剧院三足鼎立，1946年12月，全市舞厅29家，著名的有百乐门、大都会、仙乐斯和丽都，号称旧上海舞厅业的"四大金刚"，其中百乐门被誉为"远东第一舞厅"。戏曲活动依然极为活跃，京剧、甬剧、绍剧、越剧、粤剧、淮剧、扬剧和锡剧等全国各地戏曲云集上海，使上海成为戏剧大码头，并诞生了一批风靡一时的抗日戏剧，如周信芳的移风剧社、欧阳予倩的中华剧团编演的《明末遗恨》《徽钦二帝》《渔夫恨》《梁红玉》等。时人对此这样评价："到上海唱红了，才算真红。"催生上海本土戏曲——沪剧成长成熟，1941年，上海沪剧社成立，本土申曲由此正式改名为沪剧，第一部话剧即改编自美国电影《魂断蓝桥》，深受观众喜爱。越剧也在上海完成了自身文化品牌的创新，1946年，著名越剧表演艺术家袁雪芬领衔的雪声剧团首次把鲁迅先生的小说《祝福》改编成越剧《祥林嫂》，该剧自此成为越剧的一张重要名片，久演不衰。

电影业在"孤岛"时期出现短暂繁荣，一批新的影院相继建成，包括沪光电影院（1939年）和美商投资改建的平安电影院（1941年）。1941年10月15日，美琪大戏院落成，被媒体誉为"在远东建筑史上开一新纪元"。太平洋战争爆发后，很多影院被迫停业，又不愿进入日伪当局成立的中华电影联合股份有限公司，改演舞台剧。这一时期，沪光大戏院（1939年）、沪东电影院（1942年）、皇后大戏院（1942年）、上海电影院（1942年）相继建成。抗战胜利后，美剧横行，上海各大"首轮影院"均以放映美剧为主。沪光大戏院与金城大戏院合作，以放映国产片的首轮影院为傲，在这里首映的著名国产影片有《木兰从军》《一江春水向东流》《八千里路云和月》《万家灯火》《乌鸦与麻雀》等，并辅之以良好的硬件设施，确立其影院的品牌地位。

文汇报（1938年）。在近代中国新闻出版史上，《文汇报》甫一问世，便以其鲜明的特色赢得读者欢迎。创始人严宝礼瞄准当时上海在日军统制下，原来在读者中深孚盛名的大报《申报》《大公报》《时事新报》等停刊的时机，与几个拜把兄弟集资1万元，实际筹得3000元，把这笔本想贩米的钱用来投资创办《文汇报》。为让该报顺利出版，他们请早年担任英文《文汇报》的英人记者克明领衔，向英国领事馆申请注册，成立英商文汇出版公司。

创办时，他们充分利用停办的《大公报》的印刷设备及其品牌，让报贩在推销时这样叫卖："新出版的报纸，《大公报》出版《文汇报》，看哦！"事实上，严宝礼等几个拜把兄弟投的3000元很快花光，再办下去出现困难，这时由《大公报》出资1万元追加投入，《大公报》成为《文汇报》的幕后操作者，它关注正在进行的中日战争，其战争新闻、社论极有风格。创办的第三个月，发行数扶摇直上，短短半年中，发行量达6万份，一举超过当时国内发行量最大的《新闻报》。其内容鲜明的抗日倾向也立即引起日本人警惕，被敌人多次破坏，国民党试图将这张报纸纳入它的旗下，敌伪通过拉拢克明夺权。在一批有正义的同仁的斗争下，克明无法得逞。创办人不愿与克明缠斗，向英领事馆提出不同意继续出版的申请，核准取消《文汇报》的登记，大义停刊。

抗战胜利后，《文汇报》复刊，但由于其反对内战的立场，国民党当局迫使其于1947年5月停刊，《文汇报》同仁辗转前往香港出版《文汇报》。随着新中国成立，《文汇报》又在上海复刊，这样就有了香港与上海两地不同的《文汇报》，两相辉映，直至今日。

二、外资产业及其品牌

日军占领上海后，在掠夺中国民族本土企业品牌的同时，加紧对公共租界、法租界内以及所属的英美意法等国家的企业品牌的控制。"随着中日战争及第二次世界大战中各方态势的强弱胜负，以及日本外交策略的变化演进，日方时进时退，英美时抵抗时妥协，在太平洋战争爆发前后的上海出演了一幕进逼与妥协不断消长的话剧。"[1] 在太平洋战争爆发前，租界（孤岛）保持中立，

1　李峻：《1937—1945：日伪与上海"第三国"势力》，载《史学季刊》2003年7月第3期，第44页。

日方对孤岛实施"和平封锁",只禁止中国船舰的海上交通运输,对第三国船只并不完全阻拦,太古、怡和、渣华等外商轮船公司的国际航线恢复至战前水平。日方培植并利用由伪市府组织的"反英美同盟""中华民族反英美协会",协助日方与英美争夺经济利益,损害或直接侵占英美等列强在华利益,不少英美企业深受打击,举步维艰。太平洋战争后,日军进驻公共租界,罗斯福码头栈房、浦西太古码头栈房、虹口华顺码头栈房由东亚海运公司接收;浦东隆茂栈房改为三菱仓库;其昌栈房由日本邮船会社接收改为汇山码头;蓝烟囱码头栈房由大阪商船公司接管;虹口怡和洋行经理之公和祥、顺泰两栈房码头,改为日本海军仓库。汇丰、麦加利、花旗等15家英美银行由横滨正金、住友、朝鲜、台湾等日资银行分别代管。英美烟厂等大批英美工厂由日方接管。至1942年3月底,日方接管的英美工业企业达82家,包括慎昌洋行、上海啤酒公司、福利公司、礼查饭店和汇中饭店等。

抗战胜利后,被日军霸占的码头等航运资产、各类工业企业,由中国政府接收后,按政策发还原来的美英等商人之手,恢复经营。以美欧为代表的外商得到了长足发展,例如美商永备电池股份公司、英商永光油漆股份公司、由英商联合利华控制的中国肥皂公司、科发药房等市场表现均极为不俗。英、美、挪威、丹麦、瑞典等国的远洋商船几乎垄断了上海的远洋商船,美远洋商船为最强,主要远洋公司有当时美国最大的航运公司——美国总统轮船公司,其船舶全部以美国总统的姓名命名,如林肯总统号、胡佛总统号等。

中国纺机(1946年)。 1946年10月,官商合办的中国纺织机器制造股份有限公司正式成立,将原有的日商创办的华中丰田株式会社总厂和日本第五机械制作所均纳入其麾下,分别为中国纺织机器制造公司第一制造厂和中国纺织机器制造公司第一制造厂分厂。如果以它们的创办时间为公司创始之日,那么其历史更为久远,追溯至第五机械所的前身"东华纱厂",其于1920年4月创办。1948年,它制造出中国第一台标准式自动织布机。1952年6月,公司机构撤销,第一制造厂与其分厂合并为中国纺织机械厂。1953年,它成功生产出中国第一个粉末冶金制品。1961年，它生产出中国第一台机械式无级变速器。自十一届三中全会后，它积极引进意大利埃尼集团新技术；1992年，它与该公司成立上海中意纺织机械公司；同年，它还引进日本株式会社丰田自动织机制所的先进技术，合作生产先进的喷气织机；也在这一年，它改制为股份制上市公司——中国纺织机械股份有限公司。2002年2月，它进行资产重组，注入优质资产，调整产业产品结构，发展高科技产业，并通过国际合作、行业整合，恢复了在国内的龙头地位。它秉承"工欲善其事，必无利其器"的宗旨，拥有的各类先进生产设备大多数从美国、法国和日本等国家引进，为纺织厂提供专业的纺织设备。目前，公司累计生产的各类织机达90多万台，占全国织机拥有量的85%以上，其中出口总量13万台以上，产品远销海外40多个国家和地区。

第三编
新中国成立与
改革开放

第五章　新中国成立后：改造与自强

（1950—1991年）

　　新中国成立以后，上海品牌经济发展表现出不同于以往的风貌。从新中国成立至改革开放之前，这段时期主要对旧社会的资本主义工商业进行社会主义改造，并开始社会主义经济建设的伟大实践，形成了计划经济时代。而随着十一届三中全会的召开，我国又开始由计划经济向市场经济的伟大转变，在这些大的时代变迁中，一批老品牌有的凋零，有的以新面貌得以顽强地传承下来，并且还有新的发展，甚至脱胎换骨、与时俱进，较好地实现了品牌更新。当然也诞生了一系列新兴品牌，不仅成为上海品牌经济发展新成就的标志，而且也是我国品牌建设的重要标志。

第一节　国家制度建设与城市重新定位

一、行政区划的增减以及人口

　　新中国成立后，上海被中央确定为直辖市，行政区域沿袭民国，辖30个区，分别为黄浦区、老闸区、邑庙区、蓬莱区、泰山区、卢家湾区、常熟区、徐家汇区、长宁区、静安区、新城区、江宁区、普陀区、闸北区、北站区、虹口区、北四川路区、提篮桥区、榆林区、杨树浦区、新市街区、江湾区、吴淞区、大场区、新泾区、龙华区、斯盛区、洋泾区、高桥区与真如区。1958年，原属江苏的上海县、宝山县、嘉定县、松江县、崇明县、川沙县、南汇县、奉贤县、金山县、青浦县划归上海。上海对新划入的与原有的行政区县进行重新调整，在1964年基本形成10区10县格局，10区分别为黄浦区、南市区、静安区、卢湾区、徐汇区、长宁区、普陀区、闸北区、虹口区、杨浦区。10县分别为上海县、宝山县、嘉定县、松江县、川沙县、南汇县、奉贤县、金山县、青浦县、崇明县。人口为502.92万，其中市区人口为418.94万。随着江苏这些县的并入，农业人口增加，市区人口比例相应减少。至1991年，上海总人口为1340万。

二、计划经济制度的建立与向市场经济转变

由于以美国为首的西方国家对新中国进行战略遏制与经济封锁，国家对上海重新定位为工商业城市，即以工业为主、商业为辅。上海从此不再是世界的上海、江南的上海，而是中国的上海。上海按照中央要求，通过"没收官僚资本、建立国有企业、私营企业社会主义改造，公私合营与农村土地制度改革，国民经济发展规划的制定，能源与原材料的供应，生产的组织与实施，产品的销售，财政税收的管理，对投机倒把的打击，对城市人口的控制，对员工的录用、培养、管理，对工资等级的确定、奖金的发放等一系列措施，上海建立了极其完整的强有力的计划经济体制，社会动员能力极强，运行相当有效"。[1] 成为全国性的综合性的工业、港口、科技、文化基地，对我国社会主义建设做出了一定贡献，上海品牌（上海货）行销全国，"1952年，上海调出的商品（生活资料）（供应上海本地市场消费的商品量不包括在内）占全国商品供应总量的25.3%"。[2] 一大批品牌参与三线建设，在行政指令下，以无偿划拨的方式支援内地，包括一批企业整体搬迁内地各省市，各种成套设备、机床装备内地各省市的工业，不少管理人才、技术人才甚至举家迁移内地工作，均可视为上海

1　周振华、熊月之等著：《上海城市嬗变及展望》上卷，上海人民出版社、格致出版社，2010年10月第1版，第28页。
2　《上海经济发展战略》课题组：《上海经济发展战略文集》，1984年10月第1版，第34页。

品牌的异地移植。例如对于东北一汽管理人才、技术人才的无偿支持。再如1956年，信大祥棉布店、已有80多年历史的泰昌百货公司，王荣康、培琪西服店，乔康、柏乐时装店，新丰时装工场，以生产女鞋著名的美高皮鞋店，华懋绒店，国联照相馆等，均整体搬迁兰州市。铸丰陶瓷厂整体迁往河南开封，成为开封搪瓷厂。永和实业公司的月里嫦娥牌牙粉，连同日用化学品的生产设备、技术人员和职工，迁往安徽合肥。中华珐琅厂在改名为中华搪瓷厂后，生产设备整体迁往济南，改名为济南搪瓷厂。原先一批集团型企业品牌，如荣氏企业、中国化学工业社等在全国各地的分厂等分支机构，由于实行属地化管理，全部划为当地政府管理。上海企业及其品牌不再是上海的，而是变成了其他地方的企业及其品牌。企业以及品牌建设严格按照行政区划进行。不仅如此，上海还以资金支援全国建设，自新中国成立至改革开放之初，即"新中国成立三十二年来，上海累计上缴给国家的财政收入（已扣除经国家批准的上海地方财政支出）总额达2000亿元以上。目前上海一地财政收入占全国国家预算内全部财政收入的六分之一，这已为大家所熟知"。[1]

随着改革开放的到来，计划经济向市场经济转变，国内的经济环境发生巨大变化，"不少省、区的轻纺工业已发展起来，市场上许多商品已能自己供应；有的省、区为了保护自己区域内工业的发展，对上海货采取了抵制的政策；有的和上海货展开了激烈的竞争，甚至打入上海市场"。其中有些产品的质量甚至已经超过了上海。据统计，1981年上海调出的商品量虽比1952年增长了7.4倍，但上海供应的商品量占全国市场供应商品总量的比重却下降为9.8%。对此，上海如此认为，"从总体上说，应当全心全意地去帮助内地工业在一定时间内取得迅速的全面发展，这才符合全社会的整体利益。那种从局部利益出发，企图把对方打倒或排挤出'自己'的市场，显然不符合社会主义的原则。"[2] "上海和一般城市不同的特点，首先和主要的就在于，上海是全国的上

---

[1] 《上海经济发展战略》课题组：《上海经济发展战略文集》，1984年10月第1版，第34页。

[2] 同上书，第36页。

海，而不是上海的上海。上海必须腾出手来发展新的工业门类，发展新产品、新材料、新技术、新工艺，成为引进、消化和推广先进科学技术的基地，未来上海对全国的转移是先进的技术、经验的转移。"[1] 上海的产品向"高、精、尖"方向发展，带动我国工业发展到一个新的更高水平。把上海的优势充分发挥出来，上海不仅成为中国重要的先进工业基地，而且要成为全国最大的贸易中心和科技中心，重要的金融中心和信息中心；大力发展服务业，培育服务业品牌，上海从以工业为主的单功能城市向产业结构合理、开放型的多功能经济中心转变。并且牵头成立上海经济区，充分发挥上海在长三角地区以及长江流域的龙头作用，其龙头作用的重要体现便是品牌辐射。

三、体制机制的建立与不断完善

作为品牌建设重要技术监督支撑的质量管理以及知识产权保护与运用，在新中国成立后得到了前所未有的快速发展，摸索建立起了较为完善的质量管理体系以及知识产权保护与运用体系，为计划经济体制以及计划经济体制向市场经济体制转型过程中的上海品牌建设起到了良好的促进作用。

（一）质量、标准、计量工作

就质量管理来说，1949年以前，质量、标准化、计量等基础性工作均极为薄弱。计量方面，清初开始实行"营造尺库平制"，1929年2月，国民政府公布《度量衡法》。1930年9月，上海市政府社会局根据国民政府工商部发布的《全国度量衡划一程序》的相关规定，成立了上海市度量衡检定所，作为其附属机构，负责全市度量衡器具的检查、检定工作。质量监督和质量管理则无专门管理部门，标准化管理则更加付之阙如，处于空白。

1. 计量

新中国成立后，原市度量衡检定所，改隶属市工商局市场处，1954年1月

---

1 《上海经济发展战略》课题组:《上海经济发展战略文集》，1984年10月第1版，第39页。

改为市工商局度量衡管理处。1958年3月，市工商局度量衡管理处改为市工商局计量管理处，归市经济计划委员会管理，同时加强标准化管理工作。1959年1月又改为上海市计量管理处，7月15日，归市科委领导，在全市形成了计量协作网络。1962年8月，在上海市计量管理处基础上正式成立上海市计量标准管理局。随着1985年9月《中华人民共和国计量法》和1988年12月《中华人民共和国标准化法》的先后颁布，我国计量、标准化工作进入法制管理轨道，上海的计量、标准化工作步入新的阶段。坚持与国际对标，至1988年年底，全市采用国际标准数累计达2200项。

2. 质量

在抓质量以及打击假冒伪劣方面，1983年5月，上海市质量领导小组正式成立。1988年12月1日，时任上海市市长朱镕基在全市厂长大会上提出"质量是上海的生命"。1989年3月，在国务院成立国家技术监督局的推动下，在上海市标准计量局和市经委质量处基础上正式成立上海市技术监督局，标准、计量、质量得到了有机整合，使"质量是上海的生命"这一指导方针得到了有效贯彻。1989年第四季度，上海市技术监督局对监督抽查中被判为低劣的31项产品进行处罚。《解放日报》于1990年2月3日以头版头条消息做了报道。1990年年初，上海市财贸办、市技术监督局、市工商局组织联合行动，出动3000多人（次），在全市范围内查处无生产许可证、假冒伪劣和掺杂使假商品。

1990年5月，《中共上海市委关于全党重视抓好质量的意见》中提出"质量是上海的生命"，要求牢固树立"质量第一"的思想，加强对假冒伪劣商品的查处工作；6月，上海市经委、市技术监督局联合发出《关于加强工业企业质量管理的若干决定》，要求各厂由正厂长负责质量工作，提出从严治厂的20条要求；8月，上海市政府发布《上海市产品试行优质优价意见》。1991年4月2日，根据国务院统一部署，上海市开展"质量、品种、效益年"活动，制定提高上海产品质量、工程质量、运输质量、服务质量水平的10项奋斗目标；10月，市经委转发国务院生产办公室《关于暂停对企业的评优升级活动和清理整顿各种对企业检查评比的通知》。从这些发展历程中可知,上海质量管理工作从事后检验式的防守型质量管理到预防型质量管理,再到这两者相兼的全面质量管理,通过优质优价而向价值引导型质量管理过渡。

3. 标准化

在标准化建设方面,各类行业标准组织相继成立,并与国际接轨,如1984年4月,经国家科委批准,上海承办了由国家标准局举办的由国际标准化组织(ISO)为东南亚发展中国家和地区开办的产品认证、实验室认证和质量保证体系学习班。邀请ISO和英、美质量认证专家讲课。中国、斯里兰卡、泰国等8个国家和地区的32名学员参加学习。1989年5月,上海市技术监督局发布《上海市地方标准、企业产品标准的标准号编写方法和标准文件格式规定》。1990年4月,上海市技术监督局发出《关于印发〈上海市标准化成果评审奖励办法〉的通知》。

4. 创名牌

在创优创名牌工作方面,积极作为,1980年11月,上海市政府颁发《上海市工业优质产品的奖励试行办法》。1983年11月16日,上海市创优办公室成立。该办公室由市经委领导,组成单位有市经委质量处、市标准计量局、市工商局、市科技情报所,办公室设在市标准计量局,市标准计量局副局长沈瑞云任主任。市经委、市标准计量局联合编制下达1984—1987年500项创优赶超规划。1986年11月,上海市经委、市标准计量局下达1987—1990年上海市工业产品创优赶超计划。据统计,从1979年起至1991年国家金银奖评选结束的13年中,全市共有35个委、办、局(集团公司)所属企业参加产品创优和赶超活动,有146项产品获国家金质奖,599项获国家银质奖,获奖总数在各省市中居首位,有11年的金、银牌数居全国各省市之首。有1034项产品获市赶超优质产品奖,2754项产品获市优质产品奖,167项产品获市出口优质产品奖。另有3162项产品获部优质产品奖。

在创名牌方面,1983年8月3日,上海评出首批18件上海名牌产品,包括上海牌洗衣机、水仙牌洗衣机、华生牌电风扇、上海牌香皂、裕华牌香皂、蜂花牌香皂、上海牌防酸牙膏、白玉牌牙膏等。1984年7月20日，上海评选出第二批上海名牌产品46种。有回忆文章这样叙述："从第一次名牌产品评选后，第二次评出49种，第三次评出36种，第四次评出58种……1995年起，评选委员会更名为上海市名牌产品推荐委员会。"[1] 亲历者的记忆为49种，与《上海质量技术监督志》的记载相差了3种。

（二）知识产权保护与运用工作

在知识产权保护与运用方面，采取行政保护与司法保护双轨制，其管理与保护工作由多个部门分别履行，主要有国家知识产权局、国家工商行政管理总局、新闻出版总署、国家版权局、文化部、农业部、国家林业局、公安部、海关总署、最高人民法院、最高人民检察院等。

1. 专利

国家知识产权局始于1978年7月，为顺应改革开放，与国际接轨的需要，我国正式开始实行专利制度，具体由国家科委推进。在推进中，国家科委与世界知识产权组织积极沟通，1978年10月，中国政府派代表团出席了在日内瓦召开的国际技术转让行动守则会议。1979年3月启动制定专利法，经过5年努力，第六届全国人大常委会第四次会议通过了《中华人民共和国专利法》，1985年4月1日正式实施。国家科委同时负责组建成立中国专利局，为国务院直属局。相应地，上海专利事业与国家专利事业相同步，1980年3月26日，上海市政府下文筹建国家专利局上海分局。1984年10月，上海市专利管理局成立，具有专利行政管理与专利行政执法双重职能，由上海市科委、上海市经委双重领导，以上海市科委为主，业务上接受中国专利局指导。服务于上海对外经济贸易、技术合作和引进技术工作，全市各企业事业单位迫切要求提供各种形式的专利咨询和查新服务，包括了解外国厂商的专利拥有情况、专利有效情况、评价各厂商的技术先进程度和确定引进对象，制定谈判策略，帮助草拟合同条款，商

1　倪祖敏：《上海市名牌产品第一次评选》，载《劳动报》，2017年12月10日。

权引进价格和支付方式等。自专利法实施以来至1985年11月底，上海地区提出专利申请共750件，举办了三次规模较大的待批专利技术市场。至1985年12月中旬，全市经各专利事务所与三次技术市场签订的合同约有50件，成交额达2072.5万元。市内尚可签订合同的还有20件左右，其中中科院上海专利事务所已签订了13件合同，成交额达14万多元。无论工业专利，还是服务专利均呈现快速发展势头。上海市政府分别于1987年4月制定并发布《上海市专利许可合同管理办法》，于1988年12月出台《上海市专利纠纷调处暂行办法》，上海市专利制度化建设跃上新台阶。

2. 商标

1950年，中央人民政府出台了《商标注册暂行条例》以及《实施细则》，至1950年年底，全国新申请注册商标共有2651只，其中上海申请注册商标数为2000只，占总数的75.4%。1954年10月9日，上海市工商局按照国家公布的《未注册商标暂行管理办法》，制定了《上海市未注册商标登记暂行办法》。"文化大革命"爆发后，上海和全国的商标注册管理工作一度被迫停止。1975年，为适应外销商品商标注册需要，办理商标地方注册（上海注册）。1979年11月1日，根据国家工商行政管理总局发布的《关于恢复全国商标统一注册工作的通知》，上海市工商局停止商标地方注册，恢复国家工商局对工商企业商标注册工作，并在全市建立起一支近千名的质量监督员队伍。1980年，上海市工商局为推动商标注册工作，提高商标设计质量，创立名牌，促进商品出口，举办了"商标设计百花奖"征稿活动。1982年8月23日，随着第五届全国人大常委会通过《中华人民共和国商标法》，我国商标注册管理的重点转向对商标专用权的保护。针对上海市场上出现的对上海著名品牌冒牌现象严重的情况，上海市工商行政管理局加大管理力度。1982年，全市共处理商标侵权、违法案件52件，罚款10.5万元，查获假冒红灯牌收音机13万台，假冒红灯牌标识30余万件。1987年秋，当上海市场上假冒上海凤凰、金兔、乐久、蝴蝶四个名牌羊毛衫商标时，黄浦、卢湾等区工商局果断出击查处，共查获假冒名牌商标的羊毛衫1700多件，涉及经销单位60多家。1990年4月28日，市工商行政管理局印发《上海市查处商标违法案件的试行程序》，于7月1日起施行。1990年，全市共查处商标假冒侵权案件106件，结案85件，收缴和消除商标标识2 583 902只（套），罚款303 552元。

3. 版权

1950年10月，国家出版总署发布了《关于改进和发展出版工作的决议》，决议中就有保护著作权的内容，是上海出版业处理著作权纠纷的依据。1952年，国家出版总署制定了《关于国营出版社编辑机构及工作制度的规定》。1953年，出版总署又做出了《关于纠正任意翻印图书现象的规定》。规定中对保护著作权方面都有具体条款。1958年，文化部制定了《关于文学著作和社会科学书籍稿酬的暂行规定（草案）》，从而将稿酬标准逐渐统一起来。在"文化大革命"中，稿酬制度被取消，也谈不上著作权保护。1982年6月，上海成立"版权研究小组"，归属于上海市出版工作者协会。1985年7月25日，国家版权局成立。是年，上海市出版局根据国家版权局要求，指派专人兼管版权工作，咨询和调处版权纠纷。与此同时，上海的出版社开始与海外的出版商进行合作出版或版权贸易。1987年11月，上海市新闻出版局成立版权处。1988年5月，经上海市编制委员会批准，成立上海市版权处。1990年9月6日，《中华人民共和国著作权法》经七届全国人大常委会第十五次会议通过。1991年5月30日，国家版权局发布《中华人民共和国著作权法实施条例》，并于1991年6月1日起实施。2000年1月3日上海市据此发布《上海市著作权管理若干规定》，于3月1日起施行。与此同时，上海积极开展对外版权贸易，"自1979年至1995年上海共有34家出版单位与美、英、法、日等13个国家及中国香港、台湾等地区的近百家单位（包括出版机构和版权代理机构）有密切贸易往来。至1995年年底，全市共签订涉外（含香港、台湾地区）版权贸易公司866份，涉及作品1506种"。[1]

1　赵婧：《上海对美版权贸易的特点和问题》，载《上海经济》1996年第3期，第56页。

四、科技研发与专业服务的支持

（一）科技研发

自清末以来，上海便成为我国科技研发的重镇，为我国自主品牌建设提供了至为关键的核心技术支撑。上海自主品牌领先于全国，服务于全国，首先以科技研发领先为前提。新中国成立后，为支撑上海科技研发继续对标国际，走在全国前列，上海建立起了较为完善的科技研发体系。1956年2月10日，上海市委将学校工作部改为高等教育与科学技术处，高等教育与科学工作部设置科学技术处，主管本市的社会科学、自然科学与技术科学工作。1958年3月26日，部署编制上海市科学研究规划。同年4月10日，上海市委发布《关于加强科学技术规划工作的通知》，市委科学技术协作领导小组在12日发出《请提出第二个五年科学技术发展任务的通知》，要求提出1958—1962年科学技术发展纲要。10月6日，上海市委科学技术领导小组成立。10月22日，上海市科学技术委员会（简称"市科委"）成立，成立后，一度与中国科学院上海分院合署办公。1978年11月28日，上海市科学技术委员会、中国科学院上海分院和上海科学院（两块牌子，一套班子）同时成立，恢复上海市科学技术协会。1990年5月9日，上海市科技进步奖评审委员会举行1989年度上海市和国家科技进步奖、国家发明奖和星火奖授奖会议，本市获奖80项，在各类获奖总数中均居全国首位。同年10月20日，在全国第五届发明展览会上，上海荣获30块奖牌，包括3金6银21铜，居各地奖牌首位。

在科技研发方向上，始终坚持以攻克尖端技术为导向，建立起16个新技术研究基地，以原子核、计算机、技术物理、电子学和力学5个新技术研究所为重点，较好地夯实了发展成为国家新产品试制和新技术研究的基础。1962年，上海市计划委员会、市科委和市工业生产委员会的负责人组成技术改造指挥部，集中科研院所、企业等各方力量协同攻关，倾力发展"新技术、新材料、新装备、新工艺"。微电子技术、微波技术、传感技术、惯导技术、自动控制技术、通讯和传真技术等等，一批高、精、尖技术的科技产品脱颖而出，先后诞生了国内第一台红宝石激光器、世界上第一个具有生物活力的人工合成蛋白质——结晶牛胰岛素等，填补了国家乃至世界空白。屡创国内第一，例如上海压铸机厂仿制出国内第一台捷克布拉格900立式冷室压铸机，上海航海仪器厂试制成功国内第一种"航海-Ⅰ型"电罗经，上海异型钢管厂试制成功国内第一支波纹管，上海人民机器厂试制成功国内第一台J2120型单色自动胶印机，不胜枚举。自1987年之后，上海市总工会每年举办一次优秀发明选拔赛，每两年举办一次十大工人发明家评选活动，同时与其同步推出一批技术创新标兵、职工技术创新能手。

（二）专业服务

上海市工商联等社会团体、行业协会以及专业服务机构作为品牌建设的第三方，在品牌经济发展中有着极其重要的作用。上海市工商业联合会于1951年2月正式成立。在改革开放以后，它以推品牌为己任，1979年集资组建"上海工商爱国建设公司"，1980年又成立了上海第一个沪港合资企业——联合毛纺织厂。主办或参加"全国各地工商联首届企业商品展览交易会""华东六省一市第一至七届企业会员商品交易会""上海市工商联第一、二届企业会员名特优新产品展销会"等活动。

专业性协会上海市科学技术协会（1958年11月25日）、上海市标准化协会（1980年5月1日）、上海市消费者协会（1986年2月15日）、上海市广告协会（1986年3月27日）、上海发明协会（1986年5月9日）等相继成立。上海工业建筑设计院（1952年）、上海专利事务所（1984年8月）、专业性机构法定质量监督检验机构上海市产品质量监督检验所（1984年11月26日）、上海市标准情报研究所（1986年4月）、上海市商标事务所（1991年9月）等也相继成立。专业性刊物《上海商业》（1985年6月）、《沪港经济》（1985年）、《上海质量》（1986年3月）、《上海工商》（1989年1月）、《上海标准化》（1989年1月）等杂志相继创刊。1986年3月，时任市长江泽民为《上海质量》杂志书写刊名，并题词：

"要紧紧抓住提高产品质量，降低物质消耗这两个环节，不断提高企业素质。"《上海工商》创刊时，江泽民升任中共上海市委书记，为其题写了刊名。《上海标准化》创刊时，时任上海市市长朱镕基应杂志编辑部邀约，撰写了《质量是上海的生命》专稿，刊登于《上海标准化》1989年第1期。上海市工商联主办的《现代工商》于1992年问世。

上海专利事务所成立后，充分发挥上海唯一的涉外专利代理的有利条件，与国际许可证执行人协会等国际组织和美国、日本、西欧等国家和地区的100多家企业和专利事务所建立了业务联系，努力为国外申请专利者服务，初步打开了代理国际专利业务的局面。在我国专利法实施两年内，该所接待近20个国家和地区的近百位客户，共承接专利代理申请案1100多件，其中一半左右是代理国外客户申请中国专利，创收35万美元。

五、在新旧社会形态转换中一批新品牌快速涌现

由于开展公私合营，一批民族资本家经营的品牌转变为国有企业。在政权更迭和新的经济体制模式下，有的品牌不能不被束之高阁，被消失被萎缩，但同时有的品牌不仅得以保留，而且通过对其他企业以及品牌的兼并，发扬光大。得以传承的品牌有华生牌电风扇（1916年）、恒源祥绒线（1927年）、洪长兴餐饮（1891年）等。还有一批文化品牌移往北京，例如商务印书馆、中华书局和三联书店等。

在政治以及新的资源集中下，一些老品牌老树开出新花。例如江南制造局重现辉煌，建造成功我国第一艘万吨轮，江南品牌成为中国高科技船舶的引领者。永久牌自行车（1940年，上海自行车厂）于1949年正式诞生。并且又诞生了上海电气品牌（系中国装备工业的引领者，其前身可追溯至江南制造局，1985年正式以上海电气品牌出现）、上海牌轿车（1965年投入批量生产，上海汽车装配厂）、东风牌柴油机（1947年，原中农公司下属吴淞机器厂，1953年更名为上海柴油机厂，1962年东风牌柴油机问世）、大白兔奶糖（1959

年，上海冠生园有限公司）、红双喜牌乒乓球（1959年，上海红双喜冠都体育用品有限公司）、凤凰牌自行车（其企业前身创立于1897年，1958年为凤凰股份有限公司）。上海品牌依然是中国人时尚的引领者，深受全国人民喜爱。其中不少品牌代表国家出口创汇，如永久牌自行车、上海牌手表和海鸥牌照相机等。

外资企业以及品牌从1843年的强势介入到此时纷纷黯然离场，以各种形式转制为国营企业以及国有品牌。例如，1949年5月，美商海宁洋行由上海市军事管制委员会接管，改名为新华蛋品厂。20世纪50年代初，它重新恢复生产冷饮、糖果和巧克力等。同年2月27日，又更名为华东工业部益民工业公司食品第一厂。1953年6月，再次更名为国营上海益民食品一厂。美女牌冷饮停止生产，代之以光明牌冷饮。这就是现在依然风靡的光明冷饮品牌的由来。中国新乐器昌记制造股份有限公司系德资企业，德商弃厂离沪，由华东工业部轻工业处接管，更名为华东工业部国光口琴厂。沙利文糖果饼干股份有限公司实行军管，更名为沙利文糖果饼干厂，1954年1月1日再次更名，为国营益民食品四厂。英美合资的海和洋行也被实行军管，更名为益民食品三厂，1958年1月15日并入益民食品一厂。

在这一时代以及由此引发的产业变化中，"上海产品行销全国，为国内市场提供了半数以上的商品，并有一定数量出口到东南亚等地，创出了一大批闻名遐迩的名牌产品，尤其是与大众日常生活密切相关的日用轻纺工业品更是在消费者的心目中占有独特的地位。"[1] 1978年十一届三中全会后，国家全力推进改革开放，上海开始构建上海经济区。在此背景下，上海国有品牌辐射长三角地区，涌现了一批"星期日工程师"，还有一批加盟企业，直接带动长三角地区乡镇工业发展，有效地推动了长三角区域经济一体化发展，为日后苏浙一带民营企业品牌快速崛起，长三角地区品牌互融发展奠定了坚实基础。

---

[1] 熊月之主编：《上海通史》第12卷，上海人民出版社，1999年12月版，第137页。

第二节　产业发展及其品牌

新中国成立后，上海市不断调整产业政策，优化行业结构。20世纪五六十年代，上海工业针对规模小、零星分散，轻纺工业比重过大，重工业十分弱小的现状，进行了三次大改组。第一次改组主要对轻纺工业实行裁并改合，利用老厂转产新型产品，按行业组建83个专业公司，建立起集中统一的计划管理体制。第二次改组主要是合并设备落后的小厂、个体工商户，组建大厂，公私合营企业并入国营企业，电子、电机、仪表、手表、照相器材、塑料等新兴工业快速崛起，形成了一批全新的骨干企业，工业门类发展到220个，重工业成为上海工业的主要支柱。第三次改组主要按照把上海建设成为我国先进工业和科学技术基地的要求，依靠科学技术力量，向"高端、精密、尖端"方向全力发展，形成了漕河泾、嘉定、安亭等一批新兴工业区域品牌。《二十世纪五六十年代上海工业的三次大改组》一文对此做了扼要介绍，"到1966年，上海工业生产中所使用的87种主要成套设备，已有78种能自己制造。同时形成了一大批具有填补中国工业门类空白的新的工业部门，如冶金业中的冶炼精密合金、高温合金、稀有金属、特种金属材料和半导体材料等工业；化工业中的合成纤维、激光材料、人工晶体石墨、高温陶瓷、工业陶瓷等工业；机械和电机业的汽车、拖拉机、精密机床、特种电子管、雷达等工业；轻工业中的照相机、手表等工业。"

经过一系列技术力量和生产设备的整合，很多产业都有长足发展，例如文体业、日用化学品业和食品业等，同时涌现了一大批享誉全国的品牌，如红双喜牌乒乓球（上海乒乓球厂）、光明牌食品（益民食品一厂）、凤凰牌自行车（自行车三厂）等，受到国内消费者的极大欢迎。1958年4月，朱德同志连续视察了上海永鑫无缝钢管厂、上海斯美玻璃纤维厂、上海电机制造厂、上海汽轮机厂、上海机床厂、上海锅炉厂、上海化工厂、上海益民罐头厂和上海绢纺厂等，在参观上海工业生产比先进、比多快好省展览会上，他指出："上海的工业产品要搞得漂亮些、精致些，多搞些高级产品、出口产品。不仅要和国内比，特别要和国外比，这对世界人民也是一种贡献。"他又分别致电毛泽东、刘少奇，表达了他相同的意见。"文革"时期，受停产闹革命等大环境的影响，上海市的工业生产受到严重破坏。一些工厂的核心技术人员被打倒，上海各产业的发展举步维艰。

改革开放之后，随着国家经济体制由计划经济向市场经济转型，先进技术的引进，上海诞生了一大批以新技术为核心的品牌产品，如葵花牌冰箱、飞跃牌电视机等。这一时期最鲜明的标志还有金融业的发展，对实体工业提供支持，主要反映为信贷资金支持上海工业进行技术改造和产品升级换代，并逐步由主要支持企业增加产量，进而促进企业提高产品质量，有力地增强了上海工业生产的后劲。特别是银行业等金融机构种类开始多元化发展，金融市场逐渐向外资开放，呈现出欣欣向荣的局面。金融企业在为自身创品牌的同时，也为其他产业品牌发展提供了良好的资本支持。

一、时尚与潮流的代名词（1949—1978 年）

"从1949年5月解放到1978年12月，上海经济经历了五个发展阶段，即国民经济恢复时期（1949—1952年）、第一个五年计划时期（1953—1957年）、'大跃进'和国民经济调整时期（1958—1965年）、'文化大革命'时期（1966—1976年）和两年徘徊时期（1977—1978年）。在这五个发展阶段中，上海经济同全国一样，基本上是在计划经济体制下运作的。虽然在国民经济恢复时期计划经济的色彩相对淡一些，但自1950年2月全国财政会议的召开和颁布《关于统一国家财政经济工作的决定》以后，国营经济很快确立了领导地位，在国家宏观经济调控中起决定性的作用。因此，从广泛意义上来说，这一时期的经济工作属于计划经济体制的范畴之内。"[1] 在整体上，受国家经济发展方针影响，上海

---

[1] 熊月之主编：《上海通史》第12卷，上海人民出版社，1999年12月版，第1页。

重工业增长快于轻工业，工业增加值占地区总值一直为70%以上，消费品工业品牌领先全国。

（一）本土产业与本土品牌

1. 船舶修造业与航运业及其品牌

上海是我国重要口岸和水陆交通枢纽，是著名国际贸易港口。新中国成立初期，上海基本没有自己的远洋运输船队，外贸进出口物资主要依靠租用外轮运输，少量货运业务由中波轮船股份总公司承担。20世纪60年代上海远洋运输公司成立后，上海才开始发展自主经营的国际航运事业。70年代，除了中波轮船股份总公司和上海远洋运输公司，中阿轮船股份公司和上海海运管理局也承担一些远洋运输业务。

中波轮船股份总公司（1951年）。中波轮船股份总公司（简称"中波公司"）的前身是中波海运公司，由中国和波兰两国政府合资经营，创建于1951年6月15日，是新中国成立后最早创建的远洋运输企业，也是新中国第一家中外合资企业。1951年下半年，毛泽东主席在有关部门上报的文件上批示"好好办"。周恩来总理确定其公司名，为公司制定合作原则"平等互利、协商一致"。时任政务院副总理兼财经委员会主任陈云亲笔签发营业执照。总公司原设在天津，1962年迁至上海，波兰格厂尼亚设有分公司，北京设有代表处。公司以自有船舶经营中国与波兰间以及该航线上各港口间的货运业务，为中波两国与东欧各国的外贸运输服务。中波公司初创时期，中华人民共和国交通部与波兰人民共和国交通航运部、邮电部等双方股东投入性能大体相同、平均船龄18年的旧船10艘，约10万载重吨。公司船队冲破了美国和台湾国民党的封锁禁运，开辟了途经三大洋、航程13 000海里的中波航线，为中国和东欧国家承运外贸物资。台湾国民党当局不断进行威胁恐吓，甚至于1953年10月劫持了公司万吨级油轮"布拉卡"号，1954年5月劫持了公司万吨级货轮"哥德瓦尔特"号。1951—1957年期间，公司以自有资金购买旧船7艘，其中油轮2艘，主要承运罗马尼亚康斯坦萨至中国的散油。1958年起，随着帝国主义封锁禁运政策的失败和我国第一个五年计划的完成，我国外贸事业有了迅速发展。中波公司陆续向南斯拉夫、波兰、丹麦和荷兰订造的12艘万吨级远洋杂货船先后投入营运，同时淘汰了原有的8艘旧船。1965年的货运量为81.6万吨，比1958年77.8万吨的货运量增长了4.9%。"文化大革命"开始后，业务发展缓慢，至1976年年底，公司拥有的轮船艘数比1965年年末减少1艘，共为18艘，载重吨增加了1.7万吨，年内运量为64.8万吨，比1966年减少18.4%。

中国的改革开放给中波公司带来了发展新机遇。双方合作走上市场经济轨道，决定无限期延长。在成立五十周年时形成"两个板块"，一是以航运业为龙头的第一经营板块，二是以中方内部为投资主体的多种经营板块。2016年6月，习近平总书记在其发表的署名文章中赞扬中波公司"至今运营良好"。显然，中波公司已成为我国对外开放的示范窗口和经济合作典范，是中波友谊的象征。

上海远洋运输公司（1964年）。为了改变每年为租用外轮运输要支付巨额外汇租金的局面，交通部于1961年在北京设立中国远洋运输总公司。1963年11月，交通部委托上海海运局着手筹建中国远洋运输总公司上海分公司（即上海远洋运输公司，简称"上远公司"）。1964年4月1日，上远公司正式成立，当时只有8艘旧式杂货船，仅6.2万载重吨。6月12日，"和平"号货轮从上海港启航驶向朝鲜南浦，开辟了中朝航线。6月18日，"燎原"号货轮由青岛起锚首航日本，到达门司、东京、神户三港，7月9日返回上海港。是年，上远公司的4艘远洋货船共完成14个航次，往返于上海、青岛、天津、大连与朝鲜南浦、日本东京等7个港口之间。此外，"团结""红旗""建设""真理"号等4艘远洋货船也在当年编入上远公司船队。1966年5月，"文化大革命"开始，刚建立起的远洋运输秩序受到严重干扰，大批技术骨干被调离远洋岗位。到1969年年底，上远公司仅拥有杂货远洋船舶13艘、11.5万载重吨，全年货运量只有121万吨。当时，我国整个远洋船队全年装运的外贸物资，仅占总数的25%左右，其余仍依靠租用外轮。1968年10月，上远公司"红旗"轮首次南下，经过台湾海峡到达欧、亚、非七国，停泊新加坡、达喀尔、利物浦、伦敦、安特卫普、鹿特丹、汉堡、科伦坡等8个港口，历时133天，航程33 294海里，打破了帝国主义对我国海上南北分割的局面。1970年7月，上远公司开辟了上海至北美航线，1971—1975年又先后开辟至南美、地中海、非洲及北欧和东南亚航线。

20世纪70年代初期，周恩来同志提出要大力发展远洋船队，力争5年内基本改变主要依靠租用外轮的局面，并亲自关心解决了发展国内造船工业和在国外造船、买船所需资金的具体问题。国内船厂相继建造了一大批万吨级的"风"字号、"阳"字号杂货船和25吨级的"州"字号散装船，并购买了一批二手散装货船、滚装船和集装箱船。通过采取自行造船和利用国外贷款在国际船舶市场买船相结合的办法，上远公司的远洋船队才开始迅速发展。"1970—1975年，上远公司除装备有我国自行制造的23艘远洋船舶外，还从国际市场上购买了46艘远洋船舶。到1975年年底，共有船舶69艘、92.6万载重吨，1976年年底又增加到船舶82艘、110多万载重吨。"[1]

2. 机械制造及其品牌

1960年年初，为发展机械、电子工业，66家轻纺企业连同78万平方米厂房和5.5万名从业人员，划归机械、仪表电子行业，转产机械和电子产品。发展机电工业，新建上海重型机械厂，扩建电站设备、汽车、机床、工程机械、矿山机械、冶金设备、化肥设备等20多个大型生产企业。提高为全国提供工业装备的能力，机械工业提供的重要装备有255立方米锅炉、5吨和10吨转炉、2300毫米中型轧钢机、5万千瓦火力发电机组、2.5吨合成氨设备、100万大卡透平冷冻机、4.5米立式车床、滚齿机等产品。全国生产的154种主要成套设备，上海能制造130种。

重要的公司和品牌主要有：上海汽车（集团）股份有限公司（前身系1910年，法租界公董局机修厂），上海牌轿车（1959年1月试制成功）；上海电气（集团）股份有限公司（1985年，或2009年）；上海柴油机股份有限公司，东风

1　熊月之主编:《上海通史》第12卷，上海人民出版社，1999年12月版，第173—176页。

牌柴油机。

东风牌柴油机（1962年）。"为进一步推动民族工业的发展，创立自己的品牌，1962年，上海柴油机厂申请注册了具有强烈时代烙印和民族特色的柴油机商标——东风，是行业中最早注册并实际使用的民族品牌。'东风'柴油机一经问世，即以可靠性能和稳定质量创造了国内诸多第一而被喻为中国内燃机第一品牌。20世纪六七十年代，上柴先后援建了贵州柴油机等十多家企业，无偿地向全国各地的柴油机厂提供图纸资料和技术支持，为中国内燃机行业的崛起奠定坚实基础，做出了历史性贡献。"[1]这是计划经济年代特有的品牌延伸，却也因此奠定了它在行业中的龙头地位。当然这一地位的捍卫并不仅仅这一原因，还有更为关键的是它在市场经济中自身的品牌创能方面，一是兼顾国内国际两个市场，不仅做到国内畅销，而且注重国际市场拓展，远销世界几十个国家和地区。二是注重商标保护，通过东风商标对不同类别商品上的注册，有效地遏制住同行中的假冒现象。三是注重质量与技术研发，确保产品的领先性。四是注重售后服务，做到"用户第一，诚信至上"。2000年，被国家商标局认定为中国驰名商标；2005年，被评为中国名牌。

3. 消费品工业及其品牌

（1）轻工制造业及其品牌

新中国成立后上海的制造业发展成绩突出，无论是涉及国家安全重要的大型制造业，还是与居民生活相关的日用品，种类丰富，质量过硬，涌现了一大批名牌产品，在全国有一定的影响力。在第一个五年计划期间，国家实行"以重工业为主、轻工业为辅的工业建设"路线，上海轻工业平稳发展，1958年中央提出重工业与轻工业并举方针，上海轻工业出现快速发展局面。它凭借传统优势，通过依靠挖掘企业潜力和生产技术革新，以向世界先进水平看齐，推动上海轻工业高水平发展，新兴产业不断涌现，新兴品牌不断崛起，是计划经济

1　上海市工业经济联合会：《上海工业老品牌》，2007年7月第1版，第23页。

时代"高、精、尖"品牌的代表，手表、自行车和缝纫机是20世纪六七十年代人尽皆知的"三大件"。

重要的公司和品牌主要有：上海沪工汽车电器有限公司（1956年），沪工牌继电器；上海红心器具有限公司（1956年），红心牌电熨斗；上海天平仪器厂（1958年），上平牌、双圈牌；上海照相机厂（1958年），上海牌照相机、海鸥牌照相机；上海无线电二厂（1960年），红灯牌收音机；康元玩具；向阳牌暖水瓶；上海钻石手表厂（1932年，原名上海德安时钟制造厂），钻石牌手表（1970年）；上海金星电视机厂（上海电视一厂），金星牌电视机；上海上菱电器制造有限公司（1985年6月），上菱牌冰箱；上海双鹿电器有限公司（1979年），双鹿牌电冰箱（1985年）；上海洗衣机总厂（1980年8月），水仙牌洗衣机；上海刀片厂，飞鹰牌刀片（20世纪50年代）；上海民族乐器一厂（1958年），敦煌牌乐器；上海红双喜集团，红双喜牌乒乓球。而人们心目中标准的"三大件"，即上海手表厂生产的上海牌手表（1958年）；上海自行车厂生产的永久牌自行车（1949年年底），或上海自行车三厂生产的凤凰牌自行车（1958年）；上海协昌缝纫机厂生产的蝴蝶牌缝纫机（1946年），或第一缝纫机厂（1924年）生产的飞人牌缝纫机（1936年）。

凤凰牌自行车（1958年）。1956年1月20日，我国最老的车行——1897年创办的同昌车行和上海其他200多家车行、零部件生产商、小铁工厂及个体银匠铺等合并为公私合营的上海自行车三厂，正逢"大跃进"年代，但生产的生产牌自行车陷入困境，全厂上下思考到底什么样的产品适销对路，除了过硬的质量之外，还应有一个能打动消费者的商标。1958年4月12日、14日，上海自行车三厂分别在《解放日报》《文汇报》刊登《征求牌名商标广告》，随后很快收到1000多件应征稿，其中有几位应征者不约而同以"凤凰"图案应征。其中，一位聋哑人周柏人设计的"凤凰"图案，最受欢迎。在全厂职工投票中，90%以上的票投给了这只"凤凰"。周柏人对他的构思这样解释："凤凰好，飞翔轻快，是民间吉祥之物，受人民喜爱。"当时政治挂帅，厂领导为便于通过，避免被人抓辫子，1958年9月13日，在《新闻日报》上刊登征稿揭晓结果为"凤凰""红旗"两个商标图案。1959年1月1日，"凤凰"商标注册。2月，首批试制的1000辆凤凰自行车投放市场，广受欢迎。

自1965年起，凤凰牌自行车在全国自行车行业质量评比中，七次荣获第一名；在20世纪70年代，它需要凭票才能购买。即使如此紧俏，"为维护'凤凰'品牌，上海自行车三厂建立了消费者信件回馈制度，倾听用户意见，在自行车说明书上附上邮资总付的'人民来信'信封。1979年，上海自行车厂三厂又成立了中国第一支全国青年服务队，走访全国市场，为消费者提供优质售后服务"。[1] 1980年9月14日，凤凰牌自行车首次进入欧洲市场，成为中国第一个进入欧美市场的中国自行车品牌。1981年3月，合并上海汽车起重机厂，同年凤凰牌PA18型自行车获国家银质奖；1985年，上海凤凰成立中国第一支骑行队伍，积极推广骑行运动文化；20世纪90年代初，凤凰自行车被选作国礼赠送外国贵宾。它还拥有进出口自主权，海外区域代理遍布东南亚、中近东、非洲、中南美国家及各州，被评为"上海市出口名牌"。1991年9月，荣获首批"中国驰名商标"称号。

1993年7月，上海自行车三厂改组为上海凤凰自行车股份有限公司，于上海证券交易所上市。1995年5月，变更为凤凰股份有限公司。2005年12月7日，凤凰股份正式落户金山。2010年，凤凰引入民营资本，进行体制改革，改组成立上海凤凰自行车有限公司，成为集自行车、电动车、童车以及轮椅车等产品生产研发销售为一体的大型两轮车制造企业；并在上海、天津及江苏三地建立生产制造基地，拥有50条生产制造流水线。

2013年，凤凰提出"新一代选择"发展战略，创建以"休闲、健康、时尚"为核心的产品理念。"爱凤族"成立，他们爱生活、爱骑行、爱凤凰，崇尚低碳生活、号召绿色骑行。推进以专卖店、店中店和专柜为核心载体的终端

1　毛溪、孙立：《品牌百年——沪上百年轻工老品牌》，上海锦绣文章出版社，2014年2月第1版，第107页。

经营模式。构建平面媒介、视频媒介和网络媒介三位一体的品牌推广阵营，积极推广凤凰品牌新文化、新内涵。2015年，凤凰向消费者提出"乐享骑行，智在其中"的主题概念，其研发的智能自行车首次亮相，标志着凤凰向智能领域开拓，开启了凤凰的智能时代，是凤凰发展史上的又一个里程碑。

上海牌手表（1957年）。 新中国成立初期，我国手表工业一片空白。1955年7月，上海轻工业局从上海钟表行业一批有实际经验的制钟技术人员和修表师傅，开始手表产品的试制工作。他们在一无技术资料、二无生产设备、三无原材料的艰苦条件下，经过近两个月的日夜奋战，终于在同年9月试制成功我国第一批共18块"细马"手表。

在此基础上，"1957年，上海手表厂开始筹建，邀请了3位民主德国专家，又从国外引进一批关键的生产设备。前后通过8批样品的试制后，工厂进一步完善了产品结构、技术工艺和生产流程，为国产手表的批量生产打下了扎实的基础。1958年初，上海手表厂正式建厂，并生产出第一批'上海'牌A581型手表，改写了中国人只能修表、不能造表的历史。首批二百多块手表一经上市，便供不应求。在'上海'牌A581型手表投放市场后，周恩来总理也买了一块，并长期使用。现在这只手表陈列在中国国家博物馆内。至1958年年底，该厂共生产手表1.36万块。至1968年，'上海'牌手表产量突破100万块。1972年，'上海'牌手表走时日误差不超过正负30秒，达到轻工业部颁布的一级表标准。1988年，'上海'牌手表产量突破620万块，并荣获国家优质产品银质奖。"[1]

红双喜牌乒乓球（1960年）。 1961年，第26届世界乒乓球锦标赛在北京举行，为了使中国运动员在我国第一次举办的国际大赛上使用自己生产的运动器材，早在两年前的1959年，创始于1928年的上海乒乓球厂便联合有关科研单位，一举研制成功具有世界先进水平并符合国际比赛要求的乒乓器材。那时恰逢新中国成立10周年，同时为了纪念我国著名乒乓球运动员容国团为中国夺得

1　左旭初：《百年上海民族工业品牌》，上海文化出版社，2013年版，第303—304页。

第一个世界冠军，国务院总理周恩来亲自将其命名为"红双喜"，红双喜牌乒乓球从此应运而生。[1]

1966年，公私合营的华联乒乓球厂改为全民所有制的上海乒乓球厂，1995年成立了上海红双喜体育用品总厂，产品线包括了乒乓器材，举重器材，击剑器材，篮、排、足球及体育休闲和健身用品等，品牌进行统一运作。此后合作成立上海红双喜冠都体育用品有限公司，红双喜顺利完成转制。

"红双喜"（DOUBLE-HAPPINESS）转而成为上海红双喜冠都体育用品有限公司用于生产的乒乓球拍产品上的品牌。红双喜商标于1960年注册，1999年被认定为中国驰名商标。红双喜品牌由汉字和英文组合成图形形式。图形为圆形，中心为中国传统的双喜字，并标示其产地中国上海。整个图形浑然一体，字体组合，富含变化，且直观，体现了乒乓球拍的运动特性和现代感。[2] 2000年，国际乒联多数票通过将红双喜标准确定为国际标准，成为世界一流，并成功赞助许多国际性重大乒乓球赛事，包括2000年悉尼、2004年雅典奥运会及多次世乒赛等。在2019年，即红双喜创立60周年之际，旗下包括乒乓器材、羽球器材、足篮排球和举重器材。

（2）纺织服装业及其品牌

在上海各工业行业中，棉纺织业的生产技术、经营管理较为雄厚，纺织工业在这一时期，雄踞上海第一支柱产业，产值和利税分别占上海工业的三分之一和四分之一。在完成社会主义改造之后，开始了较大规模的合并改组，上海的棉纺业由此翻开新的一页，培育出了一批有代表性的企业，例如上海嘉丰股份有限公司，其前身为1934年创建的嘉丰纺织整染股份有限公司，在20世纪60年代形成了"虚心好学、严细成风、一丝不苟、精益求精"的嘉丰风格，其所"生产的38英寸40×40支纯棉府绸，为满足国内外用户厂不同印染工艺和成品不同用途的要求，对坯布从原来上灯光一次验布改为上灯光和下灯光二次检

1　左旭初:《百年上海民族工业品牌》，上海文化出版社，2013年版，第301页。

2　白光:《品牌溯源的故事（下）》，中国经济出版社，2006年版，第197页。

验，由于质量过硬，适应漂白、印花、浅色、深什色等各种染色要求，被用户誉为'万能布'。1963年，嘉丰厂被评为全国公交系统5家勤俭办企业红旗厂之一。1966年、1967年，嘉丰厂被评为全国大庆式企业。1979年，40×40支纯棉府绸在全国第一次质量评比中获棉布第一个国家金质奖"。[1]近年来由于纺织行业所处的整体环境恶化，嘉丰股份棉纺织生产设备陈旧等原因，1996年、1997年主营业务出现巨额亏损，1997年10月15日，它以每股2.6288元，一次性转让给上海房地（集团）公司。还有如上海第五棉纺织厂，其前身为日商丰田纺织一、二厂，创办人为丰田佐吉，其一厂建于1919年，二厂建于1932年。"该厂生产的汗布具有纹路挺凸、布面清晰、手感滑爽挺括等特点。1962年，对口厂织造的鹅牌汗衫成为香港市场上的名牌产品，上海第五棉纺织厂被誉为'名牌针织品后面的无名英雄'。"[2]国内棉纺织业品牌意识在计划经济体制下普遍薄弱，但由于一批纺织品品牌在新中国成立前就已具有的良好国际影响，例如第六棉纺织厂的"蓝凤"、上海新丰印染厂的"白猫"、上海华丰印染厂的"绿牡丹"等，在面对国际市场时，这些品牌依然得以使用。由于这些品牌的"国有产权"性质，由国家计划调控使用，使它们拥有了中国纺织品出口功能。在纺织品出口创汇方面，还先后诞生了龙头（牌）细布、四君子（牌）哔叽、跳鲤（牌）细布、绿牡丹（牌）府绸等，其中跳鲤（牌）细布在香港市场被誉为"大陆跳鲤""中国鲤鱼"。

　　1949—1991年上海服装业在中国服装史上一直占有举足轻重的地位。新中国成立后随着社会风气的转变，西服、旗袍逐渐退出人们的生活，取而代之的是人民装、列宁装、中山装的流行。该时期上海服装业生产资料实现了由私有制向公有制的转变。上海服装业私人资本主义经济通过"公私合营"转化为国

1　《上海企业发展史鉴》编辑部编：《上海企业发展史鉴》，上海科学技术文献出版社，1990年第1版，第1—252页。

2　周振华、熊月之等：《上海城市嬗变及展望》上卷（工商城市的上海1949—1978），上海人民出版社，2010年10月第1版，第96页。

家资本主义经济再逐步向全民所有制转化。上海服装业个体经济通过"合作社"形式转化为集体所有制经济，最后转化为全民所有制的国营企业。[1] 在老品牌老树开新枝的同时，一批新的服装品牌也涌现出来，老品牌开新枝的有司麦脱、开开等，新品牌有大地牌系列风雨衣（1953年）、海螺牌衬衫等。

上海纺织业坚持以把产品开发的重点确定为高档次、深加工，力求形成自己的品牌特色，提高产品的竞争力和附加值为导向，到1991年，上海纺织品共获金质奖38只，银质奖100只，在全国各省市纺织工业中，均居首位。

海螺牌衬衫（1973年）。海螺集团的前身是创建于1950年的上海第二衬衫厂。企业的主要产品海螺牌、绿叶牌衬衫曾分别获得国优金奖和部优荣誉，并在行业中最先采用国际标准生产，具有良好的市场信誉。

上海海螺（集团）有限公司是上海纺织行业知名的国有企业，是一个年销售逾10亿元，产品出口美、日、意等50多个国家和地区的大型男士服饰系列集团企业，拥有"海螺""绿叶""澳隆"和"箭鱼"等品牌。

进入20世纪90年代以来，企业的销售收入以年均30%的速度递增，资产定比增长率保持在年均70%，年产各类服装2000万件（套）。名牌"海螺"高级衬衫，经国家有关部门多次检测证明，实物质量全面达到国际先进水平。海螺牌高级衬衫始终高居上海60家亿元专业商场（店）中外名牌衬衫销售额排行榜的首位。海螺衬衫品牌由"中国"英文首写字母"C"组成"海阔天空"边框，图中是从海水中探出身的海螺形象，标示了品牌的含义，也象征着该品牌产品为高档次的产品。

然而，20世纪90年代初，在国家经济体制向市场经济变革过程中，由于体制固有的惯性和观念约束，产品陈旧，企业背上了沉重的包袱。而此时的服装市场红红火火，蓬勃发展。面对这一严酷的现实，企业领导一头扎到市场中，展开了一次大规模的市场调查。

1　任册：《1949—1965上海服装业发展研究》，东华大学学位论文，2014年，第8—15页。

从调查中了解到这样一个事实：从市场看，服装产品虽然铺天盖地，但真正的高档产品却是凤毛麟角，与迅速增长的高层次消费能力不相适应，一大批"洋"牌服装，借此抢占中国市场，名利双收；从生产企业角度看，参与高中档服装产品竞争的企业量少，在商品供应不足的条件下，一些供应商鱼目混珠，蒙蔽消费者；从企业自身角度看，在国内，拥有无可比拟的优势——历史长、素质好、设备精、管理强，综合水平属一流。

在市场飞速发展的今天，市场需求不是恒定的、凝固的。研究消费者心理，掌握消费趋势是一个成熟企业所必须考虑的。海螺集团通过"机制管人、人管市场、市场管设计师、设计师管产品"这样一个循环，探索产品引导市场、创造消费者需求的途径。几年来，海螺集团不断领先于同类企业，推出精纺羊绒、高支全毛、高支全棉、高支CVC海螺新品及海螺新风格西装等。海螺产品年年都有新的创意，新颖、优质的产品在市场上刮起阵阵"海螺风"。如海螺全毛衬衫刚一面世就成为市场宠儿，供不应求，成为冬季市场男士的首选产品。[1]

（3）日用化学品工业及其品牌

上海的日用化学品工业一直就有很重要的地位，近代风靡全国的雅霜、雪花膏、百雀羚到今天依然有着巨大的市场影响力。新中国成立后，上海的日用化学品有着长足进步。1950年，私营日化工厂为358家，95%以上为中小企业、作坊。为适应工农群众消费，大量生产雪花膏、发油、蛤蜊油。当这些中小企业经营发生困难时，政府及时扶助，例如收购大中华火柴厂滞销火柴千余箱，资助8家火柴厂、火柴梗片厂迁外地，接管明星香水肥皂厂，军管美光火柴公司，成立国营益民油脂公司，等等。1956年，全市私营日化企业实行社会主义改造，公私合营，组建上海日用化学工业公司。300多家厂裁并为47家中心厂和5家独立厂。重要的企业以及品牌主要有：上海牙膏厂（1912年，原为中国化学工业社，1967年更名为上海牙膏厂），中华牌牙膏（1954年）；上海家化联

1　白光：《品牌溯源的故事（下）》，中国经济出版社，2006年版，第189—191页。

合股份有限公司（其前身为1898年创设的香港广生行），美加净牌牙膏、发乳（1962年）等；露美化妆品（1984年），六神特效花露水（1991年）；上海合成洗涤剂厂（1949年），白猫牌洗涤剂（1962年）等。

美加净（MAXAM）（1962年）。美加净是上海家化众多知名品牌的代表之一，诞生于1962年。美加净雪花、头蜡、花露水的相继出现，形成了"美加净"品牌化妆品的雏形。"美丽"加上"干净"的宣称，十分贴切地表现了"美加净"系列化妆品的内涵，让人心驰神往。"美加净更加一份美"的宣传成功地捕捉了新时代人的追求，也为美加净系列化妆品指明了今后的发展方向。[1]即将中国传统美容经典与现代生物科技进行完美结合，不断推陈出新，温柔呵护中国广大爱美女性并为其熟悉和接受，真情真美美加净。目标人群：30岁以上女性。品牌核心：产品的真，肌肤真美，家庭真情。品牌个性：重视家庭、善解人意、有生活智慧、具亲和力。品牌资产：鼓励30岁以上女性对"本真之美，至真之情"的追求。功能性利益：值得信赖、物超所值、基础护理。情感性利益：和孩子的关系更密切、得到丈夫更多的欣赏、更融洽的人际关系、更良好的自我感觉。

20世纪80年代末，美加净品牌的生产线空前巨大，被誉为中国化妆品第一品牌，于1993年注册。90年代初，借助中外合资热潮，上海家化在政府招商引资的指令下，与美国庄臣公司合资成立了露美庄臣有限公司。然而合资后由于经营不善，露美、美加净这两个曾经著名的品牌，市场声誉逐年下降。

1994年，上海家化出巨资回购露美和美加净。1997年，美加净又重新被评为上海市著名商标。1998年，美加净获得"中国驰名商标"称号。

白猫牌合成洗衣粉（1962年）。1949年年初，永星化学工业股份有限公司创建，1951年公私合营，1966年12月改名为上海合成洗涤剂厂。期间几次更名，先更名为上海永星制皂厂，后为永星合成洗涤剂厂。1959年4月，在上海

1　白光：《品牌溯源的故事（下）》，中国经济出版社，2006年版，第326—336页。

轻工业研究所的配合下，试制出中国第一包工农牌合成洗衣粉，当在上海第一百货商店首次上市时，消费者就排起长队购买。更名为永星合成洗涤剂厂后，1960年，在工农牌（商标注册于1951年）合成洗衣粉基础上，经改进生产了浦江牌合成洗衣粉；4月，上海牌合成洗衣粉投产。在这些基础之上，1962年白猫牌合成洗衣粉试制成功。1966年，开始生产白猫牌系列洗衣粉，并成为主导产品。1977年到1990年，先后开发出白猫浓缩洗衣粉、加酶洗衣粉、白猫牌洗洁精、白猫丝毛洗涤剂、白猫喷洁净等新型产品，填补国内空白，多次荣获国家科技进步奖及国优、部优和市优产品奖励。1993年年末，上海合成洗涤剂厂将生产的主体部分与香港新基业合资组建中外合资上海白猫有限公司（中方占73.2%股份，港方占26.8%股份）；1995年10月，按照现代企业制度运行，经上海市经委批准，将上海合成洗涤剂厂母体企业改组组建为上海白猫（集团）有限公司；2006年，白猫集团当时所辖的上海白猫股份有限公司出让部分股权，引入新的大股东浙江新洲集团；上海白猫有限公司引进香港和黄（李嘉诚所有）资金，更名为上海和黄白猫有限公司。

（4）医药制造业及其品牌

由于药厂投资小、收效快、获利大，制药业发展快速，1949年9月，上海全市制药企业为90家，至1952年，短短的三年间发展为281家，其间诞生了华东人民制药公司，它由原日商武田、福寿的制药器械物资、德籍拜耳药厂和中央防疫实验处上海分处合并组成，又在此基础上，成立了上海第一个国营药厂——上海第一制药厂，将拜耳药厂改制为国营第二制药厂，由华东人民制药公司创立的生物制品厂，交卫生部，改为上海生物制品研究所。同时又相继组建了第三制药厂和第四制药厂。第四制药厂以科发药厂为中坚，"原上海第二制药厂的一部分、英商施德之药厂、法商百部药厂、加拿大商韦廉士药厂先合并入；1958年又并入已公私合营的华美药厂、民用药厂等，使其成为以生产抗生素和合成药为主的综合性药企"。[1] 这是一种典型的行政干预下的品牌兼并，带有

1　唐国裕、惠国洋：《上海医药工业发展简史》，载《药学通报》1981年第15卷第3期，第46页。

浓重的时代性，也即部分医药企业个性化的弱化。在这一过程中部分药企由商转工，例如中西大药房改制为中西制药厂，在1959年成为一家以生产抗疟药为主的企业，为新中国控制疟疾做出了巨大贡献，并创立了自己新的品牌形象。

为解决小而散以及品牌弱的状况，在1956年推行大合营之后，至1963年，据上海市卫生局所编的记录这一时期的《上海市医药工业概况（1963）》反映，"上海制药行业进行了裁并改组，生产药品的企业为55家，其中专业生产企业为36家，兼产药品的非专业厂19家"。在60—70年代，又发展至143家，20世纪80年代初，在全国整顿药厂背景下，上海专业制药企业保留为45家，其他类药企为8家，合计53家。在这样的变化中，一批老字号药厂虽然遭遇厂更改的情况，但到改革开放后，又恢复原名，按照市场经济规律塑造自己的品牌。

（5）食品制造业及其品牌

20世纪50年代，新成立了一系列食品公司，主要有光明牌食品（集团）有限公司、上海市糖业烟酒（集团）有限公司（1950年）、上海黄山茶叶有限公司（1951年）、上海大陆酿造有限公司（1952年）、上海第一食品连锁发展有限公司（1954年）、上海老城隍庙五香豆食品有限公司（1956年）、上海冠生园华佗酿酒有限公司（1957年）、大白兔奶糖（1959年）、上海冠生园华光酿酒药业有限公司（前身是英商怡和洋行啤酒厂）。

1949年5月上海解放后，华东军政委员会工业部接管上海粮秣第一、五工场，筹建益民工业公司，两工场分别改为益民食品一、二厂，成为上海市首批国营食品企业。1953年9月，市政府收购英商怡和啤酒厂，改为地方国营华光啤酒厂，改用光明牌商标，转产大众化啤酒。1954年，全市生产啤酒0.32万吨，比1953年增长3倍。华光啤酒厂先后并入远东酒精厂伏特加车间和福利多酒厂。1956年9月10日，市人委接管英商上海啤酒厂，成立地方国营上海啤酒厂筹备处，投资332万元支持上海啤酒厂恢复生产，产品商标改天鹅牌。

1954年，梅林公司在全市食品行业中首先实行公私合营。1956年2月，全市私营食品企业全部实现社会主义改造。全市有食品厂507家。是年，上海市食品工业公司成立。1957年，和上海市冷藏工业公司合并为上海市食品冷藏工业公司，全行业企业合并为16家，有23家企业迁外省市。

光明牌食品（1951年）。1951年6月，华东工业部益民工业公司食品第一厂申请注册了光明牌食品商标，其意源于时任该厂领导、日后担任中共中央总书记的江泽民的倡导和提议。"品牌取形'火炬'，立名'光明'。其名'光明'，充分体现'解放了，天亮了，新中国一片光明了'，完全吻合解放伊始人心向往光明之情；其形，立意深远：中间是熊熊燃烧的火炬，周围光芒四射，熠熠生辉，后又增加为56根射线形成四射光芒，代表了中国56个民族，如喷薄而出的旭日。它是一种象征，更是一种昭示。"美国作家罗伯特·劳伦斯·库恩在其所著的《他改变了中国——江泽民传》一书中对于这一情节如此记述："作为益民食品厂的首脑，江实施了新的政策和计划。'美好牌'商标被废弃了，取而代之的是新的'光明牌'，这反映了从资产阶级的政治转变。今天，'光明'仍是食品行业最知名的品牌之一。"[1] 益民食品厂的前身是美国商人海宁生在1913年创建的海宁洋行，加工经营蛋品。1926年，始产美女牌冷饮。1930年，增加生产甜心牌糖果、巧克力和口香糖等。在抗战时期，一度被日本明治株式会社接管，1947年由国民党联勤总部收购，旋即与第一粮秣厂合并，为联勤总部上海粮服实验厂。1949年改组为第一粮秣厂，生产军用粮食，再发展生产美女牌冷饮等食品。1950年，由人民政府接管，更名为国营上海新华蛋品厂，又马上更名为华东工业部益民工业公司食品第一厂。1953年6月26日，改为国营上海益民食品一厂，直接隶属于轻工业部工业管理处。这一期间"另一家生产'梅林'牌罐头的食品厂与益民食品厂合并，也受江泽民领导"。[2] 至1958年，先后有益民食品三厂、华懋制罐厂、康可迪糖果厂等10多家厂并入。1954年，所产梅林牌罐头

1　[美]罗伯特·劳伦斯·库恩:《他改变了中国——江泽民传》，上海译文出版社，2005年1月第1版，第55页。

2　[美]罗伯特·劳伦斯·库恩:《他改变了中国——江泽民传》，上海译文出版社，2005年1月第1版，第55页。

开始出口到美国、日本、瑞士和民主德国等28个国家和地区。

光明牌棒冰赶在1950年盛夏来临之前问世，一问世，厂领导带领职工走上街头，打腰鼓，扭秧歌，发传单，做品牌宣传。还把一辆旧卡车改装成宣传车，上街宣传，并一路行至闹市中心"大世界"，广而告之，打出"中国人食用中国货"等口号，令光明牌声名鹊起，当年销量超过美女牌冷饮，并很快取而代之。光明牌不但开创了中国冷饮民族品牌的先河，还开创了一个"光明"食品工业的新时代。1997年12月28日，"光明"由一个产品品牌跃升为企业字号，即光明食品有限公司，以"高举光明火炬，再创世纪辉煌"为奋斗目标。2004年11月8日，组建光明食品（集团）有限公司，收购了光明乳业在光明食品有限公司中的50%股权，重新恢复为上海益民食品一厂有限公司。上海益民食品一厂有限公司以生产光明牌冷饮和速冰食品为主。光明食品（集团）有限公司成为中国食品业巨头之一，集现代农业、食品加工制造、食品分销为一体，具有完整的食品产业链综合体，2015年实现营收1474亿元。近年它征战海外，通过品牌并购，收归旗下的新西兰新莱特乳业公司为新西兰主板上市企业。并下辖光明乳业、金枫酒业、梅林股份和光明地产四家中国A股上市公司。致力于成为上海特大城市主副食品供应的底板，安全、优质、健康食品的标杆，世界有影响力的跨国食品产业集团。

4. 商业服务业及其品牌

上海解放后，商业发展首先是有效地平抑了四次涨价风，努力稳定市场，保障供应，安定人心，全面接管、接收国民党政府的商业、贸易机构和官僚资本主义商业、贸易公司。对私营零售商业全面公私合营。迅速建立起国营商业公司体系，分设百货、食品、医药、木材、煤建、纺织品、酒类专卖等国营专业公司。新中国成立前建立起的民族品牌转而全部成为国营品牌。在生活资料类型的商品供应上，采用凭证供应，先是在1953年，粮油凭证供应；继而在1954年，棉布、絮棉、煤油等也凭证供应，之后猪肉、食糖、肥皂、碱、鸡蛋、水产、蔬菜、糖果、糕点、卷烟、自行车、手表等均纳入凭票证供应的范畴。据统计,三年困难时期至1962年,凭票证供应的商品达92种。1963年,随着国民经济恢复,一些商品才退出凭票供应。上海的商品流通,以及上海与全国的商品流通,主要以调拨制的方式进行。上海市场的价格不再如40年代像过山车般波动,恶性通货膨胀成为历史遗迹。在这种制度下,上海的各种工业产品销往全国各地,以其质量风靡全国。但也导致上海商业徒生安勉之心,在计划经济向市场经济转变中,在改革开放初起之时,显得不那么适应,一批老字号品牌显示出明显的衰败之势。

（1）餐饮业及其品牌

"餐饮业在新中国成立以后,伴随着上海社会经济进步和发展,在行业规模、经营门类、管理水平、社会影响等方面都发生了深刻的变化,取得了具有历史性、跨越性和巨变性的伟大成就。1949—1955年社会主义改造餐饮业经营困难,发展受阻。1956—1965年全行业实行公私合营,调动了企业和职工的经营积极性,1956年全行业经营户数有4095家,营业额为1.04亿元。'文化大革命'时期干扰和破坏了餐饮业的发展。"[1] 饮食服务业以帮别全、烹调优、门类多、技艺精而闻名海内外。改革开放以后,民营餐饮业异军突起,不仅与老字号餐饮业并驾齐驱,而且在市场拓展方面,明显优于国有体制背景的老字号餐饮业。传统计划经济属性下的国有老字号餐饮业活力不足。

上海沧浪亭(1950年)。上海沧浪亭点心店创建于1950年5月,创始人系苏州观前街某绸布店店员王寿平。尽管他不是餐饮界人士,但他懂得如何做生意,一傍名园,沧浪亭取名于赫赫有名的苏州园林中名园沧浪亭,沧浪亭乃苏州园林中最古老的园林。二傍名人,有不少大诗人为它留下名篇佳作,例如北宋文学家欧阳修创作的《沧浪亭》。该园创建者苏舜钦,系北宋集贤院校理,在汴京遭贬谪,翌年流寓吴中而建该园,自号沧浪翁,也是当时著名诗人。在具体经营中,王寿平注重接待文化界名人来店,有书画家吴湖帆、刘海

1　陈娟娟:《上海餐饮业60年历史回顾》,载《商业企业》2009年第6期。

粟、钱君匋，沪剧演员解洪元、王盘声、丁是娥等，京剧大师梅兰芳，还有荣氏家族成员等。沧浪亭匾额由吴湖帆题写，可惜在"文革"中被毁，现在牌匾上的字出自钱君匋之手。三傍名师，刚开业时，沧浪亭店址一带较为冷清，生意清淡，王寿平特聘姑苏城苏式面点高手周金青，由他主理沧浪亭的苏式面点以及糕点，推出带有徽菜特色的三虾面等系列名吃。四傍苏州名点，采用苏州名点制作技艺，仿制苏州各类形神兼备的名点，并且有所创新，例如制作的苏州风味糕团，采用传统石磨粉工艺，做到粉末细腻，以手工揉捏，小锅蒸透，不霉不裂，比之于苏州那些名点更有特色。五用苏州特产，所制面点糕点菜肴尽量采用苏州特产，所制三虾面采用的是太湖的虾，芡实采用的是太湖的水生植物。王寿平尽可能将姑苏的面点以及糕团的品牌效应发挥到极致，并以此著称，真正做到"自产苏式四时糕点，用料讲究，精工细作。糕以软糯、香甜、皮薄、馅多而闻名，有'名师妙店姑苏情，吃面品糕沧浪亭'之喻"。[1] 自1990年引进菜肴，现已形成自己的独特风格，自创的三虾面至今独家经营，特色面点有葱油肉丝面、虾蟹面、百果松糕、条头糕、三鲜鱼肚、蟹粉口蘑等数十个品种。特色菜肴有南塘鸡头米汤等。据有的沪上美食家言，它的特色正在流失，令消费者满心而来，失望而归，名不副实，向沧浪亭发出了警醒的声音。

开业至今60余年来，沧浪亭获得中商部的"金鼎奖"荣誉，被命名为中华餐饮名店，是上海餐饮业著名传统品牌企业。2006年，商务部重新认定中华老字号时，沧浪亭被第一批重新认定为中华老字号企业。2009年，它又被命名为上海市著名商标、上海市中小企业品牌企业。

（2）商业、会展业及其品牌

1949年上海解放初，全市有230个商业行业，近10万家商号、10万余个摊点，商业服务业从业人员30万余人，摊贩20万余人；批发企业近1万家，约占全国的三分之一，各地驻沪申庄2000余家；尚有24个物品交易所、30余个茶楼

---

1 《财经大辞典》第2版编委会编：《财经大辞典》第4卷，中国财政经济出版社，2013年10月，第323页。

茶会市场。零售商业点多面广，万余家烟酒糖茶、糕点等专业店和杂货店遍及大街小巷。1949年10月20日，创立了新中国成立后第一家国营百货商店，即上海市第一百货商店股份有限公司，迅速成为全市乃至全国百货大店的排头兵。新开设并迅速成为品牌的店还有专业商店，例如南京路时装商店（1956年），其旧址为先施公司，创立后，1966年9月改名为上海服装商店，1985年再度更名为上海时装公司。上海商业在开埠后百余年的发展中创造和积累了许多经验，对全国商业发展具有相当影响。[1]

会展业伴随改革开放的步伐快速发展。20世纪80年代初期以及之前，上海的专业会展公司寥寥无几，每年举办的大型会展不过十来个。这一时期，我国境内举办的展览基本都以宣传性质的成就展为主，主要会展品牌有"上海工业展览会"。改革开放之后，"成就展"开始改为经贸展（摊位展）；以场馆、展览会项目和展览服务为主的展览行业初步形成规模。但至1990年，上海每年举办的展览会还仅为40个，展览面积仅为10万平方米，但会展场馆品牌开始崛起，例如上海展览中心、上海农展馆等。

上海展览中心（1955年）。 在上海人的记忆里，上海展览中心是全市人民瞩目的地方，不仅仅因为其俄罗斯风格的建筑雄伟典雅、装饰华丽，在上海建筑群中独具一格，在1989年被评为"1949—1989上海十佳建筑"，1999年被评为"建国50周年上海十大金奖经典建筑"，2005年被评为上海市第四批优秀历史建筑，载入上海建筑史册，更因为它是新中国成立后上海建成最早的会展场所。它的原址是清宣统二年（1910）英籍犹太人哈同的私人花园——爱俪园，俗称哈同花园。后因园主相继亡故，无人主持，被侵华日军侵占以及火灾等变故而被破坏殆尽。在上海解放时，花园已成废墟。1955年3月5日，上海市在此建成上海解放后第一座最大建筑物——中苏友好大厦。1959年成为常设的上海工业展览会会址。1968年5月，中苏友好大厦改名为上海展览馆；1978年9月，

1　上海通志编纂委员会编：《上海通志　第4册》，上海社会科学院出版社，2005年4月第1版，第2478页。

改名为上海市工业展览馆。1984年6月，再度更名，即上海展览中心。

自建成以来60多年间，这里举行过众多重大的政治、外事活动，接待过党的三代领导人以及数十位外国国家元首、政府首脑，全市重大的政治活动在此举办。每年还组织和举办数百次国内外展览会和许多国际著名品牌的商业推介活动，是上海市重要的政治、经济、科技、文化活动中心和对外交流的窗口之一。

它坐落在繁华的南京西路和交通主干道延安中路之间，具有十分优越的地理条件。历经多次扩建改造，其主体建筑形成了"南展北会"的新格局，现有展览面积2.2万平方米，有大小40多个能分别容纳数十人至上千人的多功能会议室和会议厅。南部由序馆、中央大厅、东一馆、西一馆和西二馆组成展览区，北部以友谊会堂和东二馆组成会议区。两个区域既相互独立，又相互联系，能分能合。坚持以诚信、优质、高效和卓越为服务理念，推动上海会展业发展。

上海农业展览馆（1959年）。上海农业展览馆成立于1959年，是当时上海仅有的两大场馆之一（上海工业展览馆、上海农业展览馆）。这里举办了数百次各种类型的农业展览，曾接待过五大洲近百个国家的专业参观团及国家元首。目前是上海市人民政府农业委员会直接领导的公益性事业单位。主要承担上海现代都市农业发展成果等的推广、宣传和普及，促进上海市现代农业国际交流，举办承办各类公益性农产品展会，为全国各地农产品进入上海市场提供展示展销平台等职能。现场馆面积12 000平方米，其中展览面积7600平方米，可容纳300多个国际标准展位。其自创展览品牌为"上海新春农产品大联展"，一年一度为全国农民搭平台，推销他们的名优特农副产品，为上海人民送年货。

5. 金融业及其品牌

1949年上海解放后，上海滩的官僚资本银行被解放军接收，"上海地区依法应予以接管的官僚资本金融机构计有银行18个单位，保险公司19个单位，印制钞票工厂6个单位，另外还有特派员监督的官商合办银行5个单位"。[1] 该时期在上海设立一系列分行，包括中国人民银行上海分行、中国银行上海分行（1949年）、中国人民建设银行上海分行（1954年10月）、中国农业银行上海分行（1963年12月）。对私营银钱业，如行庄，严格监管，予以淘汰，"在私营行庄集中倒闭过程中，政府主观上是听其自然的，因为从基本上来看，依靠通货膨胀与卖空买空的私营行庄的削弱与淘汰是必然的趋势，是新社会主义金融事业建设过程中的必经之路"。[2] 至1950年5月，被淘汰的保险公司有长华等华商30家，友邦等外商9家。至1950年9月，典当行被淘汰的有109家。新华储蓄银行、中国实业银行、中国通商银行、四明银行、建业银行均实行公私合营。人民银行总行于1951年1月决定这5家银行建立联合管理机构——联合总管理处，并以此为样板整合上海其他私营银行。1952年，完成了私营金融业社会主义改造。

1949年5月30日，中国人民银行在上海成立华东区行和上海分行。1952年5月按行政区划设立银行区办事处，当时上海有中国人民银行上海分行直属业务部4处，区办事处29处，1954年中国银行上海分行改称为中国银行上海市分行。"文化大革命"中，1971年7月1日人民银行上海市分行及所属各区银行办事处与同级财政局合并办公，对外称财政局。在这期间，银行职能大大削弱。1978年4月，财政局与银行重新分设。1984年4月1日开始，人民银行上海市分行将原来经营的有关工商业银行业务全部划交新建的中国工商银行上海市分行。从这时起，人民银行上海市分行的职责是根据国家金融方针、政策和信贷计划，对本市金融机构进行管理、监督、稽核。1987年4月，人民银行接管由工商银行上海市分行在境内建立的资金市场，后改称上海融资中心，办理金融

1　上海市政协文史资料编：《上海文史资料选集——外滩金融史话》，上海人民出版社，1983年版，第436页。

2　周振华、熊月之等著：《上海城市嬗变及展望》（上卷）工商城市的上海（1949—1978），上海人民出版社，2010年10月第1版，第187页。

之间的拆借业务。[1]

6. 工业制造业及其品牌

上海工业自近代以来经过一个世纪的发展，在新中国成立以前就已成为我国的工业中心。当时全市工业已有88个行业，大小工厂2万多家，职工达58万多人，工业产值约占全国的五分之一，其规模在全国居于首位。新中国成立后，中国人民解放军上海市军事管制委员会（简称上海市军管会）采取一系列措施，恢复和发展工业生产，接管前国民政府在沪工业企业，并转变为国营企业。总计接管各类工厂81家、管理服务机构58个、固定资产11.7亿元，涉及从业人员8万余人。这些企业包括中国纺织建设公司、中央工业实验所、亚细亚钢铁公司、上海钢铁公司、江南造船所、中央造船厂筹备处、冷铸车轮厂、闵行通用机器厂、中央电工器材公司、中央无线电公司、中国农业机械公司所属的虬江机器厂和吴淞机器厂，还有中央化工厂、耀华玻璃厂等。

重工业优先发展，产业结构发生显著变化。1953—1957年，国家实行第一个国民经济发展五年计划。期间，在国家没有安排上海一个国家重点项目的情况下，按照中央对上海要发挥老工业基地作用，为市场提供更多轻纺产品，从各方面为国家重点建设出力的要求，组织21万名上海工人（其中技术人员0.54万余人、技工6.3万人）落户外省市，支援外地建设。272家轻工、纺织等工厂迁内地，为当地培训艺徒3.6万人，为"一五"计划国家重点工程提供大量的配套设备。其中，向鞍山钢铁公司30家工厂提供78种产品，向第一汽车制造厂提供43种产品，向西北油田提供400多种机械配件等；为内地轻纺工业提供大量装备，其中纺织机械可装备16个大型棉纺厂、30个大型织布厂。

第二个五年计划期间，全市工业投资27.03万元，重工业占86.7%。期间，继续调整全市工业地区布局，大批企业新建和改造项目向市郊发展，形成闵行、吴泾、嘉定、安亭、松江、吴淞、桃浦、彭浦、高桥、漕河泾等多个卫星

1　上海市政协文史资料编:《上海文史资料选集——外滩金融史话》，上海人民出版社，1983年版，第461页。

工业城镇和工业新区。同时，因"大跃进"运动，工业生产和建设追求高速度，造成损失。1963年，根据中共上海市第三次党代会议提出的把上海建设成为全国的一个先进工业和科学技术基地的要求，广泛开展发展新技术、新工艺、新材料、新设备的"四新"活动。1966—1976年"文化大革命"的发生，对上海工业产生重大影响。上海工业发展规划被打乱，工业技术水平与国际先进水平差距增大，上海工业现代化的进程延缓。大部分企业的管理规章制度被破坏，产品质量下降，到1976年，全市主要工业产品质量达到历史最高水平的只有39.5%。

　　同时，因上海工业在"文化大革命"前积蓄的后劲，上海工人的努力，国家对上海工业的支持，全市工业生产仍有增长。1976年，全市工业总产值447.44亿元，比1965年增长1.35倍。工业技术取得进步，炼钢普遍应用纯氧顶吹转炉，兴建年产110万吨生铁的梅山冶金公司。上海炼油厂原油加工能力从100万吨提高到400万吨，兴建全国首家以化纤产品为主的石油化工综合企业上海石油化工总厂。制造成功12.5万千瓦和30万千瓦双水内冷发电机组。成批生产万吨级远洋运输船。增加涤棉混纺织物、手表、缝纫机、照相机产量，发展电视机工业。1976年后，全市工业进行恢复性整顿，调整企业领导班子，恢复合理的规章制度，提高产品质量和降低消耗，绝大多数主要产品质量恢复到历史最高水平，消耗创历史最低水平。[1]

　　就钢铁业而言，1949年，全市钢产量5233吨，钢材产量15 040吨。第一个五年计划时期，主要靠发挥老企业潜力发展生产。同时，投资2500万元，分别在上海第一、第三钢铁厂建酸性转炉车间和碱性转炉车间，增建一座15吨平炉。1957年，全市钢、钢材产量分别增至51.81万吨、60.5万吨。第二个五年计划时期，全行业进行革新、改造、挖潜，拓展新的生产领域，提高生产能力。1958年起，投资4亿元，扩大钢铁生产能力。1959年，上钢一厂建高炉车间，

1　上海通志编纂委员会编:《上海通志　第3册》,上海社会科学院,2005年4月第1版,第1838页。

用2座255立方米高炉炼铁，1970年2座1060立方米高炉投产。上钢一厂、三厂4座小平炉改造为百吨炉，转炉从酸性炉、碱性炉发展为氧气炉。以上钢五厂、三厂和上海钢铁研究所为龙头，建成全国重要的特殊钢生产基地。建成一批轧钢新项目，新增板材、管材、线材、带材生产门类，特殊钢原料生产厂上海铁合金厂和上海碳素厂。1969—1978年，投资4.17亿元，在南京建成梅山炼铁基地，提供炼钢生铁和铸铁生铁。1978年，全市生产钢476.52万吨、钢材360.08万吨、铁149.86万吨（含梅山产量）。[1]

宝钢（1977年）。 在宝钢的官方网站首页有这样几行醒目的文字："走别人没有走过的路，达到只有我能达到的高度。""在城市中热爱自然，城市自然也喜欢我们。""世界不会停止提问，我们用爱来回答。""用智慧让彼此更美好，因为我们在一起。"作为一家专事钢铁生产的企业，它用拥有温度的语言来阐述它是谁，它将向何处走去。钢铁并不是冷冰冰的，奔腾的钢水即使凝固了，依然有着一颗滚烫的心。宝钢于1977年12月成立，时为上海宝山钢铁总厂，1993年7月，更名为宝山钢铁（集团）公司。1998年1月，宝钢在全国冶金企业中率先通过了ISO 14001国际环境管理体系标准的审核认证注册，标志着宝钢在环境管理方面达到了国际水平；同年11月，与上钢、梅钢合并，成立上海宝钢集团公司，人们在习惯上将其称为"宝钢"。

2000年2月，宝钢股份由上海宝钢集团公司独家创立；同年12月，在上海证券交易所上市（证券代码：600019）。2017年2月，完成吸收合并武钢股份后，宝钢股份从此拥有上海宝山、南京梅山、湛江东山、武汉青山等主要制造基地，在全球上市钢铁企业中粗钢产量排名第三、汽车板产量排名第三、电工钢产量排名第一，是全球碳钢品种最为齐全的钢铁企业之一，成为全球领先的现代化钢铁联合企业，世界500强之一。

宝钢在发展中注重创新能力的培育，积极开发应用先进制造和节能环保技

1　同上书，第2173页。

术，建立起了覆盖全国、遍及世界的营销和加工服务网络。公司自主研发的新一代汽车高强钢、电工钢、高等级家电用钢、油气管、桥梁用钢、热轧重轨等高端产品处于国际先进水平。

展望未来，宝钢一以贯之聚焦钢铁主业，大力拓展智慧制造和欧冶云商钢铁生态圈平台化服务，强化"成本变革、技术领先、服务先行、智慧制造和城市钢厂"五大能力，努力实现成为"全球最具竞争力的钢铁企业"和"最具投资价值的上市公司"的战略目标。以"创享改变生活"为使命，致力于为客户提供优异的产品和服务，为股东和社会创造最大价值，实现与相关利益主体的共同发展，完美诠释"创新、协调、绿色、开放、共享"的发展理念。

7. 文化产业及其品牌

随着国家安定，人民对文化的要求不断提高，上海文化事业与文化产业发展较为迅速，涌现了一批深刻反映社会主义主流价值观的文化品牌。电影有《南征北战》（1952年）、《梁祝》（1954年）、《红色娘子军》（1961年）、《渡江侦察记》（1954年）等，文学刊物有《上海文学》（1953年）、《萌芽》（1956年）、《收获》（1957年）、《故事会》（1963年）等，小说有《上海的早晨》（1958年）、《伤痕》（1978年）等，话剧有《激流勇进》（1963年）、《于无声处》（1978年），音乐有小提琴协奏曲《梁祝》（1959年）、交响乐《红旗颂》（1965年）等，大型活动有上海之春国际音乐节（1959年）等。沪剧有《罗汉钱》（1952年）、《芦荡火种》（1958年）等，越剧有《红楼梦》（1962年）、《祥林嫂》（1962年）等，文化设施有上海文化广场（1952年）等。

故事会（1963年）。《故事会》是上海文艺出版总社的一本旗舰刊物，1963年7月创刊，2004年改为半月刊。《故事会》于2003年11月开始试行半月刊，2004年正式改为半月刊。分为红绿两版，其中绿版为上半月刊，红版为下半月刊，绿版每月8日出版，红版每月22日出版。作为仅有114个页码、32开本的杂志，是中国最通俗的民间文学小本杂志，也是中国的老牌刊物之一，先后获得两届中国期刊的最高奖——国家期刊奖。1998年，它在世界综合类期刊中发行量排名第五。

步入新世纪以来，市场上杂志、报刊出现井喷式增长，行业当中的竞争力也越来越大。而新媒体出现以后，纸质媒体的未来受到很大程度上的质疑，许多纸质媒体也逐渐地走向衰退。但是《故事会》杂志在激烈的市场竞争环境中，经受住了考验，至今保持460万余份的发行量，不仅为中国文化类杂志之冠，而且一直名列世界大印量期刊的前列，也因此荣获包括中国书刊最高奖——国家期刊奖在内的十多项国家与国家专业级大奖，而杂志本身又发展成一个书刊音像合一、规模可观的有限公司。累计毛利6亿多元，仅近10年即上缴集团纯利4亿多元。

《故事会》杂志曾获奖无数。2003年1月，《故事会》获第二届"国家期刊奖"。2005年1月，获第三届"国家期刊奖"。2008年7月，由《哥伦比亚新闻评论》（*Columbia Journalism Review*）中文版发布的2008"世界媒体高峰会暨（首届）传媒行业中国标杆品牌"中，《故事会》杂志被评选为"故事类期刊"的标杆品牌。2009年，《故事会》商标第四次被评为上海市著名商标。2010年，《故事会》荣获上海名牌称号，并获第二届中国出版政府奖期刊奖提名奖。2013年，《故事会》荣获第三届中国政府出版奖期刊奖。[1] 2014年下半年，故事会公司先后创刊漫画子刊《漫画会》和《故事会》文摘版。2015年下半年，介入新媒体业务领域，其微信公众号粉丝突破32万，其搜狐新闻客户端下载用户超过700万，并探索建立"原创+跨媒体+资本"的全新商业模式。

二、向市场经济转型（1979—1992年）

1978年，党的十一届三中全会成功召开，我国走上了改革开放的道路，把工作重心转移到经济建设上来，逐渐突破僵化的计划经济体制。党和国家领导

1　方惠萍主编：《重塑老商标辉煌》，上海三联书店出版，2006年4月第1版，第77—80页。

人注意到，要发展现代化，市场化程度必须不断加深。1979年，我党领导人民在实践中摸索，实施以市场为取向的改革方针。1981年，党的十一届六中全会通过的《关于建国以来党的若干历史问题的决议》提出"以计划经济为主，市场调节为辅"的理论，市场化进程进一步加快。1987年，党的十三大提出"社会主义有计划商品经济的体制应该是计划与市场内在统一的体制"的观点。"1978年党的十一届三中全会以后，上海对自身的发展路子做了深刻的反思，战略思路逐步调整，但是，20世纪80年代的上海经济发展步履仍然十分艰难。1990年4月，党中央、国务院宣布了开放浦东的战略决策，为上海的发展带来了新的契机。"[1]

党的十一届三中全会之后，随着国家经济体制的不断改革，上海开始向全国最大的经济中心城市转型，同时也开始由计划经济向市场经济转型。上海品牌，或以联营方式，或以贴牌加工方式，在苏浙一带设立分厂。还有通过"星期天工程师"方式，对苏浙乡镇企业给予技术支持以及管理输出。这些方式直接带动了苏浙乡镇经济发展，为日后苏浙经济腾飞奠定了基础，例如浙江纳爱斯原是上海白猫的加工厂，雅戈尔是上海开开的加工厂，杉杉（原宁波甬港服装厂）原来也是上海服装企业的加工厂（1999年年初，杉杉集团总部由宁波搬迁至上海浦东）等。

"20世纪90年代，上海的科学技术快速发展，各种新产品层出不穷，而一些传统的生活用品的市场需求日益萎缩。如制冷空调上市，各种电扇产品经久不衰，人们手摇扇子的机会越来越少；在人们大量使用打火机和点火器后，上海火柴厂的传统品牌产品'生产'牌火柴，受到了前所未有的挑战；餐巾纸的问世，使一些制作精美的'飞鱼'牌手帕等逐渐被淘汰。"[2]上海的品牌建设开始跟不上时代的步伐，品牌意识显得有些淡漠，不仅反映在实际工作部门，研

1　熊月之主编：《上海通史》第12卷，上海人民出版社，1999年12月版，第298页。

2　左旭初：《百年上海民族工业品牌》，上海文化出版社，2013年第1版，298页。

究机构也莫不如此。

"六五"（1981—1985年）计划要求，上海侧重于外引内联，"立足本市，依靠全国，面对太平洋，通向全世界"，未见有品牌两字。"七五"（1986—1990年）计划中还停留于加大引进外资力度，发展外向型经济；政企分开，提高企业效率。这一时期，由国务院与上海市政府共同制定。1985年2月，国务院正式批准同意，文件名为《国务院批转关于上海经济发展战略汇报提纲的通知》。同年3月，上海市政府向全市各条部门印发该文件，要求上海各条战线按系统、分层次传达落实。该战略明确指出，"要根据上海经济发展的战略目标，按照耗能少、用料少、运量少、'三废'少和技术密集度高、附加值高的要求，压缩粗放产品，控制低质产品，有重点地发展高精尖主品和优质名牌产品，使上海工业的发展从粗放型转向集约型，从主要依靠物质资源投入转向依靠技术进步"。"重点发展名牌产品、高档品和新产品"，一言以蔽之——品牌。

再继续看关于浦东开发开放的一系列重要文件。浦东开发开放的最初构想，即源于《关于上海经济发展战略的汇报提纲》，正是这份文件正式提出了开发开放浦东的战略构想，说明浦东开发开放是一个渐进的过程，认识逐步深化的过程。从中共中央、国务院《关于开发浦东、开放浦东的请示的批复》中，我们可知其定位"主要是利用国外资金发展外向型经济"，与深圳特区的定位相类似。2004年出版的《上海人民政府志》中，有专记二，即《浦东开发开放》，对此经过尽可能地做了详尽记载。令人费解的是在这一记载中，无论是决策酝酿、发展历程、方针政策，还是发展规划、基础开发等，遍寻不到关于品牌建设的点滴文字，这可是关于一个特大型工商业城市走上整体转型的重要历史时刻，尽管客观上推动了上海品牌建设，但没有涉及品牌建设无论如何是不可想象的。

一些理论文章偶有提及，片羽吉光。此时一部极重要文集，1984年印行的

《上海经济发展战略文集》[1]，该文集对上海经济发展进行了全方位剖析，直面经验与问题，关于品牌的论述便极其稀缺，偶有提及，仅为点缀。例如由上海机床公司供稿、徐伯琴撰写的《试探上海机床行业发展方向》一文开头处提及："有些名牌产品在国内外市场上有一定的信誉。"然后便鲜有提及。至于政府在推名牌方面，一些部门却也认真履责，例如1980年，上海市工商局恢复所举办的全市性的"商标设计百花奖"征稿活动，着力推动企业创名牌，以此激发企业的商标意识。对于上海品牌每况愈下，上海各界，包括国内其他地区都看到了，因为国内市场竞争日趋激烈，上海品牌顿时遇到国内外强劲对手，怎么办？也在这本论文集里，来自当时上海市第一商业局的作者提出："上海提供的工业消费品不能与内地生产的工业品矛盾，而应该比内地生产工业品高一级，因此问题也在于结构上的升级换代。"说白了，便是品牌创新与品牌迭代的问题。他又接着阐述，"由于外地引进国外技术，会不会影响上海高档技术产品在国内市场的销路？我认为也不一定，关键要看上海是否也通过多种途径（包括引进）提高技术水平。"更有意味的是如下的话："因为上海基础好，接受吸收国外先进技术快；上海产品比国外产品更加适合中国人民的消费习惯；加之，价格、税收政策上的保护，因此上海高档技术产品在国内市场上与进口产品和外国技术武装的外地产品竞争卜还是有条件取胜的。在60年代外地某些手表厂引进国外全套设备和80年代初全国进口大批电视机情况下，上海的名牌手表和名牌电视机仍畅销国内市场就是证明。"这种观点极具代表性，却也极其有害。事实是上海品牌溃不成军，却还盲目乐观。

　　总之，上海的品牌经济随着时代的变迁不断地发生着改变，老字号品牌有的早已淹没在历史的尘埃中，有的经过千锤百炼依然坚挺到现在，它们都见证着上海品牌经济的辉煌时刻，是上海的骄傲、民族的瑰宝。1991年，原国内贸易部认定了一批老牌企业，有1600余家老牌企业被授牌，其中上海为272家，占16.3%。

---

1 《上海经济发展战略》课题组：《上海经济发展战略文集》，上海社会科学院部门经济研究所发行，1984年10月第1版。

（一）本土产业与本土品牌

1. 船舶修造业与航运业及其品牌

上海作为长江出海口城市，具有得天独厚的水路交通条件，无论是河运还是海运都十分便利，这也是上海国际大都市兴起的一个重要原因。对外开放以后，上海的航运业从国内发展到国际，1978年，始辟中国大陆首条集装箱远洋班轮航线。是年，上海海运局、上海远洋运输公司、上海长江轮船公司、中波轮船公司货运量超过6000万吨，比1966年增长1.36倍。[1] 著名的企业品牌有上海锦江航运（集团）有限公司（1983年）、上海航空公司（1985年）。上海航空公司是中国国内第一家由地方投资组建的商业化运营的航空公司。

上海锦江航运（集团）有限公司（1983年）。上海锦江航运（集团）有限公司（以下简称"锦江航运集团"）成立于1983年，主要从事国际集装箱运输、航运专业服务和航运物流业务。锦江航运集团连续四届获得"上海市著名商标"称号，连续两届获得"上海名牌"荣誉称号。2001年10月，成立上海锦亿仓储物流有限公司，提供仓储、拆装箱、空箱堆放、重箱转存、集装箱修理和清洗等物流相关配套服务。12月4日，设立上海锦昶物流有限公司，主营海运、空运进出口货物的国际运输代理业务以及无船承运业务。2008年12月14日，公司经交通运输部批准获得台湾海峡两岸间水路运输许可证（适用于海上直航）。公司"夏锦"轮0839航次于12月18日从上海港直航台湾基隆、台中、高雄港。2008年，公司开辟上海与名古屋、清水间的快速周双班航线——"锦江东海穿梭快航"，标志着公司在上海—日本航线全面完成了精品航线覆盖。

2. 消费品工业及其品牌

（1）轻工制造业及其品牌

改革开放以后，我国在产业领域开展了"引进整套装备、生产技术"的系统工程。这一工程对中国产业、中国产品质量的发展具有里程碑式的意义。

1　上海通志编纂委员会编：《上海通志　第6册》，上海社会科学院出版社，2005年4月第1版，第3726页。

上海在1978年也确定了成套设备引进计划。上海把家用电器作为重点发展项目，上海远东电机厂在1984年从意大利梅诺妮公司引进年产（单班）10万台的流水线和部分关键设备；1981年至1985年生产家用电冰箱4.6万台，其中技术引进后的1985年产量为3.62万台。通过国外先进设备与关键技术的支撑，该厂通过外贸部门所出口的"葵花"（内销商标为"远东"）电冰箱享誉国内外。上海电冰箱厂先后引进日本三洋电器株式会社钣金滚压成线型、门封挤出线等关键技术零件；上海洗衣机总厂试制成功双桶洗衣机，并引进日本夏普株式会社双桶洗衣机高度自动化的生产流水线和技术。引进的高水平技术催生了上海家用电器的新品种和新品牌，金星牌电视机、上菱牌冰箱、双鹿牌冰箱、水仙牌洗衣机等一批家用电器品牌异军突起，为上海品牌增添了重要砝码。这一时期，轻工业"先后创出137个优质名牌产品，历年来在全国产品质量评比中名列前茅。生字牌菊花晶、天鹅牌（特制）啤酒、美加净牙膏、白熊牌天然薄荷脑、熊猫金币、LR6碱性锌锰电池、X3000球形氙灯等7种产品获得国家金质奖，春蕾牌机械表、钻石牌机械闹钟、上海牌医用X光胶片、白猫牌洗衣粉等64种获得银质奖，有431种产品获得部优产品。常年生产的品种、花色、规格有24 831种，每年有上千个新产品、新品种、新花色、新包装投放市场"[1]，是这一时期中国人品质生活的重要标志。

周边苏浙两省以及上海内部乡镇工业处于快速发展期，上海轻工企业通过联营，进行品牌输出，并且开始出现"星期天工程师"活跃的身影，直接带动了这些地区的工业发展，为日后这些地区的产业腾飞奠定了良好基础。然而不能不看到，这些新诞生的许多品牌只是一颗颗流星，当沿海其他地区轻工品牌崛起以及国际品牌进入中国之后，上海轻工品牌遭遇到新中国成立以来从未遇到过的挑战。

双鹿牌冰箱（1979年）。1978年上海电冰箱厂创建，成为我国最早的国营

1 　上海轻工业志编纂委员会编著：《上海轻工业志》，上海社会科学院出版社，1996年12月第1版。

冰箱制造企业。第二年它便向市场推出双鹿牌冰箱。双鹿牌冰箱以其优异的质量以及对于人们生活品质的极大改善，在市场上异军突起，一台难求。与随后兴起的国内其他风靡一时的冰箱品牌与北京的雪花、苏州的香雪海、广州的万宝齐名，曾被称为我国"四大名牌"冰箱。至1989年达到顶峰，年产近20万台，销售额近2亿元，在上海200个大中型企业中位列前100位。1992年，上海电冰箱厂借双鹿品牌之势成功登陆上海证券市场，成为国内冰箱行业第一股。然而它并没有如人所期待的那样，由一个辉煌走向新的辉煌，而是迅速衰落，并一度在市场上销声匿迹，踪影难觅。但它受到了浙江中享电器有限公司股东陈泉苗不一般的关注，经过与双鹿的商标拥有者上海白猫集团洽谈，2002年陈泉苗在上海松江注册成立了上海双鹿电器股份有限公司，并在浙江中享电器有限公司贴牌生产双鹿冰箱，双鹿由此重回市场。2004年，上海双鹿电器有限公司成功收购双鹿商标；2006年浙江中享电器有限公司将总部迁来上海松江，在浙江慈溪和上海松江两地建起了"双鹿"两大生产基地。之后，陈泉苗又在2011年将上海又一个在20世纪80年代稍后于双鹿而崛起的冰箱品牌"上菱"收归旗下，成立了上海双鹿上菱企业集团有限公司，避开城市市场的激烈竞争，以占领农村市场为战略。为重振"双鹿""上菱"品牌，按照"两头在沪中间在外""先建市场后建工厂"的理念，建设集研发、制造、销售于一体的品牌企业，集团于2013年8月起将生产基地从上海松江迁往江苏宿迁，注册成立了江苏双鹿上菱电器公司。借助宿迁良好的投资环境，"先上车后买票"，由当地政府提供"一站式、帮办式、保姆式"的全程服务，前后仅花了6个多月时间便实现投产，速度之快真正成了"速迁"。在2016年生产高峰期，江苏双鹿上菱电器公司启动了二期生产线，集中精力生产新款的风冷冰箱。通过不断加快"两化"深度融合、深推转型升级，以技术创新和产品研发为着力点，将可视、可感知的元素融入科技设计，增强产品的核心竞争力。同时不断优化生产、销售、管理模式，努力开拓电商市场，抢占发展先机。目前，双鹿上菱企业集团已拥有上海松江、江苏宿迁、浙江慈溪和海外孟加拉国四大生产基地，员工

3000余人，冰箱（柜）年生产能力500万台、洗衣机200万台，畅销全国20多个省市和地区，远销欧、美等地，全面提升双鹿上菱品牌形象。

金星牌彩色电视机（1982年）。2013年6月26日，《新闻晨报》用了整整两个版面介绍金星牌电视机的历史，以此缅怀10年前结束生产的金星牌彩电。它用了两个人的视角，一个是金星的老员工，另一个是金星的用户，表达的是同一种情怀，那就是对金星的不一般的感情。这位老员工虽然在金星工作只有6年，但在它辉煌时，他来到这家工厂工作，是他的第一份工作，见证了金星开始走下坡路的情状。他伤感地诉说："1993年以后，有技术的骨干陆陆续续都离开了厂里，我前后至少帮十几个人盖过（离职）章。"那位消费者购买了金星牌彩电以后，老岳母像看到了一个怪物一样，说彩色电视机有极强的辐射性，对人体不利，看彩电犹如在慢性自杀，因此全家宁愿看黑白的，也不能看彩电，让这台难得的彩电长期束之高阁。岳母后来好不容易开窍了，允许并与他们一起看金星彩电了，却身披一块红布，以防金星牌彩电辐射。用她这位女婿的话说就是："像一个活脱脱跳大神的神婆一样，端坐在电视机前，样子十分的滑稽可笑。"

金星牌彩色电视机由上海电视一厂生产，上海电视一厂的前身是上海金星金笔厂，1978年，经批准，从日本引进日立生产线，为中国第一条彩电生产线。经过消化吸收，于1982年10月，向市场正式推出金星牌彩电，之后便成为上海的标志性品牌之一。先后荣获商业部"全国最畅销国产名牌产品金桥奖""中华名牌大屏幕彩电""全国大商场推荐市场名优商品"及中国质量协会"用户最满意产品"等各种荣誉。20世纪90年代中，上海市为做大彩电生产规模，以行政手段由金星领衔，将上海同样蜚声中外的电视机厂以及它们的品牌，即上海无线电十八厂以及它所生产的飞跃牌电视机、上海无线电四厂以及它所生产的凯歌牌电视机，重组为一家企业——金星电视机总厂。由于三家企业的文化、管理模式，包括技术和销售队伍难以融合，并没有出现人们期望的一加一大于二的结果——不但飞跃、凯歌销声匿迹，金星牌彩电也从当年行业老大跌落至全国前8名。产品利润日益微薄。2003年，其上级部门上海广电集团公司，正式决定金星牌彩电停产，从市场上退出，而沦为一代人的记忆。当然由于金星良好的质量保证，用户依然得以使用，只不过有时碰到点小问题需要修理，这时便辗转于一家家维修店，寻找救回金星彩电的办法。

（2）纺织服装业及其品牌

1983年12月，国务院决定取消布票，纺织品实行敞开供应，不仅终结了实行整整30年的凭票买棉布、棉絮的供应制度，而且成为我国改革开放的重要标志，是我国结束计划经济时代"短缺经济"最有力的佐证。1980年1月，经国家经委和财政部批准，上海纺织工业局试行利润全额留成办法。此举把国家、企业、个人三者的利益结合起来，把企业的经济责任、经济效益和经济利益挂起钩来。1981年，全国纺织行业第一家中外合资企业——上海联合毛纺织有限公司在上海成立。联合毛纺织有限公司的建立是实践党的对外开放政策的一次创举，也为利用外资积累了经验。中外合资企业的创办，成为纺织系统发展"三资企业"、参与经济全球化的良好起步。以"高档次、新技术、多元化、外向型"12字为定位，积极实施名牌战略。自1984年到1989年，上海纺织服装供不应求，达到全盛时期，各类老品牌生机焕发，新品牌不断涌现，在市场上杀伐的新老产品品牌达800余只。1988年，上海纺织业工人达55万；1989年，上海纺织企业达503家。1992年，上海第二纺机股份有限公司等挂牌上市。"三枪""海螺""凤凰""民光""春竹""大地""飞马"和"菊花"等知名品牌的名牌效应极其显著。同时随着三资以及国内其他沿海地区纺织服装企业的崛起，及其它们品牌的确立，上海纺织服装业开始遭遇强劲挑战。上海纺织服装业由于长期竭泽而渔、负重前行，对设备以及技术的再更新与投入不足，竞争力急剧下降。从1980年占全市经济总量的20%，到1990年降为12.5%。饶是如此，上海一批纺织服装品牌仍老当益壮，成功实现品牌创新发展。

古今内衣（1989年）。上海古今内衣集团有限公司，其前身创建于1956年，是上海益民集团商业股份有限公司所属的全资子公司，集研发设计、生产制造、市场营销、物流配送、电子商务、产业运作等现代企业管理架构为一身的全品类内衣集团公司。古今从淮海路上的一家店拓展到千家店，从一家小作坊发展到全国上千家经销商的大品牌。在这"一"到"千"、"作坊"到"品牌"的演变过程中，离不开渠道运营商战略，形成了古今公司和古今品牌的发展动力。

1988年，古今还是一家前店后场的小店铺。规模小，产品单一，员工也只有20余人。古今在1989年做出了决定企业发展方向的关键性战略决策，将"古今"的店招注册为"古今牌"商标。紧接着，在邓小平南方谈话精神的鼓舞下，古今公司在全国较早地跨出了"以品牌为抓手，全国连锁经营"的重要一步。1995年年初，古今在上海江湾五角场开出第一家跨区连锁经营门店，同年又在南京开出第一家跨市连锁经营门店，形成了古今加盟连锁营销模式的雏形。1996年，古今公司在浦东投资建立了古今内衣制造厂，彻底改变了前店后场、小打小闹小作坊的局面，使古今品牌有了强有力的后台运作支撑，从此开始了从商业零售业态转向产、供、销一体运作的品牌创业历程。

今天古今公司以直营门店点、直营品牌专卖厅和特许加盟连锁店3种形式，形成了1176个销售网点的连锁经营规模，基本上涵盖了整个中国市场。为了打造拥有自主知识产权的中国品牌，古今人坚持走创新之路，工厂生产的产品，已经从单 的布制文胸，扩大到化纤文胸、内衣裤、睡衣、泳衣、沙滩装、调整型衣裤6大系列。同时，也从单一的古今品牌，发展延伸了少女系列的"尚十六"品牌和高档的"美慕莎"品牌，成功实现古今多品牌运作的目标。并且，古今产品在研发、设计等方面已与国际流行同步，"古今"品牌也已与国际知名品牌相媲美。2012年，古今公司销售额突破10亿元，企业经济效益实现20年来的两位数持续增长，保持了良性、快速、高效的发展。[1]

企鹅牌羊毛衫（1958年）。上海艺联针织时装有限公司的前身是创建于1958年4月的上海友谊羊毛衫厂。1992年4月，上海友谊羊毛衫厂在浦东开发区兴办了国营羊毛衫行业中第一家中外合资企业——上海艺联针织时装有限公

---

1   石章强:《上海老品牌复兴之路》，浙江人民出版社，2013年第1版，第58—59页。

司，全厂实行全员劳动合同制，并成为全市国企同行中唯一拥有自营进出口权的企业，为进一步腾飞注入了活力。主要出口产品为全羊毛46支/2防缩内衣衫裤、高级羊绒衫、兔羊毛衫、丝羊绒衫、驼毛衫等。

上海艺联针织时装有限公司通过各种展销会，并辅以厂店挂钩等形式，提高了企鹅牌羊毛衫的知名度。羊毛内衣衫裤1985—1988年连续四年获上海优质出口商品称号，1983—1991年三次获纺织工业部优质产品证书；1984—1994年四次获上海市名牌产品称号；羊毛单面绣花女开套衫、羊毛四平空转绣花女开套衫1983年获上海市纺织工业局优质产品证书；兔毛两件套衫1989年获全国兔毛系列产品新款式一等奖；高级羊绒衫1992年获德国嘉士达公司"TOPSUPPLI-ERAWARD"质量奖牌，1995年由国家技术监督局认定为优等品；企鹅商标1992年获上海市著名商标；1995年起连续三年获上海市名牌产品桂冠，上海市服装行业、纺织行业著名品牌，上海市服装行业优秀企业；企鹅牌羊毛衫1994年获全国"金桥奖"三连冠，1995年获全国畅销国产商品"金桥奖"羊毛衫类第一名；1995—1996年度被命名为上海海关信得过企业；1991—1996年连续三次被授予局"文明单位"称号。产量从1984年内销25万件（套）增加到1997年的120万件（套）以上。

上海艺联针织时装有限公司的企鹅品牌于1981年5月经国家商标局注册，用于羊毛衫产品上，喻示该品牌产品是严寒中的保暖佳品。企鹅牌羊毛衫款式新颖，做工考究，品质精良，在制作过程中有严格的质量管理制度，售后又有一套完善的服务措施，深受广大消费者的信赖。1985年获国际羊毛局纯羊毛标志执照。

企鹅品牌在上海市内已有40余家连锁店，上海30强著名大商店都有"企鹅"专卖柜。在此基础上，工厂将进一步扩大销售网，在居民稠密的生活小区设立售后服务中心，开出百家店，使"企鹅"走遍大江南北，踏进千家万户。

（3）日用化学品工业及其品牌

1979—1981年，试制投产新产品新品种347种。1985年，工业总产值15亿元。1986年，行政性的上海日用化学工业公司改为上海香精香料公司和上海日用化学公司。化妆品行业，利用外资和国外先进技术，改革工艺，开发新品种，产品形成膏霜类、头发用品类、香水类和美容修饰等4大类500多个品种，以及露美、美加净、明星、蓓蕾、友谊、牡丹、施美、蜂花、凤凰、达尔美、露伊、海鸥等知名品牌。上海家用化学品厂投资近千万元，建化妆品生产大楼1万多平方米，开发梦巴黎、百爱神高级香水，美加净爱萝莉系列、男士系列、迷你系列化妆品以及香波、护发素、摩丝、磨面膏等400多个品种。1988年，上海制皂厂试制多脂类香皂白丽美容香皂，填补国内空白。20世纪90年代初，开发高档变脂美容产品美加净香皂，质量可比美国CAMAY香皂。20世纪90年代起，日用化学品业以骨干企业和名牌产品为主体，组建大型企业集团。

（4）食品制造业及其品牌

1983年，联合国儿童基金会和中国第一个合作项目宝宝乐乳儿粉生产车间落成于上海儿童食品厂。到1985年，全市食品业总投资近2亿元，引进国外流水线30条、关键设备45项。其中有罐头行业的电阻焊生产线、制罐设备留空涂料等生产线；饼干面包业的威化巧克力、华夫饼干、方便面、法式面包等生产线；糖果业的浇注成型、冲压成型的夹心糖生产线，糖果、巧克力包装机；饮料业罐装、乐口福、皇冠盖、冷饮等生产线。天山回民食品厂在漕河泾开发区投资1300万元，新建1.5万多平方米厂房，成为上海规模最大的清真特色食品生产企业。20世纪80年代中期，上海百业大办食品业，乡镇企业竞相办食品厂，商业系统利用固有的销售渠道办食品厂。

上海味精厂（1966年）。 上海味精厂创立于1966年，其历名可追溯至1923年8月18日吴蕴初创办的天厨味精厂，取"天上庖厨"之意，商标名为"佛手"，1955年公私合营时，天香、天元、太乙、天然和天生等调味粉厂并入，1966年更名为上海味精厂，14年之后，即1980年又恢复原名。新中国成立后，它极为注重技术研发，以此提高产品品质。1964年，在国内首创用发酵法生产味精。1966年，离交法研究成功，酒精抽提法分离谷氨酸。1980年，设计出国内第一台150立方米大型通风发酵罐。1981年，在行业中率先采用电子计算机控制发酵全过程。1956年，试制成功99°大颗粒结晶味精，1979年研制出比普通味精鲜度高5倍以上称为第二代调味粉的特鲜味精，20世纪70年代末80年代初试制出L-赖氨酸、L-天门冬氨酸、L-丙氨酸、L-脯氨酸等新产品，并出口到欧美国家。1988年其主要产品有80°粉剂、99°结晶、特鲜味精3大系列。

3. 商业服务业及其品牌

（1）餐饮业及其品牌

绿波廊酒楼（1979年）。绿波廊原是始建于明末清初豫园的西园阁轩厅，1924年开设为茶馆，取名"乐圃廊"。1979年改建为酒楼，绿波楼即乐圃廊的谐音，茶楼因此华丽转身为酒楼。之前，即1973年，西哈努克亲王来到上海，要到城隍庙来看看，并在豫园内吃一顿饭。于是，豫园内各路精英汇集一起，整出了一套别具风味的点心，共计14道：鸡鸭血汤、八宝饭、面筋百叶、蟹壳黄、宁波汤团、鲜肉烧卖、三丝春卷、香菇菜包、金腿小粽子、桂花糖粥、眉毛酥、鸽蛋圆子、酒酿小圆子、枣泥酥饼等，较好地完成了接待任务。1979年，王光美、廖承志和章含之等一批名人来到豫园，听说西哈努克亲王的故事后，指名要尝尝这14道美点。品尝后，廖承志建议豫园商场应让这些名点供更多消费者享用，于是就有了绿波廊酒楼的诞生。

自诞生以来，它已先后接待了美国总统克林顿、英国女王伊丽莎白、日本首相竹下登、冰岛总理、西哈努克亲王、澳大利亚总理等40余批外国元首级贵宾，还有江泽民、朱镕基、李鹏、刘华清和邹家华等几十位中央高级领导及无数中外名流，均受到交口称赞。它把接待西哈努克亲王时的菜谱保存至今，因为这是它"发家致富"的"基因图谱"。

它主要以经营上海及苏州风味菜点为特色，开办之初"调集了一批老城厢地区餐饮业的精英，其中有春风松月楼著名苏帮点心大师陆苟度和他的徒弟周金华、德兴馆著名厨师李伯荣、大富贵名誉特级厨师缪杰臣等"[1]。名师带来名点和名菜，名点名菜赢得了顾客的交口赞誉以及回头率。主要名菜名点有"扇形甩水""生爆鳝背""萝卜丝酥饼"。1986年，英国女王伊丽莎白二世游览老城隍庙和豫园时，在该店品尝了各式点心后，称赞说："技艺精巧，味道极好。"1991年扩建为绿波廊酒楼，以海派菜式著称，如水晶虾仁、松鼠桂鱼、蟹粉菜心、虾子大乌参等；始于明代的船点，如眉毛酥、萝卜丝酥饼、枣泥酥等，小巧精美，集海派点心之大成，领军人物便是周金华。周金华又带出了得其真传的弟子在此执掌，因此其可持续性地经营成功的秘诀不仅仅因为地处豫园这样游客营集之地，更是因为他发扬了餐饮行业中师徒带教的优良传统，而保持了不衰的餐饮魅力。

小南国餐饮控股有限公司（1987年）。小南国集团创始于1987年，始终致力于"追求餐饮品质的极致，为全球消费者带来幸福感和满足感"这一企业使命。从最初只有四张小桌子的餐厅，到如今业务涉及中餐、西餐、休闲餐饮、饮品、酒店、行业B2B供应链互联网公司等多种业态，小南国集团正逐步转型为全球餐饮品牌投资经营集团。

1987年，在上海开设第一家上海小南国品牌餐馆，上海成为我们的第一个地区枢纽2001年进入华南市场，开设首家香港餐厅并成为我们在上海之外的第二个地区枢纽进入华北市场；2006年，开设首家北京餐厅并成为我们的第三个地区枢纽；2007年和2009年获得"上海名牌"称号；2010年，小南国获得"中国驰名商标"称号。

（2）商业、旅游业及其品牌

商业。1978年起，上海商业全方位改革商品流通体制和企业管理体制，推进企业重组和规模经营，调整商业所有制结构，大规模改造和建设商业设施，扩大对外开放，引进新的商业业态和经营管理方式，商品流通领域率先形成市

1　程秉海主编：《品味老字号——商苑奇葩竞风流》，文汇出版社，2007年8月第1版，第100页。

场机制，加速与国际市场接轨，努力建立与现代化国际大都市相匹配的商业服务业的基本框架。

改革商品流通体制，导入市场运行机制。把计划经济条件下构建的国营商业"独家经营"、封闭式、分配型、多环节的流通体制，改为以国营商业为主导、多种经济形式、多种经营方式、多种流通渠道和开放式、少环节的流通体制。兴办各类商品市场，通过市场化运作促进生产和活跃流通。

兴办各类商品市场，通过市场化运作促进生产和活跃流通。1979年1月，在市区边缘地区首批恢复22个农副产品集贸市场，7月，成立上海生产资料市场。1980年，开设水产品、副食品交易市场。1984年10月，成立上海工业品贸易中心。1987年，成立上海钢材市场。所有市场均由产销双方直接见面自行交易。到1989年，建有13个贸易中心、53个以农副产品为主的批发交易市场、458个集贸市场、61个小商品市场和旧货市场。1991年，开始探索建立高层次商品市场。

改革商业管理体制，扩大企业自主权。1979年开始，国有商业服务企业试行基金制、利润留成制和内部分配改革。1983年起，按不同企业推行多种形式承包经营责任制。1987年，开展股份制改革试点。上海豫园商场改制为股份有限公司，次年成为全国首家向社会公开募股上市的商业股份制公司。实行股份有限公司制的还有上海新世界商场、第一百货商店、华联商厦、第一食品商店等。

推进多种经济所有制商业发展，调整商业经济结构。1981年，成立市发展集体、个体商业服务业调协小组，扶持发展集体、个体经济的商业服务业。1984年前后，恢复供销合作社的集体所有制性质。

规划调整网点布局，加快商业设施建设，改善购物及消费环境。20世纪80年代末90年代初，从改扩建商业设施发展到大规模建设，规划新的布局，构建都市商业圈，形成中央商务区和市级商业中心、地区级商业中心和专业特色街、居住区商业中心、城镇商业中心等多层次商业网点分布新格局。

利用外资和引进先进管理技术，发展商业服务业。1984年，创办第一家沪港合资扬子江大酒店。[1]

上海联华超市（1991年）。 1991年5月，联华在曲阳新村成立了上海第一家超市。当时，它的资产只有1200万元，其中1000万元还是固定的房产折价，实际流动资金只有约200万元。这区区的200万元只能维持企业的基本运转。而要扩大企业规模却是捉襟见肘，谈何容易。虽然联华把每年的盈利都投入到扩大再经营，但发展速度仍然缓慢。显然，仅靠资本的原始积累已远远适应不了超市形成一定的企业规模，并在规模效应的驱动下快速发展的需要。

在政府的支持下，联华通过银行贷款并由政府贴息进行负债经营，艰难地在扩展企业规模的道路上奋力跋涉。较之资本的原始积累，走出这一步无疑已是一个小小的跨越，而且在当时的历史条件下也别无选择。但是，实践中，负债经营不可避免地暴露出其局限性，从1991年5月到1995年年底，历经4年寒暑，联华总共才开出连锁店41家便是一个明证。

一方面，超市的"扩容"难遂人意；另一方面，随着社会经济的发展和市民消费观念的更新，人们的购买趋向日渐向购物方便、自主选择性大的超市靠拢。现实与期望的差距急需一种有效的方式去"弥合"、去"缝补"。

恰在这时，上海市商委为方便群众生活，提出了大力发展超市和便利店的构想，要求各区有条件的都要开办超市。上海的超市发展遂形成了一个小高潮。超市间的竞争也日趋激烈。审时度势，联华老总王宗南大胆提出了"在商品经营的同时，加大资本经营力度，壮大企业规模，扩大规模效应"的设想。在这一战略思想的指导下，1996年年初联华制定了以拓展市场、开发网店为抓手，通过吸收国际资本、社会资本和其他金融资本，运用无形和有形的资产，加速网店布局建设，壮大企业规模的发展步骤，并由此步入了新一轮发展期，开始了迈向成功巅峰的"三级跳"。

1　上海通志编纂委员会编：《上海通志　第4册》，上海社会科学院出版社，2005年4月第1版，第2478页。

第一跳：跳出"市中心开店"的传统框架，向城市的周边地区和市郊接合部以及长江商贸走廊拓展。第二跳：输出牌誉、管理等无形资产，大胆尝试与同行业联手，做大企业"蛋糕"。这一举措得到了市府、市商委和社会各界的肯定，被称之为又一个"率先"。第三跳：吸纳国际资本。

在联华老总的办公室贴着三张地图，一张是上海地图，一张是中国地图，还有一张是世界地图。每张地图上都用红笔点了不少点，所点之处都是联华已经或者准备设置网点的地方。看来，联华的目标不仅是要成为上海的联华，也不仅仅是中国的联华，而且还要成为世界的联华。[1]

旅游业。旅游业在改革开放之初乏善可陈，新中国成立后至20世纪70年代末，国际旅游作为政府外事工作的从属部分，为国家外交政策服务，强调政治和政治影响，不问经济效益。20世纪50年代，主要接待苏联、东欧国家游客。20世纪60年代起，接待少量英、法、日本等国自费游客。国内旅游经营业务甚少。改革开放以后，旅游业开始从外事接待向在经济建设中发挥作用转变，以期实现"扩大对外政治影响"和"为国家吸取自由外汇"两大目标，涌现出一批以入境接待为主的新兴宾馆、旅游景点等品牌，是上海旅游业的雏形。1984年，党中央提出全方位发展旅游业要求，于1986年将旅游业纳入国民经济与社会发展计划。对此，上海旅游业及时调整发展目标与政策，按政企分开、统一领导、分散经营的原则，在全国率先迈出旅游业政企分开的改革步伐。大胆引入外资和外方管理，积极吸引大量社会资金投入，鼓励组建跨地区、跨行业、跨所有制的综合性大型旅游集团，以股份制与转变企业经营机制为特色，推动旅游企业品牌向市场化、民营化方向发展，形成了上海国旅（1954年）、春秋旅游（1981年）和锦江集团（1991年）等旅游企业品牌。1990年黄浦旅游节问世，当年吸引中外游客50多万人次；之后，演变为上海旅游节。如今上海旅游节每年吸引中外游客达1200万之巨。开幕巡游成为来自世界各国表演的舞台，2019

1　黄华：《申城超市"领头羊"——记上海联华超市有限公司》，载《上海工商》1997年第8期，第26—30页。

年参与开幕巡游表演的有捷克、德国、斯洛文尼亚、法国等19个国家和地区。

锦江国际（集团）有限公司（1991年）。 锦江国际集团是在锦江集团有限公司和上海新亚（集团）有限公司国有资产重组基础上组建的、中国规模最大的综合性旅游企业集团，有员工3.6万人，核心产业为酒店宾馆业、餐饮服务业和旅游客运业，并设有酒店、旅游、客运、地产、商贸、金融、食品、教育8个事业部，注册资本20亿元，总资产150亿元。截至2005年年底，锦江国际集团投资和管理酒店已达201家，客房总数42 007间，其中星级酒店91家，客房数为26 492间；"锦江之星"经济型旅馆110家，客房数为15 515间。在全球酒店集团300强中排名第29位，列亚洲第1位。

目前，锦江国际集团拥有上海国旅、锦江旅游、华亭海外等5家国际旅行社和"锦江汽车"7000辆中高档客车；合资经营"麦德龙""肯德基""新亚大家乐""吉野家"等著名品牌；控股"锦江酒店""锦江旅游""锦江投资"3家上市公司；投资参与美国环球影城集团在上海浦东兴建大型主题乐园；合资组建锦江国际BTI商务旅行有限公司、锦江国际理诺士酒店管理学院、锦江国际JTB会展有限公司。锦江国际集团的两个组成部分——锦江集团有限公司和新亚（集团）有限公司，均是目前在全国排名前列的酒店管理集团，前者在国内酒店管理行业排名第一，拥有锦江、新锦江、华亭、和平等一批知名酒店，在全国14个省区市经营管理着71家酒店和商务楼，拥有15家经济型连锁宾馆"锦江之星"以及6000多辆大小客车；新亚（集团）有限公司除在上海控股拥有扬子江万丽大酒店、新亚汤臣洲际大酒店、海伦宾馆等一批合资高档酒店外，还在国内投资和管理着30家酒店，其餐饮业以连锁业态为主，包括"新亚大包"以及合资的"肯德基""吉野家"和"新亚大家乐"等著名品牌。[1]

4. 金融业及其品牌

改革开放后，我国传统计划经济体制下"大一统"的金融制度开始松动，

1　依绍华著：《多元化经营——旅游企业实施多元化战略实战分析》，旅游教育出版社，2007年1月版，第78页。

由于在当时国内金融业结构中，银行业占据绝对重要的地位，改革业首先从银行体系开始进行。在上海，这一时期突出的变化有两个方面：一是金融机构种类开始多元化发展，二是金融市场逐渐向外资开放。[1]

1979年后，开始进行机构体制、业务范围、资金管理、贷款制度等金融体制改革。中国农业银行上海市分行、中国银行上海分行、中国人民建设银行上海市分行分别重新设立、分设和升格。1984年，中国人民银行上海市分行根据总行专门行使中央银行的职能，在本辖区内履行中央银行的有关职责，领导和管理上海金融事业。工商信贷和储蓄业务划交新成立的中国工商银行上海市分行。1986年7月，交通银行总管理处由北京移设上海，10月上海分行试营业。1980年5月，恢复中国人民保险公司上海市分公司。此后又创设上海国际投资信托公司、上海爱建信托投资公司。1986年，上海邮政储汇局营业。1988年，申银等3家证券公司成立，中信实业银行上海分行开业。1990年，上海有中资金融组织及营业机构1356家。1990年4月，中共中央、国务院宣布开发开放浦东。

中国工商银行上海市分行（1984年）。1984年1月1日，中国工商银行上海市分行挂牌，1985年1月1日成立。1992年9月，工商银行上海市分行所属各区的办事处机构统一改支行。1990年12月设浦东分行。1995年，有营业网点608个，其中电子化网点580个，员工1.5万余人。成立之初，主要业务包括增加融资工具，开办票据承兑贴现、抵押贷款、科技开发贷款、大面额可转让存单、金融租赁、个人金融服务及中间代理业务等。1986年，开始办理外汇存款业务，次年成立外汇业务部，1988年12月，全市第一台自动取款机（ATM）投入使用，发行上海工商银行取款卡（浦江卡）。1989年，在上海首发牡丹卡，至1995年在上海发行27.4万张，累计发展特约商户1654户，312台ATM取款机遍布主要繁华商业点。1992年，开通全国首家电话银行（自助银行），同年与法

---

1 左学金:《上海经济改革与城市发展：实践与经验》，上海社会科学院出版社，2008年版，第85—86页。

国巴黎国民银行共同投资上海第一家中外合资银行上海巴黎国际银行，1995年完成上海、深圳、厦门、福州等7城市居民活期储蓄联网通兑。[1]

5. 工业园区及其品牌

20世纪80年代，上海作为第一批沿海开放的14个城市之一，开始了开发区建设，先后设立了虹桥、闵行、漕河泾三大国家级开发区，成为上海在整个80年代经济发展中的一张新名片、上海对外开放的率先探索者，是上海外资经济发展的主要承载区。"一是以引进先进制造业和高新技术产业类项目为主；二是以引进设计、研发、总部、营销、物流等生产性服务业类项目为主；三是随着发展，以增资项目为主，占到70%以上。如漕河泾引进思科、贺利氏、3M公司，外高桥引进天威物流、增资安靠封装，莘庄增资上广电NEC，张江引进通用、辉门等。开发区生产性服务业发展势头好、产业集聚度高，金桥、张江、漕河泾开发区等积极引进一批信息服务、研发设计、总部等机构。"[2] 上海的产业结构趋于优化，土地集约成效显著。

上海闵行经济技术开发区（1983年）。上海闵行经济技术开发区（简称闵行开发区）创建于1983年，"是1986年国务院批准的全国首批14个国家级开发区之一，位于上海市闵行区的西南部，总面积为3.5平方千米。闵行开发区位于中国经济、金融、贸易中心——距上海市市中心30千米。1985年，成立中外合资的上海闵行联合发展有限公司，采用企业化经营运作的方式，负责闵行经济技术开发区的开发建设和经营管理"。[3] 2002年8月28日，闵行开发区外商投资服务中心成立，首批引进中介服务机构16家。2006年2月27日，国务院批准闵行经济技术开发区扩区临港，面积13.3平方公里。2008年11月12日，上海闵行经济技术开发区荣获市经委、市工商局、上海市开发区协会授予的"上海品牌园区"称号。闵行开发区闵联公司的品牌理念为："开拓创新、合作共

1　上海通志编纂委员会编：《上海通志　第5册》，上海社会科学院出版社，2005年4月第1版，第3362页。

2　上海市开发区协会，上海市商标协会编：《上海品牌园区建设集锦》，2008年12月，第10页。

3　余华银、张焕明：《中国经济开发区投资环境综合评价》，科学出版社，2010年3月版，第142页。

赢"。2013年，闵行开发区引进了19个国家和地区的174个项目，合同投资总额超过37.07亿美元，平均单项投资超过2130万美元——每平方公里吸引外资超过10亿美元。

6. 文化产业及其品牌

20世纪70年代末至80年代末，上海城市文化业进入了一个历史性的转折时期。七八十年代之际，从文艺界的"走穴"到图书发行体制改革，上海在文艺演出和图书销售方面产生了第一批文化经纪人和文化经纪机构，打破了过去"事业文化"一统天下的局面，传统的文化市场开始向市场文化转轨。1979年，少年儿童出版社向日本曙光社输出了一套《宝船》的日文版版权，开了上海版权贸易的先河。80年代中叶，从营业性的录像放映点、舞厅列音乐茶座，这种流通领域的文化商业化迅速推进为文化服务业的产业化走向；80年代后期，一些大型的文化事业机构纷纷采取各种形式为责任管理制和多业助文的经营模式，从而使上海文化业的产业化倾向由流通领域渗入生产领域。虽然，上海文化业的变革和转轨在各文化单位和行业中会有前后差落、深浅不等的差异，但从总体上看，文化市场与市场文化、事业文化与产业文化之间的交替、转换和发展却是上海文化企业十余年间的基本走势。[1] 涌现出了一批文化品牌，例如电影有《天云山传奇》（1981年）《城南旧事》（1983年）等，话剧有《陈毅市长》（1980年）等，京剧有《曹操与杨修》（1988年）等，小说《人啊！人》（1980年）等，电视剧《蹉跎岁月》（1982年）等，节庆活动有上海电视节以及上海电视节白玉兰奖（1986年）、上海白玉兰戏剧表演艺术奖（1989年）等，出版方面有上海文艺出版社、上海译文出版社等，文化设施方面有上海影城（1991年）、东方明珠（1991年）等，均是上海市标志性建筑。上海影城是上海首家五星级影院，日后成为上海国际电影节主会场。东方明珠由上海东方明珠（集团）股份有限公司经营，该公司系中国第一家文化类上市公司，拥有中国

1　陈鸣：《关于上海文化产业发展的若干思路》，载《上海大学学报（社会科学版）》1994年第5期。

驰名商标等荣誉称号。

上海白玉兰戏剧表演艺术奖（1989年）。此奖简称"上海白玉兰戏剧奖"，由上海市文学艺术界联合会等主办，《上海戏剧》杂志社等承办，发端于1989年，自1990年3月经上海市宣传文化工作领导机构批准成为文艺类正式奖项，面向全国戏剧界，每年在上海评选并颁奖一次，至2020年，共举办30届。该奖吸引众多国内外戏剧名家、新秀来沪献艺竞技，是我国优秀戏剧演员在上海展示才华、切磋技艺、交流思想、增进友谊的美好园地。采用专家评奖制，得到全国戏剧界认同，获得良好的权威性以及社会声誉，起到了服务全国，面向国际，促进我国戏剧艺术事业繁荣发展的作用，系当今我国戏剧领域主要评奖活动之一。

（二）外资产业及其品牌

为推进上海经济发展，上海积极构建新型的外贸管理体制，同时开始注重吸引外资，并开放市场。历史在这里似乎在某种程度上出现了一种重复，但它让上海站在了一个更新的历史维度里，这一次它是主动开放，主动走向世界，融入世界。一些新兴外资企业品牌被引进的同时，还有一些在新中国成立前就已在上海叱咤风云的企业品牌又重回上海，上海又有了它们的用武之地，成为全球化进程中一道独特的风景。

1979年1月14日，上海《文汇报》率先发表《为广告正名》的文章，从而引发进口商品在中国做广告的热潮。这好像是一个引子，同年3月15日，《文汇报》刊出了"文化大革命"后第一幅外商来华广告，即"瑞士雷达表"。1980年7月4日，中国、瑞士、香港三方合资中国迅达电梯有限公司正式成立。8日，中国迅达电梯有限公司上海电梯厂成立。该厂是全国机械工业第一家中外合资工厂，也是改革开放以后上海第一家中外合资工厂。1982年10月14日，全国第一家中美合资西药制剂企业——上海施贵宝制药有限公司成立。1985年，上海批准设立的外商投资企业达94家，吸收外资7.11亿美元。1988年3月，上海市外商投资企业协会宣告成立，其宗旨为会员和投资者服务，维护会员和投资者的合法权益；增进会员企业中外各方、会员和政府有关机构以及会员之间的联系、了解与合作；沟通信息，交流经验，促进会员在上海现代化建设事业和国际经济合作中发挥积极作用。

上海施贵宝制药有限公司（1982年）。 1982年10月14日，中美上海施贵宝制药有限公司正式成立，签约双方为美国施贵宝有限公司和上海医药工业公司，成为第一家中美合作制药企业，是双方制药发展中的历史性创举。1983年10月，它的厂址正式落户闵行经济技术开发区，首期总投资1000万美元，占地15 000平方米，成为中国第一个现代化的制药基地，标志着中国的现代化制药行业进入了一个全新的发展阶段，不仅为外资制药企业在中国的发展奠定了基础，也为中美双方商业合作提供了一个成功的范例。其实对于上海来说，对施贵宝并不陌生，新中国成立前，作为党的秘密战线之一，华润的前身——广大华行在对外贸易中，于1945年12月和当时美国医药企业签订了正式合同，成为其在中国的总代理，并取得了盘尼西林等当时紧俏药物在中国的经销权，由此成为新四军的抗生素类药物。在电影《五十一号兵站》里，就出现过有施贵宝包装的药品包装箱的镜头。双方的合作追溯至改革开放后，即1978年，时任施贵宝总裁丹尼斯·菲尔（Dennis Fill）访华，而有了施贵宝欲与中国合作的历史性决策。施贵宝药业创始于1887年，1989年与百时美合并，成为当时世界第二大制药公司。

1985年10月18日，中美上海施贵宝正式开业，第一个抗生素类药品泛捷复（头孢拉定胶囊）下线。1989年，中美上海施贵宝工厂通过了美国食品和药品管理局的认证，成为中国首家获得西药制剂产品出口到美国资格的合资企业。时至1993年6月26日，中美上海施贵宝制药有限公司和上海市药材公司一起在北京登上中国"药业十强"的颁奖台，它在1992年的销售产值总额达2.39亿元。1993年，成立百时美施贵宝医学发展基金，面向中国省市级医院及教学医院，征集具有国际先进水平，国内和地区领先水平的研究成果，激励中国医学人才，与中国医学事业更加紧密地联系起来。在中国率先推出非处方药产品系列——施尔康，随后施尔康与百服宁一起作为其两大强势非处方药品牌，拉动了它在中国的销售业绩迅速飙升。1997年，百时美施贵宝向中国卫生部捐赠100万美元，资助中国面向21世纪的三大健康教育及培训项目，开启与中国政府之间政企合作的先河。

　　中美施贵宝在中国的优异业绩以及中国巨大的市场，让百时美施贵宝坚定地看好对中国的投资，1998年11月，又正式成立了百时美施贵宝（中国）投资有限公司。2009年，百时美施贵宝荣获中国医药企业管理协会颁发的"改革开放30年——中国医药30年风云会"之"社会公民奖"。同年其肝炎防治项目荣获中华慈善总会颁发的突出贡献奖。面对未来，公司计划在中国引入多个产品，涵盖肝病、糖尿病、肿瘤、心血管等领域，不断致力于满足中国患者未被满足的医疗需求。并在中国打造良好的生物制药企业文化，即弘扬秉承灵活、富有企业家精神的负责任的企业文化。

第六章　改革开放：自主与转型

（1992年—20世纪末）

第一节　市场化与经济制度转型

　　1992年党的十四大正式确立"我国经济体制改革的目标是建立社会主义市场经济体制"，市场化程度不断加深，初步建立起了在国家宏观调控下的市场经济体制，经济体制转型基本结束。1994年7月1日，《中华人民共和国公司法》颁布，第一次从法律的高度明确公司作为社会主义市场经济主体的法律地位。在此背景下，"进入90年代以来，在浦东新区开发开放的有力带动下，上海大大加快了市场化的步伐，在全国社会主义市场经济体制的建立中发挥了率先作用，金融、房地产、生产资料等各种市场如雨后春笋般地发展起来。"[1]

一、转制之殇

　　上海继续主动融入世界，扮演世界的上海的角色，经济发展开足马力，极速转型，实行土地批租，并渐渐演化成以国际金融、贸易、航运为支撑的多功能的经济中心城市，吸引了大量国内外资源，但也使上海传统品牌进一步受到从未有过的挑战。工商业等行政管理体制机制发生重大转变，一批原先的产业管理部门由机关整体改制为集团公司，例如，1995年5月，上海市机电工业管理局撤销，组建上海机电控股（集团）公司，统一经营上海机电控股（集团）

1　熊月之主编：《上海通史》第12卷，上海人民出版社，1999年12月版，第324页。

公司国有资产。12月，上海市轻工业局和市二轻局撤销，作为轻工系统集体所有制企业联合经济组织的市工业合作联社保留，两局原有的国有企业和集体企业，按照资产的性质分属新建的轻工控股（集团）公司和工业合作联社，并以建立现代企业制度为目标，有一部分企业下放为区属企业。1996年10月，上海市医药管理局改制为上海医药（集团）总公司。

由于认识与经验不足，加之缺乏品牌总部的理念，致使一批传统品牌或者由于国际并购而销声匿迹，或者由于城市改造而从市场淡出，再或者由于产业结构调整而寿终正寝。另外一些老品牌由于体制和机制的原因，品牌竞争力每况愈下，苟延残喘。传统品牌严重萎缩，成为上海城市之痛，对上海可持续发展和城市品牌影响力带来了一定的负面影响。同时，新中国成立以后，上海自觉并迫切地推进品牌建设，应在中国入世之后，必须顺应全球化经济发展的需要。

在上海"八五"（1991—1995年）计划中，也即浦东开发开放全面展开时，提及实施龙头计划，发展拳头产品，要大打世界牌、中华牌和长江牌。这拳头产品的表示是品牌意识的雪泥鸿爪。"九五"（1996—2000年）计划发生显著变化，明确提出，"以名牌产品、明星企业、著名企业家为主体，鼓励企业开展跨地区的资产经营活动；组建和发展50家以支柱产业、骨干企业、名牌产品为龙头，以资产为纽带的跨地区、跨部门的企业集团。"

二、坚持对标国际标准与打击假冒伪劣

上海市力推标准化工作与国际接轨，1992年1月28日，上海市经济委员会、市技术监督局发出《关于推进工业产品采用国际标准和国外先进标准的若干规定》，要求技术改造、技术引进、技术攻关与采用国际标准紧密结合。同年9月11日，上海市试行上海质量标志制度。10月，首届上海国际质量研讨会召开，主题为"质量·市场·发展"，对市场经济条件下的质量工作进行对话交流。

与此同时，上海市技术监督局、市工商局等联手加强打击假冒伪劣工作，努力净化品牌建设市场环境。1992年2月28日，上海市工商行政管理局发

出《关于在本市开展打击制造、销售假冒劣质商品专项斗争的通知》。同年3月
10—13日，国家工商行政管理局在上海召开全国查假冒、保名牌专项斗争工作
会议，国家工商行政管理局副局长卞耀武、上海市副市长刘振元到会讲话。同
年7月29日，上海市经济委员会、市政府财贸办公室、市技术监督局、市工商
行政管理局联合发出《关于贯彻〈国务院严厉打击生产和经销假冒伪劣商品违
法行为的通知〉的实施意见》。8月11日，上海市工商行政管理局、技术监督
局在川沙县六里乡召开打击假冒伪劣商品大会，销毁20余类18万件假冒伪劣商
品，价值76万元，上海市副市长顾传训、市人大副主任胡传治、市政协副主席
陈铭珊参加会议。1992年7月25日，按照国务院《关于严厉打击生产和经销假
冒伪劣商品违法行为的通知》精神，上海市建立了由市政府副秘书长牵头的
"上海市打假治劣联席会议"制度和由市工商局、市技术监督局、市公安局、
市检察院等单位组成的"上海市打假治劣办公室"，市技术监督局领导任主任，
市工商局领导任副主任。由于假冒伪劣行为一般说来跨区域实施，1993年4月
25日，华东六省一市工商行政管理局打假治劣协作会议在沪召开，联手打假。
1994年5月7日，上海市召开"打假治劣"表彰动员大会，表彰全市"打假治
劣"涌现出来的11个先进集体、29名先进工作者和53名积极分子。1994年9月
12日，上海市人大常委会发布《上海市产品质量监督条例》的公告。1994年12
月30日，部分在沪的全国人大和市人大代表、市政协委员到市工商局视察本市
执行反不正当竞争法、消费者权益保护法、产品质量法和《关于惩治生产、销
售伪劣商品犯罪的决定》的情况。

　　1995年3月10日，上海市技术监督局在全市质量工作会议上提出实施"名
牌工程、放心工程、优良工程、正点工程"的三年及20世纪末的奋斗目标。
1996年12月23日，上海市技术监督局、市工商局联合召开上海市部分省市"打
假治劣保名牌"研讨会，全国16个省17个市54个单位的78名技术监督、工商管
理代表出席会议，会议向全国有关部门发出《打假治劣、保护名牌、规范市
场、服务经济倡议书》。

1999年10月11日，上海市质量技术监督局挂牌仪式正式举行，是上海市质量技术监督系统垂直管理体制改革工作基本完成的标志。

三、上海名牌推荐与上海市著名商标认定

（一）上海名牌推荐

1995年年初，上海市政府正式同意由上海市经济和信息化委员会、上海市质量技术监督局牵头在本市开展上海名牌产品推荐活动。1995年5月25日，上海市名牌产品推荐委员会成立，由上海市经济和信息化委员会、上海市质量技监局会同上海市商务委、市工商行政管理局、《解放日报》、《新民晚报》等多家单位联合组成，相关工作由上海市质量技监局主导，正式开展名牌推荐活动。1995年11月3日，《新民晚报》公布第一年177项上海名牌产品推荐提名名单，在社会上产生强烈反响，消费者对提名产品知名度和满意度的评议反馈信件有65 000余份。市名牌办同时委托上海市财经大学财达资产评估公司，对消费者评议意见以及这些获得提名为上海名牌产品在全国大联销中销售量和销售额等数据进行处理评价，并根据专业组企业评估进行综合评分，按得分多少提交推荐委和市分管领导批准，152项获1995上海名牌推荐产品，涵盖纺织、服装、机电、化工、仪电、食品等八大产品类行业。

1997年1月24日，上海市名牌产品推荐委员会发布"1996年度上海名牌产品推荐名单"，有156项产品榜上有名；1998年评出上海名牌产品50强，推荐名单282项；1999年推荐出304项；2000年全市338家企业榜上有名；合计1080项。随着上海工业体系的不断发展，为适应上海转型发展的需求，名牌行业覆盖面逐步扩大，数量不断增长。2013年，在《上海名牌管理办法》的基础上，《上海名牌（产品）评价通则》（DB31/T692-2013）地方标准发布，是上海名牌推荐朝着规范化和标准化发展的标志。截至2014年，有效期内的上海名牌数量达1206项，为1995年的近8倍，共涉及12个消费类和生产资料类产品行业、12个生活性和生产性服务行业，其中名牌产品企业实现销售收入超过2万亿元，占

全市规模以上工业企业销售收入的60%，是全市工业经济的中流砥柱。

（二）上海市著名商标认定

1992年，上海评出著名商标162件，举办了保护驰名商标展览会。上海工商局对此做了专项调查，"结果显示上海老商标的整体境况比较严峻，在这一批上海老商标中，发展比较好的老商标如'恒源祥'、'回力'、'双钱'、'红双喜'、'中华'等比例不足20%；发展一般的老商标如'永久'、'凤凰'、'英雄'等约占15%；'上菱'、'双鹿'、'水仙'等占总数65%以上的一批曾经为广大市民熟知的老商标已基本退出了市场"。[1] 经过前期探索，1996年8月，上海市工商管理局在全国率先出台了《上海市著名商标认定与保护暂行条例》，开始上海市著名商标认定工作。宣布首批22家企业以及著名商标列为重点保护和特殊保护，有效期为3年。这22家企业分别为：家化联合公司、金枫酿酒公司、恒源祥绒线公司、火炬鞋业有限公司、梅林罐头食品厂、上海牙膏厂、海螺集团公司、冠生园食品总厂、汇丽集团公司、培罗蒙西服公司、天厨味精厂、上海电池厂、上海刀片厂、霞飞日用化工总公司、上海大众汽车有限公司、上海利华有限公司、开开实业股份有限公司、三枪集团有限公司、英雄股份有限公司、兰生股份有限公司、凤凰股份有限公司、永久股份有限公司。而著名商标分别为：三枪（服装），开开（衬衫、羊毛衫），美加净、六神（化妆品），恒源祥、小囡（绒线），英雄（笔），梅林（食品），中华、美加净（牙膏），雪花（卫生纸），凤凰、永久（自行车及配件），海螺（衬衫），大白兔（糖果），汇丽（涂料），培罗蒙（服装），佛手（调味品），金枫（酒），桑塔纳（轿车及配件），力士（洗涤用品），这些重点保护和特殊保护的企业、商标大部分重合。

1997年，上海市工商局又与江苏、浙江、安徽联合建立"保护驰名商标、著名商标协作网络"，四方及时交换1997年以后认定的驰名商标、著名商标，

---

[1] 方惠萍：《大力推进商标战略，重塑上海老商标辉煌》，载《重塑老商标辉煌》，上海三联书店，2006年4月第1版，第16页。

实行信息通报制度、及时查处涉及驰名商标、著名商标案件，为跨省、市案件的查处提供便利，切实保护驰名商标、著名商标注册人合法权益，推进企业实施商标战略，维护市场经济秩序，促进区域经济健康发展。截至2015年，上海共开展20批次著名商标认定，有效的著名商标总量达1300件，"平均每千件有效注册商标中就有3件为著名商标，市场主体的商标注册意识和品牌发展水平已居全国前列，已实现从传统行业向新兴产业跨越，从生产制造业向现代服务业拓展。随着上海服务业的不断发展，服务商标占商标总量的比重也越来越高，目前已超过25%"。[1] 截至2017年9月，上海市共有著名商标增至1331件、驰名商标达194件。获著名商标称号的企业一般有这样几个特点：一是企业规模较大，二是科技含量较高，三是产业分布较为集中，四是老商标的生命力较强，五是新兴领域崛起较快。为加快服务商标发展，结合上海市著名商标认定活动，上海市工商局在2007年专门开展了服务商标推展活动，该活动由上海市商标协会、上海市著名商标认定委员会和上海商业联合会联合主办，引导本市服务业企业以商标为载体，占领市场，扩大市场知名度，推动上海现代服务业做大做强。截至2017年9月，服务类著名商标比重达28%。

（三）知识产权保护与运用

"1995年年底，在确定《上海市国民经济和社会发展'九五'计划与2010年远景目标》时，上海明确提出要全面实现'科教兴市'战略，加速科技进步，加强知识产权法的普及宣传，并于1997年5月举办专利工作企业试点。"[2] 此时全市知识产权工作的重点是迎接中国加入世界贸易组织，通过典型引路、人才培养、建立知识产权奖酬，加强专利、商标、版权、音像部门等联合执法力度，努力形成一批具有自主知识产权的核心技术，全面推进全市知识产权工作，以此让上海褒有持久发展的活力。2000年年初，上海市政府印发了《加强

---

1 谢京辉主编：《上海品牌发展报告2016》，上海社会科学院出版社，2016年10月第1版，第64页。
2 吴复民、俞丽虹：《靠自主知识产权打天下——上海企业成为"专利经济"主角》，载《中国经贸导刊》2003年第11期，第41页。

知识产权工作的若干意见》。

知识产权案件数量不断增多、审理难度不断加大、社会关注度不断提高，面对这一新形势，上海市高、中级人民法院于1994年2月同时成立知识产权审判庭，这是我国最早成立的知识产权专门审判机构之一。之后，六家基层法院也相继设立了专门的知识产权审判庭。上海不断探索创新知识产权审判机制，1996年，浦东新区法院在全国法院中率先尝试由知识产权审判庭集中审理知识产权民事、行政和刑事案件的"三审合一"审判模式，并形成了专业过硬的知识产权审判队伍。时任上海高院知产庭庭长吕国强被全球知名杂志——英国《知识产权管理》杂志评为全球知识产权界50位最具影响人物之一。

1. 专利

1993年，中国专利局列为国务院直属事业单位，实行公务员制度，但依然行使政府职能。1997年，国内专利量居前十位的公司企业中，宝山钢铁集团公司以82件，位居第八位。1998年随着政府机构改革，中国专利局更名为国家知识产权局，为国务院直属机构，其工作职责不断加重。上海市专利局于2000年4月，正式更名为上海市知识产权局，列为上海市政府直属机构，主管全市专利工作和统筹协调涉外知识产权事宜。1999年，上海开始实行专利资助政策，其目的是用财政手段激励企业提高专利申请意识，提高本地区知识产权实力。同年，上海市专利局参与组织、修订了老"十八条"，即《上海市促进高新技术成果转化的若干规定》，将自主知识产权内容融入新"十八条"，使自主知识产权项目不仅能享受高新技术的"优惠待遇"，还受到有关"税收优惠期""贷款贴息""融资担保""政府采购""申请专利"等方面的"呵护"，在企业特别是高新技术类企业中建立起"专利导向"，以此确立企业技术创新地位的标志。《上海知识产权战略纲要》明确提出："到2020年，平均每百万人获授权的发明专利达到150件"。2000年上海市发明专利申请量达4696件，是1999年的4.48倍，从1999年全国排名第四位跃居第一位；专利申请量达11 318件，比1999年增长145.8%，全国排名从第八位上升到第二位。专利授权量为4048

件，其中发明专利授权量为302件。上海市知识产权局立案查处的冒充专利案11件，立案、受理的专利纠纷29件。对本市国内专利申请的申请费、代理费所实行的资助，至2000年共计投入1650万元，有效地鼓励并调动了上海市发明人申请专利的积极性。

2. 商标

坚持健全司法保护、行政保护和社会保护三位一体体系建设，全方位加强商标管理。1996年，上海市工商局专门设立了商标管理处，从此在工商行政管理局框架内以及全市企业体系内形成了一支商标工作队伍，做到有告受理与主动干预相结合，在主动干预方面，1995年3月，在浦东召开"保护知识产权，销毁假冒、侵权商品现场会"。1996年8月，开展了"96红盾"专项执法行动，在两个月中，查获一批假冒侵权的服装、食品、烟酒、电器和鞋帽等商品，立案查处各种违法案件达386件。不断增强商标民事赔偿力度，罚款额连年增长。注重对在沪发展的国内外品牌保护，先后查处了假冒"TEMPO"卫生纸、"任天堂"游戏卡、"索尼"电脑驱蚊器、"呋喃丹"农药和"阿迪达斯"运动鞋等国内外品牌，向国内外展示了上海良好的品牌保护环境。同时，注重本土自主品牌的保护，对获得中国驰名商标、著名商标称号的商标以及国外高知名度商标输入企业名称电脑查询登记程序予以预防性保护。通过各种活动，不断扩大商标和商标法的宣传，在全市营造起全社会良好的商标意识和重视商标法制保护的意识。推动上海企业到国外注册商标，截至1996年10月，上海企业到国外注册商标达3700余件，约占中国企业到国外注册商标总数的三分之一。与此同时注重服务商标以及高科技商标培育，在上海经济转型以及增强综合竞争力方面充分发挥商标作用。

3. 版权

切实加强版权产业化运营，着力推动版权贸易。"从1997年到2000年，上海引进版权的数量增加了近3倍，而输出版权数量却增加不多。2000年，上海图书版权贸易合同数为589份，比1999年增长36%，其中引进版权合同为576份，而输出版权合同仅13份。"[1] 版权贸易涉及的国家和地区越来越广泛，从美国、英国、法国、德国和日本等的版权贸易迅速扩展至俄罗斯、澳大利亚、荷兰、韩国、乌克兰、埃及和瑞典等国。

严密构筑版权保护网络体系，以立体化框架重击各类"盗版"。1998年9月，上海于全国率先建立起反盗版联盟，该联盟紧密依靠版权、公安、工商等不同执法部门，专门组建起版权执法检查队，初步形成集司法保护、行政保护以及民间保护三位一体的立体化保护框架，并初步形成从发现、检举、调查、鉴定盗版性质和处罚的规范化工作流程，收到了较好成效。"先后组织了查缴盗版美术动画片《宝莲灯》《泰山》《马可·波罗回香都》等录音盒带、CD、VCD、DVD等音像制品的集中行动，开展了追查盗版《故事会》(期刊)、《十万个为什么》(新世纪版)、《辞海》(1999年版)、《大学英语》教材等专项打击活动，并赴全国各地向不法分子发起猛烈攻势，盗版《十万个为什么》《辞海》及《大学英语》已被全国'扫黄办'列为大案追查，1999年，市版权局出动执法人员1500余人次，查处侵权复制、销售行为366起，收缴各类侵权复制品39万余件、罚没款13余万元，责令赔偿人民币40余万元。"[2]

四、科技研发与专业服务能力

（一）科技研发

在世界范围内，新科技革命引发高新技术产业蓬勃兴起，高科技产业品牌、企业品牌以及产品品牌进入快速发展期，国际竞争日益激烈。对此，上海积极构建"一流科技"，通过构建一流科技，加快上海建设国际经济、金融、贸易中心的步伐。瞄准世界先进水平，选择信息技术、现代生物技术、新材料技术、先进制造技术、绿色技术等五大领域为研究攻关重点，加快科研成果转化和高新技术产业化，经济增长方式从粗放型逐步转向集约型。1990年，上海

1　姜小玲：《版权贸易如何多"出口"》，载《解放日报》2001年5月30日第6版。
2　顾勇华：《上海构筑版权保护 立体框架重击"盗版"》，载《中国知识产权报》2000年9月27日第1版。

市人大通过《上海市漕河泾新兴技术开发区暂行条例》，系全国第一部高新技术产业开发区地方法律，促进形成了漕河泾、张江、金桥、上海大学、青浦中纺科技城、嘉定民营科技等"一区六园"的高新区格局。1991年，创办上海科技节，系中国首个、世界第二个由政府主办的科技节，在每年5月的第三周举办。1992年，上海市委、市政府做出《关于发展科学技术、依靠科技进步 振兴上海经济的决定》，对发展高新技术产业等做出全面部署。1995年5月，随着中共中央正式提出科教兴国战略，上海市正式启动科教兴市战略，出台《关于加速上海科技进步的若干意见》，对实施"科教兴市"战略、促进经济发展和社会全面进步等方面做出规定。1996年，上海市人大颁发《上海市科学技术进步条例》，全面规范和完善上海市科技进步工作的法律环境。1997年出台《中共上海市委、上海市人民政府关于加快本市高科技产业发展的若干意见》。1998年，中共上海市委、市政府发布《上海市促进高新技术成果转化的若干规定》，这是上海促进高新技术成果转化的标志性文件，其推动效力在全国起到示范作用。此后，又出台《关于上海市高新技术产业开发区深化改革的意见的通知》《上海市高新技术产业开发区外高新技术企业认定程序（暂行）》《上海市促进张江高科技园区发展的若干规定》等，为上海张江高新区的建设和发展创造条件。1999年，上海技术创新人会提山将着力构建上海科技创新体系，并明确相应重点任务，培育创新源泉、塑造创新主体、培养创新人才，优化创新环境。2000年，上海市人大常委会审议通过《上海市鼓励引进技术的吸收与创新规定》。

　　20世纪90年代，上海科技创新的体制机制得到重大改善，科技创新能力大幅提升，原始创新能力不断增强，收获了一批科技与经济紧密度较强的重大科技成果。例如中国载人航天工程神舟飞船系统，1991年以来合作参与，参与单位有上海航天局等，获2003年、2008年国家科技进步奖特等奖。南浦大桥工程，1991年建成，完成单位为上海市建设委员会、上海市政工程设计院等，1995年获国家科技进步奖一等奖，完成人为林元培、叶可明、项海帆等。1997年，在世界上首次成功构建了高分辨率的水稻基因组物理全图。1999年，金茂大厦的超高层建筑施工技术研究获国家科技进步奖一等奖，完成单位为上海建工集团总公司等，完成人为范庆国、姚建平、徐伯昌等。

（二）专业服务

上海市商标协会（1995年9月14日）、上海市质量检验协会（1995年12月）等相继成立。1993年4月，上海专利事务所获批上海专利商标事务所。1994年8月1日经国家工商局批准，上海市商标事务所成为继上海市专利事务所后，本市第二家涉外商标代理组织，得以代理外国人或外国企业的商标注册申请和其他商标事务。

第二节　产业发展及其品牌

一、传统品牌相对弱化（1992—2001年）

（一）本土产业及其品牌

1990年4月，党中央、国务院宣布开发开放浦东新区的战略决策，到1992年取得实质性进展，"当年浦东新区创造国内生产总值91.5亿元，比上年增长21.2%"。[1] 上海对外开放的程度进一步加深，上海的经济发展活力得到释放。在这种背景之下，上海的本土产业和一些品牌的发展受到开放的推动。传统的制造业、服务业等借助国际市场的开拓，资金、先进的技术和管理的引进，较之前有长足发展，金融业发展更是迅速。

1. 航运业、船舶制造及其品牌

上海水运系统各企业增添新型船舶、开辟航线，抢占日益扩大的国内国际两大水运市场，上海海运（集团）公司、上海远洋运输公司、上海长江轮船公司、交通部上海救捞局等企业，分别投入营运1700—3800箱位的各类集装箱

1　熊月之主编：《上海通史》第12卷，上海人民出版社，1999年12月版，第320页。

船、中国大陆最大的12.5万吨级远洋散货轮、700箱位的大型滚装船、3.1万吨级的大型散货轮、6.3万吨级的原油轮、国内航速最高的水翼船、1.5万千瓦功率的远洋拖轮等。上海水运业船舶的总体技术经济水平与国际航运界差距大为缩小。1995年，上海交通部门有沿海、远洋船舶541艘、869万载重吨。是年，上海远洋运输公司拥有运输船舶139艘、312.3万载重吨，经营的航线通达150个国家和地区的1100个港口，并成为世界上第七家有能力开辟班轮航线的船公司，其集装箱船拥有艘数列世界第四位、载量列第九位，运量达152万标准箱、1541.9万吨。上海海运（集团）公司是国内最大的海运企业，有运输船舶221艘、408.7万载重吨，多年承担上海90%石油和80%煤炭的输入量。长江、沿海客运量在80年代增长较快，90年代初，因铁路、公路和民航等客运业的发展，开始下降，有的航线停止营运。1995年，上海水运专业企业共完成货物运输量16 686.1万吨，比1978年增长107.5%；客运量1600多万人次。远洋拖航运输业务迅速增长，上海救捞局成为世界知名拖航企业。[1]

上海外高桥造船有限公司（1999年）。上海外高桥造船有限公司是中国船舶工业集团公司旗下上市公司——"中国船舶"的全资子公司，于1999年成立，经过20年的拼搏，成为我国目前建设规模最大、技术设施最先进、现代化程度最高的大型船舶总装厂。

成立伊始，它便坚持以国际一流造船企业为标杆，不断完善管理，注重人才培养，打造一支精良团队，充分发扬每位员工的"主人翁"精神，为产品多元化打下扎实的人才基础。自2008年国际金融危机以来，世界经济持续低迷，国际航运需求大幅下跌，全球造船产能严重过剩，船舶制造陷入长期低谷状态，并逆势成长，实现了由规模速度型向质量效益型的转变，新品迭出，产品结构持续优化。2015年，其造船总量、新接订单量、手持订单总量位居国内第一，国际排名进入前五。截至2016年1月，它累计交付的各类船舶以及其他海

1　上海通志编纂委员会：《上海通志　第6册》，上海社会科学院出版社，2005年版，第3726页。

工产品超过370艘（座），成为中国乃至全球造船行业成功抗御此轮市场周期低迷的佼佼者。它自主研发和建造的绿色环保型好望角型散货船被誉为中国船舶业出口的"第一产品品牌"。

2. 工业制造业及其品牌

1993年，中共上海市委、上海市政府确定汽车制造、通信设备制造、电站设备制造、钢铁、石油化工及精细化工、家用电器为6个支柱产业，加强投入。其中，钢铁工业建成了宝山钢铁（集团）公司二期工程，上海第三钢铁厂100吨超高功率直流电炉及大板块连续工程3.3米宽厚钢一、二期工程，上海第一钢铁厂130平方米烧结机，上海第五钢铁厂30万吨合金钢棒材，益昌薄板公司30万吨冷轧板工程，以及梅山（集团）公司热轧板厂工程。1995年，上海钢产量达到1446.38万吨，产量和品种、规格均居全国第一。通信设备制造业建成上海贝尔电话设备制造公司、上海贝岭微电子公司、上海西门子移动通信设备公司、上海理光传真公司，1995年全市总产值125亿元。[1] 这些企业快速成为居于行业前列的企业品牌。

振华重工(1992年)。1992年2月，时年59岁的交通部水运司副处长管彤贤毅然下海，来到上海浦东，创办了中外合资企业——上海振华港口机械厂，其寓意"振兴中华"，最初的人才来自上海港口机械制造厂。2009年5月中旬，更名为上海振华重工（集团）股份有限公司（ZPMC）。它自述的历史追溯至1885年成立的通裕铁厂——公茂船厂——长航二厂——白莲泾修船厂——上海港口机械制造厂。1958年、1960年，在交通部主导下，先后并入长江航务管理局第四船舶修理厂、鸿翔兴修船厂。创业伊始，它的产品基本模仿国外，默默无名，然而它坚持走以模仿创新到自主创新之路，终以自己独到的核心技术优势，同时以优质优价，不仅彻底改变我国港口设备全部进口的局面，而且赢得了世界市场，成为目前世界范围内重型装备制造行业的知名企业。

---

1 上海通志编纂委员会编：《上海通志 第3册》，上海社会科学院出版社，2005年4月第1版，第1838页。

振华重工为国有控股A、B股上市公司，控股方为世界500强之一的中国交通建设公司。公司总部设在上海，于上海本地和南通、江阴等地设有8个生产基地，占地总面积1万亩，总岸线10公里，特别是长江口的长兴基地有深水岸线5公里，承重码头3.7公里，是全国也是世界上最大的重型装备制造厂，中国制造名片之一。公司拥有26艘6万—10万吨级整机运输船，可将大型产品跨海越洋运往全世界。公司主产品分为三类：一是港口用大型集装箱机械和矿石煤炭等散货装卸机械。例如遍布全世界73个国家主要集装箱码头的岸桥、场桥，产量已占世界市场75%以上份额。散货装卸设备如装卸船机、斗轮堆取料机、环保型链斗卸船机等也居本行业前列。二是大型钢构架桥梁。有年生产40万吨的能力，由其承建的世界桥梁界视为高难项目的美国旧金山新海湾大桥，已于2011年圆满交付，并于2013年正式通车。三是海工产品。例如巨型浮吊、铺管船和各种工程船、各种平台以及动力定位装置和齿条提升装置等。公司厉行"自主创新"，曾获国家科技进步奖一等奖。建有国家级企业技术中心和博士后工作站。现有2000名从事机、电、液设计研发的工程技术人员，获得国家和市级科技成果奖50余项。

（1）轻工业及其品牌

随着1993年6月国家轻工业局的撤销，变更为中国轻工总会，上海轻工业局以及二轻局于1995年年底撤销，组建国有的上海轻工控股（集团）公司。上海轻工业发展的体制机制发生重大变化，同时上海轻工业的产业结构也发生重大调整。上海轻工业以都市型工业、支柱产业配套工业、高新技术工业和传统工业为四大板块，其中都市型工业经济总量占比大，发展平稳，小幅上升；支柱产业配套工业快速上升，1996—1998年增幅达20%以上，1998年增幅更是达64.36%；高新技术工业发展较快，增幅也在20%以上。相比之下，传统工业则处于负增长，也就是说处于全面衰落期，印证了上海以凤凰牌、永久牌自行车，以海鸥牌为代表的照相机，以上海牌、三五牌为代表的钟表，以金星、凯歌等为代表的电视机的传统轻工品牌的衰落。上海轻工业发展的总体思路演变为重点发展好都市型工业，做好支柱产业的配套工业，开拓高新技术工业，调整传统工业。"对传统工业分别采取不同的对策，进行开放式的结构调整，对产品有市场，但历史负担重的，通过剥离资产进行资产重组和高新技术嫁接来提高产品质量、档次和技术含量；对产品有市场，但放在上海生产缺乏竞争力的，加快转移出去；对没有市场、失去竞争力的企业，进行调整。"[1] 在此背景下，上海轻工实施名牌工程，在培育新兴品牌的同时，着力振兴传统品牌。1995年公布了上海轻工品牌"龙虎榜"，30个知名品牌上榜，分别为海鸥牌照相机、白猫牌洗涤用品、英雄牌自来水笔、上儿牌巧克力、雷菲力饮料、上海梅林牌罐头、大白兔奶糖、华佗牌十全大补酒、佛手牌味精、力波牌啤酒、正广和饮料、中华牌牙膏、白象牌电视、凤凰牌化妆护肤品、白丽牌香皂、清妃护肤化妆品系列、凤凰牌自行车、永久牌自行车、上工牌缝纫机、飞人牌缝纫机、蝴蝶牌缝纫机、上海牌手表、宝石花牌手表、钻石牌手表、海达牌手表、顺风牌搪瓷不锈钢制品、丰华牌圆珠笔、中华牌铅笔、永生牌自来水笔、向阳牌保温瓶。这些名牌经过上海、北京、南京、武汉、深圳、成都、哈尔滨、兰州等城市广泛征询活动中选择出来，作为上海轻工业系统实施名牌战略的第一批推荐名牌。这个名单中尽管有其他一些名牌没有选上，但市场表现也可圈可点，并不逊色。例如华生牌电扇，在1996年中国市场品牌竞争力调查中，华生电扇分列市场竞争力、市场占有率第二名，市场影响力第一名，在上海零售市场占有率为25.1%，批发市场占有率达29.65%。可见其品牌生命力之强、无形资产含金量之高。也充分说明上海轻工品牌阵容之强。

　　面对中国加入WTO后的新形势，上海轻工业未雨绸缪，积极实施品牌战略，选择有一定影响和潜力的32个品牌，制订推进品牌战略计划，提升品牌运作水平，对此特别出台了《关于加强品牌管理的指导性意见》，增设了"品牌战略奖励基金"。

1　俞宙：《都市型工业成为上海轻工的主力产业》，载《上海企业》，1999年第12期，第16页。

上海梅林正广和股份有限公司（1997年）。1997年5月，上海梅林食品集团公司与正广和总公司合并成立为上海梅林正广和股份有限公司。它们都有自己悠久与辉煌的历史。梅林创始于1929年，这一年研制出了"梅林"的起家产品——中国第一瓶国产番茄沙司，之后在1930年7月正式成立上海梅林罐头食品厂，1933年上海梅林罐头食品厂向当时的国民政府注册并正式对外使用由盾牌图案、中文"梅林"字样及罗马文"MALING"组成的梅林商标。梅林的金盾牌商标外形是一个金色的盾，立意十分明白：金色代表最高等级；盾牌牢不可破。取名金盾牌，还有更深含义：中华民族正遭受外族入侵，洋货充斥中国市场，脆弱的中国民族工业难有喘息机会……梅林产品决意像金盾那样抵挡外货于国门之外。1934年，梅林罐头首次亮相美国芝加哥"世纪进展"展览会；1935年、1936年，梅林罐头连续荣获新加坡中华总商会的特等奖，有一种蘑菇罐头大量销往美国，因为价廉物美，销量占美国市场的60%。1958年1月8日，《人民日报》报道了上海梅林罐头食品厂反浪费专题鸣放的消息，并刊发社论《从梅林看全国》，号召全国学习推广梅林经验，使梅林一下子誉满全国。正广和的历史更为悠久，创始于1864年，创始人为英商史密斯，1882年，史密斯吸收考尔伯克、麦克利格加盟。不久，史密斯与考尔伯克、麦克利格分道扬镳。1892年，考尔伯克、麦克利格筹建正广和汽水厂，以星座名"AQUARIUS"（中文名"宝瓶座"）命名英文厂名和产品。"AQUARIUS"与中文天象及水波纹图案组成的商标，喻示"正广和用宝贵的瓶子来装圣水"。产品不仅畅销上海滩，而且远销远东地区以及英国、澳大利亚。

梅林与正广和，均获誉无数，一个是罐头大王，一个是汽水大王，强强联手。组建后的第二个月，即1997年6月16日，经中国证券监督委员会以"证监发字〔1997〕320号文"和"证监发字〔1997〕321号文"批准，向社会公众公开发行境内上市内资股（A股）股票并上市交易。

2000年9月，梅林牌荣获中国罐头工业协会授予的"中国罐头行业著名品牌"称号，在同行业中至今保持三个第一：国内市场第一、出口量第一、创汇第一。作为在上海轻工业实施品牌战略中重点打造的32个品牌之一，它根据消费需求的变化，确立新理念追求新目标。"新的品牌经营理念：'用美味、营养、安全、方便、便捷的罐头食品，把人们从厨房中解放出来。'追求的新目标：'从国际知名品牌向国际著名品牌攀登。'建立全新Ⅵ体系，有效区别于其他梅林品牌。以商品、价格、渠道、促销+广告+服务的三位一体的市场营销体系，作为品牌战略的核心工作，使品牌运作和经济效益出现新突破。"[1] 梅林正广和的企业精神为："艰苦奋斗，自强不息，继往开来，创新发展。"企业价值观为："以人为本、诚信经营、创新发展、文化兴企、创导优质健康生活。"企业宗旨为："发展企业，贡献社会，服务客户，成就员工。"企业理念为："民以食为天，食以安为先。"企业愿景为：立足上海、领先长三角、服务全国、走向世界，把梅林股份打造成为国内外知名的具有核心竞争力的综合食品制造与服务提供商。

（2）纺织服装业及其品牌

这样的一天是上海纺织业所没有设想过的，作为上海的第一支柱产业，它的比重持续下降，2000年仅占全市经济总量的3.89%。数字的下降意味着行业的重新洗牌，还有就业者人生命运的改写，当然也是那些曾经煊赫一时品牌的沉沦时刻。上海纺织服装业开始重新审视自己曾经的辉煌，重新书写自己的历史，以壮士断腕的气概对不同类型的企业实施"关、停、并、转"。1993年，上海第二织带厂破产，成为全国第一家破产的纺织企业。上海申新九厂敲响全国纺织压锭第一锤，日后它的厂址改造成为供人凭吊的上海纺织博物馆。上海纺织服装业急需走出困境，开启"二次创业"。上海市政府对它的定位是围绕"高档次、新技术、多元化、外向型"，构筑大都市型的纺织服装产业，即"大服装、大装饰和产业用纺织品"。上海纺织服装业在这一重大调整中艰难奋起，实施"三名"工程，"保留精华，集中做优"，取得了可圈可点的业绩，在我国

1　金荣、广大：《品牌战略促进上海轻工经济发展》，载《上海轻工业》2001年第6期。

纺织服装业中依然占据重要的一席之地。所谓"三名"，即资源向名牌、名厂和名企业家集聚。成立上海龙头（集团）股份有限公司，集聚已在国内市场享有盛誉的三枪、菊花、海螺、民光、凤凰、钟牌414和皇后等知名老品牌；形成由民族品牌、新创品牌、国际合作品牌三部分构成的品牌集群，它也由此成为多品牌经营的纺织品品牌企业集团。1994年5月23日，上海纺织首批推荐著名品牌擂台赛在中国纺织机械厂举行，经过激烈竞选，评出20个著名品牌，按得分排列为：三枪、海螺、凤凰（毛毯）、民光、凤凰（羊毛衫）、钟牌414、春竹、鹅牌、大地、司麦脱、金钟、飞轮、飞马、皇后、三蝶、双羽、船牌、曼丽尔、章华、菊花。随后上海纺织对这20个著名品牌开展了一系列宣传工作，包括由上海人民广播电台每天播送一档由这些名牌企业厂长介绍产品的历史和特色的节目，上海东方电视台专门摄制播映《名品传友情——上海市纺织工业局20只著名品牌巡视》。这20个著名品牌产品产销趋旺，1994年总产值达11.2亿元，同比增长5.69%，占全局总产值的5.7%。销售额达17.91亿元，同比增长33.45%，占全局销售总额的7.12%。

1995年5月，上海市纺织工业局、上海市纺织国有资产经营管理公司改制组建为上海纺织控股（集团）公司，2001年更名为上海纺织（集团）有限公司，划归上海市国资委直管，是上海最大的外贸公司、全国最大的纺织品以及服装出口企业之一。在服装方面，2000年上海列入全国服装行业"产品销售收入"百强企业的有：上海服装（集团）有限公司（第三名）、杉杉集团有限公司（第四名）、上海开开（集团）有限公司（第十一名）、上海凯托（集团）有限公司（第十四名）、上海兆林实业有限公司（第四十六名）、上海荣臣（集团）公司（第五十七名）、上海海螺（集团）公司（第六十七名）、上海康培尔服装有限公司（第七十七名）、上海春竹企业发展有限公司（第七十八名）。每年上海举办的"上海国际服装文化节""上海时装周"等大型活动，是上海的标志性活动。南通罗莱家纺、温州美特斯邦威和宁波杉杉等相继将总部迁来上海发展，创造新的辉煌。

上海美特斯邦威服饰有限公司（2000年）。1993年，周成建在浙江省温州市注册了"邦威"商标，办理了浙江省温州美特斯制衣有限公司营业执照，后又耗时一个月制作了巨型风雪衣并被收入上海《大世界吉尼斯大全》。1995年4月22日，周成建在浙江省温州市解放剧院开设了第一家邦威专卖店，实行品牌连锁专卖经营。之后的几年里，他开始采用直营销售和特许加盟相结合的业务模式，还聘请郭富城为形象代言人，美特斯邦威的品牌知名度迅速提高。1998年，他将管理中心、研发中心移到上海，首家美特斯邦威品牌形象店在上海南京东路开业，聘请周杰伦为形象代言人，其"不走寻常路"的品牌价值观深入人心。2000年，周成建将公司总部迁至上海，融资100 500元，正式注册成立上海美特斯邦威服饰股份有限公司，创造了"虚拟经营"的商业模式。2007年9月，上海美特斯邦威服饰有限公司整体变更为股份有限公司。2008年，美特斯邦威成功在深圳交易所中小板上市，股票简称"美邦服饰"。2011年11月收购衣之纯品牌，进军日韩流行市场。同时，与加盟商的利益共同体关系开始变得割裂，销售速度远远滞后于生产速度，库存问题越发严重，与"成为中国的ZARA"的目标距离不是缩小，而是增大。

2011年7月，周成建创建邦购网，并高举时尚大旗的先锋——MTEE；2012年5月，与暴雪娱乐联合，期待网络游戏强化品牌的时尚形象，是服饰与游戏的一次超级跨界。2013年，搭建O2O平台，打造情景式购物。所有这些努力，事实上都难现其品牌高峰时的情景。

（3）日用化学品工业及其品牌

至1995年，上海市有日化企业40家，其中国有企业13家、集体企业5家、三资企业20家、联营企业2家，从业人员16 838人；生产合成洗涤剂256 809吨、化妆品（产值）11.47亿元、牙膏52 035万支、香精9 811吨、香料3847吨、肥皂84 135吨、油墨11 355吨、火柴42 500件；工业总产值67.89亿元，销售收入61.42亿元，利税4.98亿元。

上海制皂有限公司（1994年）。1994年，联合利华再度来到上海，与上海制皂厂合资成立上海制皂有限公司，由上海制皂厂控股，隶属于上海制皂（集团）有限公司。上海制皂厂的历史可追溯至1923年2月15日英商联合利华成立的中国肥皂股份有限公司上海分公司。其生产的产品品牌曾在旧中国市场占有极大市场份额，市场占有率达50%，是利华公司在远东最大的子公司。其品牌不仅质量优，而且广告战胜中国企业一筹，不仅在《新闻报》《申报》和《中央时报》等发行量较大的媒体上刊登广告，精印月份牌赠送经销商店悬挂张贴，马路上的广告画也随处可见，而且以重金邀请本土当红影星阮玲玉、陈玉梅、王人美和胡蝶等人现身说法："力士香皂试后使我面孔比以前洁白了，所以以后决定用力士香皂了。"更胜一筹的是，1934年，引进国外最新有声电影机器车，稍加改装后用来做广告宣传。这种有声电影机器车在放映正片前，首先播放力士香皂的广告宣传片，请当时红极一时的中国电影女明星出场，如出水芙蓉一般，水滑香薰洗凝脂，撩动多少人的心思。宣传片并播放肥皂生产的全过程以及生产肥皂所备的原料，以示设施先进、产品卫生，并通过银幕将公司肥皂的用法，向观众做介绍宣传。这种印有英商中国肥皂有限公司的有声电影机器车，先后在江苏、安徽、浙江3省的城镇乡村流动放映。在中国肥皂公司的攻势下，时人对其出品赞不绝口，报上有诗云："外洋名厂造香胰，精制标牌别出奇。包饰光华装匣美，芬芳气味合时宜。"与中国化学工业社打商标战，逼迫中国化学工业社生产的"剪刀"牌肥皂只得改为"箭刀"。善于通过慈善，树立其正面品牌形象。热衷慈善事业，曾不时地向国内各慈善和社会福利机构、宗教团体、学校等捐赠肥皂，以此扩大公司的社会影响力。1948年6月7日，宋庆龄女士以孙中山夫人的名义，代表中国少年儿童福利会，向英商中国肥皂有限公司发来英文感谢信。

抗战爆发以后，中国肥皂有限公司由于遭受日军的破坏，开始走下坡路，生产经营每况愈下。新中国成立以后，英商中国肥皂有限公司改为国营，更名为华东工业部中国肥皂公司。后更名为上海制皂厂。它所生产的著名的产品品牌，或者说著名商标有祥茂洗衣皂、日光洗衣皂、利华香皂、力士香皂等，其

"祥茂肥皂"占有中国市场肥皂销量的70%—80%，力士香皂则主要为城市白领女性所青睐。同时通过跌价试图压垮中国本土企业。新中国成立初，因负债过重，以厂抵债转让上海市人民政府。1952年6月28日，由上海市人民政府接管，改中国肥皂公司。南阳肥皂厂等5家小型肥皂厂并入。1955年7月1日定今名。1960年10月，五洲固本肥皂厂并入。1979年起，以蜂花檀香皂为主导产品，带动其他产品发展。第七个五年计划期间，主要生产工艺初步实现油脂精炼、油脂水解、皂化工艺的连续化和香皂生产自动化。形成蜂花、美加净、白丽、上海、扇牌和固本六大系列产品，在国内市场上占据领先地位，并销欧、亚、美洲及中国香港等50多个国家和地区。1995年3月，与英国联合利华有限公司合资组建上海制皂有限公司，是国内生产规模最大的制皂企业。

（4）医药制造业及其品牌

上海是中国医药生产、科研、出口的重要基地和药品的主要集散地。无论国内医药企业，还是国外医药企业，欲要在中国市场上征战杀伐，开拓市场，树立品牌，上海必是它们的主战场之一。上海医药行业当然应近水楼台先得月，1993年10月，上海医药被列为上海发展高新技术的支柱产业；1995年9月，又确定将现代生物与医药产业作为高新技术发展主攻方向的三大支柱产业之一，到2000年建成300亿元支柱产业。对此，上海医药行业充分发挥龙头品牌企业的引领与整合作用，即以上海三维制药有限公司、上海中西药业股份有限公司、上海新亚药业公司、上海华联制药公司、上海先锋药业公司、五洲药厂等企业品牌为核心，培育优势大品牌。充分发挥合资药企的作用，重点抓好瑞士罗氏、美国强生、法国爱德发、日本中外制药、德国赫斯特、德国勃林格、美国百特公司、美国先令等10项影响力大、产品新、技术档次高的合资项目。加大研发投入，培育新兴产品品牌，"八五"期间先后开发出包括培菲康、银杏制剂等一、二类新药在内的300多项技术含量高、医疗临床急需，并已具有相当市场份额和潜在优势的产品品牌成为市场主力。其次在企业品牌的内生动力方面开展了一系列卓有成效的工作，从人才、营销网络、生产基地建设、品牌推广等多维度聚焦市场拓展。

上海医药集团股份有限公司（1994年）。上海医药集团股份有限公司是在沪港两地上市的大型医药产业集团（港交所股票代号：02607；上交所股票代号：601607）。公司主营业务覆盖医药研发与制药、分销与零售，2016年营业收入1208亿元，公司综合排名位居全国前列，是中国为数不多的在医药产品和分销市场方面均居领先地位的医药上市公司，旗下拥有信谊、雷氏、龙虎、苍松、国风、神象、鼎炉、青春宝和胡庆余堂等多个品牌，多为中华老字号、中国驰名商标。其旗下上药厦中（厦门中药厂）历史悠久，可追溯至1632年之际创办的厦门正和号药铺、怀德居药铺、高峰药房、寿生堂、一贴灵等老字号药铺合并组建而成。上海华氏大药房拥有药房的数量在华东地区名列前茅。零售业务覆盖全国16个省区市，总数超过1800家。控股的医药企业遍及全国厦门、青岛、本溪和杭州等城市。

在中国医药史上，上海医药拥有举足轻重的地位，创造了中国医药史上多个第一，例如第一支青霉素、第一支头孢菌素、第一支"半合抗"甲氧苯青霉素钠、第一粒人工牛黄、第一张中药巴布膏剂、第一支中药针剂、第一粒中药滴丸、第一包中药冲剂、第一家通过美国FDA认证的企业等。近年来，上海医药注重品牌创新，加大研发力度以及品牌并购力度，做强母品牌"上海医药"。2013年，收购东英（江苏）药业，为上药东英；收购中国国际，为上药中国国际。2014年控股广东桑尼克，为上药桑尼克。2015年控股大理中古红豆杉生物，建立上药红豆杉生物；在辽宁本溪有上药北方药业；2016年进行海外扩张，收购了澳大利亚Vitaco公司，并与株式会社津村建立合资企业，开展中药配方颗粒、中药提取物等产品的生产和销售。成立上药医疗，涉足大健康服务产业。在品牌文化建设方面坚持以持之以恒、致力于提升民众的健康生活品质为使命，以成为受人尊敬，以拥有行业美誉度的领先品牌药制造商和健康领域服务商为发展愿景，以"创新、诚信、合作、包容、责任"为核心价值观。品牌战略定位清晰，即以"互联网+健康产业"为主线，以推进智能制造和智慧服务为主攻方向，聚合资源，创新驱动，内生外延同步推进，以期实现上海医药可持续健康发展。

3. 金融业及其品牌

1992年邓小平发表南方谈话，全面分析了中国改革开放的一些重要问题，为我国进一步的发展指明了方向，也为上海金融业大发展带来了契机。1992年10月，中共中央总书记江泽民同志在中共十四大上提出，要以上海浦东开发开放为龙头，进一步开放长江沿岸城市，尽快把上海建成国际经济、金融、贸易中心之一，以此带动长江三角洲和整个长江流域的新飞跃。"一个龙头、三个中心"战略目标的确立，对这一阶段上海——特别是浦东的开发开放产生了很大影响，从而成为上海金融中心建设非常重要的一个时期，在这个阶段，上海金融业的发展最突出的特点表现为：一是金融机构快速发展，金融业务不断拓展；二是金融市场体系逐渐完善；三是外资金融机构加速聚集。[1]

1992年3月，政府工作报告提出上海要"逐步发展成为远东地区经济、金融、贸易中心之一"。10月，中共十四大报告提出"尽快把上海建成国际经济、金融、贸易中心之一"。按照中央的要求和部署，上海以构建国际金融中心地位为目标展开工作。1995年，共有营业性外资银行分行29家，侨资银行2家，中外合资银行1家。资本、资产规模居世界前六位的银行均在上海设分行，外资金融机构数量占全国的27%，居全国首位。

浦发银行（1993年）。1993年1月9日，上海浦东发展银行成立。注册资本10亿元（含外汇5000万美元），首期股东包括上海市和江、浙两省地方财力及资金雄厚、管理良好的上百家大型企业。上海地方财力占资本总额的41%。1995年，该行在上海市有18个支行、86个营业所，开设杭州、宁波、南京、江阴分行，员工1416人。与160家外国和地区银行建立代理关系。办行宗旨是：为开发浦东，振兴上海，发展长江流域经济服务；为把上海尽早建成国际经

1　左学金：《上海经济改革与城市发展：实践与经验上海》，上海社会科学院出版社，2008年版，第86页。

济、金融、贸易中心服务。把支持浦东开发开放和地方经济建设作为业务立足点，尤其为能源、交通、大型工商企业、城市基础设施、浦东新区建设项目的融资以及上海要素市场的运作、社会保障制度的改革，开展金融业务。拓展非银行业务领域，实现金融资产多元化，承担上海市社会养老保险基金和其他各种基金的汇缴、拨付和运作，开办了信托、证券、保管箱租赁、投资、咨询等业务。1995年，人民币存款余额228.2亿元，外币存款5.3亿美元；人民币贷款154.8亿元，外汇贷款6.1亿美元。[1]

上海浦东发展银行股份有限公司（简称"浦发银行"）是1992年8月28日经中国人民银行批准设立、1993年开业、1999年在上海证券交易所挂牌上市的股份制商业银行，总行设在上海，目前注册资本金143.48亿元，良好的业绩、诚信的声誉使浦发银行成为中国证券市场中备受关注和尊敬的上市公司。[2]

自1999年上市以来，浦发银行连续多年被《亚洲周刊》评为"中国上市公司100强"；2010年5月，获评英国《金融时报》全球市值500强企业第255位，并持续跳升；2010年7月，《金融时报》发布世界银行1000强排名，浦发银行按核心资本排名第108位，按总资产规模排名第81位，稳居百强行列；继2010年度浦发银行首次入围百强行列之后，2011年再次稳居百强之列，位列全球银行第92位，亚洲银行第18位，表现出良好而稳定的品牌价值。

在"财经中国2010年会暨第八届财经风云榜"的评选中，浦发银行荣获"2010年度最佳社会责任履行上市公司"称号，成为唯一获此殊荣的银行机构；在《金融时报》等机构发起的中国低碳经济论坛上，获"2010中国低碳新锐银行大奖"；在清华大学等机构主办、国际金融公司协办的第三届中国环境投资大会上被授予"2009年绿色金融贡献大奖"。浦发银行还荣膺2010年度"十大品牌银行"称号；在"2010年第六届中国企业公民论坛暨优秀企业公民颁奖盛

1　上海通志编纂委员会编：《上海通志　第5册》，上海社会科学院出版社，2005年4月第1版，第3370页。
2　《笃守诚信 创造卓越——上海浦东发展银行加强诚信金融机构建设纪实》，载《中国总会计师》2011年第12期，第200页。

典"上，浦发银行凭借其在企业社会责任方面的出色成绩，连续第二年荣膺"中国优秀企业公民"称号。

2011年2月11日，在上海市政府举行的"2010年度上海金融创新奖颁奖大会"上，浦发银行"'银元宝'园区合作模式"荣获"2010年度上海金融创新成果奖二等奖"。[1]

4. 文化产业及其品牌

人民日益增长的文化需求对新时期上海文化产业起到了促进作用，20世纪80年代后，随着改革开放的深入和社会主义现代化建设的新进展，体制改革不断深化。例如："1983年上海杂技团采取自愿组合实行承包责任制，建立起30人的魔术队。次年上海京剧院出现中青年艺术人员试行包干责任制的演出队。1987年上海文化系统实行全员聘任制。进入90年代，在努力办好公有制的市、区（县）文艺团体的同时，鼓励和扶持一些民办的、中外合作的文艺团体及以艺术家命名经营的'工作室'等专业组织，逐渐形成以公有制为主体，多种经济成分共同发展的格局。1992年上海电影制片厂实行改制，建立适应社会主义市场经济的新劳动用工制度、干部聘用制度和职工分配制度。1993年上海电影发行放映公司转制为永乐股份有限公司，成为中国第一家股份制文化企业。1994年上海又成立东方影视发行公司，把上海电影市场的运作引入竞争机制。在此期间还变革了原来的'导演中心制'向'制片人中心制'过渡。"[2] 制度的变化促进了文化的活力，上海国际电影节（1993年）、上海东方电视台（1993年）、上海国际艺术节（1999年）、上海双年展（1996年）、上海艺术博览会（1997年）等一大批文化企业和文化品牌相继诞生，快速发展。其中上海国际电影节系国际A类电影节，设有国际奖项"金爵奖"。电视剧有《孽债》（1994年），话剧有《商鞅》（1996年），长篇小说有《长恨歌》（1996年）。上海博物馆（1996年10月）、上海图书馆（1996年12月）、上海体育场（1997年10月）、

1　李路阳、孙春艳：《浦发银行，蓝海亮剑》，载《国际融资》2011年第4期。

2　上海通志编纂委员会编：《上海通志　第8册》，上海社会科学院出版社，2005年4月第1版，第5180页。

上海大剧院（1998年8月）相继建成并开业，成为上海新的文化地标。

东方卫视（1998年）。作为东方卫视的前身，1998年10月开播的上海卫视是全国所有省级卫视中最晚一批开播的卫星频道。它只是一个城市宣传战略的产物，仅是把"海派"电视中最优秀的节目拿来串编包装以后在卫视频道播出。上海的观众给了卫视一个有趣的比喻：她就像一位知性的女子，自身很完美，但与我无关。2002年上海卫视广告收入仅为5600万元，在全国卫星电视频道中，收入甚至无法和云南、陕西这样的西部卫视相比。受众定位含混、频道风格散漫、主持人身份模糊、缺乏频道形象代言人；节目缺乏特色、编排缺乏针对性，最终令收视率一直不高，已经无法承载一座高速发展城市膨胀的信息、澎湃的表达欲望和她的电视业对巨大广告价值的觊觎。

2003年9月初，国家广电总局批准上海卫视正式更名为上海东方卫视。10月23日，这个有着"红日五星"台标、英文名为Dragon TV的上海东方卫视横空出世。市场化的理念转换引发了2003年上海电视媒体最具震撼力的变革，一个新的都市主流电视媒体开始出现在人们的视野中。东方卫视根据自身特有的地缘特质以及独特的历史积淀，打出了"中国都市旗帜、国际传媒标准、社会制作窗口、全国城市平台"的旗号，旗帜鲜明地为自己树立了作为海派都市媒体的总体定位。

2003年7月，上海东方卫视传媒有限公司以6666万元的注册资本挂牌成立，下设新闻中心、节目中心、营运中心、总编室等部门。人力资源方面，实行以公司为核心的用人机制。

东方卫视的台标设计无疑是成功的，单纯从视觉来看简洁大气、容易识别、冲击力强。上海文化广播影视集团有限公司艺术总监陈梁解释了标志的含义："东方卫视的标志实际上从含义上来说，本意是红日五星。红日是秉承东方电视台的理念，红日还是比较符合中国传统审美和现代审美的需求，五星是卫星电视的通用标志，具有扩张感。这样的标志最大的好处就是印记鲜明。大家口头常常提到的鲜橙是一个推广概念，寓意是新鲜、圆润，饱含汁水，有生命力和活力。"标志的主设计师胡羿说："上海东方卫视，就像个人见人爱的鲜橙，有鲜美的口味、丰富的营养。同时，圆润的鲜橙又可以演变成地球。"[1]

自2010年以来，东方卫视的广告收入显著攀升。2010年广告收入超过8亿元、2011年达到13.65亿元，增长率超过70%。近两年来，东方卫视的广告收入都以平均每年超过30%的增幅稳步提高。[2]

携程计算机技术（上海）有限公司（1999年）。 1999年，携程计算机技术（上海）有限公司成立，携程旅行网开通，其酒店预订量迅速创国内酒店分销业榜首，是高科技产业与传统旅行业跨界成功的典范，创造了全新的旅游商业模式。2003年4月，成为国家旅游局下属《中国旅游报》授予"中国旅游知名品牌"中的唯一网络公司，并于当年12月在美国NASDAQ成功上市（CTRP）。在2016年互联网周刊发布的《2016上半年度中国分类APP排行榜》中携程旅行位居榜首，迄今为止，与全球234个国家和地区的34.4万多家酒店、覆盖国内外各大航空公司等深度合作，并自2000年11月并购北京现代运通订房中心之后，先后在国内外进行了近20余次并购以及战略投资，使其实现规模化经营，确保服务标准化，在我国在线旅行服务市场上居领先地位，是全球市值第二的在线旅行服务公司。

它以客户为中心，以团队间亲密无缝的合作机制，以一丝不苟的敬业精神、真实诚信的合作理念，创造了"多赢"的伙伴式的合作体系，从而为合作各方共同创造最大的价值。既做到为客户服务"一应俱全、一丝不苟、一诺千金"，同时也做到了技术领先、体系规范。

5. 商业及其品牌

引进新业态新技术，改造传统商业，建设现代商业。20世纪90年代，连锁超市的崛起，成为上海传统商业向现代商业转变的重要标志。1991年，成立联华超市公司，迅速出现连锁超市网点。接着，成立华联、农工商等超市公司，

1　朱学东、黄俊杰、周笑岩：《海派再起东方卫视一周年》，载《传媒》2004年第10期。

2　施宇婷：《东方卫视品牌影响力研究》，载《新闻世界》2014年第10期，第83页。

超市网点向全市铺开。1995年，上海联华超市公司、上海锦江集团公司分别同家乐福、麦德龙等国际跨国商业集团公司合资组建大型超市和货仓式超市。又出现24小时昼夜营业服务的连锁便利店。连锁超市、便利店的开设带动传统商业改造。上海商业中心由"三街一场"发展为"四街四城"，四街即南京东路步行街、南京西路、四川北路、淮海中路，四城即豫园商城、徐家汇商城、新上海商业城和新客站不夜城。

上海作为全国最大的商品流通集散地，其商业总规模居全国之首。20世纪90年代，上海进入全新发展时期，取得了显著变化：改革开放处于深化进展期；商品销售处于快速增长期；经营方式处于变革创新期；商业功能处于增强集散期；设施建设处于迅猛发展期；网点布局处于重新组合期；经济结构处于比例调整期。以1995年为例，该年年末，上海市拥有营业面积4000平方米以上和年营业额1亿元以上的大型商店达71家，包括上海市第一百货商店股份有限公司、上海华联商厦股份有限公司、上海东方商厦有限公司、上海第一八佰伴有限公司等。依旧经营良好、创始于1900年（清光绪二十六年）以前的百年老店有73家，其中经营日用工业品的有18家，年份最长的达300多年历史，主要有曹素功墨庄（1667年）、张小泉刀剪总店（1663年）、王大隆刀剪商店（1798年）、吴良材眼镜公司（1720年）、老介福商厦（1860年）、南洋衫袜商店（1857年）、王星记扇庄（1875年）、永青美发商都（1879年）、上海铜响器商店（1851年）、乐源昌铜锡五金店（1884年）、新光光学仪器商店（1887年）、上海黄浦纱绳五金公司（1888年）、亨达利钟表店（1864年）、亨得利钟表店（1874年）。被市、区政府有关部门授予"名特商店"称号的商店达152家，其中新中国成立前创建的达78家，新中国成立后至改革开放前之间创建的为47家，改革开放后创建的为27家。涵盖百货业33家、文化用品业26家、钟表眼镜珠宝饰品业14家、五金交电业17家、纺织品业11家和服装鞋帽业51家。主要有恒源祥绒线公司（1927年）、上海市妇女用品商店（1956年）、锦艺装潢材料总公司（1927年）、丽云阁笺扇镜架商店（1888年）、上海筷子店（1979

年）、鸿翔时装公司（1917年）、上海古今胸罩公司（20世纪30年代初）、上海开开百货公司（1937年）、盛锡福帽店（1939年）、爱建纺织品公司（1985年）、上海针织品总汇（1993年）、上海体育用品总店（1910年）、上海钟表商店（1923年）、上海通利（万里）琴行有限公司（1949年）、新上海空调器公司（1988年）、上海现代音像电器有限公司（1984年）等。可谓新老品牌齐飞，是上海商业品牌的领头雁。

但从上海商业现状与形势要求相比，还存在着不少差距：商业功能还不适应将上海建成国际贸易中心的要求；商业布局还不适应上海城市总体建设的要求；商业发展还不适应经济、社会发展和消费增长的要求。这些问题都需要在今后的发展中尽快得到妥善解决。[1]

豫园商城（1992年）。 豫园商城的历史要追溯到600年前诞生的城隍庙和由此逐步形成的市场，素有"白相城隍庙"的民风习俗，是上海人最乐意去的绝妙场所。这里集中了丰富多样的上海小吃，各种各样的戏曲曲艺，还有富有民族特色的荷花池、九曲桥。

1992年以前，豫园商城叫作豫园商场，上海人称之为老城隍庙市场。老城隍庙市场以4条路为界，不包括豫园花园和城隍庙。当时商业面积包括所有的店面是1万多平方米。道路最窄的地方是2米，两辆三轮车都不能并行。虽然叫作豫园商场，但不是现在的公司的含义，而是相当于一个行政机构，管理豫园所辖的店面。当时里面的企业很多，有的是国营，有的是集体，相互之间却不能来往。

事实上，当时深圳地区的股份制改革已经起步，并且成效明显。于是上海市委、市政府决定绕开这些争论，选择几个企业试验股份制改革，其中商业选择了刚成立不久的豫园商场。1988年7月18日，豫园商场股票在上证所挂牌上市，成为中国第一个上市的商业股份制公司，是"老八股"之一。1992年邓

1　孙辉、肖元真、徐闯：《论上海商贸业的发展战略》，载《上海管理科学》1995年第3期，第14页。

小平在上海发表了要进一步推进股份制试点的讲话，这一次讲话有着里程碑作用，争论就此停止。豫园由此第二次走上股份制改革道路，上海市政府专门开会讨论豫园改造和发展问题。当时的情况是，虽然已成立股份公司，但股本很小，而且只是把辖区内的百货业组织在一起，而忽略了存在的饮食业、果品公司、旅游公司等。大大小小126家企业，分属市管、区管，18个公司、局。而且规划也很乱，有的前面是店面后面是民居，或者下面是店面楼上是民居。

1992年5月29日，新的上海豫园旅游商城股份有限公司批准挂牌，第一次发行股票拿到4.6亿元，第二年配股又增发了1.6亿元。两次加起来一共募集6.2亿元资金。这些资金基本上全部投入了豫园的改造，经营规模从1万多平方米增加至近8万平方米。

豫园商城发展并未从此步上坦途，因为常见的"国企病"，内耗重，经营不善，国有企业弊病与矛盾日益显现，豫园商城亏损严重，企业的发展陷入瓶颈。管理部门要求豫园进行改革。民营企业复星在这个时候出现，认为豫园商城的管理机制和经营方向上都有潜力，尤其是国有控股的比例比较少，只有15%左右，所以下决心要进来。管理部门也认为可以，但是试探性的，第一年采取托管的形式，让复星熟悉企业，参与企业的经营。一年后试验不错，管理部门才推动在2002年2月完成股票过户。

复星受让豫园第一、第二大股东一共20%股份，正式成为该公司第一大股东。复星不仅给企业带来了资金，而且也带来了灵活的机制和现代的管理，[1] 使豫园商城进入新的发展阶段。

上海农工商超市（1993年）。 位于上海市南市区丽水路上的城隍庙，不仅是上海老城区的象征，也是中外游客游上海的标志性旅游景点之一，尤其是城隍庙东侧的"豫园"，更是名闻遐迩，因为这里曾经是"小刀会"起义的统帅部。从1995年4月29日起，一座总投资2亿元，建筑面积为1.4万平方米的农工商

1　王铮:《豫园改制三步曲: 专访上海豫园旅游商城股份有限公司总裁程秉海》，载《上海国资》2008年第8期，第61—63页。

第一购物中心的大楼耸立在城隍庙商业区的入口处，不仅为上海农工商在这"寸金之地"设立了一个引人注目的窗口，同时也为上海农工商人走进市场、占领市场赢得了一份自豪和骄傲。虽说这是一座现代化的商业大厦，但农工商第一购物中心从建筑风格到内部装潢，都显出一股浓浓的"文化味"。一到四层商业大楼，正面由两根圆形立柱支撑，绿色的琉璃瓦屋檐悄然伸延，红木艺术栏杆巧置过道一边，尤其是屋顶别具匠心地设计了一座具有中国民族风格的楼阁，从而与城隍庙商业区的整个商业环境和建筑风格交相辉映，浑然一体。[1]

上海农工商超市（集团）有限公司的前身是一家小企业。1993年从工商银行贷款50万元，通过吸纳员工，获得了两个小布店的租赁权而创办超市。店铺楼上12平方米的小阁楼就是当年办超市的"指挥部"。后来，这两家小超市都被列入城市拆迁规划。1994年，上海市农工商集团创办了"上海市农工商超市总公司"，全部家当是：一块牌子、三辆车子（两辆黄鱼车加一辆0.6吨的客货两用车）和48名员工。2000年公司改制为"上海农工商超市有限公司"，注册资本从200万元扩增到1亿元。日前，经国家工商行政管理总局核准、上海市工商行政管理局登记，原"上海农工商超市有限公司"更名为"农工商超市（集团）有限公司"。以该企业为核心组建的企业集团名称为"农工商超市集团"。农工商超市集团由农工商超市、好德便利、好德企业、好德物流、真德食品、帕尔服饰、伍缘杂货、好德置业等8家公司和连锁经营进修学院组成。目前农工商超市集团拥有1200多家连锁店，年销售额超过120亿元，员工总数超过2万人，是多业态发展的全国性大型连锁企业集团。

农工商超市在十年的发展过程中，坚持以扩大农副产品经营，带动农民增加收入为己任，"以农为本"的经营定位取得丰硕成果。从1995年起，农工商超市就利用背靠农场和生产基地的有利条件，开始实施产加销一体化经营模

1　陈春山：《异军突起的上海农工商超市》，载《中国农垦》1996年第8期，第42—43页。

式。随着经营规模的不断扩大，农工商超市规模化流通功能日趋增强，全国各地农副产品要求进入超市"绿色通道"扩大销售的呼声也越来越大，现代化连锁网络对农业产业化经营的带动作用也越来越显著。[1]

（二）外资产业及其品牌

1992年10月，中共十四大报告明确提出："利用外资的领域要拓宽，采取更加灵活的方式，继续完善投资环境，为外商投资经营提供更方便的条件和更充分的法律保障。按照产业政策，积极吸引外商投资，引导外资主要投向基础设施、基础产业和企业的技术改造，投向资金、技术密集型产业，适当投向金融、商业、旅游、房地产等领域。"1993年11月，中共十四届三中全会通过了《关于建立社会主义市场经济体制若干问题的决定》，提出要"改善投资环境和管理办法，扩大引资规模，拓宽引资领域，进一步开放国内市场，创造条件对外商投资企业实行国民待遇，依法完善对外商投资企业的管理，发挥我国资源和市场的比较优势，吸引外来资金和技术，促进经济发展"。1995年6月，国务院批准发布《指导外商投资方向暂行规定》和《外商投资产业指导目录》；1997年12月，又对《外商投资产业指导目录》进行修订。

在此背景下，上海在引进外资中一马当先，万商云集，近悦远来。"1991年到1996年，全市签订引进外资合同项目16 469个，是前12年总和的10.2倍；签订合同金额528.19亿美元，是前12年总和的8.5倍；实际利用外资金额227.03亿美元，是前12年总和的5倍。国外资金的广泛利用，有力地带动了国外先进技术的引进。同期，上海引进国外技术设备项目7613个，是前12年总和的5倍；引进技术设备成交额42.5亿美元，是前12年总和的2.2倍；引进技术到货金额30.31亿美元，是前12年总和的2.4倍。"[2] 所吸引的品牌企业，当时世界上最

1　上海农工商超市(集团)有限公司:《农工商超市 创新成就伟业》，载《中国农垦经济》2004年第11期，第19—21页。

2　周振华、熊月之等:《上海城市嬗变及展望1979—2009（中卷）中心城市的上海》，格致出版社，2010年10月第1版，第26页。

大的100家工业企业有57家在上海投资落户，包括大众汽车、贝尔通信和三菱电梯等。日后，亲历者对此这么认为："上海的外商企业都属于'巨无霸'的大企业，对中小企业、中资企业产生巨大的竞争压力。仅有的中资企业只能在困境中挣扎，为'生存而战'，不谋发展。"[1]

上海作为中国第一个被允许外资银行经营人民币业务的城市，吸引世界排名前50位的外资金融机构大多落户上海，至1998年年底，在华外资银行分行有153家，而上海就占了45家，居全国之首。在此背景下，1996年12月，美国友邦保险公司上海分公司租赁了60多年前在中国的旧址——位于上海滩17号的大楼，成为第一家迁回外滩旧址的外国商业机构。

友邦保险（1919年）。1992年，美国友邦保险公司重返上海，成为中国改革开放之后最早一批获发个人人身保险业务营业执照的非本土保险机构之一。它由史带先生于1919年在上海创立，是世界500强中极少数起源于中国的美国公司之一，至今整整百年。其百年发展一直是业界标杆，是市值全球排名前列的上市人寿保险集团，覆盖泛亚太地区18个市场。它向客户承诺"百年友邦，每一刻，为更好"，是最早将保险营销员制度引入中国内地、最早获得合格境内机构投资者（QDII）资格的外资保险公司。其个险包括意外／医疗、疾病保障、寿险保障、年金养老、财富管理、教育储备、旅行保障、高净值传世系列等；团险主要有员工福利保障等。在中国分布的分公司主要集中在上海、北京、江苏和广东。其企业使命是"以专业、诚信与爱，帮助家庭和企业抵御风险，守护健康，积累财富，实现梦想"。企业愿景是成为中国最受信赖的保险公司。品牌承诺是"友邦与您携手积极改变，助您拥有健康长久好生活"。友邦中国已连续多年被全球权威机构 Top Employers Institute 评选为"杰出雇主"，于2015年荣膺怡安翰威特"最佳雇主"称号。

1　张广生：《海商：1982—2012上海商业纪事　第3卷　海纳百川》，上海锦绣文章出版社，2013年7月第1版，第168页。

二、中华老字号品牌的振兴之路

20世纪90年代初，上海为在更高层面上参与新一轮全球经济一体化，再次开始产业转型以及城市功能再造，更充分地发挥市场作用，由计划经济加速向市场经济转变，加快产业结构调整，"轻纺工业实现梯度转移，但是，品牌研发、产品创新机制也随之流失了"。[1]

上海轻工业局、上海电子仪表局、上海纺织局等纷纷被裁撤，有的转型为集团公司，政企分开，一批中华老字号不得不改换门庭。经过重组，形成了一批中华老字号相对聚集的企业集团，分属市属以及区属企业集团，例如市属企业集团有光明食品集团、华谊集团、纺织控股、轻工控股和锦江集团等，区属的有新世界集团、杏花村集团、豫园集团、梅龙镇集团和开开集团等。与此同时，沿海地区轻工品牌崛起、国际品牌进入国内，上海成为这些国内外品牌的桥头堡，一批中华老字号在新的竞争中获得长足发展，例如恒源祥、老凤祥、杏花楼和洪长兴等。恒源祥由原先南京路上的一家专业绒线店，一下子发展为如今有70多家企业加盟的品牌化运作公司，一跃为全球最大的绒线制造商，在计划经济向市场经济转变过程中的品牌建设做出了探索性贡献，起到了示范与带动作用，对一批新兴品牌的崛起形成了巨大影响。但也有相当一部分中华老字号难以适应这一转变，加速衰落，例如华生牌电扇、上海牌手表、海鸥牌照相机、永久牌与凤凰牌自行车、金星牌电视机和水仙花牌洗衣机等。一个令上海不愿看到的局面出现了，"上海的轻工、纺织过去曾经有过近一个世纪的辉煌，占有全国市场的40%，成千上万个品牌家喻户晓。现在百货公司、大卖场、超市、专卖店里很少有上海的品牌产品。上海把部分产业转移出去是无可厚非的，但是不应轻易地放弃自有品牌"。在这一阶段，据世界权威部门统计，中国最有价值的品牌第一到第十分别是海尔、联想、国美、五粮液、中国一

1　张广生：《海商：1982—2012上海商业纪事　第3卷　海纳百川》，上海锦绣文章出版社，2013年7月第1版，第168页。

汽、美的、TCL、茅台、青岛啤酒、重庆长安汽车，上海竟无一进入。"中国100个知名品牌中，半数以上属非国有企业创造。这再一次证明了上海国企的衰落。上海放弃了自有品牌的研发，不仅丢掉了产品，还失去了市场"。[1]上海品牌的光芒似乎突然之间黯淡了，上海品牌一时之间陷于低谷，引来国内外关注。

中国轻工业出版社于1993年6月出版发行"中华老字号"系列丛书，将上海专门作为一册，并列为第一册，把1991年由原国家内贸部评定的那些上海的中华老字号集中在一起，但少了4家，为268家。它们无疑是上海商业老字号发展中的历史里程碑。

---

1 张广生：《海商：1982—2012上海商业纪事 第3卷 海纳百川》，上海锦绣文章出版社，2013年7月第1版，第168页。

第七章　拥抱世界：构建全球品牌高地

（加入WTO至今）

中国加入世界贸易组织，是我国品牌经济发展以及知识产权保护极其重要的分水岭，同样使上海的品牌经济发展迥异于过去，一下子处于快速发展期，知识产权保护与运用与之同步加强。针对自身新的城市定位以及国家要求，尤其是未来世界经济发展趋势，上海既积极营造成为各类国际国内品牌的集聚平台，同时注重中华老字号品牌的保护与创新，更加注重培育商圈品牌、工业园区品牌、文化创意产业品牌和战略性新兴产业品牌等。进一步注重与长三角联动发展，上海市质监局与江苏、浙江、安徽和江西的质监局每年共推长三角名牌，充分发挥在长三角地区的龙头带动作用，全力构建国际、国内、长三角三个层面的品牌高地。

第一节　政府规划与政策支持并行

一、行政区划调整、人口变化以及品牌建设力度增强

上海目前面积6340平方公里，拥有16个区，分别为浦东新区、黄浦区、静安区、长宁区、虹口区、徐汇区、杨浦区、普陀区、闵行区、嘉定区、松江区、宝山区、金山区、青浦区、奉贤区、崇明区。拥有诸多别名，例如申城、魔都、沪上、东方巴黎等。至2018年，人口数达2423万，比1991年时增加1083万，几乎再造一个上海，与此相应的是品牌建设力度骤然增大。

在中国加入WTO之前，也即"九五"计划中，上海开始有了以"名牌产品、明星企业、著名企业家为主体，鼓励企业开展跨地区的资产经营活动；组建和发展50家以支柱产业、骨干企业、名牌产品为龙头，以资产为纽带的跨地区、跨部门的企业集团"这样的文字表述。在更早的各时期五年规划（计划）中关于"品牌"两字付之阙如。自2001年之后的"十五"计划、"十一五"规划、"十二五"规划和"十三五"规划中，与国家各时期五年规划（计划）相一致，品牌建设散布在经济建设的各个领域，成为一个越来越高频率使用的词，上海品牌建设力度不断增强，具体举措可圈可点。

二、"十一五"时期的品牌政策

2004年，上海市经济委员会制定了《上海市经济委员会关于推进本市品牌工作的实施意见》，该意见明确指出，努力使上海成为品牌产品的研发、孵化、培育和管理、服务中心；国内外著名品牌的集聚辐射中心；品牌价值、知识产权的评估、转让等交易运作中心。2005年出台了《上海推进实施品牌战略行动方案》，明确实施品牌战略作为加快实施"科教兴市"主战略、体现城市综合竞争力的重要载体和抓手。上海实施品牌战略已经成为适应全球经济一体化的必然要求，成为落实国家经济战略目标的具体体现。以宝钢、上海化工区、恒源祥、联华、锦江之星、振华港机、上海三菱电梯、新天地、外滩二号等为代表的一批产品品牌、老字号品牌、企业品牌、服务品牌和区域品牌共同发展，在推动上海产业结构调整的同时，形成了上海不同层次品牌集聚的新特点。上海实施品牌发展战略从城市功能定位出发，与上海历史文化、海派文化相结合，与"两个优先"产业发展方针相结合，以科技创新为支撑，以先进制造业和现代服务业发展为依托，形成上海品牌战略的特色和特点。促进和引导上海品牌从产品品牌向企业品牌、区域品牌和城市品牌，从工业消费品牌和商业品牌向高新技术品牌、服务业品牌延伸发展，创建和形成具有上海特色的品牌体系。与之相对应，形成了品牌政策体系和一系列扶助措施，例如与《上海中长期科学和技术发展规划纲要（2006—2020年）》相配套的政策实施细则之一的《上海市加快自主品牌建设专项资金管理暂行办法》。这一办法由上海市经委、上海市工商局、上海市质监局和上海市财政局于2007年10月23日共同颁布实施，建立了用于加快企业自主品牌建设的补助性资金，部分区县政府相应设立了与此配套使用的专项资金。该资金使用范围包括五个方面：一是支持企业开展自主品牌建设，二是支持中华老字号企业发展，三是支持品牌建设的公共服务项目，四是支持品牌宣传推广工作，五是一次性奖励获得政府部门认定的国家级称号（中国世界名牌产品、中国名牌产品、中国驰名商标、最具市场竞争力品牌等）的企业。对获得市级称号（上海名牌、上海市著名商标）的企业，由企业所在区县给予一次性奖励。上海市经信委、上海市工商局、上海市商委、上海市质监局、上海市科委和上海市知识产权局等政府部门也分别从各自职能出发推进品牌建设，先后成立了上海市名牌产品推荐委员会、上海市中小企业品牌建设推进委员会等，根据不同的评价标准，持续推出上海市著名商标、上海名牌、上海市畅销品牌、知识产权示范企业、开发园区品牌、上海市科技小巨人和上海市中小企业"品牌企业"和"品牌产品"等。2007年9月，上海市质监局在部分区县开展上海名牌区域试点。

"十一五"期间，上海将品牌建设上升至城市形象塑造、提升城市综合竞争力、参与全球化和打造国际大都市的高度。在"十一五"规划中，品牌两字像珍珠一样散落，在多处地方均不约而同地熠熠生辉。例如，"培育国际会展品牌"、"汽车产业以形成自主品牌汽车生产为突破口"、信息产业"以研发设计、自主品牌建设为重点"、"进一步放大张江的品牌效应"，等等，尤其强调自主品牌建设以及品牌延伸，进而就自主品牌建设辟出专门版块加以阐述，即"大力实施自主品牌战略"，明确要求通过优化产业组织结构，提高企业规模经济水平和产业集中度，大力发展一批拥有知名品牌、核心技术、主业突出、综合集成能力较强的大型企业集团，并以此推动中小企业与大企业分工协作，促进中小企业技术进步和产业升级。引导产业集群化发展。鼓励品牌企业跨地区、跨行业发展，进入海内外资本市场上市融资。振兴、引进、培育和保护知名品牌，进一步增强老字号企业的创新能力、连锁经营能力和品牌营销能力。首次提出要将上海建成品牌孵化培育中心、品牌集聚辐射中心和品牌交易运作中心。上海市相关委办局根据各自分管对象出台了一系列推进品牌建设的政策措施，组建并完善相关推进机构，例如上海市中小企业品牌建设推进委员会等，初步形成了政府、行业协会和企业携手推进品牌发展的政策和组织体系。2010年上海世博会的成功举办进一步促使全社会形成关注品牌发展、关爱品牌建设的社会氛围，为上海汇聚全球各类品牌和打造自主品牌创造了良好的政策环境。

三、"十二五"时期的品牌政策

上海在"十二五"规划中，明确要求"要推进品牌化，增强区域辐射力和国际竞争力，以更大的力度来加强品牌建设，进一步适应经济全球化发展的需要"。在政府支持下，2011年3月，中国中小企业品牌建设（上海）示范基地在上海揭牌，该基地以上海名仕街为依托，力争成为中国中小企业量身打造国际化品牌的专项平台。2011年8月，上海文化产权交易所与中国中小企业品牌建设（上海）示范基地等合建上海品牌交易中心（上海文化产权交易所品牌交易中心），并在上海名仕街时尚创意园隆重揭牌，标志着全国第一家品牌交易中心在此落户，使上海"十一五"规划中的品牌发展目标在"十二五"开局之年再次向前迈出实质性一步。

2012年年初，时任上海市市长的韩正同志在两会的政府工作报告中指出，上海坚持在服务全国和实施国家战略中谋求发展，稳中求进，鼓励企业走出去。这无疑是实现上海品牌国内外延伸，在国内实现经济带动和区域影响，并在全球范围内实现城市资源大整合和城市品牌影响的良好途径。市政协经济委员会发布"创新机制，推进上海品牌文化建设"报告。5月，《上海市著名商标认定和保护办法》正式实施，强化了对著名商标的管理。6月，时任中共中央政治局委员、上海市委书记俞正声同志前往上海冠生园食品有限公司、上海老凤祥有限公司、恒源祥集团等上海部分新老品牌企业调研。9月，上海市建立了由市经济和信息化委、商务委、工商局、质检局和知识产权局等19个政府部门组成的上海市品牌建设工作联席会议机制，并出台了《关于本市加强品牌建设的若干意见（沪府办〔2012〕93号）》（以下简称"93号文"），93号文再次明确上海在"十二五"期间，滚动培育和扶持一批在本市注册的品牌发展，以着力形成一批国内外知名品牌，将上海建设成国内重要的品牌孵化培育中心、品牌集聚辐射中心和品牌交易运作中心为发展目标，出台了涵盖企业建设品牌的主体作用、财税扶持、发展环境营造和体制机制创新四个方面共计16条具体政策措施。同时成立了由上海市经济和信息化委、商务委、工商局等19个委办局组成的上海市品牌建设工作联席会议，并召开了上海市品牌建设工作推进会议，预示着上海品牌建设工作进入了新阶段。

　　品牌企业的可持续发展能力和抗风险能力在国际金融危机中明显高于其他企业。2011年上海市消费品主要行业1511家规模以上企业中，408家品牌企业的总产值同比增长18.6%，高于消费品全行业10.7%的增长率，更高于上海全市工业总值9.2%的增长率；2012年上半年，这408家品牌企业总产值依然同比增长6.3%。

四、在国内品牌建设中的地位

　　相比于新中国成立以来，上海品牌建设在全国品牌建设中的领先地位，从中国名牌以及中国驰名商标的数量来看，上海品牌的质量与数量不再占优，但依然有着自己的鲜明特色，是全国品牌建设高地。

　　1. 上海的中国名牌。2001年，上海计有三项产品荣获中国质检总局主导的"中国名牌产品"称号，分别是"海螺""杉杉FIRS"和"开开"衬衫。之后数量逐年提高，至2007年，上海共有121项产品（包括复评通过的33项产品）荣获"中国名牌产品"称号，如不包括复评通过的，则为88项产品荣获"中国名牌产品"称号。从中国名牌战略推进委员会于2007年公布的856个中国名牌产品分析，上海在2007年度的中国名牌产品数量为37项（其中复评的11项），占全国份额4.3%。从数量看，上海为第六名，浙江、广东、山东、江苏和福建皆在上海之前。浙江第一，占比15.1%，上海与之差距为10.8%。2005年到2007年的三年间，中国名牌战略推进委员会确认10个世界级名牌，上海入选1个，即上海振华港口机械（集团）股份有限公司生产的ZPMC牌集装箱起重机。[1]

2. 上海的中国驰名商标。1991年，上海市工商局组织了第一届全国驰名商标的报名和评选工作，上海有4个商标入选十大驰名商标，获提名奖34个，获认定的为6个，分别为霞飞（化妆品，上海霞飞日化总公司）、蝴蝶（缝纫机，上海协昌缝纫机厂）、凤凰（自行车，上海凤凰自行车厂）、永久（自行车，上海永久自行车厂）、大白兔（糖果，上海冠生园食品总厂）、中华（卷烟，上海卷烟厂）。其中霞飞、凤凰、中华、永久名列十大驰名商标。截至2011年，上海共有70个商标被认定为中国驰名商标，占全国的2.9%，其中商品类55个，占全国的2.5%；服务类15个，占全国的9.1%。总量上在全国并不占优。截至2017年9月，上海共有中国驰名商标达194个；比2011年时增加124个，处于快速上升阶段。

3. 中华老字号。2005年6月，中华老字号认定工作在暂停14年后再次启动。2005年12月，由上海市工商局支持的"老商标见证城市经济发展历史回顾展"在上海东方明珠零米大厅举行，重振老商标在上海新一轮经济发展中的雄风。与此同时举办了"最具影响力""最具价值""最具活力""最具潜力"老商标以及"上海市老商标运作十大杰出企业家"颁奖仪式，让商标的价值在激烈的市场中得到充分体现。2006年4月，商务部发布了《"中华老字号"认定规范（试行）》"振兴老字号工程"方案，以中华人民共和国商务部名义授予中华老字号企业牌匾和证书，先后两批，共1138家。其中，上海首批51家，第二批为129家，共计180家；约占全国总数的15.8%，名列前茅，充分体现了上海品

1 姜卫红主编：《上海品牌发展报告2010／20011》，上海人民出版社，2012年4月第1版，第24页。

牌在全国的地位。2007年1月，《经济日报》刊发《上海老字号集聚特色商圈》一文，介绍由51个"中华老字号"注册商标汇成的"中华老字号品牌墙"1月25日在上海揭牌，这座品牌墙坐落在即将开业的上海南汇区惠南镇的中华老字号一条街上。2007年9月25日，首届上海老字号博览会在上海展览中心开幕。市人大常委会副主任周慕尧、副市长胡延照出席了开幕式。此次博览会由上海市经委、黄浦区人民政府和上海市档案局主办，黄浦区经委、市档案馆和上海中华老字号企业协会承办。2014年，上海又推出了市级中华老字号42家。静安区推出陕西北路中华老字号一条街。

4. 地理标志商标。地理标志是目前国际上保护特色产品的一种通行做法，我国于1994年开始启动该项工作，2008年，上海首次成功注册崇明水仙、崇明香酥芋、崇明金瓜、崇明白扁豆、崇明白山羊等5个"地理标志商标"，截至目前，上海共有13个地理标志商标，除上述5个之外，还包括嘉定竹刻、嘉定竹刻（工艺品）、崇明老毛蟹、南汇水蜜桃、奉贤黄桃、嘉定白蒜、马陆葡萄、松江大米。

五、知识产权的保护与运用

进入新世纪后，上海市知识产权工作"注重从政策措施、工作机制、管理模式、服务手段等方面开拓创新，不断提高上海知识产权事务管理的能力和水平"。[1] 2003年7月，上海市人民政府出台了《关于进一步加强本市知识产权工作的若干意见》，提出加强上海知识产权工作的23条意见。2004年，上海在全国率先出台《上海知识产权战略纲要（2004—2010年）》，明确要求发挥知识产权在品牌建设中的作用，加大品牌保护力度，初步建立起"政府监管、企业自律和社会参与"的良好机制。对企业品牌建设坚持正面引导，充分调动企业推进品牌建设的积极性。2012年4月，在全国知识产权宣传周上，上海市知识

---

1 陈志新：《上海：加强管理创新，服务经济发展》，载《中国发明与专利》2007年第4期，第24页。

产权局与上海社会科学院合作，联合举办首届上海品牌发展论坛，并推出首部年度《上海品牌发展报告》。该报告由时任上海市委常委、副市长屠光绍作序，很好地填补了上海城市和企业品牌建设方面的一大理论空白。2012年8月，上海市政府专门召开全市实施《上海知识产权战略纲要（2011—2020年）》推进大会，提出"力争到2020年把上海建设成为'创新要素集聚、保护制度完备、服务体系健全、高端人才汇聚'的亚洲太平洋地区知识产权中心"的总体目标，将全面提升上海知识产权创造、运用、保护和管理能力，使上海品牌建设获得更加坚实的基础。截至2016年12月底，上海有效发明专利拥有量为85 049件，同比增长21.5%，每万人口发明专利拥有量为35.2件。2016年，上海新增注册商标15.8万件；至2016年年底，上海有效注册商标总量71.8万件，驰名商标194件和著名商标1331件。2016年，上海作品版权登记数217 249件，同比增长9%。

1. 专利

2001年4月，为调动广大科技人员和专利管理人员的积极性，上海市在首个世界知识产权日到来之际，开展首届发明创造专利奖评选活动，奖金最高为3万元，设立6个奖项：发明专利奖、实用新型专利奖、外观设计专利奖、专利申请优胜奖、专利实施效益奖和优秀专利工作者奖。2002年，上海市专利申请量达19 963件，与2001年同比增长56%。2003年1月至4月，上海专利申请量为9944件，同比增长188.3%。上海的专利申请量以及授权量连年上升，2016年，上海专利申请量为119 937件，同比增长19.9%。其中，发明专利申请量为54 339件，同比增长15.7%，发明、实用新型、外观设计三类专利申请量占申请总量的比例为45∶43∶12；同期，上海专利授权量为64 230件，同比增长5.9%，其中发明专利授权量为20 086件，同比增长14.1%；PCT国际专利申请量为1560件，同比增长47.2%。充分发挥国家专利技术上海展示交易中心的作用，该中心以上海市知识产权服务中心为依托，以上海市专利交易中心和上海专利集市为基础，以上海知识产权园为基地开展工作，重点为非职务发明人和中小企业服务。"交易中心还成功走出上海，走向长三角，开出专利大篷车到无锡、温州、嘉兴、湖州等地，进行专利展示和推介，获得很好社会效果。"[1]形成了良好的本市、国内和国际三大合作网络。

2. 商标

推动建立著名商标退出机制。2011年12月，上海专门召开《上海市著名商标保护办法（草案）》立法听证会，形成著名商标跟踪制度，规定著名商标所有人或者使用人因著名商标商品质量问题造成重大社会影响的，或者发生虚假宣传、欺诈消费者等严重违法行为的，由上海市工商行政管理部门撤销著名商标，并予以公告。著名商标被撤销的，商标注册人三年内不得申请著名商标。2016年，上海工商和市场监管部门立案查处商标侵权违法案件1253件，没收各类商标侵权商品和标识17万件（只），移送涉嫌商标犯罪案件16件；深入组织开展"迪士尼"注册商标保护专项行动，累计立案查处各类侵犯"迪士尼"注册商标专用权案件112件，没收相关侵权商品1729件。

2018年4月，上海市工商行政管理局根据市委、市政府关于商标品牌建设的工作要求和国家工商总局、市政府签署的《关于大力实施商标品牌战略的合作协议》，出台了《关于在全市开展商标品牌指导站工作的意见》，设立商标品牌指导站为抓手，全面构建"企业主体、市场主导、政府推动、行业促进和社会参与"的商标品牌培育服务体系，建立健全商标品牌管理体系，分类指导企业实施商标品牌战略，推动企业、行业和产业的商标品牌发展，增强区域商标品牌竞争力，促进品牌经济与产业发展、区域发展深度融合，进一步提升上海品牌经济能效。2018年5月16日，上海市人民政府令第5号《上海市人民政府关于废止〈上海市著名商标认定和保护办法〉的决定》已经2018年5月7日市政府第10次常务会议通过，现予公布，自2018年5月16日起生效。历时22年的上海著名商标认定工作由此退出历史舞台。

1　陈勇：《上海形成知识产权服务体系》，载《中国科技投资》2008年第2期，第23页。

3. 版权

上海版权产业进入快车道，对上海GDP的贡献持续提高，以2004年至2007年为例，上海版权产业的增加值从669.51亿元人民币上升到1085.81亿元人民币，占当年上海GDP的比重从8.29%上升到8.91%；上海口岸与版权产业相关的海关商品出口额从294.37亿美元上升到545.50亿美元，呈现六大特点："保持比较稳定的持续增长和发展、相比于全国及其他国家处在较高发展水平、核心版权产业的发展潜力高于非核心版权产业、核心版权产业的优势产业比较突出、新兴的核心版权产业发展比较迅速、上海口岸版权产业相关的海关商品出口优势比较明显。"[1]

积极推进各类版权公共服务平台建设以及示范引导。2008年4月16日，上海互联网版权工作委员会正式成立，系上海版权保护协会所属一个分支机构，由上海市提供网络传播服务的企业自愿组成的行业组织，首批递交入会申请的有上海市20多家网络视频骨干服务企业。2010年5月11日，上海市新闻出版局、上海市版权局主管的上海版权服务中心、上海版权纠纷调解中心揭牌并正式开始运行，"两中心""将强化和延伸政府的版权公共服务职能，致力服务于张江数字出版基地建设，服务于数字出版、文化创意产业的发展，全面提升版权的创造、管理、经营及保护水平，打造一流的版权公共服务环境，助推版权产业又好又快发展"。[2]同年8月19日，上影集团上海美术电影制片厂、北京华影盛视文化传播有限公司、上海协力律师事务所牵头发起成立国产动漫业版权保护联盟。2012年3月，上海版权纠纷调解中心与上海仲裁委员会知识产权仲裁院签署了合作协议，使上海实现了版权调解、诉讼、仲裁三者的有效衔接。

为深入实施《上海知识产权战略纲要》和《上海版权工作"十二五"发展规划》，进一步提升上海市企事业单位、园区（基地）版权创造、运用、保护和管理能力，上海市版权局在2012年开始评选上海版权示范单位、示范园区（基地）。上海世纪出版集团等14家单位为2012年上海版权示范单位，上海紫竹高新

1 余传诗：《上海在全国率先发布版权产业报告》，载《中华读书报》2010年4月23日第2版。
2 金鑫：《上海版权服务中心和版权纠纷调解中心挂牌》，载《中国新闻出版报》2010年5月12日第2版。

技术产业开发区等6家园区（基地）为2012年上海版权示范单位、示范园区（基地）。截至2017年年底，全市拥有113家上海版权示范单位、示范园区（基地）。

4. 知识产权保护持续增强

对于侵犯知识产权、制售假冒伪劣商品的现象，上海一直充分重视。就商标保护而言，在"十一五"期间，上海各级工商部门共查处商标违法案件14 064件，没收、销毁侵权商品790万件（只），移送涉嫌商标犯罪案件93件。特别是2005年至2010年期间，出台了一系列围绕世博会标志保护的相关文件，如上海市人民政府办公厅《关于在迎世博宣传活动中加强世博会标志保护工作的通知》、上海市知识产权联席会议办公室《关于实施〈保护世博会知识产权专项行动方案〉的通知》等，全力保护世博知识产权。世博会开园后，所有知识产权突发事件均得到妥善处理，没有一起产生重大后果。自国务院2010年10月下发《打击侵犯知识产权和制售假冒伪劣商品专项行动方案》以来，上海严格执行，市区县相关政府部门或分头、或联手加大查处力度，取得了较好效果。如上海市技监局对产品经常性地抽查，并发布抽查公告，专项执法与突击执法检查相结合，对假冒伪劣产品形成威慑。上海市法院连续多年发布知识产权十大典型案例，集中展示上海在知识产权审判方面的成果。2011年，上海专门召开"销售真牌真品，保护知识产权"承诺活动大会，承诺单位达220家，涉及门店4230个。这些承诺单位自2010年10月国务院组织开展打击侵犯知识产权和制售假冒伪劣商品专项行动以来，先后配合知识产权相关执法部门执法检查400余次，没有发生重大违反承诺的案件，实现商品流通领域知识产权保护的关口前移，指导承诺单位建立运行规范的知识产权商品管理制度。2012年6月21日，经中国国家版权局推荐，并经世界知识产权组织确认，上海市高级人民法院知识产权审判庭被授予"2012年世界知识产权组织版权金奖（中国）保护奖"。2014年，上海知识产权法院宣告成立，知识产权司法保护力度不断增强。2016年，上海公安机关共立侵犯知识产权犯罪案件373件，破案281起，抓获犯罪嫌疑人498人。全市法院受理各类知识产权案件12 171多件，同比增加20.74%，同期结案率100.48%，同比上升9.51%。

六、科教兴市与全球科创中心

1. 科教兴市

在科技全球化的大趋势下，上海坚持大科技的发展理念，以增强自主创新能力作为发展科学技术战略基点、作为调整产业结构和转变发展方式的中心环节，科技创新活动蓬勃发展，形成了一批具有自主知识产权和高科技含量的产品，显著增强了上海制造品牌的发展后劲和国际竞争力。在2003年12月18日举行的中共上海市委八届四次全会上，事关上海城市发展的一份纲领性文件《上海实施科教兴市战略行动纲要》获得通过，上海市对此专门成立了科教兴市领导小组。该战略行动纲要紧紧围绕国家战略，立足上海优势，进一步统筹从研究开发到整个创新链过程中各类创新主体和要素，形成推进上海科技创新发展的新的合力与动力，确立了一批重大产业科技攻关项目，并明确要求"打造一批有影响力的知名品牌"。自2004年7月，上海市先后启动实施两批共56个科教兴市重大项目。2005年3月，通过网络等多种媒体向海内外发布公告，广泛发动征集，受理申报了153个项目。56个科教兴市重大项目，重点聚焦在电子信息、重大装备、生物医药、新材料和新能源、航空航天等领域以及公共平台建设。其中，电子信息类16项，占28.6%；重大装备类12项，占21.4%；生物医药类11项，占19.6%；公共平台类10项，占17.9%；新材料和新能源4项，占7.1%；航空航天类5项，占5.4%。对关键技术的科技攻关，对高技术成果的产业化，对在沪企业市场竞争力的提高，对产业结构调整和能级提升，均产生了有力的推动作用。例如生物医药"按高端市场准入规则，把握好产品和科技创新的3个原则；技术标准和管理水平应向国际市场看齐；知识产权保护覆盖面要与国际市场接轨；科技成果产业化终端要以国际市场为导向"。[1]截至2008年10月底，56个项目专利申请量1291项，其中发明专利占74%；获授权专利359项，其中

1　骆红初:《上海生物医药锁定高端》，载《上海科技报》2005年6月22日第1版。

发明专利228项，实用新型专利96项；共获取版权160项，商标数102项。集聚了4000多名高端创新人才；专项资金累计支持31.5亿元，带动了各方资金投入134.3亿元，实现合同销售额达350.37亿元，利润逾5.3亿元。

对于城市品牌塑造带来的良好促进作用，根据《上海中长期科学和技术发展规划纲要（2006—2020年）》中提出的知识竞争力为标杆，在《2008全球知识竞争力指数》（WKCI）报告中得到了良好反映（即将发布）。该报告显示，2008年度上海排名已上升至第110位（中国共有九个地区进入榜单，排名：台湾第53位、上海第110位、香港第120位，其他六个内地城市地区均列第130位后），自2003年上海首次进入排行榜以来，上海知识竞争力的排名一直保持上升势头，WKCI报告指出："在新兴地区中，上海的表现是最好的"。

2. 全球科创中心建设

2015年1月底的上海政协会议上，时任中共中央政治局委员、上海市委书记韩正表示建设上海全球科创中心的方案将是上海市政府2015年的一号课题。2015年5月，中共上海市委、上海市人民政府《关于加快建设具有全球影响力的科技创新中心的意见》出台，全球科创中心建设正式拉开帷幕，以更高远的城市发展定位，对标国际领先水平，紧紧把握世界科技发展趋势与全球产业变革趋势，不仅关注世界前沿技术研发，而且关注技术的产业化发展，着力破解在品牌建设中创新成果转化难、创新企业融资难、草根创业难和知识产权保护难等问题，"形成较强的集聚辐射全球创新资源的能力、重要创新成果转移和转化能力、创新经济持续发展能力，初步成为全球创新网络的重要枢纽和最具活力的国际经济中心城市之一"。[1]"成为与我国经济科技实力和综合国力相匹配的全球创新城市"。[2] 2016年4月12日，国务院专门印发了《关于印发上海加快建设具有全球影响力科技创新中心方案的通知》（国发〔2016〕23号），期冀上海"到2030年，着力形成具有全球影响力的科技创新中心的核心功能，在服

1　上海市委、市政府：《关于加快建设具有全球影响力的科技创新中心的意见》，沪委发〔2015〕7号。
2　同上。

务国家参与全球经济科技合作与竞争中发挥枢纽作用，为我国经济提质增效升级做出更大贡献，创新驱动发展走在全国前头、走到世界前列"。为将这一新的宏伟目蓝图落到实处，全市倾力而为，2016年7月14日，上海市人民政府关于批转市发展改革委等六部门制定的《张江国家自主创新示范区企业股权和分红激励办法》的通知。2017年7月16日，《上海市人民政府关于进一步支持外资研发中心参与上海具有全球影响力的科技创新中心建设的若干意见》及一批配套政策相继出台。

第二节　品牌建设成效日益显著

在国内外各类城市综合竞争力排名中，上海城市综合竞争力位于前列，在某些单项指标中位列前茅。例如，中国社会科学院城市与竞争力研究中心编制的《中国城市竞争力报告NO.12》表明，上海城市综合竞争力位居国内第三，居于香港、深圳之后，但宜商城市、知识城市、文化城市、信息城市和可持续竞争力方面均居第二位，列香港之后。在长三角地区以及长江经济带中居于中心城市位置，龙头带动作用显著，同时作为"一带一路"中的重要节点城市，具有强劲的区域品牌影响力和辐射力。众多跨国公司品牌的区域总部、国际高档消费品品牌在此集聚；国内自主品牌在此设立研发与营销总部，甚至将公司总部迁移上海，使上海成为国内自主品牌走向国际、拓展国内市场的桥头堡，国际化程度极高。国际品牌、国内品牌和本土品牌齐头并进。

一、形成了以品牌为引领的区域产业分工

产业（区域）品牌辐射力势头强劲。各类商圈品牌、工业园区品牌、服务业园区品牌和文化创意产业园区品牌等发展势头良好，有效地实现对企业品牌的培育以及集聚发展。漕河泾新兴技术开发区、市北高新技术服务业园区等产业园区通过品牌的跨区域延伸，有力地增强了上海对于长三角地区的经济带

动力，实现上海与这些地区的产业延伸以及产业互融，区域经济结合度愈益紧密，并带动区域社会、文化互融发展。

国际金融危机后尤其是"十二五"以来，上海产业对外转移步伐加快，工业企业通过新建厂房、兼并重组、整体搬迁等多种方式，逐渐将产能转移至市外。从对近年来本市部分大型工业集团型企业的调查数据看，虽然各集团企业对外转移起步时间不同，但"十二五"以来一致呈现出在上海市内的工业产值比重下降，而市外工业产值规模不断上升的趋势。

以电子信息为代表的简单代加工产业成为对外转移的首要行业。电子信息制造业作为上海传统的六大重点发展工业，其产业体量大、产值高，但行业利润相对较低，属于"产品高端但产出不高效"的产业。以广达、英业达及和硕集团为首的上海电子代工企业已先后在中西部地区建厂。"十二五"期间，英业达集团的笔记本代工订单迁至重庆，2015年其市内笔记本产量下降80%；联想集团将笔记本、台式机的生产逐渐转移到合肥，市内产量下降逾五成；广达集团已陆续将戴尔和惠普笔记本订单转移至成都和重庆。随着这些企业产能的陆续转出，近年来上海电子信息制造业年产值减少超过1000亿元。[1]

以上汽集团为代表的上海汽车产业正在通过生产基地跨区域联动布局战略，逐渐走出上海，有条不紊地向长三角及全国范围扩张，目前除了上海工厂外，已经先后在仪征、南京、宁波、武汉、沈阳、长沙等地建设基地。宝钢作为上海钢铁产业的代表型企业，"十二五"期间先后与新疆八钢、宁波钢铁、韶关钢铁完成重组，陆续将上海本部的30%产能转出。

二、对国际品牌的集聚能力快速上升

上海在科技人才、信息区位、市场空间、创意环境等方面具有显著的优势，对国际品牌的吸引也越来越强，2002年，贝纳通在华代理商贝中贸易公司

1　沈韶华：《近年来上海产业区域转移情况调查报告》，载《统计科学与实践》2016年第4期。

取得了上海淮海路上的嘉丽都商厦1—6楼10年的租赁权，并在此打造了世界上最大的贝纳通旗舰店。随着诸多国外奢侈品牌陆续登陆上海南京路、淮海路等黄金地段，这些地段的租金也在水涨船高。南京西路及淮海路沿街商铺的租金以每年10%—20%的速度增长。在短短的十几年中，代表上海顶级商圈的南京西路和淮海中路，已悄无声息地完成了几番业主更迭。不仅是淮海路与南京路两大时尚地标，徐家汇等商业旺地也呈现国际零售巨头聚集的趋势。[1] 尤其是2013年9月29日中国（上海）自由贸易试验区的正式成立，进一步增强了上海作为国际品牌在华布局的首选之地的魅力。一是强大的科技实力和人才优势。产品是品牌的载体，品牌的扩张离不开产品的创新。因此在企业的组织上，往往表现为企业的研发机构与品牌营销机构的空间统一。上海有众多知名高校和科研院，科技实力雄厚，科研门类齐全，创新氛围浓郁，创新的组织制度及其成果转化制度也相对完善，具备了国际品牌扩张的有利条件。国际化的品牌需要国际化的人才，上海不仅能培育优秀人才，同时也吸引了大量其他地区甚至海外的人才，各类创新型的人才引领了跨国公司的全面创新，从而推动了国际品牌的发展。二是上海有显著的信息和区位优势。在信息经济时代，传统的区位因素受到了挑战，而航空和网络的重要性则更加突出。一方面，便捷的航空条件不仅是临空型的高新技术产业发展的基本要求，更是跨国公司之间、跨国公司各部门之间、跨国公司同客户之间实现及时的B2B、B2C交流的需要，因而也是国际品牌实现动态管理与营销的需要。另一方面，网络已经成为一种重要的联系方式，能够部分代替面对面的交流；同时网络作为一种有效的传播手段，对国际品牌的发展也具有重要影响。上海在这两个方面的优势增强了它们对国际品牌的吸引力。三是良好的市场条件与发展空间国际品牌在海外发展初期，首先要经过一个被市场接受的过程，然后才能够发展和成熟。相应地，首先要提高品牌的知名度，然后再培养消费者对品牌的美誉度和忠诚度。因此，

---

1 刘笑一：《国际品牌抢驻上海中心商铺租金飙升》，载《中国房地产报》2006年12月18日第18版。

品牌的扩张需要一个具有较强的消费意愿、较高的消费能力、较新的消费观念的市场。上海的生活水平较高，居民消费意愿强烈；城市开放度高，能够迅速跟上国际消费潮流，因此一旦消费者接受了某个品牌，便会产生很强的品牌忠诚度。[1]

在金融业领域，截至2008年上半年，已有5家外资产险公司、29户基金公司、11家外资租赁公司落户上海，金融机构总数达到850家。重量级的品牌有英国劳合社、新加坡星展银行、瑞典银行、俄罗斯对外贸易银行、荷兰银行、新加坡华侨银行、英国毅联汇业等。上海外资法人银行总数达到17家，占全国的58.6%；资产总额为7370.93亿元人民币，占全国外资银行资产总额比重为58.84%。

2015年，上海合同利用外资达到589亿美元，同比增长86%，再创年度引资新高，规模位居全国首位。实际利用外资在上年高位基础上继续保持增长，达到184.59亿美元，同比增长1.6%，连续16年实现增长。

引资结构进一步优化。2015年，上海服务业实际利用外资159.38亿美元，占全市实到外资的86.3%，服务业为主的引资结构继续巩固。商贸业、租赁和商务服务业利用外资稳步增长；以融资租赁为主的金融服务业、以互联网为代表的信息服务业利用外资快速增加，实际利用外资同比增幅均超过70%；医疗、养老、旅游、文化产业的外商投资日趋活跃。制造业实际利用外资达24.9亿美元，同比增长了42.8%，占全市实到外资的比重升至13.5%，化工、生物医药、电子设备制造领域利用外资大幅增加。

总部机构不断集聚。2015年，越来越多的跨国公司选择上海作为其全球战略和协同体系的核心，并不断拓展贸易、研发等功能。全年新设跨国公司地区总部45家，其中汉高、恩智浦、亚什兰等15家企业在上海设立了亚太区总部，新增投资性公司15家。截至2015年年底，累计落户上海的跨国公司地

---

[1] 夏骥：《国际品牌在华布局的区位选择——以北京和上海为例》，载《北京社会科学》2006年第4期，第26—30页。

区总部、投资性公司分别达535家、312家，上海已成为中国内地跨国公司地区总部落户最多的城市。同时，积极鼓励外资研发中心参与上海科技创新中心建设，全年共引进费森尤斯医药、中芯国际集成电路等外资研发中心15家，累计达到396家。

自贸试验区投资踊跃。随着上海自贸试验区外资管理制度改革的推进和服务业扩大开放措施的不断落地，给上海外资发展注入了新的动力。2015年，上海自贸试验区共新增外资项目约2800个，合同外资超过350亿美元，实际利用外资超过30亿美元。融资租赁、工程设计、旅行社、游戏游艺设备生产销售、演出经纪、船舶管理、增值电信等行业的扩大开放措施取得了积极成效，至2015年年底，54项扩大开放措施累计共有超过1300个项目落户自贸试验区。

三、企业品牌建设能力日益增强

在经济日益全球化的今天，企业越来越多地认识到品牌是企业最重要的竞争力，没有品牌，企业就难有可持续发展能力，难有持久生命力。不仅如此，品牌还具有较高的附加值，能为企业创造更多利润。上海的企业站在市场经济最前沿，较早受到先进商业思想和理念的洗礼，因而具有较强的品牌意识。在与众多国际国内品牌同台竞争的过程中，上海本地企业的品牌建设能力不断增强。具体表现为：加大研发投入，开发新品，实现产品升级，积极打造具有核心知识产权的自主品牌；注重品牌管理与品牌营销，精心培育新品牌，与时俱进巩固老品牌，全面提升企业市场竞争力；以品牌整合，进行国际开拓、区域延伸，实现企业扩张；准确定位，单一品牌与多品牌战略并行不悖，目标企业长远发展。众多企业在实施品牌化过程中，赢得了市场，并为城市实施品牌化战略获取了宝贵经验。例如上汽集团，在2007年12月26日，上汽集团在北京人民大会堂和南京汽车集团签署全面合作协议，由此两个品牌从恶性竞争关系走向全面合作，成为以区域品牌延伸，推进长三角区域一体化发展的亮点，促使中国汽车工业实力整体提高。与此同时，上汽集团大力开拓国外市场，2011

年6月，自主品牌MG6车型在英国成功上市，成为国内首家在欧洲市场投放新车的汽车企业。再如锦江之星，在2011年12月，锦江之星与欧洲第二大酒店集团——法国卢浮酒店集团在上海举行签约仪式，由此拉开15家锦江之星以品牌联盟方式正式亮相法国巴黎等6个城市的序幕，而成为国内经济型酒店品牌亮相欧洲第一例。不仅有助于提升锦江之星品牌的国际影响力，也为国内经济型酒店向海外发展提供了新借鉴。为确保联盟酒店的品质，合作双方都对联盟酒店进行了实地考察和严格甄选。

一批老品牌拥有了新的成长空间，如老凤祥、豫园、杏花楼等传统品牌，继续得到长足发展。随着新兴产业的崛起，一批新品牌应运而生，以宝钢、上汽和振华港机等为代表的企业品牌，以徐家汇、五角场、淮海中路等为代表的商圈品牌，以漕河泾、张江和紫竹等为代表的工业园区品牌，以华峰超纤、杰事杰新材料等科技小巨人品牌为代表的高科技企业品牌，以及以上海电视台、期刊《故事会》、超级多媒体梦幻剧《时空之旅》、上海书展等为代表的文化品牌，东方绿舟、上海旅游节等旅游品牌，成为上海新的经济增长点和上海城市品牌新的支撑点。与此同时，上海积极引进国内外品牌，成为国内品牌进入全国和世界、国际品牌进入中国市场的首选地和桥头堡，成为众多国际高端品牌的中国地区总部和亚太地区总部所在地。至2011年，在上海开设了零售网点的国际奢侈品牌达169个之多，占世界公认的国际奢侈品牌90%以上，主要分布在服装、皮具、手表、珠宝和化妆品等个人消费品领域，上海又一下子走在世界奢侈品零售业的最前沿。对此，一批国内外品牌专业服务机构纷纷抢滩上海，为不同层次的品牌发展提供服务，初步形成了一条比较完整的围绕品牌而展开的产业链，反映了上海新的产业特点，成为高端服务业新的增长点。

依托互联网技术的一批企业和品牌正是在世纪交替时期集中爆发创业，如沪江、携程、盛大等。2010年开始，随着智能手机的普及，移动互联网时代悄然到来。陆金所、Wi-Fi万能钥匙等一批品牌陆续诞生。上海最强势的互联网企业领域是电商、互联网金融和游戏动漫。上海虽然多电商，但综合性的强势电商品牌却很少，更多电商品牌发力于细分领域。互联网金融公司数量相对不多，但在全国辐射较广。上海值得关注的电商有老牌电商1号店、生鲜电商天天果园、美味七七，跨境电商有洋码头、小红书、波罗蜜等。互联网金融品牌有陆金所、众安在线、点融、蚂蚁金服、拍拍贷等。游戏动漫方面有盛大、巨人网络、游族网络、九城、淘米等，影响较广泛。随着科学技术的进步和生产效率的不断提高，产品和服务进入供大于求的时代，粗放型、劳动密集型的产业逐步面临淘汰，消费者的消费水平也有了质的提升，不仅仅满足于基本的功能需求，而且更加注重产品的品质和品牌乃至消费体验。品牌建设越来越被政府和企业重视。

涌现了位列世界500强的企业。在世界500强企业名单中，2001年，没有一家上海企业；到2013年，上海企业是8家，分别是上汽、宝钢、交行、中国联合网、太平洋保险、绿地、浦发和百联；2012年是6家，增加2家，就是浦发和百联。这8家在95家中国企业中的占比是8.4%，在500强中的占比是1.6%。从排名看，100位以内，一家也没有，100位到200位之间只有一家，是上汽集团，排第130位，在2012年它也是第130位。200位到300位之间，分别是宝钢、交通银行和中国联合网，宝钢排第222位，在2012年排第197位；交通银行排第243位，在2012年排第326位；中国联合网排第258位，在2012年排第333位。300位到400位之间的是绿地，排第359位，2012年排第483位。其余三家，太平洋保险、浦发、百联都在第400位以后。太平洋保险是第429位，较上年的第450位有所提高。浦发是第460位，百联是第466位，排名都不靠前，但相比以前，处于上升态势。2015年入榜世界500强的上海企业品牌分别为上汽集团、交通银行、浦发银行、宝钢和绿地，位次均比2014年上升，分别为上汽集团第60位、交通银行第190位、宝钢第218位、绿地第258位、浦发银行第296位，其中交通银行、宝钢系央企，跃升幅度最大的是浦发银行，2014年为第383位。

第三节　品牌建设的专业服务能力

　　受历史和文化影响，加之经济发达，上海市民具有较强的品牌消费意识，因此上海品牌消费环境在一定程度上优于全国其他地区，这也是上海进行品牌建设的有利条件之一。近年来，上海有意识地发展各类由政府支持的民间品牌服务机构，包括上海相关高校以及研究机构加大研究，为政府政策制定和企业品牌建设提供咨询，通过市场化的方式为企业品牌建设提供全方位的智力支持。媒体持续关注品牌建设，形成了有利于品牌发展的公共服务平台和社会环境氛围。

　　对上海品牌建设，上海的媒体从不吝啬版面予以宣传和监督，从而为品牌建设营造出良好的舆论氛围。上海相关政府部门以及行业协会的各类品牌推荐都不约而同地选择媒体公示，借助媒体使品牌活动始终处于公众监督的视野下，而各类企业的品牌活动更是常常邀请媒体参与报道，以此提高品牌知名度。出于对上海城市的历史和文化认同，及其促进城市经济发展，近年来，上海媒体对老字号表示出浓厚兴趣，《解放日报》《新民晚报》《青年报》等或以整版篇幅，或以连续报道，或以评论形式，关注老字号，传递老字号发展的最新经验与情况，屡屡引起全社会关注和热议。东方网专门搭建"在上海"——名特优及老字号网上购物商城，为消费者与名牌，特别是老字号搭起营销通道。对于上海品牌建设中的不良现象，上海媒体也及时曝光，鞭挞造假者以及不正当竞争者。例如东方网专门开设的"警示"窗口，建立企业失信记录查询平台，对不诚信的企业及其产品及时加以曝光。

　　行业协会的作用不断得到发挥。上海市工业经济联合会（上海市经济团体联合会）、上海市商业联合会、上海现代服务业联合会、上海市企业联合会等均较为重视品牌建设，组织相关行业协会共推上海品牌，通过行业推荐、咨询、培训、交流等形式，助力企业品牌建设。上海现代服务业联合会专门成立了品牌专业委员会。上海市企业联合会、上海市企业家协会和上海市经济团体联合会坚持每年联合发布上海企业100强，上海制造企业100强、上海服务业企业100强，并发布上海民营企业100强、上海民营制造企业100强、上海民营服务业企业100强。再如由上海市食品协会、上海商情信息中心联合举行的"2005中国（上海）糖果巧克力市场高层论坛"，经过市场抽检、专家评审和市场调查，推出"2005上海10大值得品尝的糖果巧克力新品"，它们分别是UHA纱融特浓巧克力、大白兔红豆奶糖、天怡草本菁华糖（无糖）、UHA特浓草莓牛奶糖（加钙）、雅客益牙木糖醇无糖口香糖（蓝莓薄荷味）、阿尔卑斯酸奶软糖、上好佳休闲驿站硬糖（奶咖口味）、明治雪吻巧克力、阳光生活百年好核核桃软糖和喔喔多奶蜜奶糖（牛奶味）。同时大白兔酸奶奶糖、阳光生活你汁我汁纯椰汁软糖、雅客香草润喉糖等被评为推荐新品。上海现代服务业联合会2005年12月22日成立，它还专门成立了品牌专业委员会，助力会员企业品牌建设。

为了培育和发展上海自主出口品牌，增强外贸企业国际竞争力，促进上海外贸转型升级，在上海市商务委员会的指导和支持下，上海进出口商会于2012年下半年开展了2010—2011年度"上海市出口名牌"和"上海市出口品牌"的申报认定工作。经商会初审，并由上海市商务委员会、上海海关、上海出入境检验检疫局、上海市财政局、上海市地方税务局、国家外汇管理局上海分局、上海市质量技术监督局、上海市知识产权局、上海市工商行政管理局等相关部门负责人和专家组成的上海出口名牌审核小组审定，上海振华重工（集团）股份有限公司的ZPMC等86个品牌（74家企业）被认定为2010—2011年度"上海市出口名牌"；上海超日太阳能科技股份有限公司的Chaori等35个品牌（35家企业）被认定为"上海市出口品牌"。

上海高校科研机构敏锐把握全球经济发展趋势，积极开展品牌研究咨询、教育培训等，并成立了相关研究平台，例如上海交通大学品牌研究所、上海品牌发展研究中心、华东师范大学国家品牌战略研究中心等。2012年4月，上海社会科学院学者姜卫红领衔主编了第一本《上海品牌发展报告》，由上海人民出版社出版；策划举办第一届上海品牌发展论坛，该报告在这一论坛上发布。2013年3月，由上海牵头的长三角品牌建设合作专题在长三角城市经济协调会第十三次市长会议上获准设立。经过一年调研，2014年3月，在长三角城市经济协调会第十四次市长会议上，该专题进一步深化，批准成立长三角城市经济协调会品牌建设专业委员会，系长三角地区乃至全国由品牌建设主管单位与科研机构联合牵头的第一个区域性品牌建设合作与交流平台。中共上海市委党史研究室、上海东方网等相关机构以及个人深入持久开展对上海老品牌的研究，通过网络等各种形式宣推老品牌，编撰出版的专著层出不穷，例如上海市经济委员会编著的《海派经典——上海老字号集萃》、贾彦主编的《上海老品牌》、左旭初著的《著名企业家与名牌商标》等，左旭初以个人之力创办左旭初商标博物馆。

第四节　区域功能品牌发展迅速

2010年，上海市名牌委员会批准了5个区域功能品牌——豫园、朱家角、梅泰恒、8号桥、田子坊。上海区域功能品牌均由一些名牌族群组成，是在各产业区域内形成具有高知名度、高美誉度和高市场占有率的若干名牌产品或名牌企业的集合。随后，上海市技术质量监督局根据国务院《质量发展纲要（2011—2020年）》、国家质检总局《关于印发"全国知名品牌创建示范区"建设工作的指导意见的通知》和《上海市质量发展规划（2011—2020年）》有关开展知名品牌示范区创建、名牌培育等方面工作的要求，在全市范围内开展知名品牌创建示范区工作，申报对象分别为产业集聚区、工业园区、服务业园区以及农业园区等，覆盖各类高新技术产业化基地、高新技术产业园区、现代服务业集聚区、生产性服务业功能区、高技术服务产业园区等。

上海区域功能品牌有多种类别，还有如以陆家嘴金融贸易区、虹桥国际商务区、南京东路、淮海中路、徐家汇、江湾五角场等为代表的商圈和特色商业街。还有以8号桥、M50等为代表的文化创意功能区。以张江高科技园区为代表的工业园区等。[1]

上海的商圈作为上海商业、消费服务业的集聚形式和集聚区域，是国内外品牌进入上海市场的主要集聚地。在《上海商业发展"十一五"规划》中，上海的南京东路、淮海中路、四川北路、南京西路、徐家汇商城、豫园商城、新客站不夜城、浦东新上海商城、江湾五角场和中山公园被明确为"都市商业中心"，即十大商圈。根据2009年《上海市商圈经营结构调查报告》，南京东路、南京西路和淮海中路三大商圈共集聚了零售、餐饮、休闲娱乐等商业网点2047个，全年客流总量高达6.1亿人次，[2]是国内外品牌企业必争之地。2009年，这三大商圈汇聚国内外知名品牌达101家，其中上海本地品牌40家，外地品牌和国外品牌分别为23家和38家，形成了"三足鼎立"的格局。

南京东路商圈。南京东路商圈的历史超过150年，享有"中华商业第一街"的美誉，具有历史文化积淀深厚、综合功能集中度高、商圈超广域辐射等基本特征。每天来自全国各地的游客达100万人次，是众多品牌企业试探全国消费者的样本市场。

2011年，对南京东路连锁零售业、餐饮业以及休闲娱乐业30家知名品牌属地分析，发现上海本地品牌有13家，占43.3%；国外品牌有9家，占30.0%；国内外地品牌有8家，占26.7%。较大的商业品牌有宏伊国际广场、353广场、华联商厦、置地广场、永安公司、时装商店、东方商厦、百联世茂和新世界等，鳞次栉比。老字号专营店有茂昌、冠龙、吴良材、古今、张小泉、周大福、帐子公司、宝大祥、第一食品、第一医药、王开、老凤祥、邵万生、老大房、朵云轩、蔡同德等；新兴品牌有雅戈尔、美特斯邦威等；国际品牌有诺基亚、耐克、ZARA（飒拉）、MANGO（芒果）、班尼路等。从数量而言，在南京东路

---

1 姜卫红：《上海品牌发展报告·2010—2011年》，上海人民出版社，2012年4月版，第112页。
2 根据上海市商圈经营结构调查统计，2009年南京西路、南京东路和淮海中路的商业网点数分别为711个、648个和668个，年客流量分别为1.5亿人次、2.5亿人次和2.1亿人次。

商圈，上海本地品牌仍然占主导地位。但从发展势头看，国外品牌发展趋势强劲，正在逼近上海本地品牌，而国内的外地品牌相对较弱。这种品牌分布情况与南京东路的历史以及商业网点空间分布是密不可分的。

南京西路商圈。南京西路是集购、娱、食、游为一体的综合消费型商业圈，其中百货、餐饮、商务服务是其核心。2011年，南京西路聚集了29家知名品牌，涉及零售、餐饮、休闲娱乐以及其他服务领域。从29家知名品牌的属地来看，国外品牌有12家，占41.4%；上海本地品牌9家，占31.0%；外地品牌有8家，占27.6%。由此可见，南京西路商圈国外品牌在数量上占优势，上海本地品牌与外地品牌发展相当。

这种品牌分布格局与南京西路一贯坚持的"高起点、外向型、国际化"的发展目标是完全契合的。进入上海的国外顶级品牌和一线的外地品牌有90%在静安区南京西路开设了旗舰店、专卖店。南京西路是上海市最高档的商圈之一，其国际化程度高，国外品牌比例自然比较高。

淮海中路商圈。淮海中路位于市中心，是上海最繁华、历史最悠久的商业街区之一。沿街各式建筑林立，时尚名品、特色商店荟萃，都市文化休闲气息十分浓郁。2011年，从对淮海中路29家知名品牌的属地分析可知，国外品牌和上海本地品牌平分秋色，两者合计占知名品牌总数的80%以上，而外地品牌的表现不如南京东路和南京西路两大商圈。一方面由于它是上海市最悠久的商业街区之一，上海本地品牌，尤其是上海老字号在此牢牢扎根，拥有一批忠诚度较高的老顾客。另一方面，淮海中路以"国际化、时尚化、规模化"为发展方向，吸引了很多国外品牌进驻，国内外地品牌相对落后。

在南京东路、南京西路、淮海中路三大商圈中，国外品牌均占据很大比例，这与上海国际化的发展趋势相吻合。上海本地品牌与国外品牌数量旗鼓相当，主要领域在餐饮娱乐业，这与上海本地品牌了解上海市场的优势紧密相关。国内外地品牌虽然数量上不及国外品牌和上海本地品牌，但也表现不俗，具有强劲的竞争力。

第五节　产业发展及其品牌

一、本土产业与本土品牌

1. 交通运输业

（1）航空运输业及其品牌

2010年1月28日，以东航换股吸收合并上航的联合重组顺利完成，上航成为新东航的成员企业。2010年5月28日，作为东航全资子公司的上海航空有限公司正式挂牌运营。上航目前拥有以波音及空客为主的先进机队70余架，开辟国内航线百余条，还通达了日本、韩国、泰国、澳大利亚、新加坡、吉隆坡、莫斯科及中国香港、澳门和台北等17条中远程国际及地区航线，年运输旅客1239.54万人次。

至2015年年底，与上海通航的有47个国家或地区的118个通航点（含中国香港、澳门、台湾）和中国大陆的137个通航点。有26家中国大陆航空公司和70家国际或地区航空公司开通上海的定期航班。基地设在上海的航空运输企业有6家：中国东方航空股份有限公司（简称东方航空）、上海航空有限公司（简称上海航空）、春秋航空股份有限公司（简称春秋航空）、上海吉祥航空股份有限公司（简称吉祥航空）、扬子江快运航空有限公司（简称扬子江航空）、中国货运航空有限公司（简称中货航）；小型航空器商业运输运营公司（公务机公司）有3家：东方公务航空服务有限公司（简称东方公务航空）、上海金鹿公务航空有限公司（简称金鹿公务航空）、星联商务航空有限公司（简称星联商务航空）。上海航空获2014年仁川机场"最佳服务航空公司奖"，为中国大陆航空企业中唯一获此奖项的航空公司。春秋航空股票2015年1月21日在A股市场挂牌交易，是中国第一家登陆证券主板的民营航空公司、第四家获得欧洲出口信贷机构认可的航空公司。[1]

春秋航空股份有限公司（2004年）。春秋航空股份有限公司作为中国首批民营航空公司之一，于2005年7月18日开航，是国内第一家，也是国内最大的低成本航空公司，至2021年7月拥有108架空客A320飞机。其航空标志3S寓意安全、微笑和真诚，同时象征理想振翅高飞。春秋航空借鉴美国西南航空、欧洲瑞安航空等低成本航空运营模式，通过"两高"（高客座率、高飞机利用率）、"两单"（单一机型、单一舱位）、"两低"（低销售费用、低管理费用）的运营模式，在确保安全的同时，大幅度降低了运营成本和票价。春秋航空总部位于上海，目前拥有上海虹桥、浦东、沈阳、石家庄、深圳5个国内基地以及日本大阪、名古屋、泰国曼谷、韩国济州等海外基地，运营上海飞广州、深圳、珠海、揭阳（汕头）、厦门、三亚等多个城市，共飞了70多条国内航线及旅游胜地的航线。2010年4月，获得民航传播奖"最佳民营航空公司"，10月获得"上海服务企业50强"称号；2011年2月，获得新加坡低成本航空年会颁发"最热新航线奖"；2013年10月27日上海—高雄航线首航，成为大陆第一家直飞两岸的民营航空公司；2015年1月21日，春秋航空在A股上市，成为国内第一家民营上市航空公司。2018年成为全国第一家尝试使用智能化机场自助服务的航空公司。

中国东方航空集团公司（2002年）。中国东方航空集团公司总部位于上海，是我国三大国有骨干航空运输集团之一。其历史最早可追溯至1957年1月上海解放后成立的第一支飞行中队，该飞行中队于1988年组建成立为中国东方航空公司。2002年，中国东方航空公司与中国西北航空公司、云南航空公司联合重组，即中国东方航空集团公司，成立仪式在人民大会堂隆重举行。经过持续的产业结构调整和资源优化整合，现已成为以航空运输及物流产业为核心，航空地产、航空金融、传媒免税、配餐饮食、贸易流通、实业发展、通用航空和产业投资等九大板块协同发展的大型航空产业集团。目前，东航运营的逾

---

1 《上海年鉴》编纂委员会主编：《上海年鉴2016》"第十二章第九节"，上海年鉴编辑部，2016年版。

600架客货运飞机组成的现代化机队，主力机型平均机龄不到5.5年，是全球规模航企中最年轻的机队之一。作为天合联盟成员，东航年旅客运输量超过1亿人次，位列全球第七；航线网络通达全球177个国家、1062个目的地。2009年以来，东航品牌得到了社会各界的广泛认可。继荣膺"中国民航飞行安全五星奖"之后，还荣登《财富》杂志（中文版）"最具创新力中国公司25强"、企业社会责任排行榜十强，并连续多年被国际品牌机构WPP评为"中国最具价值品牌30强"，净资产回报率位列央企前列。

吉祥航空（2005年）。上海吉祥航空股份有限公司（简称吉祥航空或June yao Airlines）是国内著名民营企业均瑶集团成立的以上海为基地的新兴民营航空公司，由均瑶集团所属的上海均瑶（集团）有限公司和上海均瑶航空投资有限公司共同投资筹建的民营资本航空公司，已于2015年5月在A股上市。公司英文名字以June Yao（均瑶）命名。吉祥航空于2005年6月经中国民用航空局和上海市政府批准筹建，2006年9月25日开航运营。2007年11月，推出常旅客奖励计划。2009年7月，获得国际航空运输协会运行安全审计认证（IOSA）注册证书。2014年平均客座率达到87%。2017年成为星空联盟全球首家"优连伙伴"。至2021年10月，拥有79架空客A320飞机、6架波音787-9梦想客机。品牌定位为更具亲和力的航空体验提供者。以HVC高价值航空承运人战略定位为指导，致力于成为高价值航空企业的卓越代表，发展为国际化现代服务业百年企业，努力践行"吉祥航空，如意到家"的品牌承诺。先后荣获中国"杰出品牌创新奖""最具发展潜力奖"，被授予上海市"五一劳动奖状""平安单位""巾帼文明示范岗"和"用户满意服务明星"荣誉称号等。

（2）航运业及其品牌

进入21世纪以后，上海依据世界经济发展趋势和国家整体发展战略，对原有城市发展定位做出调整和补充，将建设国际航运中心与"三个中心"建设紧密结合起来，确定以建设经济、金融、贸易、航运"四个中心"为主要内容的城市发展总体目标。2001年5月，国务院批复原则同意《上海市城市总体规划（1999—2020年）》，明确要"把上海市建设成为经济繁荣、社会文明、环境优美的国际大都市，国际经济、金融、贸易、航运中心之一"。2007年5月召开的上海市第九次党代会确定"四个中心"建设的推进步骤：5年内"四个中心"建设取得突破性进展，形成国际经济、金融、贸易、航运中心基本框架；到2010年，以新型产业体系为有力支撑的国际经济中心建设要取得重要成果，国际金融中心建设要取得重大进展，国际贸易中心建设要取得显著成效，国际航运中心建设要取得重大突破，城市国际竞争力要明显提高。2009年4月，国务院颁布《关于推进上海加快发展现代服务业和先进制造业建设国际金融中心和国际航运中心的意见》，明确指出要充分发挥上海具有先进的港口基础设施、高效的航运服务体系、便捷的交通运输网络，有广泛参与全球竞争的周边经济腹地等优势条件，积极推动上海国际航运中心建设。2012年，上海市第十次党代会报告强调要进一步推动国际航运中心建设，国际航运发展综合试验区加快建设，航运机构、航运市场和航运产业快速发展，航运产品和服务创新试点加快启动，国际航运枢纽港地位日益凸显。[1]

北外滩（2012年）。在国务院颁布的《关于推进上海加快发展现代服务业和先进制造业建设国际金融中心和国际航运中心的意见》中明确要求发展北外滩、陆家嘴、临港等航运服务集聚区。对此，虹口区在2012年11月正式成立上海北外滩（集团）有限公司，并成立北外滩功能区管理委员会，还成立了上海虹口区北外滩街道。北外滩位于上海虹口区南部，南接外白渡桥、吴淞路桥，东与陆家嘴隔江相望，有"浦江第一链"之誉，并与老外滩、陆家嘴共筑上海"黄金三角"，明确定位：打造成上海航运和金融核心品牌，在全国乃至全球航运产业中的影响力、竞争力不断增强。对此，它着力完善现代航运服务体系，立足北外滩滨江沿线，围绕霍山路圈和密云路圈，打造国际航运交流中心、国际航运人才服务中心、国际航运金融服务中心、航运创新企业服务中心，形

1　张励：《从浦江走向海洋——新中国成立以来上海港口发展的历史回顾》，载《当代上海研究论丛》，上海人民出版社，2014年版。

成"一线两圈四中心"布局。提升上海北外滩航运服务中心功能，将北外滩航运品牌做成"百年老店"，并打造成中国乃至全球航运产业发展的核心"智库"。[1] 北外滩是我国大陆地区航运企业、航运功能性机构和航运要素最为集中的地区之一，已集聚中外航运服务企业3500多家，包括中海集团、中远集团、上海港务集团、上海航交所等航运业龙头型企业品牌以及10余家航运总部型企业品牌，上港物流、中外运敦豪国际航空快件有限公司也是其重要的入驻企业品牌。

自我国发出"一带一路"倡议以来，北外滩主动作为，2018年7月11日，举办"21世纪海上丝绸之路港航合作会议"，由上海国际港务（集团）股份有限公司和中国远洋海运集团有限公司与"一带一路"沿线的港航企业和机构联合举办。"一带一路"沿线30多个国家（地区）的逾百家港航企业和机构与会。会议发布了《"21世纪海上丝绸之路"港航合作倡议》，较好地提升了北外滩在"一带一路"航运体系中的影响力。

（3）交通运输业及其品牌

"交通模式要素"中都市圈范畴的客、货运交通体系的发展完善是影响交通发展的关键。从客运交通发展看，轨道交通网络体系功能单一，与铁路系统缺乏整合，郊区新城内部尚未形成完善的综合交通体系，无法适应市域城镇体系一体化及未来区域交通一体化的发展要求。小汽车快速进入家庭使城际和城市公共交通发展均面临更大挑战。从货运交通发展看，上海航运中心定位将产生巨大的货运需求，但目前腹地型的航运中心区位，决定了公路运输方式在较长一段时间内仍将是重要的集疏运方式。[2]

2000年以前，上海地铁属于直线制，那时候的地铁线路比较单一，一条线就是一条线，相互之间交集比较少，上海地铁运营和建设板块是分开的。到了

1　周楠、龙钢：《北外滩将打造"上海航运和金融服务"核心品牌，增强在全球航运产业中的影响力》，上观新闻，2018年7月24日。

2　薛美根、邵丹：《朱洪：上海交通政策发展回顾与展望》，载《中国城市规划学会会议论文集》，2014年4月版。

21世纪初，上海申办世博会的成功令地铁机制有了突飞猛进的发展，世博会举办前，作为交通出行的便捷措施，上海开通了5条新的地铁线路，这5条线路都非常长，同时老的1、2号线地铁也开通了新的延伸段，使得消防安全管理范围更加扩大，加之这些线路之间接通了部分换乘功能，形成了一种网络化的发展。网络化的形成对地铁的运营监管提出了更高的要求，线路越来越多，人流量也随之增多，换乘车站聚集起一大批客流，同时带来了很多消防隐患方面的问题：旧线路的设施设备更新、人员管理等一系列问题成为新世纪的新焦点。[1] 对上海交通运输业的品牌发展带来了新的挑战与契机，形成了隧道股份、申通地铁、机场集团、上港集团、上海巴士、强生等龙头型强势品牌。

上海电科智能（2008年）。上海电科智能系统股份有限公司，于2008年成立，其前身为1953年成立的上海电器科学研究所下属的自动化分所。1978年，率先从事机电领域技术研究、产品开发、系统集成。2004年，自动化分所转制为事业部。2008年，引入上海大众公用事业集团作为战略合作者，事业部整体改制为股份公司，制定了战略发展目标，从传统的高速公路三大系统业务（高速公路机电、水务监控、工厂自动化）向城市智能交通业务转型，从业务量80%集中在上海的区域公司向全国性公司转变；承担研发和建设既无经验借鉴与技术模式的发布系统—— 上海市道路交通信息采集和发布系统，并承担其营运工作。其中标志性的项目，即上海世博智能交通系统，为全世界瞩目的世博会提供了世界领先的交通保障，成为上海市智能交通建设和管理取得阶段性成果的重要标志，也成为国内乃至世界城市交通智能化管理的成功典范。

上海电科智能秉承"传承、创新、拼搏、超越"的企业精神，不断地解决智能交通的各种技术难点，在将公司拓展为全国性公司中，深耕长三角，在长三角一体化进程中较好地扮演了助推者的角色。当人们在中国高速公路上通行时，所看到所享受到的种种智慧便捷，这里有着上海电科智能的贡献。它"已

1　曹蕊:《上海地铁发展与安全运行同步》，载《新安全·东方消防》2013年第12期，第12—14页。

建设完成国内100余条高速公路监控、收费、通信系统，覆盖了全国20余个省、自治区、直辖市，总里程达到5000公里以上"。[1] 随着互联网的发展，它于2011年开始深入探索大数据技术在智能交通领域的应用与成果转化。它承建的上海市交通综合信息平台和应用服务平台汇聚了上海全市道路交通信息、公共交通信息、对外交通信息等，是国内首屈一指的功能强大、应用高效的交通信息和服务平台。瞄准未来，它要成为"城市交通大脑"，充分实现互联网+智能交通的各种可能，包括正在兴起的智能网联汽车技术及应用，让未来的道路以及汽车展现出令人惊叹的魅力。

2. 消费品工业及其品牌

（1）轻工业及其品牌

上海轻工通过各种途径重振雄风，也一直是中国轻工品牌重镇。2007年1月，上海轻工业协会牵头组织举办了"上海轻工新品、名品展示展销会"。这个全市规模的展销会可追溯到20世纪90年代初期。此次参展的轻工业新品、名品是十年来首次集体亮相。十多年来，上海轻工业经过调整、整合、淘汰，已形成国资、民资、外资联动发展的新格局，在改善民生、繁荣市场、增加就业等方面发挥着不可替代的作用。此次展销会，是对上海轻工企业、轻工产品以及轻工品牌的一次检阅。经筛选，参加本次展会的企业多达74家，带来了包括食品、化妆品、洗涤用品、家用电器、工艺品、钟表、缝纫机在内的1万多种产品，其中70%以上是近几年开发的新品、名品，20%以上是首次和消费者见面，大部分老品牌被赋予了新的生命，前来参展的市民年龄层也集中在40岁到60岁之间。老品牌包括蝴蝶牌缝纫机，但已经由原来的手动式变成了现在的电脑操控；英雄则推出了抗菌笔和环保笔，环保笔的原料来自天然植物资源，废弃物对环境不造成任何冲击；红双喜则借机展示了除老产品乒乓球以外的羽毛球、举重器材等产品；永久股份有限公司展台前展出了山地车、城市车、

1　中共上海市经济和信息化工作委员会、人民网编著：《上海制造：新时代、新征程》，上海人民出版社，2019年2月第1版，第127页。

电动车等不同款式的车型。但总体上，中低端产品多，高质量、高附加值产品品牌少。

2010年至2012年，中国轻工业联合会发布的中国轻工行业年度十强中，上海轻工消费品老品牌表现出色。2010年，进入中国轻工行业十强的总数为410个，其中上海轻工品牌为20个，占比4.8%；上海轻工消费品老品牌为8个，占上海上榜的40%。上海家化位列化妆品行业第一名。2011年，进入中国轻工行业十强的总数为370家，其中上海轻工品牌为30个，占总数的8.1%；上海轻工消费品老品牌为10个，占上海上榜的33.33%，占全国的2.7%，上海家化依然保持化妆品行业第一名。2012年，进入中国轻工行业十强的总数为402个，其中上海轻工品牌为35个，占8.7%；上海轻工消费品老品牌依然为10个，但排名有了上升，上海家化依然位列化妆品行业第一名，杏花楼、上工申贝（集团）股份有限公司分别在各自行业跃升至第一名，红双喜跃升至第三名。在2012年评定的中国轻工百强企业中，有243家企业入围，上海轻工消费品老品牌光明食品和老凤祥分别位列综合榜单第二名、第二十四名。

上海品牌发展研究中心和上海东方品牌文化发展促进中心在上海社会科学院和新华社上海分社支持下，于2013年5月联合发布了2012年度上海十大品牌企业和十大品牌领军人物，这是一份彰显上海形象和上海水平的榜单。在这份榜单上，上海轻纺消费品老品牌的表现可圈可点。上海老凤祥被推选为十大品牌企业之一，占比10%。而在十大品牌领军人物中，光明食品、老庙黄金、恒源祥和上海家化均榜上有名，占比达30%，从其年龄结构看，光明食品、老庙黄金的主要负责人均出生于20世纪50年代，恒源祥的负责人（总经理）和家化所属佰草集负责人出生于20世纪70年代，既表明上海轻纺消费品老品牌的振兴有一批自富力强的当家人，也表明后继有人。

在工信部确定的2013年工业品牌培育试点企业名单中，上海有14家企业入选最终试点名单，数量在全国各省区市中位居前列，其中上海轻工行业占6家，在这6家中，有4家为上海轻工消费品老品牌，分别为上海家化、上工申贝、冠生园食品和英雄金笔。指导一批实施品牌战略企业建立完善品牌培育管理体系，提高品牌培育的能力和绩效，引导更多的企业提升品牌培育科学化水平，探索有中国特色的工业品牌培育道路，为加快培育一批具有国际影响力的自主品牌奠定基础。

（2）纺织服装业及其品牌

上海国有纺织服装企业——上海纺织控股（集团）公司下属有像龙头股份、申达股份、三毛集团、华宇汉森、飞马进出口公司等优秀企业。旗下有像三枪、海螺、明光、菊花等知名品牌。它们曾经是上海纺织服装工业的代表，拥有所有外资以及民营企业所不具备的资源、政策、规模乃至品牌优势。然而企业并没有抓住并且放大这些优势，反倒在激烈的竞争中败退下来，从20世纪90年代中期开始进行了长达十年的惨痛的"调整期"，上海国有纺织服装企业的从业人数从原有的50多万调整到至今不足4万人。也许这中间有体制方面的原因，但更多的是经营管理上的缺陷。国有纺织服装企业从19世纪末的上海机器织布局发展至今，继承了老纺织工人艰苦奋斗、爱岗敬业、自强不息的优良品质；但同时也烙上了保守、封闭、传统的计划经济时代的特征。而在如今的市场经济时代，需要更多的是创新意识和市场意识。[1] 近年来，上海纺织围绕"科技与时尚"的发展理念，重点发展科技纺织、绿色纺织、品牌纺织、时尚纺织，以此为新的突破口，全面提升上海纺织服装业的核心竞争力。

妩WOO（2002年）。 2002年，西安画家孙青锋来到上海，受著名画家陈逸飞启发，在中国第一个创意产业园区——上海田子坊创立了自己的品牌妩WOO，试图凭借"中国元素设计、上乘面料、精湛的手工工艺"，以围巾和披肩妩媚天下女人，打造中国的奢侈品。这一品牌以国外成功的奢侈品为榜样，坚持奢侈与实用相结合，在大约四分之一的产品中带有扣子，不同的面料搭配不同质量、款式的扣子，使其与面料相得益彰，而让围巾与披肩变魔术般

1　魏剑敏：《上海服装业消费者品牌忠诚度影响因素研究》，上海交通大学硕士论文，2008年版。

有了几十种穿法，似衣、似开衫、似斗篷。以其独特的中国文化内涵、上乘的材质、近乎完美的工艺和不断创新、追求卓越的精神，赢得了消费者的喜爱。"从中国的奢侈品品牌，妩WOO已经走好了关键的第一步。然而，从中国的妩WOO到世界的妩WOO，仍有一段艰难的路需要走。"[1]

（3）日用化学品工业及其品牌

上海的化妆品业是都市型工业的重要组成部分。上海化妆品行业的生产经营和市场开发、产品质量和售后服务、经济效益和行业规模都基本实现了同步发展。这一时期兴起的日用化学品品牌有：上海家化有限公司；伽蓝（集团）股份有限公司（2001年）；上海相宜本草化妆品股份有限公司（2000年）等。目前上海的化妆品生产企业有156家，其中上海家化、上海强生、上海利华年销售额都在5亿元以上，进入全国化妆品企业前十强。

"2003年上海市化妆品类商品的销售总额达到了61.29亿元，同比增长了24.8%，增幅仅次于通信器材类的消费品。2003年上海市人均GDP同比增长了11.8%；2003年上海市社会消费品零售总额增长了9.1%；2003年上海居民家庭人均可支配收入增长了12.2%。从这组数据可以看到化妆品的销售增幅远高于上述三个指标的增幅。随着竞争的加剧，一些国际和国内的知名品牌已经培养了相当的顾客群，这些品牌的顾客忠诚度已经较高。"[2]

伽蓝集团（2009年）。 伽蓝集团股份有限公司于2009年3月由"伽蓝国际美容集团""上海自然堂生物科技有限公司""上海美素生物美容品有限公司""上海奥之美实业有限公司"等几家企业重组合并后成立，是集科研、生产、销售为一体化的大型集团企业以及日化线、专业线并存的大型跨国集团企业。其注册资金1亿元，总部设立于上海，创立的子品牌有美素、自然堂、植物智慧、春夏等，在全国31个省区市建立各类零售网络近4万个。伽蓝，取义

1　上海市品牌建设工作联席会议办公室编：《品牌的力量——上海自主品牌案例集》，东华大学出版社，2013年12月第1版，第61页。

2　张艳辉：《上海化妆品行业发展研究》，载《中国洗涤用品工业》2005年第3期。

"花果蔚茂，芳草蔓合"之地，寓意开满鲜花、布满芳草、盛产果实和蜂蜜的地方。以秉持"诚实、正直、信任、进取心、主人翁精神"五个基本价值观，"合作共赢、诚信负责、客户至上、创新突破"的企业核心价值观，为公司发展的内在动力，致力于为消费者提供世界一流品质的产品和服务，向世界传播东方美学价值，帮助消费者实现更加美好快乐的生活，把伽蓝打造成为具有稳定成长性和获利能力、富有社会责任感的亚洲最大、世界知名的美与健康产业集团。伴随近十年的迅速发展，伽蓝集团已是中国目前规模最大、实力最强、最具发展潜质的美容及化妆品企业之一。

3. 商业服务业及其品牌

上海市商委贯彻落实国务院〔2015〕66号文件精神，围绕上海建设国际消费城市战略目标、积极发挥新消费引领作用、加快培育形成新供给新动力，制订并实施《上海优礼行动计划（2016—2018）》中，上海有25个本土品牌及明星产品入选首批上海优选伴手礼所推进的上海优礼行动。"优"指伴手礼（馈赠亲友的当地特产、纪念品等）行业、企业、品牌、品类之优；"礼"意为优质礼品、优厚礼遇。上海优礼谐音上海有礼，寓意上海海纳百川、能工巧匠云集、优质礼品纷呈、优厚礼遇层出。

以餐饮业品牌为例，由于受电子商务的影响，无论中心城区，还是郊区的各大商圈、商城的餐饮业快速膨胀，并涌现了乍浦路、黄河路、云南路美食一条街，对此，上海餐饮业力推餐饮名店。2005年专门召开了上海餐饮业品牌建设推进工作会议，明确由上海市烹协会同上海市商业联合会、市服务标准化技术委员会共同开展"上海餐饮名店"的评定工作，并通报了相关标准、条件和要求。"上海餐饮市场已从过去单纯的质量竞争、价格竞争向品牌竞争过渡。能够在激烈的市场竞争中得以生存和发展的餐饮企业，都赖以有一个好的品牌。"[1] 这些品牌纷纷体现出餐饮市场向着细分化、绿色化等方向发展。快餐连

---

1 沈思明：《从上海餐饮业的发展看品牌战略》，载《扬州大学烹饪学报》2001年第3期。

锁企业品牌呈现出持续良好的发展态势，例如肯德基、麦当劳、新亚大包、永和豆浆、小杨生煎等与大众消费相适应的中西快餐，经久不衰。

南京路商城（2009年）。 南京路商城是一个集中华老字号产品销售的B2C电子商务公共服务平台，隶属于上海新世界（集团）有限公司旗下——上海新世界信息产业股份有限公司，是一家专业从事互联网、电子商务运营、平台系统研发以及互联网金融服务的上海市高新技术企业、专精特新企业。南京路商城集聚了南京东路步行街上近300种中华老字号产品，打破了时间限制，为消费者提供24小时服务；打破了地域限制，将老字号的触角延伸到国内外。让消费者随时随地享受到南京东路上中华老字号的产品，让更多的年轻人知道老字号，买到老字号。

4. 现代服务业及其品牌

进入新世纪以来，上海积极规划现代服务业集聚区发展，加大在品牌建设、功能定位、政策指导等方面的引导和扶持力度，并启动了一批服务业集聚区建设。2004年，上海率先提出现代服务业集聚区概念，以区为单位，建设一批集商务、住宿、旅游、购物、餐饮、休闲为一体的现代服务业集聚区。上海现代服务业集聚区"十一五"发展规划，分两批确定了20个建设项目，2006年启动首批12个集聚区建设项目，2007年正式公布第二批8个集聚区名单。希望通过集聚区建设，吸引集聚优势资源，培育上海具有国际竞争力的高端服务业，推动现代服务业集聚区成为上海新世纪的城市名片、产业新高地和经济增长新亮点。[1]

2001年以来，现代服务业进入高速增长期，上海金融业增加值从529.26亿元上升至2012年的2450.36亿元，增长了4倍；租赁和商务服务业增加值从2001年的136.97亿元上升到2012年的1065.56亿元，增长了8倍；房地产业从328.59亿元上升到1147.04亿元，也上升了近4倍。

1 李秀珍：《上海现代服务业集聚区：一种现代服务业发展模式的实践与启示》，载《改革与开放》2009年第16期。

2001年以来现代服务业伴随着上海经济腾飞而迅速增长，现代服务业的总增加值占上海市总产值的比重却并没有如想象般得到提升，始终保持平稳。2001年上海市生产总值为5210.12亿元，其中交通运输、信息通讯、金融、商务服务业、房地产业、科研和教育行业的增加值总额为1768.97亿元，占比为33.95%，此后直至2012年，占比始终维持在35%左右。其中最低为2003年，占比为31.1%；最高为2009年，占比为37.64%。具体来看，金融服务业、信息服务业和租赁及商务服务业的增加值占上海市生产总值占比有所增加，尤其是商务租赁业占比从2001年的2.6%增加到2012年的5.3%，翻了一番。仓储、运输业的增加值占比有所减少，从6.6%减少到4.4%，减少了三分之一。[1]

（1）物流业及其品牌

上海物流业产业规模平稳增长，成为我国注册登记货运代理企业数量最多、业务最集中的地区，并且质量效率持续提升，到"十二五"期末，上海市物流总费用占全市生产总值比重降至15%以下，低于全国平均水平近2个百分点。国际采购、分拨配送、保税展示交易等物流贸易一体化功能快速发展。外高桥物流园区、深水港物流园区、浦东空港物流园区依托上海自贸试验区建设，业已成为联通国际、服务全国的功能性枢纽型物流平台。西北综合物流园区加快转型步伐，西南综合物流园区以电子商务物流等重大项目为载体逐步推进。截至2015年年底，上海拥有国家A级物流企业达165家，其中5A级物流企业18家。全球四大物流快递企业均在上海设立中国区总部，其中，3家已建立全球转运中心；全国十大民营快递企业中，有8家总部落户上海，包括申通（1993年）、圆通（2000年）、韵达（1999年）、中通（2002年）等。

圆通速递有限公司（2000年）。圆通速递创建于2000年5月28日，经过16年的发展，已成为一家集速递、航空、电子商务等业务为一体的大型企业集团，形成了集团化、网络化、规模化、品牌化经营的新格局，为客户提供一站式服

1　谭诗昊：《上海城市转型期现代服务业就业研究》，上海社会科学院，2014年4月。

务。2010年年底，成立上海圆通蛟龙投资发展（集团）有限公司，标志着圆通
向集团化迈出了更加坚实的一步。公司在网络覆盖、运营能力、业务总量、公
众满意度及服务质量、信息化水平、标准化等方面均走在了行业前列，品牌价
值和综合实力名列中国快递行业前三甲。2005—2007年，圆通速递荣获中国快
递行业十大影响力品牌；2008年，圆通速递被上海市名牌产品推荐委员会授予
"2008年度上海名牌"；2010年，圆通速递入选2009年度上海民营企业市场竞争
力100强名单；2011年，圆通速递被评为2010年度上海名牌；2016年，圆通速递
荣登2016年中国民营企业500强，被认定上海首批"贸易型总部"企业之一。

（2）房地产业及其品牌

从2000年起，上海住宅房地产市场开始持续升温，2003年后更是可以用炙
热来形容。总结该阶段房地产市场快速发展的原因，既有合理的居住消费需求
增强因素，也有过度投资需求和市场炒作带来的影响。自2005年3月国家出台
了营业税的政策，上海房地产遇到了第一次深幅调整，房价普遍下调了30%，
一直到2007年5月，房价仍未回到2005年3月的高点，仍然有15%左右的下调。
由于2005年、2006年股市的蓬勃发展，股票价格翻了三四番，大量获利资金从
股市出逃，进入了房产投资市场，导致房地产价格自2007年5月开始到2008年4
月这个阶段快速攀升，普遍有50%　100%的涨幅。由于2007年11月开始的国际
金融危机的影响，及2008年4月国家出台二套房贷款限制性的政策，上海房地
产又进入了低迷的状态，成交量可以用惨淡来形容。2009年4月，国家出台了
房地产刺激政策，通过税收的降低和贷款条件的放松，又重新让上海房地产价
格进入了新一轮的上升通道，价格全面快速上涨，至2009年年底，房地产价格
又上升了50%以上。上海这两轮房地产价格的飙升，使得上海房地产的租金回
报率不断下降，甚至有些高档楼盘的租金回报率低至1%以下，可以想象得出，
其中的泡沫是多么严重。[1]

1　丁建杰：《上海房地产经纪企业发展现状及经营风险分析》，上海交通大学硕士论文，2010年。

近几年来，国家和上海市政府加强了对房地产市场的宏观调控，客观上促进了上海房地产开发企业对品牌内涵、品牌重要性与紧迫性的认知，推动越来越多的企业积极实施品牌战略，主要表现在以下几个方面。其一，大部分房地产开发企业认为品牌是一种无形资产。其二，房地产开发企业积极实施品牌战略。其三，房地产企业对打造品牌有了更深刻的认知。由于房地产的不可移动性、长期使用性、异质性以及资本和消费的二重性等特点，使房地产企业品牌和产品（楼盘）品牌的创建具有其独特性。上海房地产开发企业在推进品牌建设过程中，逐步认识到楼盘品牌与企业品牌的差异性。楼盘品牌是某一楼盘或项目品牌，其影响力与辐射力较小；企业品牌是公司整体形象，影响力与辐射力广泛。企业在打造品牌时，只有楼盘没有企业品牌是不行的，不利于企业的持续发展。[1] 涌现出的企业品牌有绿地、万科、融创、旭辉、瑞安、世茂等，这几家房地产企业品牌同时也是近几年上海房地产企业十强榜单中的常客，在2017年位于前五位，其中绿地已成长为世界500强企业之一。当然有些综合实力稍逊，但在市场上建立起了强势型房地产品牌，例如世茂房地产控股有限公司。

世茂房地产控股有限公司（2009年）。 世茂房地产控股有限公司于2004年10月29日成立注册，于2006年7月5日在香港联合交易所有限公司主板上市。本着"缔造生活品位"的理念，世茂房地产在中国大陆首创了"滨江模式"，将景观、亲水、园林和建筑等各种元素融合进了每一个家庭的日常生活。业务重点为在中国大陆经济发达或极具发展潜力的城市，发展大型及高素质的综合房地产项目，包括住宅、酒店、零售及商用物业等。世茂房地产愿景成为中国房地产领域的领导者，打造国际一流的综合地产品牌，公司以目前的长三角及环渤海湾区域为核心，业务辐射全国，扩张土地储备，积极开拓全国市场，同时进行多元业态开发，延伸产业链，实现城市地域价值最大化。2010年，世茂股

1　胡金星、陈杰、蒋晨达：《上海房地产企业品牌建设现状》，载《上海房地》2010年第6期。

份连锁发展品牌签约仪式隆重举行。世茂国际影城正式成立，世茂百货在全国各地相继开业。世茂Cosmo作为一种全新的"一站式消费模式"融入世茂自有品牌。一系列布局成就世茂商业地产的"全产业链"。

5. 工业制造业及其品牌

从总量上看，上海工业基础良好，20世纪90年代在调整中发展，对上海经济贡献率较高。2000年上海实现国内生产总值4551.15亿元，其中工业增加值达1956.66亿元，对全市经济增长的贡献率达到42.8%。2001年是上海市"十五"计划的开局之年，全年实现工业总产值7656.96亿元，较2000年增长16.4%，为上海市建设工业新高地夯实了产业基础。2005年实现工业总产值1 6876.78亿元，比上年增长13.9%。"十五"期间工业年均增长达19.2%，对上海经济的贡献率为51.6%，从而为"十一五"时期的经济发展奠定了良好基础。经过十年的发展，上海工业成果显著，2010年工业总产值超过3万亿元。上海工业总产值从1956年的100亿元到1987年的超1000亿元，大约用了30年；2003年，上海工业总产值为11708.49亿元，首次超过1万亿元，用了15年时间突破1万亿元。2007年，上海工业总产值为23108.63亿元，首次超过2万亿元。上海工业总产值从1万亿元到突破2万亿元，仅仅用了5年时间；从2万亿元到突破3万亿元，则用时3年，再创历史新高。上海市工业自21世纪以来发展速度明显加快，进入快速发展轨道，工业的重要性进一步突出。根据《上海市国民经济和社会发展第十个五年计划的建议》，上海市以全市产业结构特点、经济总量比重、发展潜力等指标为基准，确定了汽车制造业、电子信息产品制造业、生物医药制造业、成套设备制造业、精品钢材制造业和石油化工及精细化工制造业六个重点发展工业行业。经过十年的发展，这六个行业已经成为上海市制造业的主导产业，截至2011年，这六个行业占全市比重高达66.55%，实现工业总产值21 593.31亿元，是2000年的6倍多。其中汽车、电子信息产品、石油化工及精细化工制造业相对其他三个行业增长更快，截至2011年，汽车制造业、电子信息产品制造业、石油化工及精细化工制造业工业总产值占比已经超过了六个重点行业总产值的70%。[1]

在产业园区布局上，推动临港、漕河泾、张江、化工区、国际汽车城打造世界级品牌园区。全力打造汽车、电子信息两个世界级产业集群品牌，积极培育民用航空、生物医药、高端装备、绿色化工四个世界级产业集群品牌。着力培育一批世界一流品牌企业、独角兽和隐形冠军等企业品牌群体。对此，重点布局上海智能制造研发与转化的功能型平台，以科技创新垒实上海制造品牌的世界竞争力。江南造船厂、中华牌卷烟、上海电气和光明乳业等一批老品牌焕发新的活力，中国商飞、上海电科智能、药明康德、上海兆芯集成电路、联影医疗和荣泰健康等一批新兴品牌快速涌现。

中国商飞（2008年）。随着2007年2月，国务院常务会议原则批准大型飞机重大科技专项正式立项，同意组建大型客机股份有限公司，2008年5月11日，中国商用飞机有限责任公司在上海成立。时间倒回过去，我国已在1970年、1986年、1993年三个年份分别做出建造大型民用飞机，推动民用飞机产业发展的重大决定。但这三次决定以及三次实践，因为种种原因，最后均遭搁浅，这次经过9年拼搏，2017年5月5日14时，中国商飞生产的C919大型客机在上海浦东国际机场腾空而起，飞向蓝天。现场有一批特殊观者，原来是那些昔日曾参与飞机研发和制造的人员。中国商飞以让中国的大飞机翱翔蓝天为使命，目标让中国的大型客机早日飞上蓝天，让中国自己的航空公司、飞行员和乘客，还有全球的航空公司、全球的飞行员、全球的观众都喜欢买中国商飞的飞机，让世界爱上中国造。

6. 产业园区及其品牌

截至2007年，上海开发区共有41个，其中国家级15个，市级26个，规划总面积为656平方公里。在中心城区（不包括浦东）5个，郊区36个，是上海发展先进制造业和现代服务业的主战场，重点引进和发展电子信息、装备制造、汽车制造、石油化工、生物医疗、新材料及生产性服务业等产业，形成了一批品

---

1 殷成钢：《上海市制造业结构转型与制造业增长实证研究》，复旦大学硕士论文，2013年。

牌园区，是支撑上海经济两位数增长的重要力量。2008年被推荐为上海品牌园区的有金桥出口加工区、漕河泾新兴技术开发区和上海漕河泾出口加工区、张江高科技园区、外高桥保税区、化学工业区、闵行经济技术开发区、孙桥现代农业园区、嘉定工业区、莘庄工业区。另外青浦工业园区、浦东康桥工业区、枫泾工业区、未来岛高新技术产业园区、浦东合庆工业园区被推荐为上海品牌建设优秀园区。对此，上海对品牌园区建设持之以恒，引导上海工业园区始终坚持把加强品牌经营和品牌联动作为创建区域和服务品牌的有效探索；坚持品牌、服务、质量和环境的建设，形成了市区联动、区区联动、跨地区合作等品牌联动模式。"经过20多年的探索和积累，上海大多数开发区已由开发初期的二产主导转变为二、三产业共同推动及三产比重略高的格局，经历了最初的高速发展时期，步入新的发展阶段，增速放缓，吸引外资合同额逐年减少，但工业集中度和主导产业集聚度增加，单位面积投资强度与产值产出快速增长，生产性服务业所占比重稳步上升。"[1]

上海陆家嘴软件园（2001年）。陆家嘴软件园（LSP）位于上海市浦东新区陆家嘴金融贸易区内，紧邻世纪大道、浦东新区行政文化中心和竹园商贸区。地处浦东新区核心商务区，周边交通便利，距离地铁4、6号线浦电路站与蓝村路站步行仅5分钟距离。陆家嘴软件园由上海陆家嘴金融贸易区开发股份有限公司投资开发，截至2014年12月，已建成并投入使用的研发办公楼建筑面积已达到25万平方米。目前园区内已有保时捷、拜尔、沃尔沃、亿贝、欧特克中国研发中心、富士施乐研发中心、华为上海研究所、新智软件、证大投资、贝克曼等200余家知名企业与机构入驻。

7. 金融业及其品牌

"十二五"时期，上海国际金融中心建设取得重要进展，基本确立了以金融市场体系为核心的国内金融中心地位，初步形成了全球性人民币产品创新、

1　向清华、曾刚:《金融危机影响下上海开发区的困境与出路》，载《地域研究与开发》2012年第1期。

交易、定价和清算中心。2015年，上海金融业实现增加值4052.2亿元，同比增长22.9%，占全市GDP的16.2%，比2010年提高了约4.8个百分点。2015年，上海金融市场通过股票、债券等直接融资总额达9.2万亿元，比2010年增长了2.9倍。上海金融业已经成为拉动经济增长的重要力量。

2015年，上海金融市场交易总额达到1462.7万亿元，比2010年增长了2.5倍。上海股票、债券、期货、黄金等主要金融市场国际排名显著提升，多个品种交易量位居全球前列，影响力不断扩大。截至2015年年末，在沪持牌金融机构总数达1478家，比2010年年末增加了429家；在沪各类外资金融机构总数达429家，占上海金融机构总数的30%左右。[1]

上海涵盖了股票、债券、货币、外汇、商品期货、金融期货、黄金等市场在内、比较完备的全国性金融市场体系，是国际上少数几个市场种类比较齐全的金融中心城市之一。总体上看，上海金融市场发展程度较高，发展速度较快，金融机构体系日益健全，金融机构的集聚效应进一步明显：2015年，在沪法人型金融机构总数达1478家，比2010年年末增加了149家。[2] 形成了陆家嘴金融城等品牌，该金融中心系中国长江经济带国家级金融中心，在这一金融城中聚集了众多跨国银行的大中华区及东亚总部所在地，并崛起了众多新兴的金融业类品牌，当然是中国最具影响力的金融中心之一。2020年，上海金融市场成交总额达2274.8万亿元，比2015年增长55.5%。2020年末，上海证券交易所股票市值居全球第三位，银行间债券市场规模居全球第二位，上海黄金交易所场内现货黄金交易量居全球第一位，上海期货交易所多个品种交易量居同类品种全球第一位，原油期货市场成为全球第三大原油期货市场。

中国银联股份有限公司（2002年）。2002年3月，中国银联成立，是中国银行卡的联合组织，乃我国银行卡产业体制创新的重要标志，显示我国银行卡

1 马翠莲：《上海金融业成拉动经济增长重要力量》，载《金融时报》2016年3月29日第1版。
2 陈怡：《上海金融业国际化程度稳步提升——市金融办主任郑杨谈促进金融服务支持科创中心建设》，载《上海科技报》2016年4月22日第1版。

产业进入集约化、规模化、快速发展的新阶段。从此，中国银联联合产业各方，走出了一条具有中国特色的银行卡产业联合发展之路，提前实现"一卡在手、走遍神州"的目标，并创建自主银行卡品牌，我国银行卡产业由此迎来大发展时期。2003年8月，中国银联正式推出具有自主知识产权，符合统一业务规范和技术标准的高品质、国际化的自主品牌银行卡——银联卡，开启银联品牌建设的新征程。经过快速发展，它使中国成为全球银行卡产业增长最快的地区，中国银联也成为全球第三大银行卡品牌。中国银联不仅在国内具有权威性和公信力，而且在国际上具有较高竞争力和影响力的国际性银行卡组织，力争把银联品牌建设成为具有全球影响力的国际主要银行卡品牌。

8. 文化产业及其品牌

上海在长期的发展中，形成了一系列文化品牌，较好地引领和促进了上海文化产业发展，成为上海经济转型的亮点。但是，由于文化产业投融资不畅，知识产权保护制度不够完善，缺乏极具影响力的文化品牌，致使上海文化产业对周边省市和全国文化市场的辐射力不大，难以成为区域文化产业中心。与其他国际大都市相比，上海文化产业更有着不小的差距。从上海文化产业发展水平看，2004—2009年，文化产业占地区生产总值的比重为5.4%—5.7%。2009年，文化产业对全市经济增长的贡献率为5.63%。产业结构中，上海电影业、图书出版业等国内传统优势文化品牌逐渐走向衰落，新兴文化品牌尚在发育和酝酿中，对经济的带动作用不强。与国际大都市中文化产业作为支柱产业对经济增长平均贡献率在10%以上，尚有较大距离。[1]

随着十七届六中全会的召开以及国家《文化产业振兴规划》的实施，文化消费领域表现为国际化、时尚化、多样亚文化性、后现代性等。公共文化服务产品呈现出品牌化、多样化特点。品牌化方面，上海形成了"国际艺术节天天演"、东方大讲坛、上图系列讲座、高雅艺术进校园及民族民俗民间文化博览

---

[1] 谢京辉:《文化品牌：文化产业的灵魂——基于上海文化产业发展的问题》，载《经济改革》2014年第7期。

会等主打品牌。多样化方面，图书馆、博物馆、美术馆、大剧院、市文化馆、区文化活动中心等，共同构成完整、立体的文化设施体系。"上海公共文化产品供给相对繁荣，2012年基本实现15分钟文化圈建构，是上海公共文化服务与消费跨越性发展的一年。"[1]

文化创意产业园区蓬勃兴起，在全国率先开创了园区建设与历史优秀建筑保护相结合的发展模式，截止到2012年年底，上海共有经认定的创意产业集聚区87家（其中示范集聚区15家），基本形成"一轴（延安路城市发展轴）、两河（黄浦江、苏州河滨河文化创意集聚带）、多圈"（多个文化产业园区及创意产业集聚区）的产业空间格局，构成了创意产业发展体制机制日臻完善、新兴业态不断涌现、产业集聚效应增强、产业平台功能提升、产业环境资源优化、国际合作发展加快等六大特点。涌现出了八号桥、田子坊、M50、张江文化创意产业基地、尚街、时尚产业园、红坊、2577创意大园、1933老场坊等一大批品牌创意产业集聚区。

8号桥创意园区（2004年）。八号桥创意园区于2004年建成。位于建国中路8—10号，占地面积7000多平方米，总建筑面积12 000平方米。这里曾是旧属法租界的一片旧厂房，1949年后，成为上汽集团所属"上海汽车制动器公司"所在地。进入新世纪后，由于原企业重组，留下了这七栋旧厂房。作为沪上的时尚创意园区之一，这里已吸引了百多家设计公司、创意团队入驻。正像它的名称一样，8号桥之"桥"，它的特别意义在于，除了在功能上，每一座办公楼都有天桥相连外；内涵上，它是连接国内外各创意咨询专业服务团队的沟通之桥。8号桥之所以叫"8号桥"，是因为它坐落于建国中路8号，而且广东话里的"8""发"谐音，取意吉祥；同时，8号桥建筑群各栋楼的楼层之间以天桥连接，以方便各入驻企业之间的相互交往和走动；更重要的是8号桥创意产业园区本身就是一座友谊的桥梁，连接、传递和沟通着国内外不同背景、不同风

1　葛红兵、谢尚发、高翔、高尔雅：《大都市文化消费与文化产业发展——以2012上海文化消费为考察对象》，载《科学发展》，2013年第4期，第79—87页。

格的文化。目前，8号桥已有境内外近百家著名设计公司和著名品牌落户，成为顶级品牌展示和信息发布的平台，以及中外经济文化交流的桥梁。产业创意化、创意产业化，不但保护了老工业建筑、保留了城市发展的历史风貌，还创造了巨大的社会经济效益。现在8号桥已成为上海创意产业集聚区的新地标、上海七家"全国工业旅游示范点"之一、上海三家信息化示范园区之一。

上海文广集团（2001年）。 2009年起，上海文广系统以制播分离为切入点，启动了又一轮改革。这次改革似乎选择了与以往截然相反的路径推进。事实上，2001年4月19日成立的上海文化广播影视集团，是撤台组建集团的，而这次改革却拟实施台管集团的模式。之所以如此，关键问题在于制播分离后播出平台应定性为事业性质还是企业性质，抑或是两者兼而有之？而两次类似颠覆性改革表现出在社会效益与经济效益实现方式上认识不够清晰。显然，目前的取向是将播出平台定性为事业性质，即保留电视台建制。在政府与企业集团之间增加事业性质的电视台建制，势必引起诸如机构层次繁多，职权交替重叠，管理成本上升。如果电视台保留事业性质而被管控传媒集团为企业性质，则政府部门通过对电视台的直接行政管理，势必间接地传导到对传媒集团的行政管理，因此，"政企分开""管办分离"又将面临新的挑战。此轮改革有利于建立影视制作业的市场机制，但整个影视业的市场机制并未真正建立起来，特别是播出平台又回到了电视台的事业单位老路。显然，影视管理体制仍然滞后于影视产业的发展。

从总体而言，上海文化产业体制改革节奏在全国并不落伍，有些甚至走在全国前列，但改革绩效并不明显。究其缘由，上海文化产业体制改革主要体现在资源与机构分分合合的物理变化上，而在诸如市场机制等体制机制层面并未发生深刻的化学反应。转企改制或形似而神异，或在外围层隔靴搔痒。因此，上海文化产业未来改革的关键仍然是市场机制建立的问题。[1]

1　李本乾、陈晓云、陈德金：《上海文化产业与文化体制改革协同推进研究》，载《科学发展》2010年第6期。

　　《文化产业振兴规划》的出台标志着文化产业上升为国家战略性产业，上海积极响应，在文化产业发展方面增加投入。2010年7月，上海公布了《上海市金融支持文化产业发展繁荣的实施意见》，加大对文化产业的信贷投入、积极推动文化产业直接融资、加强和改进对文化产业的综合金融服务、建立健全金融支持文化产业发展的配套措施等。2011年4月，根据《国务院办公厅关于促进电影产业繁荣发展的指导意见》，上海制定了《关于促进上海电影产业繁荣发展的实施意见》，为实现推动上海成为电影企业集聚、产业链完整、具有一定国际影响力的电影产业基地的目标提供了政策保障。[1]

　　上海卓维700文化创意产业区（1981年）。公司前身是上海纺织控股集团下属的一家中小型国有企业——上海织袜二厂。20世纪90年代初，因产业结构调整，上海织袜二厂退出主业，以出租旧厂房和客房的收入来维持运营。从2003年11月起在地方政府和上级公司的支持关心下，第一期旧厂房开始了改造工程，改建后的大楼以全新的面貌迎接各方客商入驻，吸引众多时尚创意类企业纷纷入驻园区。2005年4月28日，"卓维700"被上海市经委授予上海首批18家创意产业集聚区之一的企业，并正式冠名"卓维700创意产业园"。它位于黄陂南路700号，紧邻新天地，占地面积4442平方米，建筑面积13 450平方米。上海卓维700文化创意产业发展有限公司结合园区实际，提出"文化、艺术、创意、生活"核心价值理念，取得长足发展。园区文化创意产业主要包括媒体业、艺术业、工业设计、网络信息业、广告及会展服务等八大类。其中，文化企业总数占90%以上。

二、外资产业及其品牌

　　2001年以后，上海外资新一轮加速发展。该阶段上海外企从亚洲金融危机的影响中恢复过来后持续增长，2002年上海外贸依存度超过100%，上海进一步

1 张佑林、易紫、陈朝霞、徐乐瑶：《上海文化产业的影响因素与竞争力研究》，载《山东财经大学学报》2017年第29卷第2期。

强化跨国公司品牌进入中国市场的桥头堡地位。到2008年，上海实际利用外资再创辉煌，达历史最高100亿美元。新世纪以来，上海的外资在高速增长的同时更加偏向于第三产业。截至2009年，第三产业实际吸收外资已达到527亿美元，比第二产业高出90亿美元。2000年以后，上海的外资经济功能空间趋于集中，基本形成了陆家嘴、虹桥、外高桥和张江四个主要的外资经济中心和嘉定新城、青浦新城、松江新城、莘庄和闵行经济技术开发区等多个次级外资经济中心。[1]2014年上海新外商直接投资合同项目4697项，比上年增长25.6%，新增跨国公司地区总部45家，"截至2014年，在上海投资的国家和地区达159个"。[2]上海的经济体系深度纳入全球生产系统，在全球价值链中占据重要一环。

上海迪士尼乐园（2016年）。2009年11月1日，时任上海市市长韩正在第12届上海市市长国际企业家咨询会上回答媒体提问时正式肯定了中美将长期合作，在上海浦东新区共同建设世界一流的迪士尼乐园。二十多天后，中国国家发展和改革委员会宣布，国务院批准同意由中方公司和美方公司共同投资建设上海迪士尼项目，地址位于上海市浦东新区川沙新镇，占地116公顷。内容包括游乐区、后勤配套区、公共事业区和一个停车场。消息立即传遍全世界。2011年4月8日，上海迪士尼乐园项目开工。整个项目投资达245亿元人民币，预定5年后建成，这是上海最大的文化合作项目，上海方面负责项目建设的是申迪（集团）有限公司。建成后的上海迪士尼乐园，标志性中心景点是一座奇幻童话城堡，这也是世界上最高最大的迪士尼城堡。以1.16平方公里的主题乐园和约0.39平方公里的中心湖泊为核心，周边约20平方公里区域将建设成为上海国际旅游度假区。上海迪士尼乐园于2016年6月16日正式开门迎客，并举办为期数日的盛大开幕庆典。目前是中国第二个、亚洲第三个、世界第六个迪士

1　赵新正、魏也华：《大都市外贸经济空间演变与影响机制研究——以上海为例》，载《南京社会科学》2011年第5期。

2　上海市商务委员会编著：《2015上海总部经济及商务布局发展报告》，上海科学技术文献出版社，2016年6月第1版，第1页。

尼主题公园。

　　建设上海迪士尼乐园的意义及其将产生的效应是不言而喻的。它是新时代中美、沪美文化交流合作的结晶。它体现了文化促进和整合经济发展的新理念，建成后将拉动相关产业和周边经济，刺激本土文化产业和旅游产业加速发展，推动上海和长三角地区的经济结构转型，为国内民众提供一流标准的休闲娱乐享受。同时，它也将极大地提升上海在亚洲乃至世界的影响力和吸引力。[1]

1　上海艺术研究所:《沪风美雨百年潮：上海与美国地方文化艺术交流》，上海人民出版社，2015年版，第247—249页。

第四编
现实与展望

第八章　上海品牌文化的精神内涵

在中国品牌经济发展中，上海像一条变幻莫测的大河，在它奔流不息、时缓时急的流淌中，上海品牌从无到有，从少到多，从弱到强，有曲折迂回，有浩荡前行，诞生了一大批现代工业企业品牌、现代商贸业企业品牌、现代文化创意业企业品牌和现代金融信息服务业企业品牌等各类品牌，进而形塑上海城市品牌，完成了从传统的城市品牌、产业品牌向现代化、国际化的城市品牌以及现代产业品牌的华丽蜕变。它们相互背书、相互促进、互为标志。在它们诞生发展壮大的过程里，充满了对国外品牌的仿制与追赶、抵抗与自强的精彩故事，在我国品牌以及品牌经济发展中扮演着领军者的角色。在所有这些故事里有一个关键词，即开放与创新。在上海每一历史阶段的品牌建设中，始终通过开放与创新促进国家经济体制机制转型发展，促进企业自强不息做强做优，促进民族健康发展。从这一角度省察，一部上海品牌经济发展史就是上海城市的发展史，上海不断创新转型的发展史。同时，品牌经济又是这一开放与创新转型必然呈现的经济形态，是近代中国开放与创新转型以及经济发展的缩影。

显然，上海将在很长一段时间里引领并推动中国进一步向世界开放、创新转型以及经济发展，领跑中国品牌经济发展，并为全国各地，乃至世界提供可复制、可借鉴和可推广的发展经验。

第一节　上海品牌文化的示范性

在一定意义上，近代上海的品牌史与中国的品牌史几乎可画等号，由此折射出上海现代城市发展史、近代中国开放史、经济发展史、工商业发展史和企业发展史，乃至科技发展史。每个品牌背后又都有自己的灵魂人物，这些灵魂人物构成了我国近代经济舞台上一批长袖善舞的民族企业家群体。他们和他们所创立的品牌，无疑是中国对西方发达国家品牌仿制与追赶、抵抗与自强的中流砥柱，其中曲折艰辛的故事，便是我国民族品牌崛起以及品牌经济发展方式得以生发的全部奥秘，构成了浑厚的上海品牌文化，是海派文化精华之所在，是上海当前以及未来推进品牌经济发展的精神之源、魂之所系。

一、海派文化的核心

海派文化是现代上海文化的典型形态，有其区别于我国其他区域文化的独特内涵，乃近代市民文化之滥觞。海派原为晚清同光年间"海上画派"的简称，带有一定贬义。"同治光绪之间，时局益坏，画风日漓。画家多蛰居上海，卖画自给，以生计所迫，不得不稍投时好，以博润资，画品遂不免日流于俗浊，或柔媚华丽，或剑拔弩张，渐有海派之目"[1]。20世纪30年代的京派与海派之争，把海派引申为更宽泛的概念，但总体上依旧带有贬义，形容为某些恶劣作风，例如"浮夸、蒙骗、冒险、博虚名的坏习也被认为是海派作风"。[2]然而也有人对此不以为然，为海派正名。海派不仅在精神文化层面上广为引用，而且直接引用于日常生活，例如海派菜肴、海派西装、海派盆景、海派建筑等，用于与其他地方日常生活的区别。甚至于谈吐，也被称为海派谈吐。海派体现为上海这一地方独有的众生相，是对上海近代以来文化整体性的把握与表达。不以海派两字概括，不足以清晰地反映上海这一地方的独特性。

应该说，海派文化是随着上海开埠以后，中西文化快速交融中呈现的一种新型文化形态，与中国传统文化大异其趣，并且有着不一样的旨归，它深刻地代表着中国近代文化的转型面貌。它以吴越文化为底子，又融合了岭南文化、潮

1　俞剑华：《中国绘画史》下册，商务印书馆，1937年版，第196页。

2　张仲礼主编：《近代上海城市研究》，上海人民出版社，1990年12月第1版，第1136页。

汕文化和闽南文化等地方文化。同时由于租界、华洋杂处等经济、社会和法制形态——包括以基督教为主的宗教文化对上海的强势介入，自然吸收了外国文化，当然主要是以欧美为主的外国文化。因此，海派文化是一种吸收了沿海地方文化、中西合璧的文化形态，在中国近代文化转型发展中始终处于开风气之先的引领者地位，是中国新思想、新文化酝酿与传播的重镇。熊月之在其《上海租界与文化融合》一文中概括为主要体现在三个层面，"器物层面，从西方近代的照明用具、自来水、通讯工具、交通运输工具，到日常生活用品；制度层面，从市政管理制度、教育制度、作息制度到三占从二的议会制度；精神层面，从崇尚自由、民主、平等、博爱，到倡导乐利主义、竞争意识、进化观念"。[1]而上海品牌则是这三个层面的完美结合，并同时折射出这三个层面的最新成果。

二、上海品牌文化的精粹

上海品牌文化是海派文化的核心，是海派文化最具竞争力的精粹。在一定程度上，上海品牌文化等于海派文化。在全球品牌竞争的舞台上，上海品牌在国际国内等多重压力下，坚持以市场为导向，不畏困难，敢于竞争，善于竞争，"上海许多民族资本企业面对现实，不是畏首畏尾，坐以待毙，而是在外资势力占优势的特定环境中寻找有利的种种条件，抓住机会，从中发展和壮大自己"。[2]上海品牌文化的精粹主要体现在以下几个方面：

（一）爱国性

高举爱国主义大旗是上海各时期执政者所倡导，民族资本家积极践行，是中国民族品牌与外国品牌搏击市场重要的制胜法宝，通过巧妙地唤醒各界人士的爱国主义意识，有效地争夺国内市场。上海为此先后多次开展了轰轰烈烈的国货运动，通过抵制日货、美货和英货等，塑造国货品牌。在1921年中国共产

1　熊月之：《万川集》，上海辞书出版社，2004年5月第1版，第130页。
2　黄汉民、陆兴龙：《近代上海工业企业发展史论》，上海财经大学出版社，2000年8月第1版，第188页。

党成立这一年，国货运动进入高峰。银行、实体联手，不是单个抗衡，而是团结起来，形成共识，与外国品牌相抗衡。一批民族资本家注重科技创新，将科技救国与实业救国紧密地结合在一起，立志填补国家空白，与外货倾销展开竞争，打破外货垄断市场的局面，满足消费需求，不断开拓新的市场领域。他们还巧打广告战，在广告中尽力宣传提倡国货，并从爱国主义角度命名商标，例如刘国钧经营的广益布厂，将产品商标定名为"征东牌"与"蝶球牌"，意在征服东洋（日本）和"无敌全球"，[1] 较好地迎合了消费者的爱国心理，一批民族品牌因此得以崛起。民族资本家们显示出强烈的爱国心，例如以面粉大王、棉纱大王著称的荣氏兄弟，其兴办实业、勇创名牌的宗旨十分明确，即"为国塞漏卮，为民添衣食"。[2]

（二）国际性

一是上海集聚了世界众多一流的品牌。二是一批民族资本家坚持国际化导向，开放经营，瞄准国际一流水平，做到人才国际化、技术国际化、管理国际化和市场国际化。例如江南机器制造局翻译馆，专门聘请英国传教士傅兰雅担任译员，鉴于他做出的卓越贡献，授予他三品官衔。穆藕初在创办经营德大纱厂时，鉴于中国棉纺织业技术落后的局面，明确要求"在各口岸调查舶来品，设法仿制，务求货品精良，代价较为相宜，以堵塞其销路，使舶来品步步缩减，卒至在我国市场上，再无盘旋之余地"。[3] 三是由于上海作为外国品牌进入中国的桥头堡，使上海品牌一问世，就直接参与到国家竞争的氛围中，必须与国际接轨，才能在市场中胜出。刘国钧对此认为"商人须对外竞争，不可专事对内竞争；中国各工厂，应以科学之头脑，工人之身手，与世界竞争"。[4] 当然在消费者层面，在某种程度上消费者以沾洋为荣。四是不同国家在上海创制的

1　姜恒雄：《中国企业发展简史》，西苑出版社，2001年8月第1版，第282页。
2　荣敬本、荣勉韧：《梁溪荣氏家族史》，中央编译出版社，1995年10月第1版，第203页。
3　穆藕初：《日本纺织托拉斯之大计划》，《藕初五十自述·文录》上卷，第15—16页。
4　《国货会四次常委会消息》，载《武进商报》1929年9月3日。

品牌，在经营中能自如地进行交易并购，转变经营者身份。

（三）开放性

在中国传统文化中，上海文化一直处于边缘地带，对于外来文化有着天然的亲和性，是近代西方文化输入中国的最大窗口，中国新思想、新文化酝酿的温床。例如时任英国总领事麦华陀倡议、李鸿章促成的格致书院于1874年创立，由中外人士共同主持，成为晚清科学活动中心以及清末民初上海滩爱国思潮重要策源地之一。1915年该书院演变为格致公学，即现在的格致中学，格物致知、求真务实、薪火相传。中西文化以及国内地方文化在此交融，虽时有摩擦，包括京派文化与海派文化之争，但终究相安无事，平等相待，并行不悖，各得其所。上海有着典型的移民社会的特征，对各种文化易于接纳，保持尊重，加速了对中国传统社会以及传统自然经济的解构。上海人口流动性巨大，与世界文化具有广泛联系，各类品牌信息都能在这里迅速得到传播和推广，并产生世界影响。

（四）时尚性

紧跟欧美流行趋势，在第一时间引进模仿，接纳潮流，标新立异，以此敢为天下先，不拘一格。具体反映为服饰家居以及生活方式等诸方面，推动了时尚消费品品牌的发展，有着突出的"异种混合型"。例如，美国好莱坞电影对上海市民的影响，"不仅是旧上海一道迷人的文化景观，同时也在不知不觉间参与塑造了上海的都市品格和市民风尚"。仅从城市景观来看，"在豪华戏院上演的西方影片和大幅的报纸广告，及街头随处可见的巨大电影看板，为上海平添了无限的现代西化气息"。[1]"而好莱坞电影中的西方时尚，更是对崇洋趋新的上海市民起到了潜移默化的作用。"[2]改良过的高衩旗袍、高跟鞋、透明的玻

1　李孝梯：《恋恋红尘：中国的城市、欲望与生活》，（台湾）一方出版有限公司，2002年版，第146—147页。

2　上海市美国问题研究所主编：《沪风美雨百年潮——上海与美国地方文化艺术交流》，上海人民出版社，2015年8月第1版，第57页。

璃丝袜和大波浪发，使以此标配的女性"集传统与前卫、高雅与性感的各种要素于一体"，[1]成为一名时髦的摩登女性。

（五）多元性

奢侈品品牌、中高端品牌和普通品牌，外国品牌、国内品牌、本土品牌，在上海这一舞台上都能找到自己的消费者。由于租界的长期存在，上海品牌文化海纳百川，多元并存，并且和谐交融，直接服务于品牌。再以旗袍为例，"在面料上除采用传统的棉布丝绸外，还采用外来的洋绒、洋呢、呢龙、的确良等等。在印染上除了采用国产花布以外，也采用了西洋的圆点、斜纹、细格等图案。在搭配上也吸取了中国式和西洋式双方的长处。比如说，在旗袍的外面配上西洋式的大衣，外套或是开衫毛衣等等"。[2]龙凤旗袍便是典型的代表，它诞生于19世纪30年代，既是中华老字号品牌，同时还是非物质文化遗产项目。

（六）冒险性

上海的快速崛起，当然得益于一批具有进取精神的人的冒险性，因此它一度被称为"冒险家的乐园"。不仅国内精英汇聚于此，而且全世界不同肤色的人都被吸引到这里，由一文不名的赤贫者，借助各种机会，迅速暴富。虽难免泥沙俱下，却也充满野性的活力。"早期来沪的西方冒险家，他们本身是一些带着殖民和掠夺目的来到上海的商人，或者是冒险来远东地区闯荡的军人。即使是这样，他们也曾给开发上海经济带来过崭新的开发思想。正是这些思想冲击了鸦片战争时期清廷官员们首先重视的是上海作为'江南之门户'的屏卫江浙腹地的军事作用，而不是上海经济上的重要性的旧观念。"[3]

（七）制度性

中外人口的快速涌入，使上海成为近代中国最大的移民城市，加上租界

1　李伦新、方明伦、李友梅、丁锡满主编：《海派文化的兴盛与特色》，文汇出版社，2008年6月第1版，第223页。

2　同上书，第223页。

3　张仲礼主编：《东南沿海城市与中国近代化》，上海人民出版社，1996年7月第1版，第53页。

推行的现代西方制度模式，使上海的行为方式形成了在现代意义上讲规则的特质，具体为重规范、讲契约，不仅市政管理制度相对完备，而且个人财产和权益得到充分保护，使上海与中国其他地方相比，现代社会的基本要素较为齐全。熊月之在《上海通史》中这样概括，在"管理行为方面，善于建立和遵守各种规章、制度、办法。遇到新情况、新问题，很快便会有新规则出来。知法、守法，并运用法律保护自己的权益，法律意识普遍高于内地。1949年以后，在高度计划经济体制下，更强化了上海人已有的遵纪守法、循规蹈矩的传统"。并直接表现为企业品牌管理的严谨，以及因此带来优质高效的生产效率。对强行介入的西方制度，无缝隙地内化为自身文化的重要组成部分，与世界高度接轨。商战中的中外品牌之争，无论恶意诉讼，还是被迫捍卫自身利益，均愿意对簿公堂，以法律的手段解决争端。

（八）安定性

因为租界的特殊性，使动荡不安、战火纷乱的近代中国有了一个相对安定、有序的一隅之地，其他地方难以比拟。人们在这里安居乐业，稳定发展，对周边地区的人口、财富形成了强劲的吸附力。例如1860年，太平军攻掠苏州，加速苏州衰落，苏州富商纷纷来到上海租界定居，上海成为他们事业的新起点。

第二节　上海品牌文化的精神内涵

上海品牌，无论城市品牌，还是企业品牌、产品品牌，在具体塑造过程中，都充分贯穿了以追赶、模仿西方发达国家为对象的消化吸收的创新能力，并且具有强烈的质量意识、诚信意识等，现代市民文化发达，形成了独步中国的品牌文化，体现出充满现代内涵的五大精神。

一、精益求精的工匠精神

直接与先进的外国企业对标，注重产品质量，坚持以质取胜上海的企业。

拥有一流的产业工人，重视加强对产业工人的技能培训，为产品质量打下扎实基础。通过现代企业制度建设，形成了组织严密的质量管理体系，使精益求精的工匠精神贯穿于品牌的研发、原料选择、生产、检测、款式设计、包装与销售，包括售后服务的全过程，极其有效地夯实上海品牌的质量基础，为国内创质量品牌，树立了典范。例如上海海关大钟位于上海海关大楼顶端，为世界第三、亚洲第一大钟，始建于1927年8月，自1928年1月1日凌晨1点敲响第一声起，不论时代如何变幻，其运转至今从未出过故障，从来准点报时。

二、争创第一的开拓精神

上海品牌得国际风气之先，在中国品牌中屡创第一。例如，1866年，诞生了中国近代第一家民族工业企业——发昌机器厂。1888年前后，张万祥锡记铁工厂仿制日式轧花车，造出了第一台轧花车。这些第一，不胜枚举，为中国品牌开出一片新天地。不仅在产业品牌中具有开拓精神，不断推动新兴产业品牌发展，而且在品牌运营中，善于汲取国际先进的品牌经营理念，善打广告战、商标战、营销战和价格战，深谙商业竞争规律，把产品品牌有力地推向国内外市场，无可争辩地赢得国内外市场，有效地赢得国内外消费者广泛持久的追捧。

三、求真创新的科技精神

在品牌建设中，一批民族资本家深谙科技对于品牌的重要性，以科技求进化，不仅善于引进国外先进技术，包括先进的机器设备、技术人才和管理人才，而且十分注重科技研发，瞄准世界最先进的技术，不懈攻关，终于获得技术突破，打破国外企业垄断，降低产品的市场售价，做到质优价廉，直接惠及消费者，赢得市场。例如亚字牌灯泡的创立者胡西园带领科技人员反复钻研世界上最先进的灯泡制造技艺，获得巨大成功。再如近代化工专家、著名的化工实业家、我国氯碱工业的创始人吴蕴初，克服简陋的科研条件，反复试制，终于发明了味精，以此创办天厨味精厂，生产佛手牌味精，一举击败日商的"味之素"。像这样坚持以科技研发、注重企业技术改造和技术进步，以此成功创立品牌的上海企业家不胜枚举。

四、以人为本的人文精神

在品牌创立与发展中，注重以人为本，具体包括三个方面，一是坚持以消费者为导向，即坚持为消费者提供一流的产品和一流的服务为宗旨，讲究诚信与质量。二是坚持以人才为本，具体表现为对科技人才、技术人才的重视，既吸引外国人才为倡建国货品牌服务，同时更加重视吸引留学生回国入职企业，"先期通过各种途径出国攻读机器制造、财政金融、纺织工程、应用化学等专业的留学生，相继在实业界找到了自己的位置，并在自己从事的企业范围内显示出近代科技力量的巨大潜能"。[1] 当然这些人才是远远不够的，对此通过创办大学以及各种职业学校培养企业急需人才，例如中华职业教育社在1917年5月6日应运而生，它由我国著名教育家黄炎培先生联合社会知名人士蔡元培、梁启超、张謇和宋汉章等48人创立。它以倡导、研究和推行职业教育，改革脱离生产劳动、脱离社会生活的传统教育为职志。它明确提出职业教育的目的是："谋个性之发展，为个人谋生之准备，为个人服务社会之准备，为国家及世界增进生产力之准备"；"使无业者有业，使有业者乐业"。中华职业教育社至今依然拥有强大的生命力。三是倡导企业家精神，表现为一批企业家克服种种困难，持之以恒、奋发图强、久久为功的生命状态。四是企业在使用各类人才中，根据实际情况，既善于采取亲族回避制度，又善于内举不避亲，唯才是举。

五、引领潮流的领先精神

在品牌经营理念中，一方面，消费者在潮流引领方面敢为天下先，使上海人乃至上海品牌成为时髦的代名词。另一方面，即更为重要的一方面是，紧跟

1　徐鼎新:《近代中国商业社会史迹追踪》，香港天马出版有限公司，2005年版，第302页。

国际上最先进的科学技术潮流，快速吸收消化，直接转化为上海品牌的核心竞争力；通过直接采购国外先进的机器、仪器为我所用，保证产品质量、产品创新和生产效率。还有，运用国际上先进的管理技术，提高企业管理水平。例如永安纺织公司，创办伊始，就以欧美棉纺织业的经营管理为绳法，而永安百货公司则仿照英国企业模式运营。

第九章 上海品牌对经济发展的贡献分析

第一节 上海品牌经济的阶段性特征

上海的品牌经济形态是上海经过100多年来或曲折、或顺利的经济发展必然呈现的一种良好的经济形态,并预示着中国未来经济发展方式的走向,在我国品牌经济发展中有着不可替代的示范与引领意义。相对于我国其他地区品牌经济发展有着自己独特的阶段性特征,并且极其鲜明地表现出上海的经济优势,这是其他地区所难以比拟,或难以望其项背之处。其发展态势虽然有着某种迂回性,时有低谷,但由于其100多年来累积的深厚的综合性优势,只要它愿意发力,它就会爆发出惊人的能量,并将必然成为上海品牌经济发展的大势所趋。

一、较强的品牌消费意识和消费能力

2016年全球零售目的地研究报告显示,在全球最具吸引力零售目的地排名中,上海超过新加坡,排名全球第六。在全球增长最迅猛的零售目的地中,上海紧随迪拜位居第二,是深受各大国际品牌青睐之地。截至2016年年底,全球340家跨境零售企业中,已有180余家入驻上海,数量仅次于伦敦和迪拜列全球城市第三。上海因此已成为全球商业开放程度最高的城市之一。2015年上海消费品零售总额首次突破1万亿元,与北京同时迈入万亿级城市,具有良好的国际消费城市建设基础。品牌业已成为居民不可或缺的生活的重要组成部分,认品牌消费成为全社会普遍共识。而上海居民人均收入以及人均可支配收入均位

居全国第一，拥有较高的品牌消费能力，进而直接拉动经济发展。

二、具有良好的制度支持

良好的制度支持是企业打造品牌，推进品牌经济发展的必要支撑，在这方面，上海已形成较好的制度体系。一是组织保障，在市级层面已先后形成上海市知识产权联席会议、上海市名牌推进委员会、上海市著名商标评审委员会等。2012年8月，专门成立了上海市品牌建设工作联席会议，其办公室设在上海市经济和信息化委员会内，即由产业部门作为牵头部门，统筹全市品牌工作。二是政策支持，除专门制定了一系列直接推进品牌建设的相关政策条文，有步骤推进之外，还先后出台了与品牌建设密切相关的《上海市质量发展规划》《上海市实施商标战略中长期规划纲要》《上海市知识产权战略纲要》等。并专门设立财政专项资金给予支持，从政策角度直接支持企业品牌建设。三是形成相关法规条例以及司法保护机制，先后出台了《上海市著名商标认定和保护办法》《上海市高级人民法院知识产权审判"十三五"规划》等。与北京、广州一起在全国率先成立上海知识产权法院，同时充分发挥中国法院知识产权司法保护国际交流（上海）基地的作用，积极开展国际交流。以上措施使上海品牌经济发展获得了系统性的行政支持和法律支持，品牌的知识产权保护与运用意识普遍较强，构建起良好的市场环境。

三、品牌在产业发展中处于引领地位

品牌对经济的贡献度极其显著，据统计，2009年度，上海868家中国驰名商标和市级著名商标企业共实现销售收入9643亿元，占当年度全市GDP的65%。上海名牌从1995年的152项增长到2013年的1206项，总资产从不足200亿元发展到1.44万亿元，经济规模占全市规模以上企业主营业务收入比例始终维持在40%以上。品牌企业的市场竞争力明显高于其他一般企业，面对国内外市场波动，不仅稳定性好，而且做到逆势成长，是上海经济稳增长的主要支撑。

不仅如此，上述企业品牌以及产品品牌反映了上海产业结构调整的方向，对上海产业发展具有绝对导向作用，是上海近年来城市功能从"工业基地"向"全球卓越城市"目标迈进的重要推动者，也是上海在全国率先转变发展方式、率先提高自主创新能力、率先推进改革开放和率先构建社会主义和谐社会的重要标志与经济基础。

四、上海对国内外品牌具有强劲的集聚与辐射力

由于天然的地理位置优势，以及良好的营商环境，上海在推进全球科创中心、"四个中心"（国际经济中心、国际金融中心、国际航运中心和国际贸易中心）以及中国（上海）自由贸易试验区建设中，对国内外企业品牌形成了良好的虹吸效应，成为世界级企业品牌拓展中国市场的首选之地。截至2015年7月底，外商在上海累计设立跨国公司地区总部518家，其中亚太区总部35家，投资性公司305家，研发中心388家；众多国际奢侈品云集上海，并形成了多个奢侈品销售集聚区，包括南京西路商圈、淮海路商圈、外滩商圈、陆家嘴商圈、徐家汇商圈和虹桥商圈等。一批国内著名品牌也均抢滩上海，例如青岛啤酒将营销总部设在上海，海尔集团等则在上海均设有分公司，上海因此成为国内外重要的品牌营运中心。与此同时，上海拥有一批在国内外著名的本土自主品牌，它们积极拓展国内外市场，对国内外资源具有极高的统筹能力，品牌营运水平较高。

五、具有国际水准的品牌建设专业服务能力

当国内外品牌纷纷抢滩上海市场时，围绕品牌建设的国际化专业服务机构也加大进入上海的步伐，极大地提高了上海品牌建设的专业服务水平。例如胡润研究院以及全球最大的品牌咨询公司Interbrand等，它们以上海为支点，拓展中国品牌专业服务市场。与此同时，上海的科研院校不断加大品牌研究与教育的力度，上海交通大学、复旦大学、华东师范大学、华东理工大学、中欧工商学院和上海社会科学院等都设立有专门的品牌研究与教育部门，通过学历教

育以及社会培训，为企业品牌建设提供必要的人才支撑。另外，各行业协会等社会机构通过论坛和展会，营造良好的品牌建设氛围。这些现象使上海成为推动我国国内品牌建设专业服务高地，并有效地推动相关产业发展，包括文化创意产业、知识产权服务业、认证检验检测产业和金融信息服务业。其中，2015年上海文化创意产业实现增加值3020亿元，占全市GDP的比重为12.1%。上海金融市场交易总额达到1462.73万亿元，比上年增长1.2倍，金融业增加值达到4052.23亿元，比上年增长22.9%，占全市生产总值超过16%，领先于国内其他城市，为品牌并购、品牌投融资和品牌交易奠定了良好基础。

六、企业品牌营运能力较强

在政府与国内外市场的交互作用下，上海企业越来越重视品牌建设，涌现出一批具有较高市场知名度和满意度、较强自主创新能力、较高市场占有率、经济效益良好、质量过硬、发展后劲足、社会形象优异的企业品牌。它们以全球化为视野，充分运用品牌的力量，一是善于进行跨国品牌并购、品牌塑造，使企业快速做大做强，在世界范围内成为行业领军。二是善于通过品牌化营运，即通过品牌授权、品牌加盟，不断强化在市场中的龙头地位。三是善于通过品牌延伸，在做稳主业的同时，向其他相关领域拓展。四是自如运用品牌管理、品牌推广等方式，不断树立在消费者心目中的正面形象。五是善于运用品牌的无形资产进行融资，解决品牌发展中急需的资本瓶颈。政府在这方面做出了诸多探索，使品牌资产变得可评估、可货币化和可证券化。例如知识产权质押融资方面，在全国范围内形成了浦东模式，即浦东知识产权中心负责对申请知识产权贷款的企业采用知识产权简易评估方式，简化贷款流程，加快放贷速度，各相关主管部门充当了"担保主体+评估主体+贴息支持"等多重角色。

七、城市品牌与其他品牌层级的良性互动不断改善

近年来，上海在全球范围内积极打造城市品牌，国际化的城市宣传、本

土企业品牌的全球拓展以及引进外资品牌等多管齐下，与世界经济形成良好的双向开放格局。上海品牌的内涵与外延因此不断得到优化与充实，在不同的时代展现出不同特质，城市品牌与国家品牌、区域品牌、产业品牌、企业品牌以及产品品牌之间互为背书，良性互动。经济增长因此越来越表现为依靠对于各种资源的精细化、集约化利用，使资源避免浪费，得到最大化利用，经济增长质量显著提高。各种产品品牌和服务品牌不仅有较高的使用价值，而且黏附了较高的精神价值，使该产品品牌或服务品牌有效产生高附加值，以此使劳动者不仅得以维持原有水平，而且不断提高收入水平，拥有持续改善生活品质的能力，进而实现全市消费增长。不仅做到优质供给，同时还做到以需求为导向，经济发展向着高水平、国际化方向运营。

八、科技创新助推品牌经济发展表现突出

品牌的市场竞争力在表现为商业模式创新的同时，还在于其科技创新。对于以掌握核心技术为主要竞争力的品牌而言，没有以自主科学技术创新为支撑的品牌，其可持续发展较为脆弱。纵观上海自开埠以来，上海品牌在不断仿制与追赶、抵抗与自强之路上，质变为走在以原创与引领、共享与自强之路上，从昔日被品牌化的各种屈辱中站起来，让中国为世界发展做出更大贡献，与其始终坚持技术研发，获取一系列核心技术有着密不可分的关系。面向未来，上海在全球产业链、创新链和价值链发生深度重构的态势下，抢抓优势产业布局，强化核心技术攻坚，通过持续不断的技术创新、生产革新和商业模式创新等全面创新中，培育拥有核心技术，并以此打造具有全球竞争力的强势产业集群品牌、企业品牌和产品品牌，催生一批高新技术产业品牌、企业品牌和产品品牌。在上海制造品牌建设方面具体体现为，"在主体培育上，着力培育以世界一流企业、'独角兽'企业、'隐形冠军'为核心的卓越制造企业群体；在产业体系上，构建根植本地、面向全球布局的创新、生产和服务网络，加快新一代智能制造模式应用；在园区布局上，推动临港、漕河泾、张江、化工区、国

际汽车城打造成世界级品牌园区。全力打造汽车、电子信息两个世界级产业集群，积极培育民用航空、生物医药、高端装备、绿色化工4个世界级产业集群。在平台建设上，加快引进国际标准组织和总部落地上海，重点布局上海智能制造研发与转化功能型平台，开展智能制造关键共性技术和装备研发、标准建设以及技术成果转化，力争建设成为具有国际影响力的智能制造协同创新平台"。[1]

第二节　品牌经济建设对推动上海经济发展的作用

一、有效增强品牌对上海经济的贡献度

截至2015年年底，上海已有中国驰名商标179个、中华老字号180个、上海市著名商标1275个、上海名牌1240项、上海老字号42个。其中上海名牌涵盖24大类产品和服务，总数达1206项，经济规模占全市规模以上企业主营业务收入比例始终维持在40%以上，成为上海实施"创新驱动，转型发展"以及推进上海"四个中心"、全球科创中心和中国（上海）自由贸易试验区等建设的重要助推力量，上海高质量发展以及提高经济密度的关键抓手。而"四个中心"、全球科创中心和中国（上海）自由贸易试验区的建设同时又成为上海品牌经济发展的关键性新动力。

二、有效提高上海经济效率

发展品牌经济将有效地提升上海经济效率，推动上海经济结构调整。使上海经济从传统的要素驱动型、投资驱动型和规模驱动型，向创新驱动型与多轮驱动型相结合的方向发展，劳动生产率、土地产出率和资源使用效率等将得到

1　上海市经济和信息化委、人民网编著：《上海制造——新时代、新征程》，上海人民出版社，2019年2月第1版，第4页。

不断提高。经济结构不断优化，环境友好型的高附加值产业、高技术产业和知识密集型产业得到快速发展，劳动力结构实现向高知识化转变，不断缩短与全球顶尖城市经济发展水平的差距。

三、有效提升上海城市软实力

品牌经济反映的是上海城市综合竞争力，在有效增强上海城市经济竞争力的同时，能在最大程度上提升上海城市软实力，使城市的硬实力与软实力之间构成良性互动，向世界展示崭新的面向未来的上海城市品牌形象。

自近代以来，上海品牌建设始终走在全国前列，并一直处于引领与示范的地位，发挥了不可替代的作用。当前，我国经济从短缺经济转变为过剩经济，从客观上要求上海必须从产品时代转变为品牌经济时代，从一味推动产业转型，发展成为产业高地的同时必须转变为品牌高地，从粗放型的经济发展必须转变为品牌经济发展方式，其实这也正是上海经济面对未来的内在要求。因此上海向品牌经济转型，是国际国内以及自身多重要求下的必然追求。须知，当上海建设成为具有全球影响力的创新中心之时，必然也是具有全球影响力的自主品牌崛起以及品牌经济发展方式形成之时，互为支撑，相辅相成。

第三节　上海品牌对 GDP 的贡献测算[1]

从客观来说，品牌对经济的贡献度应从三个层面进行分析，一是宏观意义上的，即品牌经济发展水平；二是中观意义上的，即一个城市可以视为品牌的总产出对这个城市经济的贡献度；三是微观意义上的，即某一品牌对于其所在行业发展的贡献度，及其企业品牌以及产品品牌的价值测算。此三个层面究其实质是一套完整的品牌价值测算体系，即品牌经济指数（普适性）—国家品牌

1　说明：本节测算借用李海霞、冯利英所撰《品牌对内蒙古经济发展的贡献度测算研究》一文的测算方法，载《财经理论研究》2017年第1期。

经济指数—城市品牌经济指数—区域品牌经济指数—产业品牌指数—企业品牌指数—品类品牌指数。在品牌价值测算体系中这是一个完整的闭环。

目前一般盛行的是对企业品牌乃至品类品牌的价值测算，以此说明品牌对于企业资产的贡献度，至于品牌对于一个地区经济的贡献测算还较为鲜见，但随着品牌建设的愈益深入，这是一道必须解决的重大课题，因为这是政府推动品牌建设的至关重要的依据。品牌对于城市发展来说不能只是定性意义上的，还应建立在科学的定量的基础上，也只有建立在这一分析基础上的品牌建设，才能实现有效投入，不仅包括政策资源的聚焦，而且包括人才、资金等方面的投入。因此，恰如品牌对于企业无形资产的贡献，或者说对企业价值的贡献是可测算的，对于城市的无形资产也是可测算的，并且对于GDP的贡献度也应该是可测算的，当然它有它自己独特的方法和路径。本节所要探讨的是品牌对于上海GDP的贡献测算。

一、具体指标体系构建

首先是总体性品牌价值对经济的贡献度，即上海市全部被视为品牌的企业的价值之和对于上海GDP的贡献度。一级指数为四个，分别为品牌产出、品牌就业、品牌资产、品牌影响。每个一级指数项下再拆解二级指数，品牌产出包括税收、产值，单位产出率（产值除以土地占有面积），知识产权收益在产值中的占比，市场稳定，产品质量合格率以及在行业标准中的地位加以衡量；品牌就业包括对劳动力的吸纳量、劳动力质量；品牌资产包括无形资产收益、品牌维护投入。品牌影响包括市场占有率、区位商、信用、消费者（客户）认同等。

其次是单一品牌对经济的贡献度。总体性品牌价值来源于单一品牌的价值测算，此单一的价值测算同时可以测算出单一的上海品牌对上海GDP的贡献度，这正是本节所要表述的。

二、对于企业品牌的选择

在激烈的市场竞争中，上海大批老字号品牌以及传统品牌在衰落的同时，也有不少老字号品牌获得了长足发展，尤其是崛起了一批新兴品牌，如前文提到《财富》杂志评选的2015年世界500强企业中，上海上榜的五家企业，其营业收入、位次见表9-1。

表9-1　2015年世界500强中上海企业品牌的表现

（单位：万元）

企业品牌名	营业收入	利润收入	2015年（位次）	2014年（位次）
上汽集团	102 248.6	4 540.1	60	85
交通银行	54 464.2	10 687.4	190	217
宝钢集团	48 323.4	952.9	218	211
绿地控股	42 515	904	258	268
浦发银行	38 683.8	7 632.3	296	383

在这些企业中交通银行是一家百年老字号，其余几乎都是改革开放以来快速崛起的企业，并且都是上海这些年来崛起的新兴产业中的龙头品牌，依此可以看出一条法则，即产业兴，则品牌兴。品牌对上海经济发展的贡献测算，它们是很典型的样本，但并未足以反映出客观情况。因为这几年上海还涌现了一批新兴"隐形冠军"类品牌以及新兴行业类品牌。因此，品牌对上海经济发展的贡献测算的品牌选择要从上海品牌的构成来看，应包括两大部分：一是上海自主品牌，这以获得中国驰名商标、中华老字号，市级著名商标、市名牌的价值测算。以2014年为准，上海共获得170家中国驰名商标认定、180家中华老字号认定、1275家上海市著名商标、1240项上海名牌、42项上海老字号，并有共计1459家中小企业获得上海市"专精特新"中小企业认定。当然其中有一定重复，如果分别以此为准，就有重复测算之嫌，因此可选择获取中国驰名商标较为稳妥，以

此剔除重复。二是外资品牌，这是上海经济发展中的华丽部分，可以以2014年度外资企业营业收入百强为样本，这一榜单的数据经上海市外资企业年报数据和海关数据核审，有较强的权威性。在驰名商标、著名商标、名牌等由政府主导的品牌推荐纷纷成为历史后，则可以以权威的第三方品牌评价为准，例如获得上海品牌认证的企业品牌。还有进入国内外权威品牌价值榜上的上榜企业品牌以及由它们测算的价值，例如世界品牌实验室、Interbrand、中国品牌建设促进会等发布的品牌价值榜等。

通过这样两类企业品牌的测算才能较好地反映上海品牌经济发展水平，它们全面带动了上海产业品牌以及企业品牌的发展，它们同时也是推动长三角以及中国品牌经济发展的风向标，是上海在全国乃至于全球城市中品牌地位的具体体现。通过相关数据的采集与计算，可获知这些品牌对上海经济的贡献度，同时将它们的价值加总并加以测算，就可获知整个上海品牌企业对经济的贡献度。从它们在上海市内区域的分布看，还可测算出不同区域之间的品牌发展水平，以及相关产业品牌在国内外的竞争力。

三、品牌对上海经济发展的贡献测算的基本原则

在开展这一工作中要坚持从品牌经济发展体系以及规律出发，试图客观真实地反映上海企业品牌以及品牌经济发展水平，必须符合下述要求：

科学性与合理性相结合。指标体系的设计以公认的统计学理论、经济学理论为依据，即指标的选择要全面体现品牌经济的战略性、宏观性和综合性，要有利于科学的评价。同时也要符合有关的科学理论。合理性是指标的设计，既要合乎国际上较为权威、较为通行的品牌指标体系，同时也要符合国家统计局和统计法的规范要求，以及符合我国品牌发展实际。

全面性与重点性相结合。全面性是指为突出我国品牌经济的整体性、系统性，指标体系的外延可能涉及经济社会的诸多领域，例如消费者对品牌的满意度。重点性是在指标体系的设计中要突出时代特点、区域特色、行业特征和国

际竞争力。

现实性与前瞻性相结合。现实性是在指标体系的设计中要立足于对当前上海企业品牌价值的评价。前瞻性是在指标体系的设计中要对上海企业品牌对于上海未来经济发展的导向意义，特别是要充分考虑上海在2040年成为卓越的全球城市的总体规划，特别是"一带一路"倡议。与之对应，对指标的选择和确定要基本能够反映我国品牌经济未来十年的发展趋势。

可操作性与可比性相结合。可操作性就是对指标体系的选取要考虑能够对这些指标数据进行采集，对数据可进行计算等可行性。可比性是要求指标要有明确的行业发展含义，计算的各类口径相一致，可以对特定品牌之间进行指标的横向比较。

客观性与主观性相结合。客观性就是客观指标，主观性就是主观指标。这方面可参考瑞士洛桑国际管理发展学院（International Institute for Management Development，IMD）的评价方面，拟客观指标与主观指标的比例设定为7∶3。

当前从中国驰名商标以及外资营收百强的角度来测算品牌对于上海GDP的贡献，这显然只是一种角度，但不失为上海推进品牌经济发展的一个重要依据。

第十章　上海品牌经济发展的不足简析

第一节　上海品牌经济发展中存在的问题

随着上海向全球城市迈进，一个重大而急迫的问题摆在上海乃至于全国面前，即作为中国经济中心、长三角经济龙头，上海应以何种姿态呈现？这是上海自开埠以来所一直追寻的，如今当它把自己定位为国际大都市，或者说卓越全球城市的时候，到底什么才是上海的核心竞争力，或者说上海到底具备什么样的条件才能名副其实？显然，推进品牌经济发展将使上海作为中国经济中心城市的功能得到显著发挥，并且是它建设成为全球卓越城市的重要路径选择以及必然的经济形态。在推进过程中，当然存在诸多或显或隐的问题需要解决。

一、经济密度与经济总量亟待提高

自改革开放以来，上海不断打造自己的核心竞争力，根据不同的时代特点与要求，先后奋力推进浦东开发开放，全面开展"四个中心"，即国际经济中心、国际金融中心、国际航运中心和国际贸易中心建设，在全国率先探索自贸区之路该如何走，这些措施使上海获得了快速发展。曾几何时，一年一个样，三年大变样，事实上，现在依然如此。纵向相比，上海确实获得了快速发展，然而放眼周边江浙两省以及它们所辖城市，纷纷以接轨上海为名，充分借助上海的种种资源，借力发力，在生产总值上很快超越上海。要知道在改革开放之初，上海的生产总值以及人均GDP在全国均名列前茅。1978年，中国国内生产总值为3645亿元，人均381元；上海生产总值为272.81亿元，人均2498元，分别是全国的7.48%与6.55倍。此时江苏生产总值为249.24亿元，人均430元；浙江生产总值为123.72亿元，人均331元。就生产总值排名而言，上海与江苏分别为第一、第二，浙江为第十二。在人均排名方面，上海远远地把江苏与浙江甩在后面，人均生产总值分别是江苏的5.8倍、浙江的7.54倍。但到了2014年，在中国国内生产总值为636 463亿元，破60万亿元大关，人均达46 531元时，上海生产总值为23 560.94亿元，人均95 956元，分别为全国的3.70%与2.06倍；江苏生产总值为65 088.3亿元，人均81 107元；浙江生产总值为40 153亿元，人均72 571元。在生产总值排名方面，上海恰是浙江于1978年时在全国的位次，即第十二，江苏与浙江分别为第二和第四；就人均排名而言，上海为第三，江苏与浙江紧随其后，分别为第四、第五。上海生产总值仅是江苏生产总值的36.19%，江苏是上海的2.76倍；浙江生产总值的58.67%，浙江是上海的1.7倍。上海无论是生产总值，还是人均，在全国的优势都大幅下降，同时江苏与浙江在经济总量上以倍数赶超上海，人均也在迅速接近上海，已分别是上海的95.95%、75.63%。上海的经济密度与经济总量的优势不再明显，亟须提高。

二、城市品牌竞争力亟待提高

再来看周边城市。1978年，生产总值方面（全国前二十），南京为34.83亿元，苏州为31.95亿元，南通为29.38亿元，杭州为28.4亿元，分别为第十三、第十五、第十七和第十九。人均方面，南京为844元，无锡为687元，苏州为637元，常州为605元，杭州为565元，位次分别为第八、第十一、第十二、第十三、第十四。到2014年，生产总值方面（全国前十五），苏州为13 760.89亿元，杭州为9201.16亿元，南京为8820.75亿元，无锡为8205.31亿元，宁波为7602.51亿元，位次分别为第七、第十、第十一、第十二和第十七；人均方面，苏州为13.15万元，无锡为12.69万元，南京为10.77万元，常州为10.67万元，镇江为10.46万元，杭州为10.40万元，宁波为9.95万元，除宁波之外，均超上海。

表 10-1　2014 年全国城市 GDP 前十五位人均 GDP 排名

（单位：万元）

排名	城市	人均	排名	城市	人均	排名	城市	人均
1	深圳	15.06	6	长沙	10.82	11	北京	9.91
2	苏州	13.15	7	南京	10.77	12	武汉	9.84
3	广州	12.92	8	佛山	10.57	13	上海	9.76
4	无锡	12.69	9	杭州	10.40	14	宁波	9.95
5	大连	11.64	10	天津	10.37	15	青岛	8.93

人均排名方面（以生产总值前十五计），苏州为第二，无锡为第四，南京为第七，杭州为第九，也就是说上海除总量保持第一之外，在人均方面，已跌出前十位（均为两位数），在第十三。如果单纯以人均排名的话，上海的位次自然更为靠后。

再从由中国社会科学院发布的《2014 年中国城市竞争力排名》可知，十个方面的排名，城市综合经济竞争力，香港第一，深圳第二，上海第三；宜居城市竞争力，上海为第十，同处于长三角的舟山、无锡、杭州分别为第七、第八、第九；宜商城市竞争力，香港第一，上海第二；城市可持续竞争力，香港第一，上海第二；知识城市竞争力，北京第一，上海第二，和谐城市竞争力，上海前十之外；生态城市竞争力，上海前十之外；文化城市竞争力，香港第一，上海第二；全域城市竞争力，香港第一，上海第六；信息城市竞争力，深圳第一，上海第二。

显然，上海无论在长三角，还是在全国，其龙头地位均受到严峻挑战，其带动力明显弱化。首先按照增速分析，上海的生产总值、人均均处于下行态势，也就是说周边城市的生产总值不断逼近上海，人均方面也不断拉大与上海的距离。其次，这些城市也以全球视野着力推进科技、教育和文化发展，创新活力迸发，对上海的软实力正构成越来越大的挑战。

目前，上海经济增速处于下行状态、经济总量在全国位处下降，与其作为长三角地区和长江经济带的龙头城市和"一带一路"重要节点城市的地位不相符合。中国社会科学院城市与竞争力研究中心编制的《中国城市竞争力报告No.12》某些单项指标表明，上海的宜居城市竞争力为第十，和谐城市竞争力为第十二，生态城市竞争力为第三十，全域城市竞争力为第六，表明上海的环境容量、社会治理需要改善。北京社会科学院编制的《中国总部经济发展报告（2013—2014）》表明，上海的开放度居深圳、北京之后，基础条件、商务设施、研发能力、专业服务、政府服务均在国内位处第二，与其国际化大都市的追求有一定差距。这些数据表明上海城市品牌竞争力不够强势，并与其经济增速一样，处于下行态势，亟须提高。

三、城市品牌在全球价值链中的地位亟待提高

从全球化角度审视上海发展，上海参与全球分工的形式和深度持续发生深刻变化。学者宁越敏、石崧在他们于2011年合著出版的《从劳动空间分工到大都市区间空间组织》一书中认为，上海在初级产品方面，具有强烈的资源禀赋型生产和贸易特点，在全球的产品内空间分工中所处的层级仍然偏低，[1]并且文化影响力不够高。显然，上海在全球价值链中层次还不够高。但上海通过城市综合功能持续提升，经济结构不断优化，"四个中心"建设成效日益彰显，上海在全球各类城市排行榜上的排名也不断前移，例如，英国拉夫堡大学建立的全球化和世界城市研究小组（GaWC）发布的城市网络排名显示，2000年，上海在这份排名中位处第三十名，至2012年位处第六名。日本森纪念城市研究所发布的全球城市实力指数排名显示，上海在2010年排名第二十六位，至2015年，排名上升为第十七位。中国社科院发布的全球城市竞争力指数排名显示，上海在2010年位处第四十一位，至2012年位处第三十六位。但总的来说，上海离全球顶尖城市的差距还较大，这从上海市城市总体规划（2017—2035年）选

1　宁越敏、石崧:《从劳动空间分工到大都市区间空间组织》，科学出版社，2011年3月第1版，第154—155页。

取的《经济学人》杂志发布的全球城市竞争力指数、普华永道发布的机遇之城指数、科尔尼咨询公司发布的全球指数等排名中，可知上海排名在第二十名左右，离全球顶尖城市纽约、伦敦、巴黎和东京等城市的排名尚有不小差距，城市品牌在全球价值链中的地位亟待提高。城市品牌与产业品牌、企业品牌和产品品牌亟须形成整体互动、良性互动、相互支持的格局。

四、企业品牌在国内外品牌排位亟待提高

相比于国内其他城市，上海品牌在国内外有着良好声誉和消费者忠诚，曾一度是国人的向往。但在全球化中，上海所拥有的这种良好声誉和消费者忠诚度并没有有效增强自身品牌建设能力，诸多品牌不仅未能进一步奠定市场地位，而且不断地丢失市场份额。在Interbrand、世界品牌实验室和BranZ等全球著名品牌评估机构相继公布的2015年全球最具价值品牌排行榜以及相关分类排行榜上，未见上海品牌身影，也即表明上海缺乏国际顶尖品牌和大品牌。在国内相关的品牌榜单上，例如中国社会科学院上市公司研究中心编制的2015年度中国上市公司发展报告发布的"漂亮100股票"显示，我国最能代表本行业未来发展方向和营利驱动的上市公司，上海仅占八个，分别为医药生物、通信、电子、非银证券、汽车制造、交通运输、机械设备和商贸零售，这八个的排位表现同时不够突出，说明上海传统的轻工品牌与纺织服装品牌不再具有优势，并且战略性新兴产业品牌不够突出，上海经济增长的可持续能力缺乏重要的微观基础在此一览无遗。

五、品牌建设政策的体系化、落地性亟待提高

出台的品牌建设相关政策，与国家要求以及与其他兄弟省市相比，品牌经济理念虽然相对领先，但缺乏体系化的支撑，在具体工作推进中局限于产品品牌、企业品牌，未向产业品牌、城市品牌延伸，局限于被动式应付。未能大力重视战略性新兴产业品牌培育，未能充分重视与把握品牌经济发展规律，未

能充分激发企业以及企业家在品牌建设中的主体作用，不能不说是上海经济发展的重大教训。"上海在集中精力构筑产业高地的同时，没有采取必要的措施推动那些创造过大量名牌的传统工业升级换代。虽然放弃有些品牌是出于战略转移的考虑，但上海品牌缺少经营和培育，却是上海品牌丧失市场的根本原因。上海人至今还沉溺在历史的自我感觉良好之中。'地方情结'是上海品牌抛不掉的沉重包袱。许多上了年纪的上海人，谈起三五牌台钟、华生牌电扇、蝴蝶牌缝纫机还是那么津津有味，而这些对于年轻一代来说似乎是久远的故事了。"[1]

第二节　上海品牌经济发展中存在问题的原因

一、上海经济发展阶段与我国大一统的经济管理体制不相吻合

自改革开放以来传统的粗放型模式不仅难以激发上海作为国际化程度较高的优势以及长期积淀的品牌优势，而且是导致上海品牌优势不断丧失的重要原因。品牌经济发展缺乏专门的综合性中长期规划和专项中长期规划，品牌经济建设体系虽有雏形，但难以深化。从政府管理而言，政出多门，力量较为分散，并且由于部门利益，彼此之间难以形成合力。直接与品牌建设相关的政府职能部门有上海市经济和信息化委员会、上海市国有资产管理委员会、上海市商务委、上海市人民政府合作交流办公室、上海市农业委员会、上海市市场监督管理局、上海市知识产权局、上海市财政局等。上海市经济和信息化委员会作为上海市品牌建设工作联席会议牵头单位，负责协调统筹全市品牌建设工作，侧重于工业制造业品牌、产业园区品牌以及文化创意产业品牌建设；上海市国有资产管理委员会承担国有企业品牌建设的指导与协调功能；上海市商务

1　施伟:《上海品牌为什么会失去市场》，载《沪港经济》2002年第5期，第43页。

委承担商业流通流域以及老字号品牌建设；上海市人民政府合作交流办承担区域品牌协调功能；上海市农业委员会承担农副产品以及农产品地理标志产品工作；上海市工商行政管理局承担向国家驰名商标推荐工作，及其著名商标认定工作，但随着国家工商局停止认定驰名商标，上海著名商标认定工作也随即中止，该局转而在全市构建起商标品牌指导站。上海市质量技术监督局主推质量品牌工作，其承担的名牌认定工作自2016年开始重点转向上海品牌认证，2018年6月6日，53家企业的共50个产品和36项服务，成为第一批通过第三方认证的上海品牌。上海市财政局负责财政专项资助的筹集。随着2018年年底上海市工商行政管理局、上海市质量技术监督局、上海市知识产权局合并为上海市市场监督管理局，一个局内的品牌建设工作尚待整合。

二、营商环境、品牌意识不足以及品牌建设措施力度不够

从外部环境来说，国内外的品牌竞争持续加剧，各种要素成本不断上涨，上海正列入世界居住费用最高的城市前十位，创业成本日益提高。政府审批、市场管制比较严格，灵活性不够。对品牌的认知还流于庸俗化、政府定位浅层次化，满足于将品牌等同于技术、信用、商标、标准和质量等，而不知品牌是这些元素的综合反映，致使政策高度不够、聚焦不够和资源分散，具体建设路径出现偏颇，难以充分发挥市场作用以及各方合力。上海市品牌建设工作联席会议等工作机制还不够扎实，并与市级、区级层面的品牌建设工作机制缺乏整合与统筹，在上海打响"四大品牌"中的地位与作用尚未得到有效利用。缺乏对部门、区县镇一把手、负责经济工作的分管领导以及国有企业主要负责人相关品牌知识的普及以及责任考核，及其对于民营企业品牌建设的引导。

三、品牌建设缺乏应有的内生动力

由于上海长期以来在国内外形成的得天独厚的优势，相当一批品牌严重缺乏居安思危意识，具体反映为："一是观念落后，二是体制束缚，三是机制不

活,四是投入不足,五是手段单一,六是运作乏力,七是保护忽视,八是管理轻视。"[1] 难以有效构建企业品牌建设激励机制以及竞争机制,企业品牌的领军人才和高端专业人才难以脱颖而出。品牌创新的内生性动力机制极度缺乏,民间活力不足。在越来越激烈的市场竞争中,科技研发以及文化创意的产品化、产业化向国内外著名品牌、世界级自主品牌的转化能力,即自主品牌创新能力囿于各种传统的体制机制,拙于应对。

四、缺乏对专业服务的国际化以及专业化培育

囿于传统的体制机制,行业协会、科研机构以及高校等本土品牌建设的专业服务能力未能有效激发,公共服务能力散、小、弱,缺乏长效机制,短期化、部门化、碎片化和浅表化现象严重。专业服务的市场化与公共化未能有效结合,高水平供给严重不足,难以与国际对标,更难以与国际性专业机构竞争。

1　杨明刚:《上海品牌衰落的原因与再崛起对策》,载《社会科学》,2006年第10期,第33—34页。

第十一章　上海品牌经济发展的价值导向及路径

第一节　上海品牌经济新形势及阶段性目标

　　面对未来，在2014年举办的第三届上海品牌发展论坛上，在全国省、直辖市层面率先提出"从产品经济向品牌经济转型发展"的战略思路。在"十三五"规划中明确指出品牌是上海产业竞争力的核心要素，加大对品牌、商标的保护力度，培育自主品牌，鼓励企业实施品牌发展战略，以此创造外贸新优势，乃是上海在"十三五"时期推进品牌建设的总纲要。这份规划尽管没有明确提出品牌经济这一概念，但在2016年8月29日，上海市政府针对国内外品牌建设呈现的新情况、新特点，顺应和引领经济新常态，出台了《本市贯彻〈国务院办公厅关于发挥品牌引领作用推动供需结构升级的意见〉的实施办法（沪府办〔2016〕38号）》，该文件首次明确提出"积极推进本市品牌经济发展"，围绕"诚信立本、科技创新、质量保证、消费引领、情感维护"理念，在我国率先构建由城市品牌、产业（区域）品牌、企业（产品）品牌三个层次为核心的品牌经济发展体系，从市场主体、品牌保护、专业服务和政府支持等四大方面系统推进，反映了上海推进品牌经济发展的阶段性任务、措施和目标。上海市又积极争取工信部等国家部委层面支持，例如2017年9月29日，上海市政府与国家工商总局签署了《关于大力实施商标品牌战略的合作协议》，是国家工商总局落实党中央、国务院关于品牌建设的重大部署，服务中国（上海）自由贸易试验区和具有全球影响力的科技创新中心建设的重要举措。同日，上海商标审查协作中心正式挂牌运行。

2018年4月，上海以更大的力度，以中共上海市委、市政府名义印发《关于全力打响上海"四大品牌"率先推动高质量发展的若干意见》，随后将上海服务、上海制造、上海购物和上海文化"四大品牌"分解到上海市发展和改革委员会、上海市经济和信息化委员会、上海市商务委员会、中共上海市委宣传部，分别制订"四大品牌"三年行动计划。该意见明确其宗旨着力构建新时代上海发展战略优势，全面提升城市吸引力、创造力、竞争力，加快迈向卓越的全球城市和具有世界影响力的社会主义现代化国际大都市。具体来说：

一是在新一轮全球化背景下的产业再分工中，重塑产业价值链体系，在发达国家、发展中国家以及国内省市的多向挤压中实现有效突围，内向国际化与外向国际化并行，并贯穿于上海品牌经济建设的全过程，切实提升在全球产业链和价值链中的地位，加快向价值链高端转型的步伐。

二是深入贯彻落实习近平总书记于2014年5月10日在郑州视察河南中铁工程装备集团有限公司时提出的"推动中国制造向中国创造转变、中国速度向中国质量转变、中国产品向中国品牌转变"的重要指示，国家"十三五"规划和其他一系列战略要求，深度破解由于资源、商务成本、环保等方面所带来的刚性约束，厚植可持续发展新优势，实现新发展。

三是紧密结合《上海市城市总体规划（2017—2035年）》要求实现的目标，以建设成为卓越的全球城市为城市品牌定位，加快推进"四个中心"、全球科创中心和自贸试验区建设，不断当好改革开放先行者和创新发展排头兵角色，持之以恒，将上海打造成一座国际顶尖的创新之城、人文之城和生态之城。

四是基本形成品牌经济发展体系，加快构建现代化经济体系，在理念上，树立起从追求规模和数量向提升品质和价值的转变，充分调动各方积极性，把上海打造成为国际品牌之都、引领长三角地区以及我国品牌经济发展的品牌高地，为上海实现卓越的全球城市发展目标打下扎实基础。

第二节　上海品牌经济发展的四大价值导向

品牌经济作为一种经济形态，不可能一蹴而就，将长期存在、探索发展。对此，上海品牌经济发展必须充分建构在现实基础上，坚持以"海纳百川、追求卓越、开明睿智、大气谦和"为城市精神，充分利用"四个中心"、全球科创中心和自贸试验区的政策优势，充分调动国内国外要素，深刻体现供给侧结构性改革，全面激发城市创新力，先行先试，持之以恒，稳步推进，以具有鲜明特色的上海品牌经济发展价值导向，促使上海品牌经济在"十三五"时期乃至更长时期里高水平发展。为全国从品牌建设实现向品牌经济发展转变，传统的经济发展方式向高价值化的新经济发展方式转变，从国际价值链的低端向国际价值链中高端转变，全面增强国家竞争力，提供成功的上海样本。

一、坚持品牌经济的战略引领导向

充分认识品牌经济在新一轮全球化以及新一代产业变革中对上海可持续发展具有关键作用，推动品牌经济发展，既是上海面临强大的外部经济形势倒逼使然，更是上海建设成为国际大都市的内生性需要。统一全市思想认识，明确品牌经济是上海推进"四个中心"、全球科创中心和自贸试验区建设的主体性经济特征，是重振上海经济雄风的关键性工作抓手，是上海成为卓越的全球城市的核心基础。坚持以品牌经济的战略引领导向，以时不我待的紧迫感，清晰产品经济向品牌经济转变的发展路径，把推动上海产业变革、创新发展等举措统一到品牌经济发展体系中，统筹整合各类科技创新资源、经济要素、社会要素和文化要素等，进而转化为强有力的品牌经济竞争力，引领经济持续健康发展，全面激发城市创新力，焕发城市魅力。

二、坚持品牌经济的法治化、市场化导向

品牌经济是高度市场化的产物，高度市场化必须由高度法治化做保障。坚持品牌经济的法治化、市场化导向，即运用法治化形成良好的市场秩序与市场活力，构建科学的与国际接轨的品牌经济发展体系。积极发挥市场配置资源的决定性作用和更好地发挥政府作用，推动经济管理方式向适合品牌经济发展的管理方式转变。坚持对各类所有制形态的产权保护，形成有利于品牌经济发展的法治环境、市场环境和人文环境，彰显企业的市场主体地位，突出品牌企业的带动力，在国内外塑造良好的城市品牌形象。

三、坚持品牌经济的全球化、专业化导向

在"互联网+"快速发展形势下，品牌塑造及其营销不再以国家为界，而是以全球化为导向。坚持全球化导向，即与世界经济发展形成双向互动格局，鼓励国有企业品牌、民营企业品牌等各类品牌以上海为桥头堡，在开放互动格局中，以品牌为载体，统筹整合国内外资源，实现专业分工，从而有效增强上海对国际信息流、人才流、资金流和科技流的凝聚力以及辐射力，真正打造成为国际品牌之都和国际化品牌营运中心。弘扬国际企业家精神，注重培育一批具有"国际化意识、对国际市场的积极进取和创新精神，在对外合资合作过程中的讲求诚信与合作精神以及创建国际品牌的愿景"[1]的企业家。

四、坚持以培育自主品牌发展为根本导向

品牌经济的重要核心是知识产权经济，知识产权是自主品牌的核心条件。自主品牌不仅是城市品牌以及国家品牌的标志、无形的国土、经济主权象征，而且是我国社会主义市场经济成熟度的试金石。坚持以自主品牌发展为导向，即

1　韩中和：《中国企业品牌国际化实证研究》，复旦大学出版社，2014年8月第1版，第186页。

通过"四个中心"、全球科创中心以及自贸试验区建设，不断推进科技创新和商业模式创新，注重知识产权运用与保护，以此实现各层次各梯次品牌创新，强化企业的主体意识，打造一批世界级龙头品牌，真正奠定上海国际大都市的基础。

第三节　上海品牌经济发展的路径选择

对上海未来品牌经济与文化发展进行展望，将上海品牌经济与文化发展与国家战略和世界品牌发展趋势相契合，构建符合上海自身特色、具有历史继承性和可持续性的品牌经济与文化框架体系。

品牌经济作为一种深刻体现供给侧结构性改革的经济发展方式，以质量效率和雄踞产业链价值高端为旨归，深入推进其发展必然对现有各种资源要素禀赋做出重大调整，自然面临诸多体制机制障碍。对此，上海在推进其发展中，应以新一轮全球化为视角，按照品牌经济建设的体系架构，构建符合上海实际情况的品牌经济发展体制机制，在最大程度上形成司法、政府、科技研发以及专业服务构成的系统性支撑，并形成相应的文化氛围，把推动其发展与国家品牌经济发展密切结合，脚踏实地，积极探索符合上海品牌经济发展的路径，以此形成引领我国经济发展新常态的品牌经济体制机制和发展方式，在我国构建现代化经济体系中提供排头兵样本。

一、上海品牌经济发展的总体要求

深入贯彻落实中央要求，强化在全国高质量发展中排头兵和先行者意识，顺应全球经济竞争规律，在全国各省区市中率先全面实施品牌经济发展战略，充分利用国内国际两种资源两个市场，引导和鼓励国内外企业（产业）品牌加快集聚发展，在更深层次更高水平上推动上海创新驱动发展、经济转型升级，对传统经济体制机制和产业结构进行深度调整，持续增强国际综合竞争力，打造成为名副其实的国际品牌之都，树立上海城市品牌崭新形象，深刻体现我国社会主义制度下国际大都市市场经济的成熟度以及国际竞争力。

二、增强城市品牌建设力度及背书能力

自2016年6月，探索开展"品牌上海"—"上海品质"公共标识评定试点，构建"上海制造""上海设计""上海服务"等系列评价制度和标准体系，以鲜明的城市品牌符号标识，直接为上海产品品牌和服务品牌进行背书，使城市品牌的无形价值直接转化为这些品牌的无形价值、市场竞争优势和更多附加值获取等，在城市品牌、产业（区域）品牌、企业（产品）品牌之间建立起良好的互融互促关系，树立上海城市品牌新形象，在宏观层面推动上海品牌经济发展。该项工作经原国家质检总局正式发文批准，并经国家认监委正式复函同意，并明确定位为不限地域的高端品牌认证。随着打响"四大品牌"，2018年6月6日，"上海品质"认证更名为"上海品牌"认证，推出首批通过"上海品牌"认证的企业品牌，以此作为推动"四大品牌"培育、评价和发展的重要手段，构筑代表中国参与国际竞争的高端品牌集群。对此在全市范围内形成由第三方自愿性认证形式推进该项工作的机制，按照"政府推动、市场主导、企业主体、最高标准、国际认可"的创新运行机制，引入国际通行的质量认证手段，确保第三方认证的权威、专业，与国际接轨，为此充分发挥好因此成立的"上海品牌"认证工作推进委员会、上海品牌国际认证联盟的作用，加强统筹协调能力建设，充分彰显上海品牌的高端性和国际互认性。

三、着重打造产业集群区域品牌

坚定不移地落实"制造强国"国家战略和上海迈向全球卓越制造基地建设，布局集成电路、生物医药、人工智能三大先导产业品牌，注重电子信息产业、生命健康产业、汽车产业、高端装备产业、先进材料产业和时尚消费品产业等六大重点产业集群品牌培育，促进产业集群区域品牌差异化发展。增强各类产业园区对国内外品牌企业特色化集聚度，避免同质化竞争。由大力发展先

进制造业转变为大力促进高阶先进制造业品牌发展，注重服务业品牌培育，有效提升经济效率与优化经济结构，实现各类产业品牌协调发展，推动上海经济朝创新驱动型与多轮驱动型相结合的方向演变，夯实上海品牌经济发展的中观基础。

四、着力培育世界级大品牌、强势品牌

针对上海缺乏世界级大品牌以及知名特色品牌的痛点，及其国有品牌占主导地位的现状，倡导以品牌建设促国资国企改革，与国务院国有资产监督管理委员会出台的《关于加强中央企业品牌建设的指导意见》相衔接，将品牌建设列入对上海各级国企的考核，促进上海国有品牌在积极参与新一轮全球化中通过品牌创新做大做强。采用多种所有制改革方式，给民营经济发展让渡空间。鼓励上海民营企业通过参与国有企业改革、加大科技研发投入、商业模式创新、进行全球布局等路径，争创强势品牌。形成国有品牌与民营品牌同时发力的良好局面。搭建以品牌整合资源的公共平台，推动装备、技术、管理、标准、服务同步"走出去"，鼓励拥有中国驰名商标、中华老字号、著名商标、名牌的企业品牌通过收购、兼并、控股、联合等多种途径，在国内外进行品牌重组，加快生产要素向品牌企业集聚，催生一批具有上海特色、国内一流、世界知名的大品牌、隐形冠军类品牌和知名特色品牌。重点培育有望成为百亿、千亿级等品牌企业，带动中小品牌发展，夯实上海品牌经济发展的微观基础。

五、倡导司法保护、行政保护与社会保护并举

积极构建司法保护、行政保护、技术保护、社会保护和自我保护等各种保护于一体的立体化品牌保护体系，并坚持持续推进，营造有利于品牌经济发展的司法环境和行政环境，依法保护品牌，充分体现具有国际水准的法治水平，形成适合市场主体平等的良好的市场竞争环境，在全国率先制定品牌建设促进条例，不断提高品牌建设法治化水平。善于运用互联网等高新技术，

强化品牌维权的技术手段。率先构建以诚信为基础的信用品牌建设，并注重运用具有公信力的第三方追溯系统保护品牌，促进以诚信为基石的品牌经济发展体系建设。

六、强化全面质量管理提升

质量是品牌经济竞争的关键核心要素之一。对此，坚持对标国际先进质量水平，以此奠定坚实的质量发展基础，在全世界范围内树立上海品牌即国际优质产品代名词的品牌形象，提升上海质量国际话语权以及上海产品在国际产业分工以及产业链中的地位，以高质量产品拓展国际市场，获取稳定的市场份额以及高附加值。强化质量建设的市场主体责任，通过质量培训、质量攻关、质量比对、计量标准、宣传推广等多种方式，全面提高企业质量管理水平，不断推动产品和服务提质升级；加强基层质量监管力量建设，强化打击各种假冒伪劣行为，推进微观质量发展。夯实先进的质量技术基础，完善质量制度建设，切实提高质量监管效率。大力发展质量服务业，构建国际化、区域化、社会化质量服务体系。充分发挥市（区）长质量奖以及获得"上海品牌"认证的企业的标杆示范作用，推进质量品牌建设。充分发挥上海市质量工作领导小组的平台作用，凝聚各方力量，着力构筑上海发展新的质量优势，促进品牌经济发展。

七、构建国际化品牌建设专业服务链

着力打造具有国际水平并在国内外具有重要影响的第三方权威平台。重点开展品牌经济指数研究，探索建立市场化品牌价值发现机制。打造各类品牌建设专业服务联盟，建设品牌数据库。打造国内外相协同的品牌建设专业服务链，加快专业服务机构海外集群式布局，具体包括品牌研究与咨询、品牌推广与传播、品牌营销、品牌教育培训、知识产权服务、标准与认证服务、品牌价值评估与融资、品牌交易等，在全球范围内形成科研成果与资源产品化、产品商标化、商标品牌化、品牌资本化、资本证券化的品牌建设生态价值链，推动文化创意产业、知识产权服务业、标准与认证产业和金融信息服务业高水平发展，品牌建设软实力显著增强。加强与长江经济带发展规划、长三角地区一体化发展规划等国家重大区域战略衔接，依托长三角区域合作办公室、长江三角洲城市经济协调会等区域合作平台，充分发挥长江三角洲城市经济协调会品牌建设专业委员会等区域组织的作用，办好中国国际进口博览会、长三角（上海）品牌博览会等展会，打好长三角一张牌，增强上海品牌建设对长三角地区、长江经济带以及"一带一路"品牌建设专业服务的区域辐射力与区域影响力，强化上海在区域品牌经济发展中的龙头地位，及其在国内外的领先地位。

八、充分实现政策聚焦

充分利用中国（上海）自由贸易区、全球科创中心等政策优势。探索符合品牌经济发展规律的经济管理体制机制，成立上海市品牌建设推进委员会，制定上海市中长期品牌发展规划，引导相关政府部门之间实现政策对接，部门联手、市区联动。在完善市级工作机制的同时，推动建立和完善市区（县）工作机制，把市级各职能部门以及各区县的政策资源统一到全市品牌经济发展体系之中，推动政府职能转变。以政策引导，集聚政府、社会、市场三方资源和力量，全面聚焦品牌经济发展。例如，将相关职能部门现有的"创新券""培训补贴目录"等政策向品牌经济发展延伸。对品牌经济财政专项扶持资金使用效率进行评估，做好增量，以使该资金在品牌经济发展中发挥良好的导向作用和杠杆作用。

目前的品牌经济是从品牌的单个经济主体行为，即企业品牌、产品品牌演绎为一般性的经济现象，而从整体的经济营运来考察推动品牌建设。在供需结构平衡时，就不仅仅是质量、品种，而且还是无形资产的评估与平衡。对此，出台的政策要做到综合性政策与专门性政策相结合，精准施策，前瞻引领，务求实效。

附　录

附表1

上海历次五年规划（计划）中的品牌建设相关内容

五年规划（计划）	具体章节	内　容
"九五"计划（1996—2000年）		以名牌产品、明星企业、著名企业家为主体，鼓励企业开展跨地区的资产经营活动；组建和发展50家以支柱产业、骨干企业、名牌产品为龙头，以资产为纽带的跨地区、跨部门的企业集团。
"十五"计划（2001—2005年）	第三章：经济发展	深化"三、二、一"产业发展方针，大力发展高增值、强辐射、广就业的产业。以提高经济效益和创新能力为导向，积极引进世界一流技术和全球著名品牌企业，大力培育拥有自主知识产权和自我创新开发能力的企业，强化科技进步和信息化对产业升级和传统产业改造的推动作用，强化支柱产业对经济增长和结构升级的带动作用，强化不同产业融合发展对产业创新的促进作用，在发展中推进产业结构优化升级。 健全与国际接轨的商业软件开发机制，重点开发集成电路设计、嵌入式软件和系统集成，积极推广拥有自主知识产权品牌软件。 加快组建国内营销网络，输出上海商业的优势业态、品牌和管理。 继续实施以乘用车为主导产品、轿车为重点产品的发展战略，发展品牌轿车系列产品，加快开发实用型家用轿车，有选择地发展客车和货车。

五年规划 （计划）	具体章节	内　容
"十五"计划 （2001—2005年）	第三章： 经济发展	鼓励企业加快对传统工业的改造，积极提升有市场前景、有品牌优势的传统工业。支持企业运用先进制造技术、信息技术和生物技术，加快造船、轻工、纺织、食品等传统工业升级改造。 　　提高农业组织化程度，推进农业产业化经营，形成一批源头产品强、初级产品优、加工产品精，具有市场竞争力的农副产品品牌，增强农业抗风险能力，提高农业经营性收入。
	第五章： 改革开放	开拓多元化海外市场，促进高新技术产品出口，培育品牌出口商品和绿色出口商品，大力发展服务贸易。
"十一五"规划 （2006—2010年）	第四章： 形成国际经济、金融、贸易、航运中心基本框架	形成一批拥有自主知识产权和知名品牌、国际竞争力较强的优势企业。
	第五章： 加快形成服务经济为主的产业结构	培育国际会展品牌，发展都市特色旅游产品，建设若干大型旅游基础设施，推动会展旅游业与相关产业的融合发展。 　　做大做强信息产业。根据数字化、网络化、智能化总体趋势，以研发设计、自主品牌建设为重点，加快集成电路、软件、新型元器件等关键技术研发及核心产业发展，建设和完善软件开发测试、无线通信等公共开发平台，大力推进新一代移动通信、汽车电子、数字音视频、互联网内容服务等产业发展，尽快形成产业集聚优势。 　　大力实施自主品牌战略。优化产业组织结构，提高企业规模经济水平和产业集中度，大力发展一批拥有知名品牌、核心技术、主业突出、综合集成能力较强的大型企业集团。 　　要振兴、引进、培育和保护知名品牌，努力将上海建成品牌孵化培育中心、品牌集聚辐射中心和品牌交易运作中心。增强"老字号"企业的自主创新能力、连锁经营能力和品牌营销能力。

五年规划（计划）	具体章节	内　容
"十二五"规划（2011—2015年）	第三章：第一节　金融中心国际化取得重大突破	营造具有国际竞争力的金融发展环境。完善金融税收制度，提高政府服务水平。推进金融领域与非金融领域的信用信息共享，积极培育民族品牌的信用评级机构。
	第三章：第三节　基本形成国际贸易中心核心功能	规划建设大型会展设施，培育、引进一批具有国际竞争力的品牌展会。 研究设立免税商品购物区（店），发展一批国际品牌和国货精品店。
	第四章：第一节　大力发展服务业	坚持城市功能提升、市场需求引领和新技术应用带动，加快发展生产性服务业和生活性服务业，不断拓展新领域，发展新业态，培育新热点，推进品牌化、网络化经营，增强辐射力和国际竞争力。 深入推动产业融合发展。促进服务业与制造业的深度融合，推动制造业企业发展品牌、研发设计等高端环节，着力发展总集成总承包、检验检测、产品认证、供应链管理、专业维修、融资租赁等生产性服务业。
	第四章：第三节　优化提升先进制造业	着力提高产业自主创新能力和国际竞争力，提升自主品牌价值，积极推动产业向绿色低碳、清洁安全方向发展。 提高汽车、船舶产业核心竞争力。着力突破整车、关键零部件等核心技术，形成自主品牌汽车研发创新与制造体系，加快发展汽车服务业。增强自主设计能力，大力发展液化天然气船、科学考察船等高技术船舶及其关键系统和配套设备，形成一批具有国际竞争力的自主品牌船型，加快建立现代造船模式，优化船舶产业链。 提升都市工业能级。鼓励企业在设计、市场营销等环节融入科技、创意、时尚和环保元素，大力发展高附加值、个性化、节能环保型产品。聚焦绿色食品、智能轻工、高档纺织等领域，加大自主品牌建设力度，重塑和提升以品牌为核心的轻纺产业竞争力，打造符合国际大都市特点的现代都市工业体系。

五年规划（计划）	具体章节	内　　容
"十二五"规划（2011—2015年）	第四章：第四节　加快推进农业现代化	积极发展农民专业合作社，扶持家庭农场和农业龙头企业，大力培育农产品品牌，促进农业生产经营专业化、标准化、规模化和集约化。推动农产品市场建设。
	第五章：第三节　完善创新服务体系	大力推进创新载体建设。全面提高张江高科技园区辐射带动能力，做强"大张江"品牌，加快推进杨浦国家创新型试点城区和紫竹科学园区建设。
	第五章：第四节　优化城市创新环境	加强人文社科重点基地建设，形成一批学科品牌和学术品牌，提升优势学科研究水平。支持各类智库发展。
	第十章：第七节　完善为老服务体系	鼓励和支持民间资本参与养老服务领域，吸引社会力量建设养老长期护理机构、老年公寓和休闲养老基地，培育一批有资质、有能力、有品牌的养老设施专业运营管理机构。
	第十二章：第三节　提升公共文化服务水平	广泛开展各类群众文化活动。支持各类群众文化团队开展健康文体活动，培养群众文化优秀团队，培育一批富有民族、民俗、民间特色的活动品牌。
	第十二章：第四节　加快发展文化创意产业	加强与国内外文化交流。积极开展城市形象推介，发挥各类重大文化创意活动的国际交流与传播作用，支持对外传播媒体发展，打造文化交流新品牌。
	第十二章：第六节　打造世界著名旅游城市	大力提升会展业的国际化、专业化、市场化和品牌化发展水平。
	第十二章：第七节　增强体育发展能力	立足建设都市型竞技体育和精品战略，加强职业体育品牌建设，全面提升上海体育在国内外的竞争力和影响力。
	第十五章：第二节　促进区域合作互利共赢	把握国家实施扩大内需战略的机遇，支持大企业大集团跨地区重组整合，推动上海品牌、上海设计走向全国，鼓励有条件的工业园区输出管理和技术。

五年规划 （计划）	具体章节	内　　容
"十二五"规划 （2011—2015年）	第十五章： 第三节　积极参与全球竞争合作	加快培育以技术、品牌和服务为核心竞争力的出口新优势，鼓励自主知识产权、自主品牌和高新技术产品出口，探索建立知识产权预警机制。 按照市场导向和企业自主决策原则，鼓励企业开展境外投资，联手内外资企业开发市场、技术和标准，培育一批本土跨国公司和知名品牌。
	第十五章： 第四节　提升城市国际化水平	充分利用世博会品牌效应，加强上海与国际城市间的合作交流，营造国际化的居住和商务环境，提升城市国际知名度和影响力。
"十三五"规划 （2016—2020年）	二、推进创新发展，激发发展新动力 6.加快推动产业转型升级	培育"专精特新"中小企业，打造细节市场"隐形冠军"。 全面加强质量品牌建设。把质量和品牌作为产业竞争力的核心要素，坚持标准引领、质量取胜、品牌培育，不断提升上海产品、工程、服务的整体形象。突破关键共性质量技术，提高计量检验检测技术水平，推广先进质量管理技术和方法，不断提升产品质量水平。加快完善和实施安全、卫生、环保及节能等质量标准。健全质量管理法律法规和体系，完善质量第三方认证，严格质量监管。加大对品牌、商标的保护力度，培育自主品牌，鼓励企业实施品牌发展战略。
	二、推进创新发展，激发发展新动力 8.提升国际贸易中心服务能级	优化出口市场结构，提高外贸产品附加值，加快形成以技术、标准、品牌、质量、服务为核心的外贸新优势。 扩大对国内外消费吸引力，进一步集聚国内外知名消费品牌，商品销售总额年均增长率达到7%以上。 提升会展业的规模和水平，打造若干具有国际影响力的综合性和专业性品牌展会，推动会展业与商业、旅游、文化、体育等产业联动发展。
	五、推进开放发展，形成开放型经济新优势 30.拓展"走出去"新空间	逐步形成若干具有国际知名度和影响力的本土跨国公司。

续附表1

五年规划（计划）	具体章节	内　容
"十三五"规划（2016—2020年）	五、推进开放发展，形成开放型经济新优势 31.提高城市国际影响力	增强城市国际交往能力，打造高水准的国际交流平台，积极开展公共外交和民间外交，全方位推进国际城市交流合作，学习国际先行城市在创新、转型、城市规划、社会治理等方面的经验，加强上海城市品牌在国际上的传播推介。 改善医疗机构涉外服务，鼓励引进国际知名品牌的医疗服务机构，完善国际人士在沪就医的国际医疗保险结算制度。
	六、推进共享发展，增进市民福祉 38.加快完善社会养老服务体系	鼓励养老服务专业化、品牌化、连锁化发展，逐步形成养老服务的龙头机构和行业标杆。
"十四五"规划（2021—2025年）	二、"十四五"时期经济社会发展指导方针和主要目标 2.3"十四五"时期经济社会发展主要目标	文化品牌标识度更加鲜明，人民精神文化生活不断迈上新台阶，具有世界影响力的社会主义国际文化大都市建设取得新突破，城市文化创造力、传播力、影响力显著增强。
	三、强化全球资源配置功能，提升城市服务辐射能级 3.1 持续增强国际经济中心综合实力	促进消费提质扩容，激发本地消费、提升外来消费、引导高端消费回流，打造最潮消费场景，营造最优消费环境，建设世界级商圈，提升"五五购物节"影响力和辐射力，持续打响"上海购物"品牌。 大力发展首发经济、品牌经济、免退税经济和夜间经济等，增加高端消费供给，打造全球新品首发地。 发展辐射区域大、附加值高、具有品牌优势的服务型经济，增强集聚辐射带动功能。
	3.3 全面提高国际贸易中心枢纽功能	集聚培育一批国际化、有潜力的数字贸易品牌。 创新服务外包发展模式，推动服务外包与高端制造、生产性服务业融合发展，加快发展一批拥有自主知识产权、自主品牌的服务产品。 提升公共服务平台服务能级，支持专业服务机构为跨境电商企业提供通关、物流、品牌营销、融资、法律等服务。

五年规划（计划）	具体章节	内　　容
"十四五"规划（2021—2025年）	3.4 深入建设全球领先的国际航运中心	坚持区域协同和内涵提升，加快建设门户枢纽地位稳固、集疏运体系协调高效、航运服务品牌效应凸显、航运治理体系融入全球的国际航运中心。
	四、强化科技创新策源功能，扩大高水平科技供给 4.5 厚植支撑国际科创中心功能的人才优势	全面确立人才引领发展的战略地位，扩大"海聚英才"品牌影响力，进一步实行更加开放、更加便利的人才引进政策，做强"海纳百川"创业品牌，加强创业资金扶持和金融支持，引导鼓励各类市场主体培育发展低成本、便利化、全要素、开放式的众创空间。
	4.6 以张江科学城为重点推进科创中心承载区建设	进一步打响张江科创品牌，支持更多具有国际影响力的科技创新论坛等活动在张江科学城举办，提升大学科技园技术转移、创业孵化服务能力，深化大学校区、科技园区、城市社区的联动融合，依托高校优势打造一批具有一定影响力和品牌效应的大学科技园示范园。
	五、强化高端产业引领功能，加快释放发展新动能	主动顺应新一轮科技革命和产业变革趋势，充分发挥经济中心城市功能，按照"高端、数字、融合、集群、品牌"的产业发展方针，聚焦高知识密集、高集成度、高复杂性的产业链高端与核心环节，以新一代信息技术赋能产业提质增效，促进制造和服务融合发展，全力打响上海品牌。
	5.2 促进六大重点产业集群发展	瞄准产业发展前沿，突出集群发展理念，打响"上海制造"品牌，在传承、创新和提升既有优势产业中，重点打造具备产业比较优势、制造服务交互融合、未来发展潜力巨大的六大重点产业集群。 焕新轻工业历史经典品牌，力争在美妆护肤、珠宝首饰、运动用品、智能家居、时尚数码、适老及婴童等领域推出适应新生代消费群体需求的优质产品和新锐品牌，将上海打造成为品牌荟萃、市场活跃、消费集聚、影响广泛的国际时尚之都、品牌之都。

五年规划 （计划）	具体章节	内　　容
"十四五"规划 （2021—2025年）	5.3 推动服务经济提质增能	以新兴技术为驱动，以商业模式创新和应用场景开放为牵引，以市场准入、行业监管、政策配套等规则体系创新为突破口，促进新兴服务繁荣壮大，推动传统服务提质升档，持续打响"上海服务"品牌。 加快培育一批具有国际竞争力的本地跨国企业和知名服务品牌，构建国际化高端专业服务体系。
	5.4 强化促进产业发展的服务保障体系	积极把握产业技术创新、模式创新、组织创新的新趋势、新需求，坚持市场配置与政府引导相结合、自主可控与开放合作相结合、产业扶持与企业培育相结合，夯实产业链发展基础，强化标准引领、质量提升、品牌培育，完善市场化要素配置，创新行业监管方式，为各类市场主体发展创造更大空间。 构筑质量强市品牌高地。实施品牌发展战略，大力宣传知名自主品牌，强化标准引领、法治保障、品牌诚信和资金支持，将"四大品牌"塑造成为响亮恒久的金字招牌和驰名中外的城市名片。积极扩大"上海品牌"认证影响力，形成以品牌发展增创质量优势的长效机制和良好环境。 大力发扬企业家精神和工匠精神，集聚造就一大批创新开拓的企业家人才队伍，面向一线引进培育工程服务人才和专业技能人才，持续推进产业工人队伍建设，重振"上海师傅"品牌。
	六、强化开放枢纽门户功能，增创国际合作和竞争新优势 6.3 推进虹桥国际开放枢纽建设	加快集聚高能级办展主体，打造若干具有国际影响力的本土会展业企业，培育一批品牌展会项目，完善国际化城市会展促进体系，推动会展业"线上线下"融合发展，全面建成国际会展之都。继续办好中国国际工业博览会、中国（上海）国际技术进出口交易会、中国自主品牌日系列活动等重大会展论坛活动。
	七、弘扬城市精神和城市品格，提升国际文化大都市软实力	坚持中国特色社会主义文化发展道路，围绕举旗帜、聚民心、育新人、兴文化、展形象的使命任务，持续打响"上海文化"品牌，繁荣发展文化事业产业，升级完善公共文化服务体系，深化建设更加开放包容、更富创新活力、更显人文关怀、更具时代魅力、更具世界影响力的社会主义国际文化大都市。

五年规划（计划）	具体章节	内　容
"十四五"规划（2021—2025年）	7.1 繁荣发展社会主义先进文化	推动红色题材文艺作品和出版物创作生产，建设党性教育现场教学基地、形成红色文化宣教品牌、发展红色文化旅游。深化长三角红色旅游区域合作，提升上海红色文化的标识性和知名度。
	7.3 构筑异彩纷呈的城市文化空间	加强非物质文化遗产生产性保护和活态传承，深入推进"非遗在社区""非遗进校园"，鼓励社会力量和专业机构建立非遗传习所和传习点，支持一批文化特色鲜明的非遗品牌做精做强。
	7.4 扩大上海文化品牌影响力	发挥各类文化平台的集聚辐射效应，全方位塑造"魅力上海"城市形象，提升上海文化品牌的国际传播力、影响力，力争成为全球标杆性文化节庆赛事等活动的重要地标。 　　积极建设全球标杆性文化体育类活动品牌。放大顶级节展赛事活动效应，更好向世界传递"上海声音"、塑造"上海形象"。持续办好上海国际电影节、上海电视节、中国上海国际艺术节、"上海之春"国际音乐节、中国国际数码互动娱乐展览会（ChinaJoy）等重大文化节庆活动，鼓励增设具有国际影响力的原创艺术赛事品牌，提升节庆内涵品质。
	7.5 提升文化旅游体育产业能级	加快建设国际文化创意产业中心。围绕关键技术构建数字化影视文化产业链，依托影视产业园区和重要节展，推进建设全球影视创制中心。持续办好"上海国际艺术品交易月"等品牌活动，助力上海建成千亿级规模艺术品交易市场，大力建设国际重要艺术品交易中心。 　　扩大"演艺大世界""演艺新空间"的产业集聚和辐射效应，建设演绎国内外一流作品的"名作首演地"文化地标，加快引育形成驻演和独演品牌，打造亚洲演艺之都。依托电竞资源集聚优势，大力吸引具有全球影响力的电竞顶级赛事落沪，加快品牌建设和衍生品市场开发，建设电竞产业完整生态圈，力争在电竞领域形成世界级影响力，全力打造全球电竞之都。

五年规划 （计划）	具体章节	内　　容
"十四五"规划 （2021—2025年）	7.5 提升文化旅游体育产业能级	围绕"一江一河"布局整合文旅资源，建设浦江旅游品牌和苏州河文化休闲带。开发水乡特色旅游项目。实施"首展首秀"计划，推动建立一批具有地方特色和艺术优势的本地品牌演艺节目，提升都市时尚消费旅游体验和服务品质，创建一批文化、商业、旅游、体育等融于一体的国家级现代都市旅游休闲区。
	八、全面推动城市数字化转型，加快打造具有世界影响力的国际数字之都 8.2 营造智慧便利的数字生活	推动互联网医院品牌化、特色化发展，鼓励医院利用信息技术拓展服务形式和内容，完善以患者为中心、全流程闭环的智能化医疗服务模式，改善就医体验。 制订完善智慧养老相关产品和服务标准，开展家庭、社区、养老机构等多种应用场景试点，支持发展社区居家"虚拟养老院"，鼓励企业开发智慧养老综合服务平台，培育一批智慧养老应用示范基地、示范社区和示范品牌。
	九、推动长三角更高质量一体化发展，服务全国发展大局 9.1 聚焦重点领域协同推进	协同开展长三角地区产业链补链固链强链行动，加快实施产业基础再造工程，打造自主可控、安全可靠的产业链和供应链，在更广区域实现创新链、产业链、资金链良性循环。支持跨省合作载体发展，鼓励品牌园区输出管理标准和品牌。 建立长三角体育产业联盟，深化长三角全民健身、竞技体育、体育产业协作，共创区域性体育品牌项目。
	十、优化功能布局，塑造市域空间新格局 10.4 南北转型提升沿江沿湾发展动能	推进"田园五镇"农业科技品牌共建、乡村旅游跨区共赢，建设长三角乡村振兴一体化发展先行区。

五年规划（计划）	具体章节	内　　容
"十四五"规划（2021—2025年）	十一、全面推进乡村振兴战略，促进城乡融合发展 11.1 提升大都市乡村产业现代化水平	持续推动农村一二三产业融合发展。积极打造优势特色产业集群，以绿色田园先行片区为载体，突出区域特色品牌，结合国家农村产业融合示范园创建提升，打造一批涵盖生产加工、科技服务、文旅休闲的农村产业融合发展平台，推进农业全产业链高质量发展。
	十四、努力创造高品质生活，更好满足人民对美好生活的向往 14.3 积极应对人口老龄化	鼓励和支持社会力量在养老服务体系中发挥主体作用，积极发展民办养老和护理机构，鼓励连锁品牌运营。重点加大对普惠型、护理型民办养老机构的政策扶持，促进和规范养老社区等市场化服务发展，满足多样化养老服务需求，形成一批有全国影响力的养老服务品牌。
	十五、提高城市治理现代化水平，共建安全韧性城市 15.3 构建多元共治的社会治理格局	畅通志愿服务渠道，培育一批有影响力的公益志愿服务品牌项目，到2025年全市志愿者注册人数达到常住人口的20%。

附表2

上海历次五年规划（计划）中的知识产权建设相关内容

五年规划（计划）	具体章节	内　　容
"十五"计划（2001—2005年）	第二章：发展目标	每十万人年专利授权数达到60项，具有自主知识产权的高新技术产品产值占全市高新技术产品产值比重有明显提高。 　　不断提高政府依法行政水平，加大对政府的行政监督和制度约束力度。强化知识产权保护，完善综合执法，推进依法管理，实现物质文明和精神文明建设的协调发展。
	第三章：经济发展	以提高经济效益和创新能力为导向，积极引进世界一流技术和全球著名品牌企业，大力培育拥有自主知识产权和自我创新开发能力的企业，强化科技进步和信息化对产业升级和传统产业改造的推动作用，强化支柱产业对经济增长和结构升级的带动作用，强化不同产业融合发展对产业创新的促进作用，在发展中推进产业结构优化升级。 　　健全与国际接轨的商业软件开发机制，重点开发集成电路设计、嵌入式软件和系统集成，积极推广拥有自主知识产权品牌软件。 　　大力发展现代生物技术产品，每年创制1—2个一、二类新药，力争2—3个有自主知识产权的新药进入国际市场。
	第四章：科技教育	充分发挥知识产权制度对创新的激励和保护作用，加强科技创新源泉建设，实施技术跨越战略，建立以企业为主体的技术创新体系。 　　以培育新的经济增长点和积极抢占科技发展制高点为目标，深化科技体制改革，集中力量，重点攻关，力争在若干关键领域的研究中取得重大突破，形成一批国内领先、国际知名的科研机构、科技人才群体和拥有自主知识产权的科技成果。

续附表2

五年规划（计划）	具体章节	内　容
"十五"计划（2001—2005年）	第四章：科技教育	支持高科技企业利用风险投资、上市融资、知识产权出让等多途径筹资，促进战略投资者进入高科技领域。大力发展高科技企业，吸引国内外高科技企业来沪发展。
	第五章：改革开放	要完善市场管理，规范市场行为，加大知识产权保护和打击假冒伪劣的力度，保护消费者、投资者、生产者的合法权益。
"十一五"规划（2006—2010年）	第一章："十五"经济社会发展取得巨大成就	科教兴市主战略向纵深推进，科技创新动力进一步增强，科技投入和科技成果明显增多，全社会研发经费支出相当于全市生产总值的比例达到2.34%，高技术产业自主知识产权拥有率达到27%。
	第四章：形成国际经济、金融、贸易、航运中心基本框架	城市创新体系基本形成，全社会研发经费支出相当于全市生产总值的比例达到2.8%以上，科技进步贡献率达到65%左右，形成一批拥有自主知识产权和知名品牌、国际竞争力较强的优势企业。
	第六章：着力构建以自主创新为核心的城市创新体系	加大知识产权保护力度。实施以专利为核心的知识产权战略，引导企业建立和完善专利、商标、技术秘密等管理制度。健全知识产权保护体系，加快发展知识产权交易、专利代理等中介服务机构，加强高校、科研院所知识产权工作。 　　继续做好研发、人才、知识产权等公共服务平台建设。
	第十章：促进区域协调互动发展	积极配合国家有关部门，推进长江三角洲通关一体化改革，加强区域诚信体系建设，建立知识产权联合保护机制。
	第十二章：继续发挥好浦东新区的示范带动作用	支持张江围绕电子信息、生物医药、软件开发和新材料等产业，加快形成具有核心技术和自主创新能力的高科技产业链，培育和发展一批具有自主知识产权的科技型企业集群。

五年规划 （计划）	具体章节	内　容
"十一五"规划 （2006—2010年）	第十三章： 实现深化改革和 扩大开放新突破	促进对外贸易持续健康发展。加快转变外贸增长方式，优化贸易结构，大力促进具有自主知识产权和自主品牌的产品出口，加快加工贸易转型升级，扩大高附加值产品出口的比重。
"十二五"规划 （2011—2015年）	第十二章： 塑造时尚魅力的 国际文化大都市	国家动漫影视应用技术工程研究中心：打造具有自主知识产权的3D动漫影视全流程制作平台，建立基于互联网的中国动漫影视产业公共技术服务平台联盟。 　　鼓励多种所有制文化企业共同发展，扶持一批"专、精、特、新"和有核心技术、自主知识产权的中小企业。 　　深入推进企业产权制度、企业信用、知识产权、股权激励等改革试点。 　　完善政府引导资金、国资创投基金运作模式，促进创业投资集聚发展，支持科技型中小企业上市，扩大知识产权质押融资规模，加快形成多层次的科技投融资体系。形成一批掌握核心技术和市场主导权的领军企业。
	第十四章： 争当改革攻坚的 排头兵	突破中小企业发展瓶颈。支持中小企业改制上市。拓宽初创期、成长期中小企业融资渠道，发展保单融资、票据质押融资、知识产权质押融资、供应链融资、集合票据和债券融资，完善中小企业信用担保体系。 　　优化法制政策环境。加快推进金融、航运、贸易和专业服务、知识产权保护、口岸综合管理、信用等方面的地方立法。
	第十五章： 形成海纳百川的 开放格局	加快转变外贸发展方式。积极推动海外营销，努力拓展新兴市场，稳定传统市场。加快培育以技术、品牌和服务为核心竞争力的出口新优势，鼓励自主知识产权、自主品牌和高新技术产品出口，探索建立知识产权预警机制。

五年规划 （计划）	具体章节	内　　容
"十三五"规划 （2016—2020年）	第二章： 推进创新发展， 激发发展新动力	实行严格的知识产权保护，推进创新主体运用国际知识产权规则的能力建设，提升知识产权质量和效益，深化知识产权领域改革，发展知识产权服务业，加强知识产权交易平台建设，推进上海亚太知识产权中心城市建设。
	第五章： 推进开放发展， 形成开放型经济 新优势	对接国际投资贸易规则新变化，加快信息公开、公平竞争、权益保护等制度创新，不断拓展自贸试验区制度创新领域，加快知识产权、创新要素流动、竞争政策、争端解决等制度探索，形成一整套适应国际规则新要求的制度体系。 吸引国际经济、金融、科技、文化、体育、知识产权等国际组织在沪设立机构。
"十四五"规划 （2021—2025年）	第五章： 推进开放发展， 形成开放型经济 新优势	对接国际投资贸易规则新变化，加快信息公开、公平竞争、权益保护等制度创新，不断拓展自贸试验区制度创新领域，加快知识产权、创新要素流动、竞争政策、争端解决等制度探索，形成一整套适应国际规则新要求的制度体系。 吸引国际经济、金融、科技、文化、体育、知识产权等国际组织在沪设立机构。
		率先推进高水平制度型开放，加大现代服务业和先进制造业对外开放力度，率先实行更加开放便利的人才引进政策，建立国际高水平的知识产权保护制度。
	6.2 更好发挥自 贸试验区和临港 新片区试验田作 用	进一步吸引集聚全球优秀人才，高标准建设知识产权保护高地，加快形成全球化、高能级的创新创业生态圈。 优化更大开放条件下的风险管理制度，建立完善检疫、原产地、知识产权、国际公约、跨境资金等特殊领域的风险精准监测机制，加强全面风险防范和信用分级管理。
	6.4 推动高质量 引进来和高水平 走出去	保护外商投资合法权益，加大对外国投资者和外商投资企业知识产权、商业秘密保护力度。

续附表2

五年规划 （计划）	具体章节	内　容
"十四五"规划 （2021—2025年）	十六、全面深化改革，充分激活高质量发展动力 16.1 打造市场化、法治化、国际化的一流营商环境	16.1.3 打造国际知识产权保护高地。全面加强知识产权保护，细化落实强化知识产权保护的实施方案，完善审查授权、行政执法、司法保护、仲裁调解、行业自律、公民诚信等环节的知识产权保护体系。加快推进中国（上海）知识产权保护中心建设，实现重点领域知识产权快速审查、快速确权、快速维权。有效发挥世界知识产权组织（WIPO）仲裁与调解上海中心业务功能。强化跨部门、跨区域保护协作，完善行政执法与刑事司法的有效衔接。加强专利权、商标权、著作权和商业秘密等知识产权的行政保护，加大侵犯知识产权违法行为的惩治力度。

附表 3

上海老品牌在早期世博会获奖情况一览表

企业名称	产品名称	商标名称	获奖时间	获奖世博会名称
美华利时钟制造厂	时钟	美华利	1915年	美国旧金山巴拿马世博会
商务印书馆	玻璃板等	商字	1915年	美国旧金山巴拿马世博会
泰丰罐头食品公司	饼干	双喜	1915年	美国旧金山巴拿马世博会
汪裕泰茶号	茶叶	金叶	1915年	美国旧金山巴拿马世博会
五洲大药房	人造自来血	血字	1915年	美国旧金山巴拿马世博会
中国精益眼镜公司	眼镜	精益	1915年	美国旧金山巴拿马世博会
中华书局	照相铜板等	中华	1915年	美国旧金山巴拿马世博会
大中华唱片公司	留声片	双鹦鹉	1926年	美国费城世博会
冠生园食品公司	糖果饼干	生字	1926年	美国费城世博会
亨利皂烛碱厂	蜡烛	狗牌	1926年	美国费城世博会
鸿怡泰茶庄	茶叶	双狮地球	1926年	美国费城世博会
华生电器制造厂	电扇	华生	1926年	美国费城世博会
家庭工业社	搽面牙粉	无敌	1926年	美国费城世博会
景纶衫袜厂	针织内衣	鹿头	1926年	美国费城世博会
老九纶绸缎局	丝绸	狮虎	1926年	美国费城世博会
老紫阳观食品公司	罐头食品	寿字	1926年	美国费城世博会
美亚织绸厂	丝绸	美亚	1926年	美国费城世博会
南阳皂烛厂	洋烛	凤凰	1926年	美国费城世博会
上海第一织造厂	优等丝袜	金叶	1926年	美国费城世博会
双轮牙刷公司	牙刷	双轮	1926年	美国费城世博会
泰康食品公司	饼干	福字	1926年	美国费城世博会
天厨味精制造厂	味精	佛手	1926年	美国费城世博会

续附表3

企业名称	产品名称	商标名称	获奖时间	获奖世博会名称
天章造纸厂	书面纸	飞艇	1926年	美国费城世博会
五洲固本厂	香皂	富贵白头	1926年	美国费城世博会
新新公司	绣鞋	SS	1926年	美国费城世博会
益丰搪瓷公司	搪瓷脸盆	金钱	1926年	美国费城世博会
振华油漆公司	水粉漆	飞虎	1926年	美国费城世博会
中孚绢丝厂	绢丝	钟虎	1926年	美国费城世博会
中国化学工业社	蚊香	三星	1926年	美国费城世博会
中国蓄电池厂	干电池	名姝	1926年	美国费城世博会
永固造漆公司	油漆	长城	1930年	比利时列日世博会
鸿翔女子时装公司	时装	鸿翔	1933年	美国芝加哥世博会
鸿兴织造厂	袜子	狗头	1933年	美国芝加哥世博会
梅林罐头食品公司	番茄酱	金盾	1934年	美国芝加哥世博会

图书在版编目（CIP）数据

迈向全球城市的密钥：上海品牌经济发展历史研究 /
姜卫红著. — 北京：商务印书馆, 2021（2022.5重印）
ISBN 978 - 7 - 100 - 20452 - 1

Ⅰ. ①迈…　Ⅱ. ①姜…　Ⅲ. ①企业管理 — 品牌战
略 — 研究 — 上海　Ⅳ. ①F279.275.1

中国版本图书馆 CIP 数据核字（2021）第212966号

迈 向 全 球 城 市 的 密 钥
上海品牌经济发展历史研究

姜卫红　著

商 务 印 书 馆 出 版
（北京王府井大街36号　邮政编码 100710）
商 务 印 书 馆 发 行
山西人民印刷有限责任公司印刷
ISBN　978 - 7 - 100 - 20452 - 1

2022年2月第1版　　　　　开本 720×1020　1/16
2022年5月第2次印刷　　　印张 26¼

定价：80.00元